ビジュアル版
世界のお祭り百科

AROUND THE WORLD IN
500 FESTIVALS

ビジュアル版
世界のお祭り百科

スティーヴ・デイヴィ［著］　村田綾子［訳］

AROUND THE WORLD IN
500 FESTIVALS

柊風舎

目次

はじめに　10

>> アフリカ

> 東アフリカ

エチオピア　14
マスカル祭／アディスアベバ
ティムカット祭／ゴンダール

ケニア　14
マウリディ祭／ラム島

マダガスカル　14
ファマディハナ／中央高地

モーリシャス　14
マハ・シヴァラトリ（シヴァ神の夜）／ガンガ・タラオ

セーシェル　14
クレオール・フェスティバル／ヴィクトリア

タンザニア　15
ムワカ・コグワ／ザンジバル

> 北アフリカ

エジプト　15
アフマド・アルバダウィーの預言者生誕祭（マウリド）／タンタ
アブシンベル太陽祭／アブシンベル

リビア　16
ガダーミスのナツメヤシ祭り／カダーミス
ナールートの春祭り／ナールート

モロッコ　16
イミルシルの婚約ムッセム／イミルシル
ベン・イーサー預言者生誕祭／メクネス
タンタンのムッセム／タンタン

チュニジア　17
オアシス・フェスティバル／トズール
サハラ・フェスティバル／ドゥーズ

> 南アフリカ

ボツワナ　17
クル・ダンス・フェスティバル／ディカール

南アフリカ　17
吟遊詩人カーニバル／ケープタウン
ウムランガ（リードダンス）／ノンゴマ

特集：愛と結婚　18

スワジランド　28
インクワラ／ロイヤルクラール
ウムランガ（リードダンス）／王家の村ルドジドジニ

ザンビア　28
クオンボカ祭／リムルンガ
リクンビ・リヤミゼ／ミゼ

> 西アフリカ

ベナン　28
ゲレデ／ベナン南東部、ナイジェリア南西部
ブードゥー祭／ウィダ

カメルーン　29
ンゴンド／ドゥアラ

カーボベルデ　29
サオビセンテ島のマルディグラ／ミンデロ

コートジボワール　29
フェテ・ド・ディプリ／ゴモン
仮面祭り／マン

ガーナ　30
アボアケヤー／ウィネバ
フェトゥ・アフェイェ／ケープコースト
ホグベツォツォ／ヴォルタ川河口

マリ　30
デガル（牛の群れの横断祭り）／ディアファラベ
砂漠の音楽祭／ウルシ
仮面祭り／ドゴンカントリー
サンケ・モン／サン

ニジェール　31
キュレ・サレ／インガル

ナイジェリア　32
アルグング魚獲り大会／アルグング
エヨ仮面祭り／ラゴス
カノ・ダーバー／カノ
オショグボ祭り／オショグボ

トーゴ　32
グイン・フェスティバル／アネホ・グリジ

特集：仮面の力　34

>> 南北アメリカ

> 西インド諸島

バハマ諸島　44
ジャンカヌー／ナッソー

バルバドス　44
クロップ・オーバー／ブリッジタウン

ボネール島　44
リンコン・デー／リンコン

ケイマン諸島　44
パイレーツ・ウィーク／グランドケイマン島

キューバ　45
ハバナ・カーニバル／ハバナ
聖ラザロ巡礼／エル・リンコン

ドミニカ　45
メレンゲ・フェスティバル／サント・ドミンゴ

ハイチ　45
フェッテ・ゲデ／ポルトープランス
ソードゥー・ブードゥー・フェスティバル／ソードゥー

ジャマイカ　46
アコンポン・マルーン・フェスティバル／セント・エリザベス教区

プエルトリコ　46
コーヒー祭／マリカオ

セント・マーチン島　46
シントマールテン・カーニバル／フィリップスブルフ

トリニダード・トバゴ　46
トリニダード・カーニバル／ポートオブスペイン

特集：カーニバル！　48

> 中央アメリカ

ベリーズ　56
ナショナル・デー／ベリーズシティ

エルサルバドル **56**
ラス・ボラス・デル・フエゴ（火の玉祭り）／ネハパ

グアテマラ **56**
死者の日の凧揚げ大会／サンティアゴ・サカテペケス
聖トマス祭／チチカステナンゴ
ケマ・デル・ディアブロ（悪魔退散）／グアテマラシティ

ニカラグア **57**
エル・グエグエンセ／ディリアンバ

パナマ **57**
黒いキリスト祭り／ポルトベロ
パナマのカーニバル／パナマシティ
聖リブラーダの祭り／ラスタブラス

> 北アメリカ

カナダ **58**
カルガリー・スタンピード／カルガリー
ケベック・ウィンターカーニバル／ケベック
カーブレイクのパウワウ／オンタリオ州

メキシコ **58**
シンコ・デ・マヨ／プエブラ
死者の日／オアハカ
フェリア・デ・サン・マルコス（聖マルコス祭）／アグアスカリエンテス
聖母被昇天祭／ウアマントラ
ゲラゲッツァ／オアハカ
魔女の夜／カテマコ
大根の夜／オアハカ
春分・秋分の日／チチェン・イッツァ
バニラ祭り／パパントラ

特集：死者のための日 **60**

アメリカ合衆国 **68**
アルバカーキ国際気球フェスティバル／アルバカーキ
アロハ・フェスティバル／ハワイ
ムーン・アムトラック／ラグーナ・ニゲル
アトランティック・アンティック／ニューヨークシティ
ブリッジデー／ファイエットビル
バーニング・マン／ブラックロック砂漠
カリェ・オチョ・フェスティバル／マイアミ
ファンタジー・フェスト／キーウェスト
冷凍遺体祭り／ネダーランド
グリーンリバー・ランデブー／パインデール
グラウンドホッグ・デー／パンクサトーニー
ハロウィン／セーラム
アイディタロッド国際犬ぞりレース／アンカレッジ
ジューク・ジョイント祭／クラークスデール
ジャンピング・フロッグ・ジュビリー／エンジェルスキャンプ
ジューンティーンス／ガルベストン
マイティ・マッド・マニア／スコッツデール
ムース・ドロッピング・フェスティバル／タルキートナ
ニューオーリンズ・マルディグラ／ニューオーリンズ
ドゥー・ダー・パレード／パサデナ
プライド・フェスティバル／ニューヨークシティ
レッドアース・フェスティバル／オクラホマシティ
レッドネック・ゲームス／イーストダブリン
動物轢死死体料理大会／マーリントン
ロズウェル UFO フェスティバル／ロズウェル
ガラガラヘビ狩り祭り／スウィートウォーター
牛糞投げ世界選手権／ビーバー

特集：アメリカ文化の一片 **74**

> 南アメリカ

アルゼンチン **86**
ラ・フィエスタ・デ・ラ・トラディシオン（ガウチョ祭り）／サン・アントニオ・デ・アレコ
マンカ祭／ラ・キアカ
タンゴ・フェスティバル／ブエノスアイレス
ブドウ収穫祭（ベンディミア・フェスティバル）／メンドーサ

ボリビア **86**
カンデラリア祭／コパカバーナ
聖ミゲル祭／ウンシア
オルロのカーニバル／オルロ
プフリャイ／タラブコ
ティンク（けんか祭り）／マチャ

ブラジル **88**
ボイ・ブンバ／パリンチンス
ブンバ・メウ・ボイ／サンルイス
シリオ・デ・ナザレ（ナザレ大祭）／ベレン
イエマンジャの祭り／リオ・ベルメーリョ
ラバージェン・ド・ボンフィン（ボンフィン祭り）／サルバドール
新年祭／コパカバーナ
レシフェ・オリンダのカーニバル／レシフェとオリンダ
リオのカーニバル／リオデジャネイロ
サルバドールのカーニバル／サルバドール・ダ・バイーア

チリ **90**
ラ・ティラナの祭り／ラ・ティラナ

コロンビア **90**
黒と白のカーニバル／サン・フアン・デ・パスト
悪魔のカーニバル／リオスシオ
バランキージャのカーニバル／バランキージャ

エクアドル **91**
死者の日（ディア・デ・ロス・ムエルトス）／エクアドル
クエンカのカーニバル／クエンカ

フランス領ギアナ **91**
マルディグラ／カイエンヌ

ガイアナ **91**
マシュラマニ（共和国記念日）／マッケンジー

ペルー **92**
カンデラリア祭／プーノ
インティ・ライミ／クスコ
ディアブラーダ（悪魔の踊り）／プーノ
奇跡の主（セニョール・デ・ロス・ミラグロス）／リマ
聖女カルメン祭／パウカルタンボ

スリナム **93**
オウル・ヤリ／パラマリボ

ウルグアイ **93**
ガウチョ祭り／タクアレンボー
モンテビデオのカーニバル／モンテビデオ

ベネズエラ **93**
サン・フアン・バウティスタ／バルロベント
コルプス・クリスティ（カトリック聖体祭）／サン・フランシスコ・デ・ヤレ

>> アジア

中国 **94**
白族の火把節（松明祭り）／張家界
長洲島の饅頭祭り／香港
旧正月／香港
コルバン祭／新疆ウイグル自治区
端午節（ドラゴンボート・フェスティバル）／湖南省
ラブラン寺の大法会／夏河
タール寺の大法会／青海省
ハルビン氷祭り／ハルビン
撥水節（水かけ祭り）／景洪
羌年節（チャン族の新年の祭り）／チャン族の集落
姉妹飯節／施洞
端午節／香港
イ族の火把節／四川省

自貢の提灯祭り／自貢
日本 96
浅草三社祭／東京
秩父夜祭／秩父
大六天の裸祭り／四街道
どろんこ祭り／高知市長浜
祇園祭／京都
はだか祭り／西大寺中地区
博多祇園山笠／博多
豊年祭／小牧
かなまら祭り／川崎
竿燈祭り／秋田
泣き相撲／東京
那智の火祭り／那智山
起し太鼓／飛騨古川
お水取り／奈良
御柱祭／諏訪
桜祭り／東京
日光東照宮春季・秋季例大祭／日光
高山祭／高山
天神祭／大阪
十日戎／大阪
山焼き／奈良
雪まつり／札幌
モンゴル 100
ナーダム／ウランバートル
韓国 101
保寧（ポリョン）マッド・フェスティバル／保寧
江陵（カンヌン）端午祭／江陵
燃灯祭り／ソウル

特集：熱狂と祭り 102

台湾 110
保生大帝誕生祭／台北と学甲
チベット 110
チュンガ・チューパ（バター灯明祭）／ラサ
ロサール／チベット全域
ナクチュ競馬祭／ナクチュ
サガダワ／カイラス山
ショトン祭／ラサ

> 中央アジア

アフガニスタン 111
ノールーズ／マザリシャリフ
タジキスタン 111
アトゥチャブシュ／ムルガブ
カザフスタン 111
ナウルズ／アスタナ

特集：華麗なるレース 112

> 南アジア

ブータン 120
ドゥラミツェ祭り／モンガル
ロサル（新年）弓技大会／西ブータン
パロ・ツェチュ／パロ・ゾン
ティンプー・ツェチュ／ティンプー
インド 120
アランガーナッルール・ジャリカトゥ（牛追い祭）／アランガーナッルール
ビカネール・ラクダ祭り／ビカネール
デヴ・ディーパワリ／ヴァラナシ
ディワーリー／ニューデリー
ドゥルガー・プジャ／西ベンガル州コルカタとアッサム州
ダシャラー／クル渓谷
ガンガ・サガール・メーラ／サガール島
ガンガウル／ジャイプル
ゴリシワラ寺院祭／チェライ
ヘミス・ツェチュ／ヘミス
ホーリー／マトゥラー
ホーラ・モハッラ／アナンドプル・サーヒブ
イギトゥン・チャルネ／ピチョリム郡
国際凧揚げ大会／アフマダーバード（アーメダバード）
ジャガンナート・ラタ・ヤトラ／プリー
ジャパン蛇祭り／ヴィシュヌプル
ジャイサルメール砂漠祭り／ジャイサルメール
ジャンマシュタミー／マトゥラー
カーリー・プジャ／コルカタ
キラ・ライプール農村大運動会／ルディアーナー
コルゾック・グストール／ツォモリリ湖
クンブメーラ／アラハバード
クンブメーラ／ハリドワール
クンブメーラ／ナーシク
クンブメーラ／ウジャイン
マドゥライ浮き船祭り／マドゥライ
マハマハム・メーラ／クンバコナム
マハマスタクアビシェーカ／シュラヴァナベラゴラ
ナーナク・ジャヤンティ／アムリトサル
ナヴァラトリ（ダシャラ）／グジャラート
オナム祭／ケーララ
ピャン・ツェドゥップ／ラダック地方
プシュカール・メーラ／プシュカール湖
共和国記念日／ニューデリー
ソネプール・メーラ／ソネプール
タクトク・ツェチュ／ラダック
ターネタール・メーラ／ターネタール
トリシュール・プーラム／トリシュール

特集：「沐浴」――インドの水浴び祭り 128

ネパール 142
ビスケット・ジャトラ／バクタプール
ダサイン／カトマンズ
ファグ／カトマンズ渓谷
ロサール／カトマンズ渓谷
マニ・リムドゥ／エヴェレスト地方
シヴァラトリ／カトマンズ渓谷
パキスタン 144
バサント・フェスティバル／ラホール
チョウモス（冬）・フェスティバル／カラーシャ渓谷
ジョシ（春）・フェスティバル／カラーシャ渓谷
セーワン・シャリフ・フェスティバル／セーワン
シャンドゥール・ポロ・フェスティバル／ギルギット・バルティスタン州
スリランカ 144
ドゥルトゥ・ペラヘラ／コロンボ
エサラ・ペラヘラ／キャンディ
ヴェル・フェスティバル／コロンボ

> 東南アジア

ミャンマー（ビルマ） 146
パウン・ドー・ウー／インレー湖
ティンジャン／ミャンマー全域
カンボジア 146
ボン・オム・トゥーク／プノンペン
水牛レース・セレモニー／プレアヴィヒア寺院
チョール・チュナム・タマイ／カンボジア全域
インドネシア 147
ガルンガン／バリ島
マレアン・サンピ・フェスティバル／ロンボク島
ニュピ（バリの正月）／バリ島
パソーラ／スンバ島
ペラン・トパト／西ロンボク島
プクル・サプ／ママラ村とモレーラ村
タナ・トラジャの葬儀／南スラウェシ州
ウサバ・サンバ／トゥガナン・プグリンシガン村
ワイサック・デー／ボロブドゥール
ラオス 148
ブン・バン・ファイ／ラオス
ライ・フア・ファイ／ルアンパバン
ラオスの正月／ルアンパバン
パ・タット・ルアン／ヴィエンチャン
ワット・プー・チャンパサック／ワット・プー・チャンパサック

マレーシア 150
女神マリアマンの祭り／クアラルンプール
ガワイ・ダヤク／サラワク州
タイプーサム／クアラルンプール

フィリピン 150
アティ・アティアン／カリボー
ブラック・ナザレの行列／マニラ
ディナギャン／イロイロ市
豚の丸焼きパレード／バラヤン
カラバオ祭／ブリラン
サン・ペドロ・クトゥッド・レンテン・ライツ／サンフェルナンド
シヌログ／セブ市

特集：苦しみを超越する 152

タイ 160
アカ族の正月／タイ北部
アカ族のブランコ祭り／タイ北部
ブン・バンファイ（ロケット祭り）／ヤソトン県
チェンマイ花祭り／チェンマイ
チョンブリー水牛レース／チョンブリー
フルムーン・パーティ／パンガン島
モン族の正月／タイ北部
リス族の正月／タイ北部
サル祭り／ロップリー
マーカブーチャ（万仏節）／バンコク
水かけ祭り（ソンクラーン）／チェンマイ
スコータイの得度式／スコータイ
スリンのゾウ祭り／スリン
ベジタリアン・フェスティバル／プーケット
イー・ペン祭とローイ・クラトン祭／チェンマイ

ベトナム 163
競牛祭り／アンザン省
レマットのヘビ祭り／レマット
香寺祭／フォン・ティック
テト・グエン・ダン（元旦節）／ハノイ

特集：ハッピー・ニュー・イヤー！ 164

>西アジア、レバント

イラン 172
ノールーズ／イラン全域
サデ／ヤズド

イスラエル 172
イースター（復活祭）／エルサレム
オメルの第三十三日節（ラグバオメル）／イスラエル全域
プリム／イスラエル全域

パレスチナ 173
クリスマス／ベツレヘム

サウジアラビア 173
ジャナドリヤ国民祭／アル・ジャナドリヤ

トルコ 173
デヴェ・ギュレシ祭／セルチュク
クルクプナル／エディルネ
デルヴィーシュ旋舞フェスティバル／コンヤ

>>ヨーロッパ

>東ヨーロッパ

ベラルーシ 174
ツァーリの訪問行事／セメジェボ村

ボスニア・ヘルツェゴビナ 174
イカロス飛びこみ大会／モスタル

クロアチア 174
ドゥブロヴニク・カーニバル／ドゥブロヴニク
リエカのカーニバル／リエカ

チェコ 175
国際バグパイプ・フェスティバル／ストラコニツェ
ストラジュニツェの民俗祭り／ストラジュニツェ

ハンガリー 175
ブショーヤーラーシュ／モハーチ

ポーランド 175
ライコニク／クラクフ

ルーマニア 175
新年の祝賀／コマネシュティ
ジュニ・ブラショヴルイ／ブラショフ

ロシア 176
イテリメン族の収穫祭／コヴラン
北の祭り（プラーズニク・セーヴェラ）／ムルマンスク
マースレニツァ／モスクワ

セルビア 176
グチャ・トランペット音楽祭／グチャ
睾丸料理世界選手権／オスレム

スロベニア 177
ヤマネ・フェスティバル／スネジュニク城
クラウイ・バル（牛の舞踏会）／ウカンツ
クレントヴァニエ／プトゥイ

特集：火と光 178

>スカンジナビア

デンマーク 186
オールボー・カーニバル／オールボー

フィンランド 186
ヘルシンキのニシン祭り／ヘルシンキ
ヴァップ／ヘルシンキ
奥様運び世界選手権／ソンカヤルビ

アイスランド 186
人々の祭り／ヘイマエイ島、ヴェストマン

ノルウェー 187
サーミ・イースター・フェスティバル／カウトケイノとカラショーク

スウェーデン 187
中世週間／ヴィスビー
夏至祭（ミッドソンマル）／ストックホルム

>西ヨーロッパ

オーストリア 188
水仙祭り／アルタウッセ

ベルギー 188
アールストのカーニバル／アールスト
アトの巨人祭り／アト
ボメル・フェスティバル／ロンセ
バンシュのカーニバル／バンシュ
竹馬祭り／ナミュール
ハンスウェイクの聖母行列／メッヘレン
聖血の行列／ブルッヘ（ブリュージュ）
ネコ祭り／イーペル
ル・ドゥドゥ祭り（黄金の馬車行列とリュムソンの闘い）／モンス
国際バスタブ・レガッタ／ディナン
オメガング／ブリュッセル
ブラン・ムーシのカーニバル／スタヴロ

特集：中世ヨーロッパ 190

フランス 198
パリ祭（フランス革命記念日）／パリ
カルナバル・デ・スフレ／ノントロン
ペンテコステのフェリア／ニーム
復活祭のフェリア／アルル
ジャンヌ・ダルク祭／ルーアン
巨人祭り／ドゥエー
レモン祭り／マントン
バイヨンヌ祭り／バイヨンヌ
牧童祭／サント・マリー・ド・ラ・メール
モナコ・グランプリ／モンテカルロ
ジタンの巡礼祭／サント・マリー・ド・ラ・メール
ポーク・フェスティバル／トリ・シュル・バイズ
ツール・ド・フランス／フランス全域

ドイツ 201
ケルンのカーニバル／ケルン
ファスナハト／コンスタンツ
ゴイボーデンフォルクスフェスト／シュ

トラウビング
オーバーアマガウのキリスト受難劇／オーバーアマガウ
オクトーバーフェスト／ミュンヘン
シュタルクビアツァイト／ミュンヘン
聖女ワルプルギスの魔女祭／ブロッケン山
水かけ合戦／ベルリン

ギリシャ 202
アナステナリア／アギア・エレニとランガダ
アポクリエス／ガラビディ
アポクリエス／メッシニア
アポクリエス／パトラ
聖ゲオルギウスの日／スキロス島
ミアウリア／イドラ島
ロケット花火祭り／ヴロンダトス
ティルナヴォスのカーニバル／ティルナヴォス

イタリア 204
オレンジ合戦／イヴレア
プティニャーノのカーニバル／プティニャーノ
サムゲオのカーニバル／サムゲオ
ヴェネツィアのカーニバル／ヴェネツィア
ヴィアレッジョのカーニバル／ヴィアレッジョ
ろうそく祭り／グッビオ
レデントーレ祭／ヴェネツィア
ジョーコ・デル・ポンテ（橋取り合戦）／ピサ
サラセン人の馬上槍試合／アレッツォ
インフィオラータ／ジェンツァーノ・ディ・ローマ
聖コンスタンティヌスのアルディエ／セディーロ
パリオ／アスティ
パリオ／シエナ
トラーパニの聖劇の行列／トラーパニ
ヘビ祭り／コクッロ
レガータ・ストーリカ／ヴェネツィア
聖ラニエリのレガータ／ピサ
サルティリア祭／オリスターノ
スコッピオ・デル・カッロ／フィレンツェ
カネッリの包囲／カネッリ
聖バレンタインの日／テルニ

オランダ 208
ブルーメンコルソ（花のパレード）／アールスメール
カンナビス・カップ（大麻フェスティバル）／アムステルダム
フィーエルヤッペン──運河飛び選手権／フリースラント
国王の日／アムステルダム
マーストリヒト・カーニバル／マーストリヒト
サマー・カーニバル／ロッテルダム

ポルトガル 210
聖アントニオ祭／リスボン
聖ジョアン祭／ポルト
タブレイロスの祭り／トマール

アイルランド 210
ゴールウェイ・オイスター・フェスティバル／ゴールウェイ
リーク・サンデー／クローパトリック
リスドゥーンバーナ・マッチメイキング・フェスティバル（お見合い祭り）／リスドゥーンバーナ
パック・フェア／キログリン
サーウィン祭／ダブリン
聖パトリックの祝日／ダブリン

特集：救いの道 212

サンマリノ共和国 220
中世祭／サンマリノ市

スペイン 220
バスクのカーニバル／イトゥレンとスビエタ
バターリャ・デル・ヴィーノ（ワイン祭り）／アーロ
牛追い祭り／デニア
ビラノバ・イ・ラ・ヘルトルのカーニバル／ビラノバ・イ・ラ・ヘルトル
エル・コラチョ／カストリージョ・デ・ムルシア
エルス・エンファリナッツ／イビ
フェリア・デ・アブリル（セビリアの春祭り）／セビリア
馬祭り／ヘレス・デ・ラ・フロンテーラ
死にかけた人のフェスティバル／ラス・ニエベス
聖十字架祭り／カラバカ・デ・ラ・クルス
アルヘメシの聖母サルー祭り／アルヘメシ
ムーア人とキリスト教徒の祭り／アルコイ
サン・フアン祭／メノルカ島シウタデラ
ブドウの大合戦／マジョルカ島ビニサレム
パトゥム祭／ベルガ
タンボラーダ（太鼓祭り）／サン・セバスティアン
ラ・トマティーナ（トマト祭り）／ブニョール
バレンシアの火祭り（ファリャ）／バレンシア
ルミナリアス／サン・バルトロメ・デ・ピナレス
メルセ祭／バルセロナ
聖女アラリーリャの巡礼／ポルクナ
ロシオの巡礼祭／エル・ロシオ
サン・フェルミン祭／パンプローナ
サンルーカルの浜競馬／サンルーカル・デ・バラメダ
セマナ・サンタ（聖週間）／セビリア
テネリフェ島のカーニバル／サンタクルス
ビアナ・ド・ボーロ／オウレンセ

特集：フード・ファイト（食べ物戦争）226

スイス 234
バーゼル・ファスナハト／バーゼル
キエンベーゼ／リースタル
コンバ・ドゥ・レーヌ（女王の戦い）／マルティニー
ナンダ国際アルプホルン・フェスティバル／トラクエ湖
クラウスヤーゲン（サンタクロース追い）／キュスナハト
ルツェルン・ファスナハト／ルツェルン
レーベヒルビ（かぶのランプ祭り）／リヒタースヴィル
セクセロイテン（6時の鐘の音）／チューリッヒ
ウンシュプンネンフェスト／インターラーケン

＞イギリス

イングランド 236
ボルニーのワッセイリング／ボルニー
ボンファイアー・ナイト／ルイス
ブリッジウォーター・カーニバル／ブリッジウォーター
ブリストル国際バルーンフェスタ／ブリストル
チーズ転がし祭り／ブロックワース
コッツウォルド・オリンピック／チッピング・カムデン
エグレモントのクラブアップル・フェア／エグレモント
グースフェア／ノッティンガム
ロマのホースフェア／ストウ＝オン＝ザ＝ウォルド
ハクシー・フッド／ハクシー
ヘンリー・レガッタ／ヘンリー・オン・テムズ
ホーンダンス（シカの角踊り）／アボッツ・ブロムリー
ローン伯爵のハンティング／コンベ・マーティン
ハーリング・ザ・シルヴァー・ボール／セント・コロンブ・メジャー
モルドン泥レース／モルドン
インボルク／マースデン

ノッティングヒル・カーニバル／ロンドン
ナッターズ・ダンス／バカップ
タール樽かつぎ／オッタリー・セント・メアリー
パーリーキング収穫祭／ロンドン
シュローヴタイド・フットボール／アッシュボーン
わらのクマ祭り／ホイットルセー
夏至祭／ストーンヘンジ
スワン・アッピング（白鳥調べ）／サンベリー・ロック
ウィットビー・ゴシック・ウィークエンド／ウィットビー
世界トチの実選手権／サウスウィックス
世界カスタードパイ選手権／コックスヒース
世界ビー玉選手権／ティンスリー・グリーン

特集：風変わりな国イギリス　242

スコットランド　250
ベルテン・ファイアー・フェスティバル／エジンバラ
ブレマー・ギャザリング／ブレマー
コモン・ライディングス／スコットランド国境地帯
エジンバラ・フェスティバル・フリンジ／エジンバラ
ホグマネイ／エジンバラ
火の玉祭り／ストーンヘブン
ウップ・ヘリー・アー／ラーウィック

ウェールズ　251
ナショナル・アイステッズヴォッド／ウェールズ各地
世界泥沼シュノーケリング選手権大会／スランウルティド・ウェルズ

特集：度胸と虚勢　252

>>オセアニア

オーストラリア　262
ビール缶レガッタレース／ダーウィン
ガーマ・フェスティバル／ガルクラ
ヘンリー・オン・トッド・レガッタ／アリス・スプリングス
ローラ・アボリジニ・ダンスフェスティバル／ローラ
メルボルン・カップ／メルボルン
ムーンバ祭／メルボルン
シドニー・ゲイ・アンド・レズビアン・マルディグラ／シドニー
ツナラマ・フェスティバル／ポートリンカーン

メラネシア　263
クンドゥ・カヌー・フェスティバル／パプアニューギニア、アロタウ
ゴロカ・ショー／パプアニューギニア、ゴロカ
マウントハーゲン・ショー／パプアニューギニア、マウントハーゲン
ウォーガシア（槍の戦いの儀礼）／ソロモン諸島、オワリキ
ナゴール／バヌアツ、ペンテコスト島

ミクロネシア　264
ヤップ・デー／ヤップ州
アンガム・デー／ナウル

ニュージーランド　264
ゴールデン・シアーズ／マスタートン
ワイタンギ・デー／ベイ・オブ・アイランズ

ポリネシア　265
フラッグ・デー／パゴパゴ（アメリカ領サモア）
ヘイバ・イ・タヒチ／フランス領ポリネシア、タヒチ島、パペーテ

索引　266
月別索引　269

図版クレジット

All of the images in this book have been supplied through the Alamy photolibrary (www.alamy.com), except for those by Steve Davey and those marked (JNTO), which have been supplied courtesy of the Japan National Tourism Organisation (JNTO).

Accent Alaska.com: 77; Africa Media Online: 22; A Howden - Japan Stock Photography: 105; Alamy Celebrity: 2, 82, 117 left; Alan Haynes: 78 left; Alissa Everett: 31; Alpha and Omega Collection: 44; Andy Buchanan: 178, 181 left, 184 bottom, 185; Arco Images GmbH: 202; Art Directors & TRIP: 110; Arterra Picture Library: 40 right; Asia Images Group Pte Ltd: 166 top; Asnar: 216; Aurora Photos: 40 left, 226; Barry Lewis: 208; Bert Hoferichter: 59; Bjorn Svensson: 219 left; Black Star: 37; Blaine Harrington III: 12, 47, 48; Blickwinkel: 41 top, 53; Brian Harris: 195; Buzz Pictures: 251; Cattle: 112; Charles Bowman: 76; Chichibu Kanko Kyokai (JNTO): 102 flash, 107 bottom; Choups: 190, 206; Chris Illemassene / Expuesto: 33; Chris Robbins: 221, 253; CuboImages srl: 49, 113, 197, 231; Dan Callister: 78 right; Dan Vincent: 260; Danita Delimont: 62; Dave Stamboulis: 145, 146; David Lyons: 250; David Pearson: 182 bottom; David South: 24, 25; David White: 187; Dennis Cox: 23 right, 46, 80 top; Dinodia Photos: 213, 217 top, 252; Ed Endicott / WYSIWYG Foto, LLC: 67, 84 left; Eddie Gerald: 166 bottom; Emil Pozar: 52 bottom; EmmePi Images: 115; EPA European Pressphoto Agency b.v.: 23 left, 55, 81, 90, 101 right, 111, 171 bottom, 180 left, 181 right, 188, 192 left, 227, 229, 230 bottom, 232; Eric Lafforgue: 214 top right; Eric Nathan: 174; FocusJapan: 98; Frans Lanting Studio: 60; Frans Lemmens: 54; Gallo Images: 17, 18; Galopin: 191; Geoffrey Robinson: 243; Giles Moberly: 32; Glen Allison: 64 left; Golden Richard: 74 flash, 75; Hemis: 21, 43, 66, 101 left, 169, 193, 199, 205, 211; Homer Sykes: 248; Imagestate Media Partners Limited - Impact Photos: 16, 165; INSADCO Photography: 173; ITAR-TASS Photo Agency: 177, 180 right; J.Enrique Molina: 212, 218 right; Jameshj: 150; Jan Sochor: 88; Japan National Tourism Organisation (JNTO): 178 flash, 106, 108, 182 top left, 182 top right; Jim Holden: 246 right; John Warburton-Lee Photography: 34; Jon Arnold Images Ltd: 50, 51, 214 bottom, 244 top; Jorge Blanco: 261; JTB Media Creation, Inc.: 36, 97, 103, 123, 257 left; Judy Bellah: 60 flash, 64 right, 65; Juergen Hasenkopf: 259; Kanuma City (JNTO): 109; Kevin Foy: 153, 184 top; Kim Kaminski: 210; Koji Kondoh, Hakata Gion Yamakasa Promotion Association (JNTO): 104; Konstantinos Tsakalidis: 157 inset; LatitudeStock: 15; LOOK Die Bildagentur der Fotografen GmbH: 57, 154 bottom; Loop Images Ltd: 183; Loren Holmes: 71; Luciano Leon: 85 right; M. Timothy O'Keefe: 92; Marka: 118 inset, 172; Mauro Spanu: 52 top; Michael DeFreitas: 56, 61; Michel Friang: 72; Mitja Mladkovic: 41 bottom; National Geographic Image Collection: 215; Neil McAllister: 121; NORMA JOSEPH: 116; Odyssey-Images: 118 main; Paul Brown: 233 bottom, 233 top; Paul Gapper: 155; Paul Kingsley: 152; Pawel Bienkowski: 143; Pegaz: 192 right; Phil Rees: 242; Prisma Bildagentur AG: 45, 79 right, 235, 257 right; Richard Ellis: 80 bottom; Richard Wareham Fotografie: 209; Richard Wayman: 230 top; Robert Estall photo agency: 20; Robert Fried: 68; Robert Harding World Imagery: 1, 19, 29, 74, 87, 156, 194 top, 241; Roger Arnold: 157 main; Roger Bamber: 245; Roger Cracknell: 244 bottom, 246 right, 247; Saitama Prefectural Tourism Division (JNTO): 107 top; Sandy Young: 170; Scott B. Rosen: 255; Shaun Flannery: 237; Stefano Paterna: 89, 158, 159; Steve Davey: 4 flash, 6 flash, 10 flash, 18 flash, 26 bottom left, 26 bottom right, 26 middle left, 26 top left, 26 top right, 27, 34 flash, 35, 38 left, 38 right, 39, 42 bottom left, 42 bottom right, 42 middle left, 42 middle right, 42 top left, 42 top right, 48 flash, 112 flash, 117 right, 119, 122, 125, 127, 128, 128 flash, 129, 130 bottom, 130 top, 131, 132, 133 left, 133 right, 134 left, 134 right, 135, 136, 138, 139 bottom left, 139 middle left, 139 right, 139 top left, 139 top right, 140 inset, 140 main, 142, 149, 152 flash, 154 top left, 154 top right, 161, 162, 164, 154 top, 167, 168 bottom, 171 top, 190 flash, 196, 201, 212 flash, 217 bottom, 218 left, 219 right, 223, 226 flash, 228 bottom, 228 top, 229 flash, 242 flash, 249 inset, 249 main, 252 flash, 254 inset, 254 main, 258, 272; Toni Vilches: 194 bottom; Travel Pictures: 102; Travelib: 63; Travelscape Images: 224, 256; TRV/imagerover: 163; Urbanmyth: 95; Visual&Written SL: 179; WaterFrame: 265; Will Steeley: 263 Yadid Levy: 168 top; ZUMA Wire Service: 79 left, 83, 84 left, 85 left, 114, 214 top left.

はじめに

この本には、私の偏見が少々入っていることを白状しておきたい。私がはじめて行った祭りは、ウェストン=スーパー=メアのカーニバルだった。イングランド西部地方のカーニバルのひとつで、地域や町ごとに山車（フロート）のパレードが行なわれるが、いまも昔もその目玉はブリッジウォーター・カーニバルだ。いまでもおぼえている。イルミネーションで飾られた巨大な山車が次々に通り過ぎていくのを、子どもの私は口をぽかんとあけて見ていた。鮮やかに記憶している。沿道に立って——たいてい西部地方におなじみの小雨が降っていた——音楽の波に浸り、無数の電球の熱気に包まれていると、つかのま冬の寒さを忘れた。毎年、家族でこのカーニバルを見にいき、ホットドッグを買ってもらった。最後の山車が通過すると、観客は我先にと自分の車へ急ぐ。大渋滞に巻きこまれる前に町を出たいからだ。そのため、ル・マン24時間レースのスタート時のような光景が広がることになる。

とんでもなく現実離れしていて、このうえなく魅惑的な祭りの世界に、私はすっかり夢中になった。雑誌に掲載された初めての重要な仕事も、やはり祝祭の記事だった（1988年の『リッツ・ニューズ・ペーパー』の「ヴェネツィアのカーニバル」だ）。出版社から誰かライターを知らないかとたずねられたとき、無謀にも志願したのである。これを機に、私は物書きになるための道をおずおずと進みだした。以来、世界中を飛びまわって、できるかぎりの祭りに参加してきた。

こうして、未知の領域である「ドラゴンのすみか」へ向かう日々がはじまった。ガイドブックでは、祭りの情報にほとんど触れていないこともある。情報があってもたいしたことはなく、混雑が予想されるとか、宿泊施設が見つからないかもしれないといった注意を促すものばかりだ。だが、西部地方のカーニバルで車に殺到する観客のように、私はとにかく現地へ行き、不便さや大変さも楽しむことで魔法のような時を過ごしてきた。最近は祭りの人気も高まり、観客も増え、本書で紹介する祭りの多くは公式フェイスブックページを開設している。

西部地方のカーニバルに参加して以来、私はいくどとなく雄牛とともに走り（正確に言うなら、雄牛から逃げまわり）、何百万人もの巡礼者とガンジス川で沐浴した。ラオスのお正月の水かけ祭り、ピーマイラオでびしょ濡れになり、日本酒を飲んで酔っ払い、リス族の新年の祭りを見にいって溝にはまった。ラダックのコルゾック僧院のグストール祭で解き放たれたヤクから逃げまどい、フランスの巡礼祭ではロマ民族と踊った。そのほかにも無数の武勇伝があり、多少のあざや傷をつくったりしたが、どれもかけがえのない思い出だ。

どうして、私はこんなに祭りに惹かれるのだろう。私にとって祭りは、その地を訪れる絶好の機会である。祝祭を目玉としている場所は数えきれない。世界中のどの都市でも、みやげもの店のポストカード棚に並んでいるのは、ほとんどが主要な祭りの写真だ。ヴェネツィアならカーニバルのカードが必ず見つかるし、パンプローナではあらゆることがサン・フェルミン祭を中心にまわっているように思える。リオといえばカーニバルだ。祭りの開催中、人々はいつもより生き生きし、活動的に見える。その数日間に全精力を注ぎこむために、残りの1年

---

p.1
パプアニューギニアのマウントハーゲンで催されるシンシン・ショーの参加者。全身に色鮮やかなボディペインティングを施している。西部山岳州の50以上の部族が集まり、伝統的な踊りや歌を披露する。

p.2
チベットで年に1回開催されるショトン祭（雪頓節）のハイライトでは馬術を競いあう。もともとは11世紀にさかのぼる宗教儀礼で、現在はチベットの伝統・文化活動である見事なタンカ（仏画）の開帳も行なわれる。

p.12-p.13
トリニダード・トバゴで開催されるトリニダード・カーニバル。パレードでは、色とりどりの衣装を着た参加者が音楽やダンスとともに通りを練り歩く。

のほとんどを過ごしている人も多い。スペインのある村祭りで、地元の若者たちと話したことがある。彼らはふだんはマドリードで働いている。クリスマスや誕生日に帰れないことはあっても、この祝祭に帰省しなければ家族と大げんかになるそうだ。パンプローナに住んでいる友人によると、続けて2回、祭りに参加しなかった者はもう地元民とみなされないらしい。

　本書に出てくる宗教的祝祭の多くでは、人々は祭りに参加するために計画を立てたり、お金を貯めたりして、数か月、数年、さらには全生涯を費やす。強い信仰心に駆られて、とてつもない距離を旅する。さまざまな不自由に耐え、多くの場合、大金を使う。遠くから見ると、巡礼者はまるでアリの列のようだ。けれども近づくと、それぞれの希望や夢につき動かされた個人の集まりだとわかる。巡礼者と話し、祝祭に行くことが彼らにとってどれほど大きな意味をもつのかを知ると、私のように根っからの皮肉屋でさえ、謙虚な気持ちにさせられる。

　本書をつくるにあたって、まず決めなければならなかったのが祭りの定義だった。私たちが関心のあった祝祭は、文化的な重要性をもつもの、伝統や歴史のあるもの、歴史的・文化的な行事から発展したものだった。つまり、やたらとはりきるPRコンサルタントのアイデアとか、観光局の思いつきによるジャズや食べもの、品物などをメインとした商業的なイベントは即座に除外した。真の意味で土地とのつながりをもっていたり、何らかの形でユニークな点をそなえた祭りを厳選した。なかにはごく一部だが、はじまりこそは商業的なフェスティバルだったものの、その後、民衆の手に渡って独自性を発展させた祭りもある。

　また全国各地でというよりは、特定の場所で開催される祭りをできるかぎり集めるようにした。そのため、たとえばクリスマスの祝祭でとりあげているのは、その発祥の地であるベツレヘムのクリスマスだけである。また、誰でも参加できる祭りを選りすぐった。イスラム教徒のメッカ巡礼といった特定のコミュニティに参加が限られる行事は含まれていない。

　当然のように、私が参加したことのない祭りも紹介している。本書に出てくるカーニバルに全部行こうとしたら、1年にひとつとしても40年かかる。数多くの祭りに参加した経験から、私は祭りに対する嗅覚が鋭くなった。その行事を調査し、出向く価値があるかどうかを判断する。とはいえ、私の選択に賛同できないという人もいるだろう。自分のお気に入りが入っていなくてびっくりするかもしれない。少々陽気すぎるものや、残酷に感じるものも含まれているかもしれない。だが、ここに紹介するリストは、私たちの歴史・文化遺産を祝う手段の驚くべき多様性をしめすうえでたいへん役立つものだと考えている。少なくとも私自身に関していえば、「いつか行きたい祭り」のリストがとんでもなく長くなった。読者のみなさんもそうであってほしいと願っている。みなさんが素晴らしい祭りの数々と出会い、思いきって参加してもらえたら、こんなに嬉しいことはない。

《開催期間について》
多くの祭りは現地の慣習や太陰暦にしたがっており、開催期間は西洋の太陽暦とは一致せず、年によって大きく変わることもある。正確な日程については現地の観光局に確認してほしい。

アフリカ>>東アフリカ

>エチオピア

マスカル祭
アディスアベバ

　マスカル祭の日、マスカルフラワーと呼ばれる鮮やかな黄色いデイジーが町の広場を覆う。いい伝えによると、326年、聖ヘレナはイエス・キリストが架けられた「真実の十字架」を見つけた。マスカル祭はこの発見を祝した伝統行事で、エチオピア正教会の信者が広場に集まり、たき木に火をともす。聖ヘレナはたちのぼる煙をたどって真実の十字架を見つけたとされる。金の刺繍を施した凝った儀式服に身を包んだ司祭や少年聖歌隊の壮麗な行列がたき木の周囲を回り、熱狂的な群衆に迎えられる。日が沈むと、たき木に火がともされ、祝祭は夜明けまで続く。

開催地域：エチオピアの都市の広場、なかでもアディスアベバのマスカル広場
開催期間：9月27日（うるう年は9月28日）

ティムカット祭
ゴンダール

　毎年1月になると、多数のエチオピア正教会の信者がゴンダールに集まり、イエス・キリストがヨルダン川で洗礼を受けたことを記念して、神現祭を祝う。アムハラ語で「洗礼」を意味するティムカットの前夜、契約の箱（「出エジプト記」に出てくる聖櫃）に見立てた箱（タボット）を深紅の布で丁寧に包んで、宮殿から王室の水場まで運ぶ。行列を率いる司祭は豪華な祭服に身を包み、ろうそくと竹でできた十字架を手にしている。夜明けに水が清められ、第2の洗礼のために集まった信者に聖水が撒かれる。人々はこぞって嬉しそうに水を浴びる。歌と踊り、ごちそうを楽しんだ1日のあと、活気に満ちた行列は箱を聖壇に戻す。

開催地域：エチオピア、ゴンダール
開催期間：1月19日（うるう年は1月20日）

>ケニア

マウリディ祭
ラム島

　熱帯の島ラムは毎年2月に活気づく。ケニア中から集まったイスラム教徒が、ラビーウ・アルアウワル（イスラムのヒジュラ暦の第3月）の12日の預言者ムハンマドの誕生を祝う宗教的な行事が催されるためだ。日没から翌日の日の出まで、信者は夜を徹して祈り、歌い、詠唱し、預言者をほめ称える。ラビーウ・アルアウワルの最後の週のあいだ、ケニア国立博物館では、催し物会場でのショーや地域社会が主催する数々のイベントが催され、綱引きやロバのレースなどが楽しめる。最終日、男たちは町の墓地に集まって祈りを捧げたのち、宗教的な詩を朗読しながら、いにしえの海に面した通りに沿って歩いて戻ってくる。

開催地域：ケニア、ラム島
開催期間：ラビーウ・アルアウワル（ヒジュラ暦の第3月）

>マダガスカル

ファマディハナ
中央高地

　マダガスカルには家族の絆を保つ独特な方法がある。7年ごとにラザナ（先祖）の遺骸を地下の墓から運び出して、きれいにして新しい埋葬布で包みなおし、死者の名で催されるパーティに招待する。この祭りは数日続くこともあり、墓のそばでごちそうを食べ、音楽を楽しむ陽気な行事である。布にくるんだラザナと踊る家族のメンバーもいる。二次葬であるファマディハナの儀式の起源は400年近くも前にさかのぼり、生きている一族に幸運をもたらすと信じられている。とはいえ、今日ではこの習慣も廃れつつある。絹で織られた布や豪華なごちそうの費用がかかるためだ。

開催地域：マダガスカルの中央高地
開催期間：6〜9月

>モーリシャス

マハ・シヴァラトリ（シヴァ神の夜）
ガンガ・タラオ（グラン・バッサン）

　幻想的な夜の祝祭。ろうそくの光が輝く「シヴァ神の夜」に、おもにモーリシャスのヒンドゥー教徒がシヴァ寺院に集まり、ガンガ・タラオを見渡す。白装束に身を包んだ40万人以上の巡礼者が、聖なる湖を目指して数kmを歩く。彼らは鏡や紙、花で飾りつけた小さな木の神輿を担いでいる。湖に着くと、信者たちはプジャ（崇拝の行為）を行なう。聖なる湖水で沐浴し、シヴァのリンガ（男根のような形をした石でシヴァ神の活力の象徴とされる）を浸す。夜が訪れると、シヴァ神への捧げものとして浮かべられた無数のろうそく、色とりどりの花、光で湖が輝く。

開催地域：モーリシャス、ガンガ・タラオ（グラン・バッサン）
開催期間：2月

>セーシェル

クレオール・フェスティバル
ヴィクトリア

　セーシェルといえばビーチだと思っているなら、この活気に満ちたクレオールの祝祭のすべてがあなたの見方を一変させるだろう。セーシェルの人々は、何世代にもわたって周辺のインド洋の多様な文化を積極的にとり入れてきた。その結果、セーシェル特有のアイデンティティが生み出され、島民はみずからを「クレオール」とみなしてきた。国際色豊かな伝統

エチオピア正教会の神現祭、ティムカット祭にて。王室の水場へ向かう宗教的な行列のために並ぶエチオピアの鼓手。

を反映して、クレオール・フェスティバルは世界最古の汎クレオールの行事と称する。踊りと音楽、ファッションやフードフェアを伴うこの祝祭は、セーシェル諸島の文化と慣習、工芸品、地元料理がたっぷりつまった心躍る玉手箱である。

開催地域：セーシェル、ヴィクトリア
開催期間：10月の最終週

＞タンザニア

ムワカ・コグワ
ザンジバル

　新たな気持ちで新年を迎える方法はいくつもある。話しあいや和解、許し、さらには殴りあいをすることもある。ザンジバルのマクンドゥチ村では、1500年以上も前から模擬戦闘が行なわれてきた。かつては男性が儀式的な戦いで棍棒を振るっていたが、現在はバナナの茎を使って儀式的な叩きあいをする。これには、新年を迎えるにあたって不和をとりのぞく意味がある。戦闘が盛りあがると、戦う男たちのまわりを女たちが歌いながら歩き、やんわりとからかったりすることもある。男たちの敵対心がすっかりなくなると、地元のシャーマンが幸運を招き入れるために小屋に火をつける。これを合図に女たちは大宴会の用意をし、招待客をもてなす。その後、みんなで踊りに向かう。

開催地域：ザンジバル、マクンドゥチ
開催期間：7月第3週の4日間

＞＞北アフリカ

＞エジプト

アフマド・アルバダウィーの預言者生誕祭（マウリド）
タンタ

　イスラム教徒が多く住む静かな町タンタは、エジプト最大のマウリド（宗教的な祝祭）のあいだ、巡礼者でいっぱいになる。200万人もの帰依者がこの町の3つのドームをもつモスクに集まり、13世紀のスーフィー、サイード・アフマド・アルバダウィーを称える。8日間の祝祭の開催中、スーフィー教団が詠唱し、踊る。その多くは恍惚境に入って神に少しでも近づこうとする。祝福を求める子どもや、回復を祈る病人らがこの聖者の墓廟を訪れる。いたるところに食べ物の屋台が出ていて、砂糖をまぶした菓子（「親愛なる預言者の種子」といわれる）をせっせと売っている。最後の金曜日、鼓手に率いられた巡礼者が通りを練り歩く、熱烈な宗教的な行列が見られる。

開催地域：エジプト、ナイル・デルタのタンタ
開催期間：10月下旬

アブシンベル太陽祭
アブシンベル

　年に2回、日の光が岩窟神殿アブシンベルの入口を照らし、60m続く神殿の奥にあるラムセス2世、アメン神、ラー神の像を照らす。だが、いちばん左側の4つめのプタハ像は冥界の神にふさわしく、深い影のなかにとどまったままだ。

　この太陽光の神秘が最初に見られたのは、神殿が建てられた3000年以上も前のことである。おそらく、ラムセス2世が生まれた2月21日と、王に即位した10月21日にあわせて設計されたと考えられる。だが3000年後の1971年、アスワン・ハイダムの建設によって、神殿はもっと上部に移動しなければならなくなり、現在では1日遅くなっている。神殿の外では、息をのむような光のショーを地元の人々がたくさんのごちそうと踊り、音楽とともに祝う。

開催地域：エジプト、アブシンベル
開催期間：2月22日、10月22日

＞リビア

ガダーミスのナツメヤシ祭り
ガダーミス

年に一度、棘のあるナツメヤシ（デーツ）の収穫という手間のかかる仕事のあと、トゥアレグ族をはじめとするアラブ人やベルベル人の砂漠の遊牧民は、ガダーミスの素晴らしいオアシスの旧市街でお祝いをする。現在、ここはユネスコの世界遺産に登録されており、鮮やかな白い石灰岩の都市には公式には誰も住んでいないが、毎年、別の場所に移り住んだ元住民が戻ってきて、旧市街の狭く影になった通りや広場を華美に飾り立てて、ナツメヤシ祭りを楽しむ。最終日、祭りの場は町から砂丘に移り、ラクダと馬のレースが行なわれる。鞍から乗り出して大胆さや技量を見せつけて盛りあがったあと、砂漠の民は友好的にごちそうを食べ、陽気に1日を楽しむ。

開催地域：リビア、ガダーミス旧市街
開催期間：10月の3日間

ナールートの春祭り
ナフサ山地、ナールート

砂漠の都市ナールートで、毎年春に祝祭が開催される。ベルベル人の文化を紹介するもので、それほど観光化されていない。儀式の炎がともされると、この地域の各部族が伝統的な慣習や技能を誇示しあう。砂漠での馬術やラクダのレース、軽業の披露もある。旧市街の市場では、装飾を施した手工芸品のほか、珍味、オイルやナツメヤシといった土地の特産品が売られる。民族衣装に身を包んだ楽団が、ズクラと呼ばれるバグパイプや民族太鼓など、リビアの伝統的な楽器を演奏する。食べものや飲みものの屋台も出る。

開催地域：リビア、ナフサ山地のナールート
開催期間：3月

＞モロッコ

イミルシルの婚約ムッセム
イミルシル

遊牧民のベルベル人にとってパートナーを見つけるのは簡単ではない。そのため、年に一度開催されるイミルシルの婚約ムッセムは、結婚相手になるかもしれない異性とデートするまたとないチャンスだ。3万人ものベルベル人がイミルシルのはずれに張ったテントに泊まり、まわりを多数のヤギやロバが囲む。期待に胸を膨らませた未来の花嫁がとびきり美しく着飾り、求婚者になるかもしれない男たちをダンスでひきつける。寄ってくる男性のなかに気に入った人がいたら、女性は心強い言葉を口にする。「あなたは私の肝臓をつかんだ」と。ベルベル人の文化では、真実の愛のすみかは心臓ではなく、肝臓と考えられているためだ。それから結婚の交渉が始まる。ミントティーを飲みながら真剣に話しあう。

開催地域：モロッコ、イミルシル
開催期間：8月下旬から9月中旬にかけて。ラマダーンの期間による

モロッコのイミルシルの婚約ムッセムにやってきたベルベル人の娘。ここで未来の花婿を探す。

ベン・イーサー預言者生誕祭
メクネス

モロッコ最大で、このうえなく独特な雰囲気に包まれた巡礼の祝祭。15世紀のスーフィー、ベン・イーサーを称えるもので、心を揺さぶるような音楽と儀式の踊り、恍惚境に入ることなどで有名だ。初期の修行者のなかには、ガラスやヘビを食べるといった命がけの行為で知られる者もいた。今日では、ガラスを食べるパフォーマンスは大道芸で見られるくらいだ。スピリチュアルな雰囲気に浸ったら、観光客は町で中世の野外歴史劇とファンタジアのショーが楽しめる。騎兵隊の突撃で、騎手が群衆に向かって駆け出し、空に向かって発砲しつつ迫り、最後の瞬間に横滑りしながらとまる。

開催地域：モロッコ、メクネス
開催期間：預言者ムハンマドの生誕祭、ラビーウ・アルアウワル月12日の前日

タンタンのムッセム
タンタン

サハラのマルディグラの一種であるタンタンのムッセムは、北アフリカの砂漠の遊牧民が何よりも心待ちにしている集まりである。30ものアラブのベドウィンの部族が、砂漠の小さな町タンタンに集まる。祝祭はもちろん、ベドウィンの慣習や文化を守る目的もある。ラクダの毛で織られたテントに、地元の金属や革の手工芸品などがずらりと並び、サハラ地方の料理法、さらには薬草療法も知ることができる。テントの周囲では、華やかな衣装に身を包んだ踊り手がくるくるまわったり、足を踏み鳴らしたりしている。また、乗馬の名手が全速力で駆け、軽業を披露する。

開催地域：モロッコ、タンタン
開催期間：12月

>チュニジア

オアシス・フェスティバル
トズール

　かつてのムーア人の町トズールは、ヤシの木が生い茂る砂色の町だ。ここで開催されるオアシス・フェスティバルには、サハラ砂漠一帯のベルベル人やベドウィン部族が集まり、砂漠の伝統を披露する。オープニングのパレードはまさに壮観。美しくおられた鞍で飾りつけたアラブの雄馬を、華やかな騎手が巧みに操る。また、翻る絹に身を包んだラクダの乗り手は、背が高く、軽やかに走るラクダに乗ってすべるように通りすぎていく。踊り手の一行が、太鼓や管楽器のリズムにあわせて、ひとりずつ回ったり、飛び跳ねたりする。喜びに満ちたアラブの3日間にわたって、キャメル・ファイティング（闘ラクダ）やナイフ投げ、物語を語る者やヘビ使いもいれば、踊りもあり、誰でも何か楽しめるものが必ず見つかる。最後を飾るラクダのレースでは、起伏のある砂丘をラクダが駆け抜ける、息をのむような夕べを体験できる。

開催地域：チュニジア、トズール
開催期間：10月か11月の3日間

サハラ・フェスティバル
ドゥーズ

　威勢のよいアラブの雄馬、魅力的なベドウィンの花嫁、狩猟犬サルーキ――サハラ砂漠の文化と慣習を披露する圧倒的なショーのなかで、すべてが目まぐるしくまわっていく。この祭典が開催される4日間、何千人という砂漠の遊牧民が、畏敬の念を感じさせるようなラクダのレースと騎手の妙技を目の当たりにする。技能の素晴らしさにふさわしく、騎手の衣装も見事である。部族の歌や踊り、さらにはベドウィンの結婚式といった文化的行事も見ることができる。詩もまた、ベドウィンの歴史を物語るうえでかかせない重要な役割をもっている。ハイライトは、有名な砂漠の詩人が開催する詩のコンテストだ。

開催地域：チュニジア、ドゥーズ
開催期間：12月の最後の4日間

>>南アフリカ

>ボツワナ

クル・ダンス・フェスティバル
ガンジ近郊ディカール

　クル・ダンス・フェスティバルは、1997年にはじまったばかりの新しい行事だが、ボツワナ最古の住民であるサン人（バサルワ、ブッシュマンとも呼ばれる）のきわめて古い伝統を祝うものである。毎年、国中からサン人がこの祝祭に集まり、歌や踊り、作曲や物語の文化復興を担う。サン人の踊りでは、演者はハンツィのゲムズボックの踊り、ハンブクシュ族の治癒儀礼といった特有の文化的伝統を演じる。

開催地域：ボツワナ、カラハリ砂漠のガンジ近郊のディカール
開催期間：8月の3日間

>南アフリカ

吟遊詩人カーニバル
ケープタウン

　きらびやかな吟遊詩人（ミンストレル）のカーニバルが、毎年1月1日に開催される。鮮やかな衣装を身にまとった1万3000人以上の吟遊詩人が歌い、踊りながらケープタウンの通りを練り歩き、新年を迎える。この慣習は、アフリカ人奴隷が1月2日に「第2の正月」を祝ったことに由来するとされる。1月1日は働かなければならなかったためだ。現在、この祭典には160組以上の吟遊詩人のチームが参加する。彼らはテーマを決めて人目をひく衣装を身にまとい、町中を意気揚々と歩き、群衆は歓声をあげて喜ぶ。1月中は、市内のパレードや衣装のコンテストなどが行なわれている。

開催地域：南アフリカ、ケープタウン
開催期間：1月1日

ウムランガ（リードダンス）
ノンゴマ

　いにしえのズールー族の通過儀礼は、ズールー王国の歴史に染みわたっている。ウムランガ（リードダンス）は、ズールー族の少女が大人になっていくことを祝う祭りだ。1万人もの少女が地元の川からアシを集めて、忠誠と純潔のあかしとして王宮にいる王に捧げる。この儀式に参加できるのは光栄なことで、伝統的に処女のみにその資格がある。処女でない少女のアシは折れて、ひどく恥ずかしい思いをすることになるという。贈りものをしたのち、少女は最高のビーズ飾りをつけて、王の前で歌い、踊る。王が彼女たちのなかから妻を選ぶこともある。このズールー文化の素晴らしい儀式を見るために数千人が訪れる。

開催地域：南アフリカ、クワズールナタール、ノンゴマ
開催期間：9月

ケープタウンにて、高らかに歌う小さな吟遊詩人。

愛と結婚

求婚の儀式は長い歴史をもつ。
若者が理想のパートナーを見つけるのを手伝い、
結婚の伝統を守るために、
世界中の数多くの社会が求婚の祭りを行なっている。

上：ズールー族の祭り、リードダンスにて。クワズールナタールの王宮にアシを運ぶ少女。

右：キュレ・サレでは、ウォダベ族の男たちが歯と目の白さを誇示する。

西洋の社会では、パートナーを見つける方法は好きなように選べる。男女は自由に会い、お酒を飲み、楽しむ。インターネットのおかげで、出会いの場が地元に限定されることはなくなり、合コンやお見合いパーティなどが友だちの輪を超えた交友関係を可能にした。だが、多くの伝統文化では選択の幅はもっと狭い。地理的な隔たりでパートナーを見つけることが不可能に近かったり、文化的な制約によって若い男女がお互いをよく知る機会が得られない場合もある。

左：ベルベル人の女性。イミルシルの婚約ムッセムで未来の夫を惹きつけるために着飾っている。

上：キュレ・サレで踊るウォダベ族の男たち。

多くの社会では求婚の儀式が大きな役割を担っている。正式な調査や紹介、結合を家族や村の指導者が手配する場合もある。だが文化によっては、管理された状況下で若者たちが出会い、つきあい、現地のタブーをおかすことなく求婚できるフェスティバルをもつこともある。

視覚的に最も美しい求婚祭りのひとつがゲレウォールだ。ニジェールの伝統的な遊牧民フラニ族の一派であるウォダベ族が開催する祭典で、年に一度の求婚の儀式ではウォダベ族の若者たちが結婚適齢期の独身女性の気をひくために競いあう。いちばん有名なゲレウォールは、サハラ南端のインガルの町で開催されるキュレ・サレだ。さまざまな氏族がこの祭りと市場、出会いを求めて集まってくる（p.31 参照）。

ゲレウォールでは美男子コンテストが行なわれる。男たちは着飾り、念入りに化粧を施し、踊り、歌い、目と歯の白さを少女に印象づけるために思いきり表情をつくる。白い目と歯は最も美しい特徴と考えられているためだ。未来の花嫁を見つけたら、次は持参金の交換を含め、複雑なしきたりにのっとった数々の交渉が行なわれる。

キュレ・サレに参加するトゥアレグ人は、ラクダに乗って列をなし、その技術を誇示する。

モロッコでは、ベルベル人のあいだに結婚の祭典の伝統が見られる。へき地のベルベル人共同体に暮らす人々は、ムッセムと呼ばれる祭りに集まる。聖人を崇める祝祭で、人々は音楽と踊り、おなじみのお祭り騒ぎを楽しむ。父親が自慢の娘を見せびらかす

ウムランガの儀式を行なうスワジ族の少女。

場でもある。最も有名なのがアトラス山地のイミルシルの小さな村で開催される婚約祭りで、パートナーを見つけるために各地からベルベル人が集まってくる（p.16 参照）。女たちは華美な伝統衣装に身を包み、若者たちは配偶者を自由に選ぶ。婚約期間はない。この祭りで結婚の儀がまとめてとり行なわれ、一度に 40 組になることもある。

南アフリカのスワジランドで催される有名なウムランガ（リードダンスの儀式）では、スワジ国王の次の妻に選ばれるためのコンテストで少女たちが競いあう（p.28 参照）。何千人という未婚女性が村々から王家の村にやってくる。彼女たちは、王家の宮殿の壁を修復するためのアシを集める。それから王族の前で踊る。王の目にとまって、多数の妃のひとりに選ばれることを願いながら。これまでのところ、現在の王は 13 人の妻を娶っている。

クワズールナタールのノンゴマでも、ズールー族の王の宮殿でズールー・リードダンスが開催される（p.17 参照）。1 万人もの処女が川からアシをとってきて王の前で踊る。スワジランドと同じく純潔を祝う祭りであり、王は処女のひとりを妻に選ぶ。残念ながら一般の男性は参加できないので、恋人を見つけたい男性向けではない。

アジアでは、山岳地帯に住む少数民族の社会の多くで定期的に祝祭が催される。そこには求婚の要素も含まれる。中国南部の貴州省に暮らすモン族の新年の祝祭では、主要な競技のすべてで、若い男女が年長者の監督のもとで知りあうことができる。

モン（中国ではミャオと呼ばれることも多い）族は求婚だけを目的とした祭りを開く。姉妹飯節では、結婚適齢期の女たちが美しい装飾品を身につける（p.96 参照）。装飾品には何世代にもわたって集めた大量の銀飾りも含まれる。銀は悪霊を追い払うと考えられ、伝統的に女性の持参金がわりにもなっている。なかには、飾りがあまりに重

くてうまく歩けない女性もいる。少女はアシを用いた伝統楽器、芦笙の旋律にあわせて男性のために踊る。男性は気に入った女性に米飯の入った椀を手渡す。女性が箸を1本返してきたら、「お友達でいましょう」という意味だ。2本なら、興味があることをしめす。

アイルランド西部のリスドゥーンバーナの村では、年に一度、世界最大の独身者向けの行事をうたうお見合い祭りが開催される（p.211参照）。お見合いの伝統から生じた行事で、かつては村々の仲人がさまざまなロマンティックな演出を凝らして、へき地の村落に住む人々にお見合いの場を整えた。

リスドゥーンバーナの祭りは一連のダンスやイベントで構成され、美を競うコンテストもある。実際のところ、今日では真剣にお見合いをしにくる人はごく一部だ——ほとんどの人は有名なアイルランドのクラック（親しみのある楽しい雰囲気の意味）を求めてやってくる。とはいえ、アイルランドの現在の仲人ウィリー・ダリーに、生涯の恋人を紹介してもらえるよう約束をとりつける者もいる。

無鉄砲な、もっというなら攻撃的な行為で女性を勝ちとるべきだと考える人もいる。これを裏づけるかのように、独身男性が同じく独身男性と、ときには雄牛と戦い、妻を手に入れる祭りもある。バリのウサバ・サンバでは、決闘者は村の未婚女性が見守るなか、棘のあるパンダンの葉で血を流しながら叩きあう（p.148参照）。インドのジャリカトゥと呼ばれる牛追い競技は、ポンガルという収穫祭の一環として行なわれる（p.120参照）。猛りくるった雄牛が地元の男たちに突撃する。この儀式の勝者となるのは、雄牛に50mのあいだしがみついていられた者だ。過去には、勝者には花嫁が与えられた。現在のジャリカトゥは、お見合いの儀式というよりスポーツ競技の色合いが濃くなっている。とはいえ、その勝者という名声が嫁取りレースの邪魔になることはない。

恋愛の守護聖人といえば、もちろん聖バレンタイン（ウァレンティヌス）

下左：インドネシアのバリ・アガ族のウサバ・サンバでは、女性に印象づけるために男性が戦う。

下右：ジャリカトゥと呼ばれる牛追い競技は、かつては花嫁を勝ちとるための手段として行なわれていた。

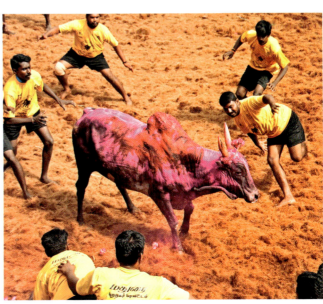

上：銀飾りの重みに耐えるモン族の少女。

左：姉妹飯節で最高に着飾ったモン族の人々。貴州省にて。

だ。イタリアのテルニでは、世界最大規模のバレンタインデーの祝祭が催される。この聖人の遺骸が埋葬されているとされる教会の前にごちそうが並べられ、金婚式や銀婚式を祝う夫婦に賞が贈られる（p.208 参照）。

　パキスタン北部の辺境の谷に住むカラーシャ族は、非イスラム教徒で独自の精霊信仰をもっている。その文化において、結婚はしばしば駆け落ちの形態をとる。色鮮やかなジョシ（春）とウチャオ（秋）の祭りのあいだに、駆け落ち婚が多く見られる（p.144 参照）。祝祭は別の日にも行なわれ、ほかの谷に住む人々も集まってくる。桑の実から

左：パキスタン、ギルギット近郊カラーシャ渓谷のルンブール谷で開催されるジョシ（春）祭り。カラーシャ族の人々が踊り、彼らの聖なる物語を語り、儀式をとり行なう。

上：ジョシ祭りで踊るカラーシャ族の女たち。パキスタン、ギルギット近郊カラーシャ渓谷のルンブール谷にて。

つくったワインを大量に飲み、騒がしくなると男女が一緒に踊りはじめる。パキスタンの部族地帯では異性がともに踊るのはタブーとされている。カラーシャ族の社会では、周辺のイスラム教徒の共同体に比べて、女性は男性と平等に近い立場にある。夫に不満があるときには、妻はほかの男性と駆け落ちすれば離婚できる。

>スワジランド

インクワラ
ロイヤルクラール

インクワラはアフリカでいまも続いている最後の集団儀式のひとつで、スワジランドの人々の連帯を深める祝祭だ。8週間にわたって人々は収穫を祝い、先祖の祝福を求め、王の力を一新する。瞑想のために王が王宮のなかに退くと、若者たちは40km近く歩いて、ルセグワネ（聖なる木）から儀式の枝を集める。その「真実の葉」は汚らわしい手で触れると枯れてしまうという。3日目、戦士が雄牛を屠り、王宮近くで伝統舞踊を踊り、王に姿を見せるように促す。ついに盛装した王があらわれ、聖なる踊りを踊り、象徴的なジェスチャーで収穫された最初のカボチャを味わう。これを皮切りに、新年の収穫のパーティが本格的にはじまり、祝宴と音楽、踊りを楽しむ。

開催地域：スワジランド、ロイヤルクラール
開催期間：12月下旬〜1月。月の入りによる

ウムランガ（リードダンス）
王家の村ルドジジニ

華やかに着飾った2万5000人以上のスワジの少女が、背の高さの2倍もあるアシを刈る姿はとても印象的である。名高いウムランガは、8日間の祝祭の最終日に行なわれる。初日に王母の村に集まった少女は、それぞれ背の高いアシを取りにいく。アシは労働の象徴である。6日目、少女たちは見事なビーズ飾りのついた衣装に身を包み、アンクレットを鳴らして、宮殿まで行列する。王の前で踊るためだ。彼女たちの多くは処女の象徴であるブッシュナイフをもっている。最終日、牛が殺され、その肉は少女たちが家に持ち帰る。多くの意味で、この儀式は少女が純潔を大切にすることを奨励するのに役立っている。

開催地域：スワジランド、王家の村ルドジジニ
開催期間：8〜9月

>ザンビア

クオンボカ祭
リムルンガ

大まかに訳すと、クオンボカは「水から出る」という意味になる。毎年、雨季の終わりにロジ族の王が行なう荘厳で華やかな儀式が、最初のロジ族がザンビアに住みついて以来、300年にわたって続いている。4月か5月になると、ザンベジ川の水量が増えて、バロツェ氾濫原にあふれる。これがレアルイの湿地に住む王にとって、まちがえようのない合図となり、王は人々を王の艀（舟）に乗せ、上流の安全なリムルンガの乾いた地へと導く。村民全員を乗せた船団を率いて、王の艀は流れるように上流に移動する。色鮮やかな赤いターバンを頭に巻いた漕ぎ手が懸命に櫂をこぐ。1日が終わるころ、船団が無事に高台に到着すると、群衆は喜びとともに歌い、踊りながら祝う。

開催地域：ザンビア、レアルイとリムルンガのあいだのザンベジ川上流
開催期間：4〜5月、雨による

リクンビ・リヤミゼ
ミゼ

大胆で派手な模様の衣装と恐ろしげな仮面が、リクンビ・リヤミゼをほかとは一線を画すものにしている。毎年8月になると、ルバレ族はミゼにある最高首長ンドゥングの宮殿に集まり、活気あふれる文化フェアでその伝統を祝う。地元のさまざまな手工芸品が展示され、伝統的な歌や踊りを披露する催しもある。群衆をとりこにするハイライトが有名なマキシの仮面舞踏で、仮面をつけた踊り手が力強い模様の「ラキシ」の衣装に身を包み、踊る。人目をひく仮面は神話の神や登場人物をかたどっている。この祝祭は、少年の成人儀礼に起源をもつ。仮面舞踏では道徳の物語を演じ、人生における実用的な教訓を与え、生きることの価値を教える。この儀式のあいだ、ザンベジ川の両岸でフェスティバルが催される。24時間休みなくショーや娯楽が続き、活気に満ちた露店も出ている。たくさんのごちそうと踊りを楽しんだら、パーティは佳境に入り、首長のための素晴らしいマキシの行進となる。

開催地域：ザンビア、ミゼ
開催期間：8月の水曜日から最後の土曜日にかけて

>>西アフリカ

>ベナン

ゲレデ
ベナン南東部、ナイジェリア南西部

明るい彩りで光沢のある木彫りの仮面を被り、魅惑的な野外劇を演じるゲレデの参加者は、命を与えられた特大サイズの人形のようだ。おどけた笑顔を輝かせ、頬には涙のあとをつけている。歯を見せて笑い、しかめっ面をし、泣き、色鮮やかな仮面舞踏で迫真の演技を見せる。彼らが演じるのは、ベナンとナイジェリアのヨルバ・ナゴ族の伝説や歴史にもとづく劇である。

ゲレデは、原初の女神イヤ・ニラを称え、ヨルバ・ナゴ族のコミュニティにおける女性の精神的な役割を祝う祭りだ。仮面を被って部族の伝説を演じ、いくつもの面から道徳を物語る。そのメッセージは儀式の参加者はもとより、一般の観客にも向けられている。劇はたいてい風刺やユーモアに富んでいて、群衆の喝さいを呼ぶ。ゲレデの儀式は収穫のあとのほか、干ばつや病気が流行したとき、葬儀などで行なわれ、邪悪な魔力を追い払う効果があると考えられている。

開催地域：ベナン南東部、ナイジェリア南西部のヨルバ族居住地域
開催期間：乾季の終わり、3〜5月

ブードゥー祭
ウィダ

　ブードゥー教の暦で最大の行事となるのが、ウィダで開催される祝祭だ。遠くはナイジェリアやトーゴの平原から信者が集まってくる。ブードゥー教の核となるのは、現地の言葉でヴォドゥン（精霊の意味）と呼ばれる精霊信仰である。精霊——姿が見えようと見えまいと——は、地上のあらゆるものに「生命を与える」と考えられている。ブードゥー教の儀式のあいだに精霊に最も近づくことができ、精霊は仮面をつけた踊り手にのりうつるとされる。儀式に欠かせないのがとてつもなく精巧な装束で、踊り手に特定の精霊が「憑依」するのを助ける。とくに印象的なのが、ぐるぐるとまわるヨルバ族の色とりどりの大きなローブだ。羽根飾りやスパンコール、アップリケのついた最高のもので、おそろいでハンドバッグや手袋といった現代の装飾品をもっている人もいる。

開催地域：ベナン、ウィダ
開催期間：1月10日とその前週

＞カメルーン

ンゴンド
ドゥアラ

　沿岸地域に住むサワ族は、ウーリ川の青々とした岸辺で年に一度、先祖を称える。武術コンテスト、合唱団による歌唱、民族舞踊、さらにはミス・ンゴンドのコンテストも催され、沿岸部に暮らすサワ族特有の文化が披露される。伝統祭のクライマックスが水祭りで、儀式の行列が水際まで続き、鮮やかな衣装に身を包んだ選手がチームで競いあう丸木舟のレースが行なわれる。それから儀式のメインイベントがはじまる。ひとりの男性が陶器でできた聖なる壺を持ち、川床までもぐる。そこにはサワ族の先祖が住むと考えられている。9分後、水面に戻ってきた男性は不思議なことに乾いた壺を手にしている。その壺にはそれからの1年分の預言がつまっている。

開催地域：カメルーン、ドゥアラのウーリ川の入江と岸辺
開催期間：乾季のはじまり（11〜12月）

＞カーボベルデ

サオビセンテ島のマルディグラ
サオビセンテ島、ミンデロ

　ブラジルのリオデジャネイロからは遠く離れているが、カーボベルデのサオビセンテ島のマルディグラはリオのカーニバルに匹敵する活気と雰囲気に満ちている。その目玉となるのがきらびやかな山車のパレードで、人々はこの祭りの期間を祝い、四旬節の節制を迎える。参加者は華やかな衣装に身を包み、ボサノバやカーボベルデの陽気なリズムに乗って楽しそうに体を揺らす。日が暮れると、祝祭は活気あふれるダンスと、ストリートパーティで絶頂に達し、感動的な花火が打ちあげられる。

開催地域：カーボベルデ、サオビセンテ島、ミンデロ
開催期間：2日間、通常は灰の水曜日（四旬節の初日）の前

サオビセンテ島では熱気あふれるマルディグラの祝祭が催される。

＞コートジボワール

フェテ・ド・ディプリ
ゴモン

　ゴモン村の人々は、悪霊を追い出すことにけっして手を抜かない。その清めの儀式は古代の神秘主義教団に起源をもつ。真夜中、家族は小屋のなかでこっそり裸になり、地域社会の悪魔祓いの儀式に参加する。首長が到着すると、村人は力強い太鼓の伴奏にあわせて踊り、トランス状態に陥る。夜明けとともに参加者はニワトリの血を体に塗りたくり、幻覚作用のある薬をのむ。腹部を切る者もいるが、その傷はすぐに治ってしまうという。その後、地元の川で体を洗い、白色の粘土（カオリン）の粉を体に塗り、白い服を身にまとう。白は純潔の象徴である。

開催地域：コートジボワール、アビジャン近くのゴモン
開催期間：4月

仮面祭り
マン

　のみで彫ったドゴン族の力強い仮面は、大地の精霊と死者の魂を具体化したものである。先祖や動物などの精霊をかたどった仮面を被ることで、踊り手に精霊が宿るのを助ける。きわめて象徴的なドゴン族の仮面は、さまざまな霊的な目的を担っている。保護の役目を果たすものもあれば、道徳を教える仮面舞踏で知恵を伝えるのに役立つものもある。秘密結社アワのメンバーによる踊りはダマと呼ばれる葬送儀礼で行なわれ、その印象的な舞踏のなかで死者の魂を永眠の地へと象徴的に導く。

開催地域：コートジボワール、マン
開催期間：11月

＞ガーナ

アボアケヤー
ウィネバ

　あなたがベジタリアンなら、アボアケヤーはお気に召さないだろう。この祭りは2つの戦士チームが大型レイヨウを生け捕りにする競技からはじまる。勝利したチームには華やかな王宮でトロフィーが与えられる。それからレイヨウが殺され、祭りの開始を飾る。この祭りはウィネバのアカン系民族の歴史に根ざしており、彼らの先祖が古代スーダンにあった帝国の都市トンブクトゥから、ガーナ南部の沿岸にあるウィネバへと移住してきたことを祝うものである。現在の豊かさに感謝すると同時に、神々に豊作と霊的な導きを嘆願する。

開催地域：ガーナ、ウィネバ
開催期間：5月の第1土曜日

フェトゥ・アフェイェ
ケープコースト

　かつて、オグアーの先祖は死にいたる疫病に苦しめられた。コミュニティ全体が消滅しかねないほどで、村人は神々に、村を清め、疫病を取りのぞいてくれるようにと祈った。以来、オグアーの人々は町を浄化する伝統儀式を続けてきた。儀式は太鼓と漁獲の禁止からはじまる。オマンヒニと呼ばれる最高首長がひきこもり、瞑想に入る。1週間後、姿をあらわした彼はフス潟湖に猟網を投げいれ、禁止を解く。潟湖に酒を献じ、まじないを唱えて一晩を過ごしたのち、人々は公共広場に集まる。そこでオマンヒニがいけにえの雄牛を捧げ、清めの儀式を完了させる。それから、活気あふれる太鼓の演奏、踊り、マスケット銃の発砲とともに、金色と赤色の見事な衣装に身を包んだ首長がケープコーストの通りを練り歩き、儀式は終わりを迎える。

開催地域：ガーナ、ケープコースト
開催期間：9月の第1土曜日

ホグベツォツォ
ヴォルタ川河口

　ホグベツォツォ（脱出という意味）の開催中、エウェ族は先祖の人々がトーゴ、ノツェの抑圧的な体制のもとから平和的に逃げ出したことを祝い、和平と清めの儀式を行なう。大規模な精力的な浄化――すべての村のごみを掃き出して焼く――がガーナのヴォルタ川河口ではじまり、数日後、ベナンのモノ川にある壮大な王宮での接見で終わる。盛装した首長に、家臣が歌や踊りで敬意を表する。その地域のボルボルボルという生き生きとした踊りでは、すばやく手を叩き、複雑な脚さばきを伴う。

開催地域：ガーナ、ヴォルタ川からはじまり、ベナンのモノ川で終わる
開催期間：11月の第1土曜日

＞マリ

デガル（牛の群れの横断祭り）
ディアファラベ

　デガルは「放牧牛の横断」という意味で、牛飼いが牛の群れを引きつれて川を渡り、新たな牧草地へ向かうことを祝う行事で、ディアファラベの村が創設された1818年から続いている。この1日の祭りのなかで、地元の牛飼いたちが最優秀賞を競い、最も健康的で肥えている牛に賞が贈られる。だが、ただのコンテストではない。デガルは遊牧民の牛飼いが家族と再会し、地元の情報交換をする機会でもある。さらには、求婚の場でもある。独身の男女が晴れ着でめかしこみ、この有名な祭礼のあいだに将来の結婚相手を探す。

開催地域：マリ、ディアファラベ
開催期間：11月か12月の土曜日、雨による

砂漠の音楽祭
ウルシ

　砂丘で開催されるエキゾチックな音楽フェスティバルで、トゥアレグ族の伝統的な音楽と、現代の国際的な音楽が演奏される。2001年にはじまったばかりだが、キダルのタクベルトやトンブクトゥのテマカニツといったトゥアレグの集会がその基盤にある。そうした集会は地方の遊牧民に社交と、自分たちの文化を祝う場所と機会を与えた。かつての集会を復活することで、今日、この祭典はトゥアレグが集い、情報を交換し、氏族の問題を解決する機会を提供している。社交行事に加え、トゥアレグの家族が歌や詩の朗読、踊り、ラクダレースなどでその文化を祝う。

開催地域：マリ、ウルシ
開催期間：1月か2月

仮面祭り
ドゴンカントリー

　ビーズや羽根飾り、飾り房のついた、魅力的な形や模様を彫ったドゴン族の木彫りの仮面は、職人の技と豊かな象徴性において世界的に有名である。だが、この祭りはユニークな作品の美しさの質を鑑賞するためにあるのではない。ドゴンの仮面は特別な儀式で用いるために彫られる。聖なる踊りのなかで、仮面は邪悪なものを追い払ったり、死者の魂を導いたり、若者に知識を伝えたりといった、さまざまな霊的な役割を担う。ドゴン族の仮面祭りは追悼であると同時に祝いである。死者の魂を弔い、収穫に感謝する。外部の人間にとっては、ドゴン文化の生き生きとした象徴である。仮面をつけた踊り手は上等な衣装に身を包み、しばしば竹馬に乗って、太古の昔から続くドゴンの物語を再現する。

開催地域：マリ、ドゴンカントリーの村々
開催期間：4月か5月の5日間

仮面をつけて演じるドゴンの踊り手。マリの仮面祭りにて。

サンケ・モン
サン

　サンの小さなほこりっぽい村で、驚くような魚獲りの儀式が行なわれる。これは地域社会の慣行で、何百人という町の住民がサンケ・モンの池に円錐形の網を打ち、町の創設と雨季のはじまりを祝う。地元の人々は徒歩か、ロバ、自転車、馬車に乗って泥の池へ向かう。彼らはやかましいニワトリや頑固なヤギをひき連れている。動物は池の精にいけにえとして捧げられ、それから漁獲がはじまる。

　蒸し暑く、人でごったがえす浅い水のなか、参加者は15時間にわたって網漁を楽しむ。小さい網目や大きな網目のポケットの形をした網を使う伝統的な漁法で、ベテランの漁師が水を激しくかきまわしてはねる魚をすくいあげる。大漁のあと、すぐに村の広場で、見事に飾りたてたコヤスガイの衣装と頭飾りをまとい、仮面をつけた踊り手が太鼓の伴奏にあわせてぐるぐる回ったり、飛びはねたりして踊る。これを合図に、活気あふれる踊りがあちこちではじまり、祝宴がはじまる。

開催地域：マリ、サン
開催期間：太陰暦の第7月の第2木曜日

＞ニジェール

キュレ・サレ
インガル

　砂漠の民にとって重要な時期、キュレ・サレ（塩の癒し）で雨季の終わりを祝う。インガル近くの塩の平原にさまざまな氏族が集まり、家畜に栄養を摂らせたのち、乾季を生き延びるために南へ向かう。この塩原での集まりは、伝統的に多くの面で砂漠の部族の役に立ってきた。薬が売買され、未来の花嫁や花婿を選ぶ機会でもある。なかでも遊牧民ウォダベのゲレウォールが有名だ。この印象的な求婚の儀礼で、若い男性は自分の魅力とスタミナを見せつける。焼けつくような太陽のもと、男たちは7日間にわたって踊り続ける。ウォダベの美男子コンテストが行なわれ、女たちはとくに背の高さ、美しい容貌、目と歯の白さに魅了される。若者は愛想よく笑ったり、目をくるくるまわして白さを強調する。

　トゥアレグの女性も、地域に住む男性の才能を見きわめる機会を得る。将来の伴侶になるために、男たちは騎手、音楽家、職人としての自分の腕を誇示する。

開催地域：ニジェール、インガル
開催期間：9月の最後の3日間

＞ナイジェリア

アルグング魚獲り大会
アルグング

　発砲音とともに3万5000人もの漁師がマラン・ファダ川に飛びこむ。参加者はペアを組み、渦巻く水のなかでいちばん大きな魚を狙う。優勝者の魚は50kg以上になることもある。大騒ぎの1時間、参加者が使えるのは手網と浮き輪がわりのひょうたんのみで、限界までその腕前を競いあう。優勝ペアには、賞金100万ナイラ（800米ドルに相当）とマイクロバスが贈られる。この派手な魚獲り大会は4日間の文化フェスティバルの最後に行なわれる。もともとは1930年代にアルグングとソコトの人々が友好を深める儀式としてはじまったとされる。

開催地域：ナイジェリア、アルグング、マラン・ファダ川
開催期間：2月中旬

エヨ仮面祭り
ラゴス

　白装束を身にまとい、仮面をつけた数百人ものエヨの人々がラゴスを練り歩き、先ごろ亡くなったオバ（王）や著名人を追悼する。この実に印象深い仮面舞踏祭の伝統は1854年にさかのぼる。オバ・アキントヤの葬儀からはじまったが、慣習そのものはもっと古くからあったと思われる。行進の際、エヨの人々は5つのグループに分かれる。それぞれが特定の帽子を被っているので、すぐに見分けがつく。イボジュと呼ばれる白い布で顔を覆い、装飾を施した竹のさおで、タブーを犯した者を叩く。喫煙したり、傘を振りあげたり、ときには写真を撮っただけで叩かれることもある。

開催地域：ナイジェリア、ラゴス
開催期間：不定、現王により決定される

カノ・ダーバー
カノ

　カノの王宮における謁見式では、毎年、息をのむような騎馬隊の突撃が見られる。ラマダーン明けを祝うイード・アル＝フィトルと犠牲祭イード・アル＝アドハーのハイライトとして、首長が毎年、壮麗な謁見を行なう。なかでも目玉となるのが、凝った装飾を施した衣服に身を包んだ騎馬隊の隊列だ。首長の宮殿へ向かうなか、いきなり馬に乗った戦士が首長に突撃する。が、間一髪、目の前で止まり、剣を掲げて敬礼する。このドラマチックな軍隊の儀式の起源は19世紀にさかのぼる。当時、首長の支配下にあるすべての町や貴族の家では、首長を護衛する騎馬兵を差し出すよう求められていた。年に2度、連隊は首長に謁見するために招集され、検査を受けたのち、彼らの領主への敬礼の儀式がとり行なわれた。今日、謁見のあとに祝祭が続き、伝統的な舞踊や太鼓の演奏が行なわれる。

開催地域：ナイジェリア、カノ
開催期間：イスラム暦のイード・アル＝フィトルとイード・アル＝アドハー

ナイジェリア、アルグングにて。1時間の激しい魚獲り大会で、漁師たちは最も大きな魚を捕獲しようと競いあう。

オショグボ祭り
オショグボ

　オシュンの聖なる木立は、オショグボの先祖の地である。オシュン川から水をひく、農作を祈る古代の儀式を見るためにおおぜいの人がこの地に集まる。儀式は700年以上も変わらず続いているもので、オショグボ王国の12日間の文化的な祝祭の一環である。宮殿から木立までの巡礼ルートを清める儀式で幕をあけ、仮面舞踏祭とオショグボの神々と先祖を称える行進が4日間続く。6日目の夜、午後7時に癒しの神オサニインに敬意を表して宮殿の敷地内で14世紀のランプに火をつけ、翌朝の7時までともし続ける。10日目、オショグボの創始者と人々との象徴的な再会の儀式のなかで、過去のすべての支配者の王冠が清められる。グランドフィナーレは壮大な儀式のパレードで、コミュニティ全体で聖なる木立へ向かう。

開催地域：ナイジェリア、オショグボ
開催期間：8月

＞トーゴ

グイン・フェスティバル
アネホ・グリジ

　新年を模擬戦闘で迎えるタンザニアのマクンドゥチ村とは異なり（p.15参照）、グインの人々は年明けを予言の祭りで祝う。350年前から続く儀式で、グインの司祭が聖なる石の色から未来を読む。赤は神々が怒っているしるしで、白は平和をしめす。青なら、良くもあり悪くもあることを告げている。最後の2日間、カーニバルがはじまると踊りやパレード、祝宴で盛りあがる。

開催地域：トーゴ、アネホ・グリジ
開催期間：9月の最初の4日間

イスラム教徒の若い戦士。伝統的なサーベルを身につけ、首長に敬意を表す順番を待っている。ナイジェリア、カノで年に一度行なわれる王宮での謁見式にて。

仮面の力

仮面は何千年にもわたって、生と死において、
世界中の文化のなかで大きな特徴をなしてきた。
仮面を被ることで正体を隠して別人になったり、
隠された真実をさらしたりする。
最もスリルと感動に富んだ祝祭の多くでも仮面が用いられる。

上：伝統的な木彫りの仮面を被ったドゴン族の踊り手。マリにて。

右：仮面をつけたチャム（仮面舞踏）の踊り手。
インド、ラダックのピャン・ツェドゥブ。

仮面は、古代ギリシャのディオニューシア祭や古代ローマの農神祭でも使われていた。「ペルソナ」という言葉は、ラテン語で仮面を意味する。別の人格をまとうことで、人々は正体を見破られる心配なく、社会規範を破ることができた。これが、歴史を通して祭りの最中に仮面を被る最大の動機となっている。

仮面の伝統が最も顕著なのは、ほぼまちがいなくアフリカ大陸だ。さらにいうなら西アフリカである。仮面はおもに儀式や儀礼で用いられ、仮面をつくる技能も厳重に守られていることが多く、選ばれた一流の職人にのみ、その奥義が明かされてきた。精霊や動物をかたどった仮面は、仮面をつけた者にその力や権限を与え、ときには仮面に取りつかれたかのような状態になる者も出てくる。

コートジボワールとマリに住むドゴン族は仮面づくりで名高い。仮面祭りは彼らにとって重要な意味をもつ祝祭で、象徴的意味にあふれている（p.29、p.30参照）。木彫りの仮面は祭りごとに特別につくられるもので、一度きりしか使用されない。自然の精霊や死んだ先祖をあらわし、ドゴン族の歴史を通して流れる倫理観をテーマに演じるのに用いられる。

社会の統制や団結を強めるために仮面が使用されることも多い。おおぜいの人にメッセージを伝える効果的な手段となるからだ。仮面をつくる者はしばしば集団を支配するため、仮面制作の秘密はきわめて厳しく守られる。また、仮面は死者の魂を具象化したものでもある。ベナンのウィダで開催されるブードゥー祭（p.29参照）で用いられる仮面のように、人々は強大な力をもった先祖の願いを読みとり、ときにはコントロールすることさえ可能になる。ウィダの祭りの見事な仮面の多くは、ナイジェリア南西部とベナン南東部に居住するヨルバ族に由来する。ヨルバ族は（フォン族とともに）、ゲレデにおける仮面づくりで名高い（p.28参照）。ゲレデは母なる大地への豊穣祈願の儀式であり、仮面の役柄は村人に対して、倫理的な物語をパントマイムで演じる。物

左：仮面をつけたマリのドゴン族の踊り手。竹馬に乗っている。

右：ベナンのゲレデ。色鮮やかな仮面をつけて部族にまつわる神話を演じる踊り手。

上左：仮面舞踏のチャム。インド、ラダックのタクトク・ツェチュにて。

上右：インド、ラダックのコルゾック僧院のグストール祭。仮面を被った踊り手が中庭で踊る。

語は見る者をひきつける楽しい仕立てになっているが、その根底には強力なメッセージが流れている。それぞれの仮面や仮面舞踏の意味は強く体系化され、初心者には解釈が難しいことが多い。これは意図的なもので、ひとつひとつの仮面が明確な役柄をもち、その象徴はゲレデの儀式に加わる者以外には用心深く秘密が守られている。

ザンビアでは、リクンビ・リヤミゼの祭りに登場する「マキシ」という仮面を被った踊り手が少年の成人儀礼で道徳の教訓を演じる。それぞれの物語を演じるのに異なる仮面を使い、成長し、生きていくうえでの人生の教訓や価値を少年に伝える（p.28 参照）。

仮面はまた恐怖や脅しのためにも使われる。表情をもたない仮面はあらゆる人間らしさの要素をぬぐいさる。仮面を被る者に異なる、たいていは邪悪なペルソナをつけさせ、ほかの者を脅し、特定の行為をさせる。その最たる例が、ラゴスのエヨ仮面祭りだ。白装束に身を包み、顔にも白い仮面をつけたエヨの人々が町を練り歩く。彼らは竹の棒を手にしていて、さまざまなタブーを犯した人々を叩いていく（p.32 参照）。

チベット、ブータン、インドのラダック地方の主要な宗教であるチベット仏教でも、仮面は重要な役割を果たす。僧侶は彩色を施した木や石膏でつくった仮面を被り、チャムという仮面舞踏を行なう。さまざまな神や悪霊、王やラマ（チベット仏教の法師）といった歴史的な人物をかたどった仮面をつけ、見物する巡礼者の前で歴史的、宗教的、道徳的なテーマをもつ踊りを演じる。たいていは管楽器や太鼓の伴奏にあわせて、リズミカルな動きで踊る。仮面は色とりどりで奇怪で、古いものの多くは１年を通して修道院に飾られている。

ブータンのパロ・ツェチュ祭（p.120 参照）と、ラダック地方のヘミス・ツェチュ祭

(p.122参照)で行なわれる舞踏がとくに有名だが、この地域の大半の僧院は少なくとも年に一度はチャムの仮面舞踏を特徴とする祭りを催す。人里離れた高地のツォモリリ湖の湖畔にあるコルゾック僧院で行なわれるグストール祭では、2日間にわたって仮面舞踏が披露される（p.124参照）。いまにも崩れそうな古いコルゾック僧院の中庭で、仮面をつけた僧侶がゆっくりとした動きをくり返す。回廊のある中庭の暗がりのなかで、数百人の遊牧民チャンパが身じろぎもせずに座って踊りを見守っている。年配の巡礼者の多くの顔には、加齢によるしわが刻まれている。この舞踏を見慣れているはずの彼らも、黒帽の舞でひとりの僧侶が悪霊を退治するシーンといった真に迫る場面を心待ちにしている。

　カトリック教会の多くのカーニバルでは、特徴的な仮面のキャラクターが見られる。コロンビアのバランキージャのカーニバル（p.91参照）のように、教育の要素が色濃く、道徳的なメッセージを伝えるものもある。また、いたずら好きで、ときには恐ろしいキャラクターがカーニバルを支配し、仮面のおかげで罰せられることなく無作法に振るまう。

　古くから、ベルギーには茶目っ気のあるカーニバルのキャラクターが数多く存在する。バンシュのカーニバルでは、「ジル」と呼ばれる道化師の仮面を被った1000人もの大行列が騒ぎまわる。彼らは「幸福」のオレンジを投げつけながら行進する（p.188〜p.189参照）。蝋でつくったジルの仮面はこの町独特のもので、16世紀のインカ帝国の衣装に由来する。同じくユニークなのが、スタヴロのカーニバルの「ブラン・ムー

インド、ラダックのコルゾック僧院のグストール祭にて。仮面をつけた踊り手。

上左：ベルギー、バンシュのカーニバルにて、「ジル」の仮面。

上右：ベルギー、スタヴロのカーニバルにて、「ブラン・ムーシ」の仮面。

シ」だ（p.198 参照）。こちらは仮面と白装束に身を包み、街を歩き回って、低いうなり声をあげて人々を威嚇したり、膨らませた豚の膀胱で観客を叩いたりする。もちろん、仮面を被ったカーニバルの集団がみな大騒ぎをひきおこすわけではなく、もっと落ちついた雰囲気のものもある。たとえば、バーゼルで開催されるカーニバルのパレードでは、「クリーク」（参加グループ）はユニホームのようにおそろいの仮面を被り、ピッコロと太鼓を演奏し、木と粗布でつくった提灯を掲げて行進する（p.234 参照）。

　南アメリカのカトリック教会は、仮面を被ったキャラクターを用いて信者に教義に従うよう促すのに反対ではない。チリのラ・ティラナの祭り（p.90 参照）、ペルーのプーノのディアブラーダ（悪魔の踊り）（p.92 参照）、ベネズエラのサンフランシスコ・デ・ヤレの聖体祭（コルプス・クリスティ）（p.93 参照）は、違いはあるもののどれも悪魔の踊りを特徴とし、踊り手は恐ろしい悪魔の仮面を被る。その踊りは厳密に形式化されていて、町中で暴れまわったあと、悪魔はいくらかの悔恨の念をしめし、悪に対する善の勝利が告げられる。こうした悪魔のキャラクターは、たいていキリスト教以前の土着の宗教の影響を受けており、似たようなキャラクターがアンデス地方一帯で見られる。

　東ヨーロッパのカーニバルでも、悪魔のようなキャラクターが見られる。民間伝承のキャラクターをかたどった羊の毛皮の被りものをして角を飾ったり、グロテスクな仮

上：ベネズエラ、サンフランシスコ・デ・ヤレの悪魔の踊り。

下：スロベニアのカーニバル、クレントヴァニエにて。仮面を被った「クレント」。

面をつけるのは、クロアチア、ハンガリー、スロベニアのカトリック教会のカーニバルの特徴である。クロアチア、リエカのカーニバルの「ジボンチャリ」（p.174 参照）と、ハンガリーのモハーチで開催されるブショーヤーラーシュの「ブショー」（p.175 参照）、スロベニアのカーニバル、クレントヴァニエの「クレント」（p.177 参照）は、悪を象徴する地域の伝統的なキャラクターが入り交じったものと考えられ、オスマン帝国のトルコ人による侵攻に起源をもつ。

　ほかのキャラクターを演じることよりも、自分自身を隠すのに重点がおかれる場合もある。たいていは、不埒な目的のためだ。ローマカトリックでは、四旬節の節制の期間の前に、ある程度のどんちゃん騒ぎが許される。通常は満腹になるまで食べてから、断食に入るのだが、カーニバルのなかには、放縦のかぎりを尽くすまでに発展したものもある。ふだんは礼儀正しくふるまうことを求められている人々が、突如として原始的な欲求にふける。神父や

左：ヴェネツィアのカーニバルにて、さまざまな仮面。

上：フランス領ギアナのマルディグラの「トゥルル」。

修道女も参加する場合もある。彼らは仮面を被って自分の正体を隠すことで、罰を受けずにパーティで盛りあがることができる。

　仮面をつけることの裏側には、行動の自由がある。ヴェネツィアのカーニバルと、その影響を受けたプティニャーノやヴィアレッジョ（p.204、p.205参照）をはじめとするイタリアの諸都市で開催されるカーニバルにその影響を見ることができる。ヴェネツィアのカーニバルは13世紀にさかのぼる祝祭で、名士が仮面をつけることで素性を知られることなくはめをはずし、誓いや社会のしきたりを破った。長年のあいだにいくつかの仮面の種類が発展した。歴史的な役割から生じたのが、たとえばメディコ・デッラ・ペステ（ペスト医師）で、これはペスト患者の治療をする医師が感染を防ぐためにつくった長いくちばしのついた仮面である。また、顔の全体を覆う「バウタ」と呼ばれる仮面は、市民の意思決定の際に匿名性を高める目的でつくられた。

　歴史のある時期には、仮面をつけることは破壊的な行為とみなされ、禁止されたこともあった。フランス領ギアナのマルディグラのカーニバルで、女性は「トゥルル」と呼ばれるキャラクターに扮する（p.91参照）。仮面にガウン、さらには手袋で完全に全身を覆った仮装で、この機会に正体を知られることなく異性といちゃついたり、ときには浮気をしたりする慣習がある。これは、仮面の匿名性を性的な目的で用いるならわしが健在であることを裏づけている。

ジャンカヌーの参加者の一団。きわめて想像力に富んだテーマに沿った衣装を身にまとい、クリスマス翌日のボクシングデー（12月26日）と元日（1月1日）に群集のあいだを「ラッシュ」する。

南北アメリカ＞＞西インド諸島

＞バハマ諸島

ジャンカヌー
ナッソー

　ジャンカヌーのきらびやかなストリートパレード、「ラッシュアウト」。毎年12月26日と1月1日にバハマ各地で開催されるこの祝祭は、16、17世紀に起源をさかのぼるとされ、奴隷制プランテーションに根源がある。プランテーションで働く奴隷は、年に2日間の休暇をパーティで祝い、アフリカのルーツに思いをはせた。それがアフリカの仮面や華やかな衣装、太鼓や金管楽器を伴うフェスティバルに発展し、ジャンカヌーは本格的なカーニバルのパレードになった。凝った衣装にテーマをもつ音楽、さまざまなコンテストが催される祭りだが、大胆な色使いやヤギ皮の太鼓、甲高いホイッスル、管楽器やカウベルの脈動するリズムには、いまもアフリカが息づいている。

開催地域：バハマ、ナッソー
開催期間：12月26日と1月1日。6、7月のジャンカヌー・サマーフェスティバル会期中

＞バルバドス

クロップ・オーバー
ブリッジタウン

　クロップ・オーバーは17世紀の砂糖きびプランテーションから生まれた。プランテーションで働く奴隷は、収穫の疲れをパーティで癒した。1940年代に製糖業が衰退すると、クロップ・オーバーも廃れたが、1974年に文化的な催しとして復活して以来、人気を集めている。今日、さまざまなパレードが「グランド・カドーメント」でクライマックスを迎える。華やかな衣装を身にまとった人々や山車が、カリプソの旋律とスティールパンのバンドが奏でるリズムに乗って街中をパレードする。とくに人気が高いのがブリッジタウン・マーケットで、3日間のフェアでバルバドスの手工芸品が展示され、郷土料理も味わえる。

開催地域：バルバドス、ブリッジタウン
開催期間：6～8月の第1月曜日

＞ボネール島

リンコン・デー
リンコン

　リンコン・デーはボネールのユニークな伝統文化を満喫する絶好の機会だ。ボネールの文化はオランダ、スペイン、アフリカの伝統が絶妙に混ざりあっている。温かみのあるレンガ色をした歴史あるリンコンの村が、訪れる者を歓迎してくれる。祝祭は、オランダの現国王の誕生日と同じ日に祝われる。島中の通りで歓迎のパーティが行なわれ、華やかな山車と鮮やかな民族衣装で舞い踊る人々が見られる。祝祭は夜中まで続き、現地の音楽や踊りを楽しんだり、郷土料理を味わったり、手工芸品を見たりして、ボネール島の文化にどっぷりと浸ることができる。

開催地域：ボネール島、リンコン
開催期間：4月27日

＞ケイマン諸島

パイレーツ・ウィーク
グランドケイマン島

　パイレーツ・ウィークは、観光客誘致のためにはじまったイベントが重要な文化行事となった好例である。中心となる大規模な海賊の山車のパレードは毎年テーマが異なり、出来栄えを競いあう。ストリートダンスや競技、郷土料理が盛りだくさんで、夜には花火が打ちあげられ、星空の下で踊る楽しみが待っている。11日間にわたる祭りのあいだ、ケイマン諸島の各島がヘリテージデーを主催し、ユニークな文化のさまざまな側面を紹介する。

開催地域：ケイマン諸島、グランドケイマン島
開催期間：11月の11日間

＞キューバ

ハバナ・カーニバル
ハバナ

　夏がくると、キューバ人は通りに出て色彩と音の爆発に身をゆだねる。ハバナ・カーニバルはキューバで最も古い歴史をもつ祝祭のひとつで、砂糖きびプランテーションに起源をもつ。アフリカから連れてこられた奴隷が、宗教的な祝日に行なっていた祭りから発展した。ハバナ周辺の地域にはそれぞれ特有のカーニバル音楽「コンパルサ（アンサンブル）」があり、数か月前から山車や衣装をつくり、ダンスを練習する。その集大成が華やかなカリブの祭典となる。キューバのカーニバルでは、マレコン（海岸）通りで開催される海辺のコンサートで、人々はカリブ海の夕焼けを背に、キューバのごちそうを堪能する。

開催地域：キューバ、ハバナ
開催期間：7月か8月

聖ラザロ巡礼
エル・リンコン

　貧しい者や病める者の守護聖人、聖ラザロが祀られている場所を何千人もの人々が訪れる。巡礼者の膝は血にまみれ、裸足で何kmもの道のりを歩くか、腹這いで進む。信者にとっては、苦しみが大きいほど報いも大きくなる。物質的な助けを必要とする者もいれば、悪霊や病気を追い払うといった救いを求める者もいる。感謝をささげるためにくる者もいる。その道すがら、信者は衰弱した聖人に花やろうそく、コインを手向ける。共産党政権下のキューバでかつて巡礼が禁止されたが、毎年5万人もの人々が巡礼を行なっている。

開催地域：キューバ、エル・リンコン、サン・ラザロ教会
開催期間：12月16日

＞ドミニカ

メレンゲ・フェスティバル
サント・ドミンゴ

　メレンゲ・フェスティバルといえば何といってもダンス、とくにメレンゲ（ドミニカ共和国発祥のダンス）の祭典だ。この祝祭がはじまったのは1967年と歴史はまだ浅いが、すぐに人々の心をつかみ、サント・ドミンゴの通りや広場、バー、海沿いのマレコン地区のいたるところでダンスがくり広げられる。このフェスティバルは要人やダンサー、楽団による華やかなパレードで幕を開け、本格的なコンサートがはじまる。大通りでは文化的イベントが催され、手工芸品の展示会や市場フェア、即興のパーティも行なわれる。踊る人々を眺めるのもいいし、もちろん、リズムに乗って一緒に踊るのもいい。

開催地域：ドミニカ、サント・ドミンゴ
開催期間：7月最終週～8月第1週

ハバナ・カーニバルの開催中、きらびやかな一行で通りは華やぐ。

＞ハイチ

フェッテ・ゲデ
ポルトープランス

　11月1、2日のフェッテ・ゲデ（精霊の祭り）のあいだ、ハイチのブードゥー教でゲテと呼ばれるロア（精霊）が暴れまくる。信者は、ゲデの生みの親であるバロン・サムディを称えてポルトープランスの国立墓地に集まり、ろうそくや花、食べ物、チリの入ったラムを供える。ラム酒のせいか、チリペッパー（トウガラシ）のせいか、すぐに熱気を帯びてくる。集まった人々は取りつかれたようになり、みだらに踊る。裸の体にラム酒をなすりつけ、トランス状態に陥り、好色な光を放つ目であたりを見回す者もいる。

開催地域：ハイチ、ポルトープランスの国立墓地
開催期間：11月1、2日

ソードゥー・ブードゥー・フェスティバル
ソードゥー

　1847年以来、ソードゥーの滝の聖なる水を求めて、毎年夏になるとハイチ中から巡礼者がやってくる。言い伝えによると、近くにあるヤシの木のそばに聖母マリアがあらわれたという。巡礼者は川に入って罪を洗い清め、悪霊を追い払い、健康を取り戻せるように祈る。彼らの多くは身につけていた衣服を川に流すか、空中に放りなげて「古い皮」を脱ぎ捨てる。ハイチではキリスト教と異教信仰の融合が多くみられ、巡礼者の大半がカトリックの教えとブードゥー教の信仰をともに実践している。聖母をあがめるいっぽうで、ブードゥーの水の精霊（ロア）も称える。信者のなかには取りつかれる者もいる。キリスト教と精霊信仰が独特に混ざりあう信仰において、ロアを喜ばせるためにブレンドした薬草の香りに包まれ、太鼓の音と踊りのなかで人々は滝で身を清める。

開催地域：ハイチ、ヴィル・ボヌール、ソードゥー
開催期間：7月14～16日

＞ジャマイカ

アコンポン・マルーン・フェスティバル
セント・エリザベス教区

　毎年、新たな年を迎えると何千人ものマルーン（逃亡奴隷）がアコンポンの歴史ある村に集い、彼らの伝統と自由を祝う。マルーンは17世紀にジャマイカの山奥のこの村に住みつき、のちに自由をかけてイギリスの支配者側と戦った。この祝祭では、マルーンの指導者で英雄のクジョーの生誕も祝われる。彼は1739年にイギリスと平和条約を締結した。ホラ貝の音色が条約が調印された「ピース・ケーヴ」での祝祭のはじまりを告げると、肉汁したたる豚肉の神聖なごちそうが振るまわれ、夜遅くまで詠唱とダンスが続く。

開催地域：ジャマイカ、セント・エリザベス教区、アコンポン
開催期間：1月6日

＞プエルトリコ

コーヒー祭
マリカオ

　あなたがもし大のコーヒー好きなら、マリカオのコーヒー祭はぜったいにおすすめだ。コーヒー豆の収穫を祝うプエルトリコの祭りで、毎年2月に3日間にわたって開催され、コーヒーを愛する多くのプエルトリコ人をひきよせる。公式にはじまったのは1978年だが、この祝祭は収穫を感謝する農村の古い慣習に根差している。今日では、文化的・歴史的な側面をもつイベントに成長し、民族音楽の生演奏や地元の手工芸品の展示といった催しのほか、コーヒーの道具や器具、ありとあらゆるコーヒー味の食べ物や飲み物も紹介している。

開催地域：プエルトリコ、マリカオ
開催期間：2月の3日間（金曜日～日曜日）

＞セント・マーチン島

シントマールテン・カーニバル
フィリップスブルフ

　雨季の直前、シントマールテンの小さな地域で2週間にわたってカーニバルが開催される。4月の終わりのある日の午前4時、驚くほど早朝にジュベ（夜明け）のパレードが行なわれ、ごちそうに歌や踊り、スティールバンドや管楽器の音色とともに祝祭が本格的にはじまる。おおぜいの人が集まり、島のごちそうを出す通りの出店は大盛況だ。メインイベントはグランドカーニバル・パレードで、意匠を凝らした衣装に身を包んだ参加者であふれる山車が練り歩き、オランダ国王の誕生日を祝う。カーニバルキングを燃やす伝統で祝祭はクライマックスを迎え、また1年後のお楽しみとなる。

開催地域：セント・マーチン島、フィリップスブルフ
開催期間：4月中旬から2週間

＞トリニダード・トバゴ

トリニダード・カーニバル
ポートオブスペイン

　トリニダードのカーニバルは、1770年代、フランス人農園主とその奴隷によってはじまった。主人が豪華な衣装をまとって舞踏会や仮面舞踏会を楽しむなか、そこから排除された奴隷たちは独自の力強いカーニバルを発展させた。カンブーレイ（フランス語のcannes bruléesの短縮形）と呼ばれた奴隷のカーニバルでは、サトウキビを燃やしたあと、元気のいい詠唱と太鼓とともに行進した。
　1863年に奴隷制が廃止され、自由の身となった奴隷はカーニバルに参加できるようになった。彼らは自分たちのカンブーレイを、伝承や慣習を発展させて続けた。こうしてスティック・ファイティング（棒術）からはタンブーバンブーのバンドが、アフリカの太鼓とカウベルからはスティールパンが、カリプソからはソカ（ソウルカリプソ）が生まれた。
　今日では、日曜、月曜、火曜に開催される文化的なコンテストがカーニバルの中心となり、「カリプソモナーク」や「バンド・オブ・ザ・イヤー」と呼ばれる熱狂したイベントがくり広げられる。人々は羽飾りやスパンコールをちりばめたきらびやかな衣装で飾りたて、熱狂的にお祭り騒ぎを楽しむ。通りでは山車などのパレードが、鳴り響くソカとともに夜遅くまで練り歩く。

開催地域：トリニダード・トバゴ、ポートオブスペイン
開催期間：灰の水曜日（四旬節の初日）の前の月曜日と火曜日

陽気なカーニバルの参加者。まばゆい衣装に身をつけ、シントマールテンの派手な春のカーニバルのはじけるような明るさにあふれている。

印象的な民族衣装に身を包み、竹馬に乗って通りを気取って歩く少女。トリニダード・トバゴのトリニダード・カーニバルにて。

カーニバル！

カーニバルという言葉を聞いて、セクシーさ全開のリオのカーニバルを思い出す人は多いだろう。胸の大きな女性が申し訳程度の衣装に身を包み、目を見張るような羽根飾りを頭につけて、スティールドラムの音にあわせて舞い踊る。サンボードロモの会場を精巧な山車が練り歩く。だが、カーニバルの真の起源は歴史をずっとさかのぼる。

上：トリニダード・トバゴのカーニバルのダンサー。
右：テーマをもった巨大な山車。イタリア、ヴィアレッジョのカーニバル。

リオの人々がとりいれた慣習は、もともとはカリブ海のトリニダード・トバゴの諸島に起源をもつ（p.46参照）。18世紀末に、奴隷を働かせていたフランスのプランテーション所有者によって島々にもたらされた。フランス人は、ヨーロッパのカーニバルの伝統にのっとった仮面舞踏会（マス）を催した。奴隷はそのパーティに参加することを許されなかったため、主人の祝祭をまねて自分たちの祭りをつくり出し、フランス語のcannes brulées（燃やしたサトウキビ）にちなんでカンブーレイ（Canboulay）と呼んだ。スティックファイティング（棒術）を禁じられた奴隷は、スティールパンを発展させると、深鍋や平鍋を棒で叩くかわりに、スティールドラムを使ってアフリカのテーマや儀式を受け継いできた。そしてカンブーレイは、徐々におなじみのカリブ版カーニバルへと成長していったのである。

リオと同じく、世界中の多数の祝祭、とくにロンドンのノッティングヒル・カーニバル（p.239参照）がカリブのカーニバルのスタイルと踊り、音楽を継承している。だが、そうしたフェスティバルは夏季に開催されることが多く、本来の宗教的な意味合いが置いてけぼりになり、単なる世俗的な行事になりつつあるように思われる。真の意味でのカーニバルはきわめて特別な宗教的重要性をもち、1年の特定の時期に開催される。カーニバル（謝肉祭）は断食と悔い改めを行なう四旬節に先立つ時期に、教会に許可を得て行なうものである。四旬節のあいだ、信者は脂っこい食べものや贅沢品、とりわけ肉類を避ける。40日という四旬節の期間は、イエス・キリストが荒野で過ごした期間をあらわし、受難日の聖金曜日と、日曜日の復活祭でクライマックスを迎える。西洋の教会では、復活の主日は3月の春分の後の最初の日曜日となるため、復活祭とカーニバルが行なわれる月や日付は異なってくる。

四旬節と復活祭はあらゆるキリスト教の宗派で祝されるが、カーニバルはおもにロー

左：ブラジル、リオデジャネイロ、リオのカーニバルのサンボードロモにて。衣装に身を包んだ演者。

下：ブラジル、リオデジャネイロ、リオのカーニバルのサンボードロモ。

最上：イタリア、サルデーニャ島のサムゲオのカーニバルの仮面マムツォネス。

上：クロアチア、リエカのカーニバルにて。角のついたジボンチャリ。

マカトリック教会の祝祭である。カーニバルはイタリアを起源としてヨーロッパ各地に広まり、そこからカトリック教会を通じて世界中に伝わったと考えられている。その過程で、現地の人々をひきつけるために、教会はキリスト教以前の土着の民間伝承や儀式の要素をカーニバルに組み入れた。たとえば、サルデーニャ島のサムゲオの村で行なわれるカーニバルでは、スルツと呼ばれる羊のキャラクターが町中を引きまわされ、最後は殺される（p.204参照）。クロアチアのリエカのカーニバル、ハンガリーの祭事ブショーでも、異教の民間伝承をとりいれ、スルツと似たキャラクター、ジボンチャリとブショーの覆面をまとった人々が行進する。このように現地の慣習を積極的にとりこむことで、カーニバルは変化と多様性に富んだ祝祭として成長をとげてきた。本書に厳選した500の祭りのうち、40がカーニバルで、それぞれが独自の慣習や特色を発展させている。

正式なカーニバルの開催時期は文化や国によって異なる。ドイツでは、いちばん早くて11月11日で、11という数字は愚かさに関連している。ケルンのカーニバルの公式なスタートは11月11日で、この日から運営委員会による準備がはじまる（p.201参照）。数週間続くカーニバルもなかにはあるが、ほとんどは灰の水曜日（四旬節の初日）に先立つ週の最も重要な行事として催され、灰の水曜日から四旬節が正式にはじまる。

四旬節にいたる日々には、現地の慣習に従ってそれぞれに名前がつけられている。灰の水曜日の前日はマルディグラ、告解火曜日、懺悔の火曜日、聖灰火曜日、肥沃

な火曜日、太った火曜日、肉の火曜日などと呼ばれる。ほとんどの場合、断食がはじまる前に脂っこい食べ物を食べる最後の日であることに由来している。ドイツのカーニバルは「ファスナハト」として知られる。断食の前夜、という意味だ。月曜日は肥沃な月曜日、告解月曜日のほか、懺悔の月曜日、聖灰月曜日という呼称もある。東方正教会やギリシャの慣習では聖灰月曜日（カサリ・デフテラ）と呼ばれることも多い。

　カーニバル（carnival）という言葉の起源については諸説ある。ラテン語で「肉とさようなら」を意味する「carne vale」に由来するという説もある。「carne levare（「肉をとりのぞく」の意味）」が語源だとする解釈もある。さらには、キリスト教以前の古層文化に起源を求める説もある。キリスト教に改宗した人々の興味をひくために、クリスマス時期の異教のさまざまな慣習をキリスト教の祝祭クリスマスにとりいれたように、カーニバルにもキリスト教以前の古代ギリシャやローマの社会で祝われていた冬至の儀式が組みこまれていると考える者は多い。ラテン語の「carrus navalis（船の車）」に由来するとされ、古代バビロニアの「愚か者の船」、あるいは古代ローマのイシスの祝祭の「イシスの船」が引き合いに出される。

　バビロンの愚か者の船は飾りたてた船を車に乗せたもので、マルドゥク神を祀る寺院へと引かれていった。古代ローマ人が古代エジプトの信仰からとりいれたイシスの船は、船のように装飾されたチャリオット（戦闘用馬車）だった。きらびやかに飾りたてた今日の山車（フロート）はここからきている。印象的な山車のパレードを楽しみたいなら、ヴィアレッジョのカーニバルがおすすめで、山車は長さ20m、重さ40tに

スイス、ルツェルンのカーニバルにて。ミセス・フリッチの仮面。

オランダ、マーストリヒトの
カーニバルのパレード。

もなる（p.205 参照）。スイスのキエンベーゼでは 20 もの台車の上に大きなたき火を
のせて町中を練り歩く（p.234 参照）。カーニバルの祝祭にはしばしば、古代ギリシャ
のディオニューシア祭の要素が組みこまれ、この祭りもまた冬から春への移りかわりを
祝うもので、その一環として船を特徴とする。ローマのサートゥルナーリア祭は、古代
ローマの平和と豊穣の神サトゥルヌスを称える。サートゥルナーリア祭の特徴のひとつ
に、自然の秩序を一時的に覆すことがあげられる。主人が奴隷に仕え、男性が女性の
衣装を着て、下層階級が上流階級を支配する。祭りは、その年に選ばれた人物がつくっ
た奇妙なルールに従って進んでいく。これは、オランダのマーストリヒトのカーニバル
（p.209 参照）の「おばかの王子」をはじめとする、カーニバル・プリンスの先駆けと
考えられ、ヨーロッパの多くのカーニバルに見られる。彼らはたいてい祝祭の最後に
象徴的に送り出される。たとえば、コロンビアのバランキージャのカーニバルでは、カー
ニバルのキャラクターであるホセリート・カルナバルに死が訪れ、その儀式的な埋葬
が祝祭の締めくくりとなる（p.91 参照）。

　多くのカーニバルは、社会的な価値関係の逆転をテーマとしてとりいれている。モ
ンテビデオのカーニバルでは、白人が黒人に、黒人が白人に扮装する（p.93 参照）。ヴェ
ネツィアのカーニバルの歴史においても、支配層の上流階級の人々が一般庶民とはしゃ
ぎまわり、司祭や修道女が世俗の放蕩に参加する（p.205 参照）。社会秩序の転機が
カーニバルの仮面を生み、人々が別のペルソナを身につける一因となった。だが、大
きくは同じ階級に属する人々から自分の行動を隠すことにあった。

　カーニバルに続く四旬節で諦めなければならないごちそうを楽しむことは別として、

多くのカーニバルは教会がけっして認めないようなふるまいを特徴としている。ヴェネツィアのカーニバルをはじめ、かつてのカーニバルは秘密裏に肉体関係を結ぶ絶好の機会だった。今日でも、フランス領ギアナのマルディグラとパトラのアポクリエス（ギリシャ正教のカーニバル）では、女たちは仮面をつけて舞踏会に参加し、誰にも正体を知られることなく性的な誘惑を受けることができる（p.91、p.203参照）。

わざわざ不快なことをするカーニバルもある。ベルギーのアールストのカーニバルの山車のパレードでは、気分を害する目的で男性が女装し、「薄汚れたジェニー」と呼ばれる奇抜なキャラクターに扮する（p.188参照）。ジェニーは乳母車を押しながら、町中をかけまわる。ギリシャのティルナヴォスでは、聖灰月曜日に皮肉にも人々が巨大な男根を振りまわし、さらにはその上に座って、楽しく酔っ払う（p.204参照）。

数多くのカーニバルに記憶に残るキャラクターが存在する。マーストリヒトのカーニバルでは、「ムースウィーフ」と呼ばれる老女が登場し（p.209参照）、ルツェルンのカーニバルでは「フリッチファミリー」という架空の家族に扮する（p.234～p.235参照）。カーニバルの会期中、奇妙なキャラクターの一団が騒ぎまわり、混乱をひきおこし、民衆をからかうこともあるが、たいていは仮面で素性を隠している。ベルギーのスタヴロのカーニバルでは、「ブラン・ムーシ」と呼ばれるキャラクターの一行がはしゃぎまわり、膨らませた豚の膀胱を人々にぶつける（p.198参照）。スペインのビアナ・ド・ボーロのカーニバルでは、「ペリケイロ」が町を走りまわっていたずらをする（p.225参照）。

カーニバルでは、ときに説明がつかないような突飛な行動が見られる。四旬節を前にして、食べ物をふつうに食べるのではなく、投げつけあったりする。たとえば、（ギリシャの）ガラヒディのカーニバル、アポクリエスでは小麦粉をかけあい（p.203参照）、スペインのビラノバ・イ・ラ・ヘルトルのカーニバルではメレンゲを投げあう（p.220参照）。パナマのカーニバルの呼び物は水のかけあいだ（p.57参照）。（ギリシャの）メッシニアのカーニバル、アポクリエスでは、侵攻してきたオスマン軍に処刑された老女を悼み、儀式的な見せかけの絞首刑が行なわれる（p.203参照）。

ギリシャ、ガラヒディにて。謝肉祭アポクリエスで小麦粉をかけあう人々。

>>中央アメリカ

>ベリーズ

ナショナル・デー
ベリーズシティ

　ベリーズのナショナル・デーは国民の祝日というだけでなく、1798年にベリーズ沖の海戦でイギリス軍がスペイン軍に勝利したことを記念する日でもある。イギリス兵と地元住民と奴隷は、数ではるかに劣っていたにもかかわらず、たいした損害もなくスペインを打ち破った。以来、9月10日のナショナル・デーの前後にさまざまな宗教儀式、パレード、カーニバルでこの勝利が祝される。祝祭のハイライトとなるのはミスクイーンを決めるコンテストと市民パレードだ。主要なイベントに加えてセントラルパークで1日中フェアが催され、海辺沿いでは現地の音楽をバンドが生演奏している。

開催地域：ベリーズ、ベリーズシティ
開催時期：9月10日

>エルサルバドル

ラス・ボラス・デル・フエゴ（火の玉祭り）
ネハパ

　あなたが何も知らずにラス・ボラス・デル・フエゴ（火の玉祭り）に出くわしたら、ギャングの抗争に巻きこまれたと思うだろう。敏捷な若者が2つのチームに分かれて、顔にウォーペイントを施し、激しく燃える火の玉を投げあい、攻撃から身をかわす。この祭りは一説では、1658年、地元のプラヨン火山が燃えさかる火の玉を噴き出したことからはじまったとされる。また、村の守護聖人である聖ジェロニモが炎の息で悪魔を撃退したことを祝う風習だという説もある。起源は何であれ、火の玉祭りは今日まで本格的に続いている。準備は1か月も前からはじまり、布切れを丸めて針金を巻き、ケロシン（灯油）を浸す。8月31日の祭りの当日、燃やされた球が飛び交い、至近距離から標的にぶつかることも多い。参加者がお互いを焼き殺さずにすんでいるのは、前もって水をかぶっているからだ。

開催地域：エルサルバドル、ネハパ
開催時期：8月31日

>グアテマラ

死者の日の凧揚げ大会
サンティアゴ・サカテペケス

　虹色の凧が雲の合間をくるくるとのぼっていき、地平線の向こうに静かに漂う。はるか下の墓場にはおおぜいの人が集まり、上昇する凧を見つめている。諸聖人の日、歴史あるサンティアゴ・サカテペケスでの光景だ。凧は生きる者から死者の魂へのメッセージを運ぶと考えられている。薄紙と布、竹だけでつくられている見事な創作物には、宗教や民間伝承、そして近年多く見られる政治的なメッセージを含む華美な模様が描かれている。秋の強風に凧は空高くまいあがるが、も

グアテマラの死者の日、色とりどりの凧が空に舞う。

ろい紙が破けてしまうことも多い。最後までもちこたえたとしても、凧はその日の終わりには焼かれてしまう。それは霊を眠らせるための象徴的な儀式なのである。

開催地域：グアテマラ、サンティアゴ・サカテペケス
開催時期：11月1日

聖トマス祭
チチカステナンゴ

　2人組の命知らずのグアテマラ人が、高さ30mの棒に上って、飛び立つ。彼らと棒をつなぐのは足首に巻いた1本のロープだけという危険と隣りあわせだ。ボラドーレス（飛ぶ人、という意味）が頭からまっさかさまに落ちるとき、足首に巻いたロープがほどけて、彼らはくるくると回転しながら安全に着地する。まさに手に汗握る儀式のあとは、街中がお祭りムードとなり、マヤの仮面と衣装を身につけた人々がパレードに参加するために集まってくる。先住民の慣習とスペインのカトリックの伝統が融合したこの祝祭は、マヤの冬の使者であるオレンツェロを歓迎するとともに、祝祭の最終日に聖トマスを称える。

開催地域：グアテマラ、チチカステナンゴ
開催時期：12月21日に続く週

ケマ・デル・ディアブロ（悪魔退散）
グアテマラシティ

「悪魔は細部に宿る」というのは、ほんとうかもしれない。グアテマラでは、悪魔はごみやちりのなかにも潜んでいる。地元住民は、邪悪なものがほこりっぽい隅っこやベッドの下にいると信じている。クリスマス前に悪魔を追い払うため、12月7日に人々は気あいを入れて、徹底的な「大掃除」を行なう。家中を隅から隅までくまなく掃き、磨く。古く、擦り切れた、不要なものはすべて通りにうずたかく積みあげる。ほとんどの場合、その不用品の山の上に紙でつくった悪魔を放りなげ、ごみに火をつける。空は煙で灰色になり、あたりにはすすがたちこめる。環境保護活動家は当然嬉しくないだろうが、グアテマラの人々は歌い踊って祝う。

開催地域：グアテマラ、グアテマラシティ
開催時期：12月7日

＞ニカラグア

エル・グエグエンセ
ディリアンバ

思わずひきこまれる風刺劇エル・グエグエンセは、16世紀にスペインの植民地支配に対する抵抗としてつくられた。スペイン人とアメリカ先住民の劇の様式が融合したもので、植民地支配者とそれに抵抗する先住民との一連の対決が描かれている。抵抗する人々を率いるのは、したたかな老人の英雄エル・グエグエンセで、彼は巧妙に支配者らを出し抜く。劇を演じるのは地元住民で、凝った衣装に身を包み、色彩豊かで鮮やかなペイントを施した木製の仮面を被っている。この祝祭は、ディリアンバの守護聖人である聖セバスチャンの祝祭にあわせて行なわれる。エル・グエグエンセは、この聖人の巡礼コースの道のりで上演される。

開催地域：ニカラグア、ディリアンバ
開催時期：1月17～27日

＞パナマ

黒いキリスト祭り
ポルトベロ

等身大の「黒いキリスト」像がなぜ、どのようにしてこの小さな港町ポルトベロにやってきたのかはよくわかっていない。だが、その後に起こった奇跡のような出来事の数々を疑う巡礼者はわずかだ。17世紀に謎めいた出現を果たした直後、パナマで猛威を振るっていた伝染病がおさまったとされる。以来、黒いキリストを崇拝する巡礼者がこの地に集まってくる。漆黒の木製の像は赤いローブをまとい、十字架の道行き（ヴィア・ドロローサ。本来はエルサレムから磔にされたとされるゴルゴダの丘までの道のり）を行なう。今日、祝祭の巡礼に6万人以上の信者が集まり、その多くはパマナシティからの85kmの道のりを歩く。真に敬虔な信者は最後の数kmを四つん這いになって進む。

開催地域：パナマ、ポルトベロ
開催時期：10月21日

パナマのカーニバル
パナマシティ

パナマシティのカーニバルは荒っぽく、びしょ濡れになる祭りで、遊び心たっぷりの「水かけ」で有名だ。水の遊びは土曜日の早朝からはじまる。消防ホースや水風船、バケツで水をかけたりして、誰もがびしょ濡れになる。パナマのカーニバルのもうひとつの目玉はコンサートで、サルサからレゲエ、ティピコにいたるまで、パナマのあらゆる種類の音楽が楽しめる。そのほか、豪華な山車やきらびやかな衣装を着た人々のパレードがある。なかでも、ポジェーラという民族衣装をまとったパナマの美女は必見だ。あちこちの広場や大通り、ディスコもお祝いムードでにぎわっている。最終日の火曜日のグランドパレードでクライマックスを迎える。

開催地域：パナマ、パナマシティ
開催時期：灰の水曜日に先立つ4日間

聖リブラーダの祭り
ラスタブラス

貧しい既婚女性の守護聖人である聖リブラーダは、とくに地方の町ラスタブラスで人気が高い。巡礼者はこの聖人の像をきらめく人造宝石で飾りたてる。そのひとつひとつが特定の祈りや願い、許しをあらわしている。金曜日、見事に装飾された像が町中を運ばれ、ミサで称えられる。その後、通りで民族音楽や舞踏の祝祭が催される。民族文化の祭りの中心は、民族衣装ポジェーラを着た女たちのパレードだ。エキゾチックなパナマの民族衣装を身につけた人の中々から、男女の最優秀賞を選ぶコンテストでおおいに盛りあがる。

開催地域：パナマ、ラスタブラス
開催時期：7月下旬の木曜日～日曜日

グアテマラの聖トマス祭。古代マヤの儀式ボラドーレスは、スリル満点の文化的な呼び物である。

>>北アメリカ

>カナダ

カルガリー・スタンピード
カルガリー

「地上最大のアウトドアショー」と喧伝されるカルガリー・スタンピード。その通り、アクション満載の10日間の祭典だ。ロデオ、パレード、品評会などで開拓時代のアメリカ西部を祝う。いちばんの見どころは何といってもロデオで、ベアバック・ライドやステア・レスリングをはじめとするいくつもの種目があり、最大10万ドルもの賞金がかけられている。リングの外にも観客があふれ、幌馬車レースも見どころだ。馬術に自信のない人は座ってステージショーやコンサートを見たり、農産物の品評会をまわることもできる。アメリカ先住民のヘリテージパーク歴史村を探索するのもいいだろう。初開催は1912年で、西部開拓時代の古きよき伝統を守るため、カウボーイのエンターテイナー、ガイ・ウィーディックによって始められた。唯一の謎は、なぜカナダだったのか、ということだ。

開催地域：カナダ、カルガリー
開催時期：7月の10日間

ケベック・ウィンターカーニバル
ケベック

カーニバルといえば、蒸し暑い夏に露出度の高い衣装で行なわれるのが定番だ。だがケベックでカーニバルが開催されるのは、気分じゃないとは言わないが、かなり寒い時期だ。カーニバルのマスコット、ボノムは赤い帽子を被った陽気な雪だるまで、さまざまな雪のアクティビティを紹介してくれる。ユニークなものとして、カーニバルストリートに並ぶ雪像や、ボノムのキラキラ輝く氷の城といった氷のアトラクションがある。最大の目玉は、2つの素晴らしいナイトパレードだ。豪華な山車ときらびやかな一行が夜の街を練り歩く。カーニバルの2週間にさまざまなアクティビティが用意されていて、コンサートや仮面舞踏会、遊園地、カヌーや犬ぞりのレースといった地元の伝統を祝う行事も盛りだくさんだ。

開催地域：カナダ、ケベック
開催時期：四旬節までの2週間

カーブレイクのパウワウ
カーブレイク先住民居留地

カーブレイクのパウワウでは、ファーストネーション（先住民族）が年に1度の再会のために集まる。古い友人たちと近況を報告しあい、新たな親交を結び、先祖を称え、部族の遺産を守る。この集会は、グランドエントリーと呼ばれる入場行進で幕を開ける。部族の首長や名誉ある賓客らに続き、熟練した者たちが部族特有のパフォーマンスを披露する。踊り手たちは完全な盛装だ。2日間にわたって部族の歌と踊りの儀式が神話や歴史の物語劇で上演され、各部族の精神的、社会的価値を表現する。

開催地域：カナダ、オンタリオ州、カーブレイク先住民居留地

カーブレイクのパウワウは、カナダのさまざまな先住民族が年に1度集まって、歌や踊りで彼らの伝統を祝う祭りだ。

開催時期：9月の2日間

>メキシコ

シンコ・デ・マヨ
プエブラ

おもにプエブラ州で祝われるシンコ・デ・マヨ（5月5日の意味）は、1862年のプエブラの戦いの勝利を祝う。数で劣るメキシコ軍がフランス軍に奇跡的な勝利をおさめたことを記念し、当時の衣装を着た兵士のパレードで勝利を再現する。色鮮やかなさまざまな山車も文化的なテーマをもち、たとえば、陶器の町として有名なプエブラのタラベラ焼きもとり入れられている。女性のパレードでは参加者が房の付いた帽子を被り、フリルのついたスカートをはいている。アメリカに住むメキシコ系アメリカ人にとって、シンコ・デ・マヨはメキシコの遺産と文化の祝祭として発展してきた。ストリートパレード、伝統音楽のマリアッチ、メキシコ国境の両側で行なわれるピクニックも楽しめる。

開催地域：メキシコ、プエブラ
開催時期：5月5日

死者の日
オアハカ

　死者の日はメキシコ各地で祝われるが、いちばん情緒的なのがオアハカで、先住民の精霊信仰とスペイン人のカトリック信仰が混ざりあい、死者の魂を祝う独特な祝祭が行なわれる。簡単に言えば、この期間、街は死と死後の世界の一色に染まる。店では骸骨をかたどったカラフルな砂糖菓子、蝋や木やキャンディでできたさまざまな種類のカラベラス（骸骨）が売られる。家族は墓地で夜を過ごし、たいてい食べ物やちょっとした飾り物を墓前に供えて、愛する者たちの魂をあたたかく迎え入れる。11月1日（カトリックの諸聖人の日）には子どもの魂が、翌2日（カトリックの死者の日）には大人の魂が戻るとされる。厳粛なテーマであるにもかかわらず、人々はお祝いムードで歌い踊る。メキシコ先住民の多くは、死者の魂が毎年、この世に戻ってきて愛する者のもとを訪れると信じているためだ。

開催地域：メキシコ、オアハカ
開催時期：11月1、2日

フェリア・デ・サン・マルコス（聖マルコス祭）
アグアスカリエンテス

　メキシコではいくつものナショナルフェアが催されるが、アグアスカリエンテスのものが最も大きく、歴史も古い。その起源は1828年にさかのぼり、当初は11月にブドウの収穫を祝うものだったが、現在は4月25日に変更となり、聖マルコスの祝祭とともに、農産品全般の品評会に発展し、地元の家畜や農産物が展示される。とくに人気を集めるイベントは、闘牛や闘鶏、そしてチャレリアと呼ばれるメキシコ版ロデオだ。大規模な催事会場で動物や乗り物に乗ったり、競技をしたり、市場の屋台をまわったりと家族全員が楽しめる。芸術愛好家は文化フェアにひきつけられるだろう。朗読やリサイタル、演奏のほか、地元の芸術作品や工芸品の展示会などイベントが目白押しだ。

開催地域：メキシコ、アグアスカリエンテス
開催時期：4月25日頃の3週間

聖母被昇天祭
ウアマントラ

　ウアマントラの人々は、独自の特別なやりかたで聖母マリアを称える。被昇天祭の日、7kmもの見事な花のじゅうたんを敷き、行列を迎える。宗教的な儀式と並行して、世俗的なメキシコのフェスティバルも行なわれる。闘鶏に遊園地、ロバのレースやロデオなど盛りだくさん。おなかがすいたら、フードマーケットでトラスカラの郷土料理を試してみよう。最終日には、20頭の雄牛が放たれる。これはスペインの牛追い祭りのメキシコ版で、街で最も勇敢な者たちが雄牛の前を走る。

開催地域：メキシコ、ウアマントラ
開催時期：8月15～20日

ゲラゲッツァ
オアハカ

　サポテカ文明は、紀元前7世紀から1521年にスペイン人がやってくるまでオアハカ渓谷に栄えた。古代のサポテカ族にとって、ゲラゲッツァは「助けあい」を意味し、社会・信仰生活の一部だった。毎年、夏に開催されるゲラゲッツァの祝祭は、もともとは神々、とくに（アステカ神話の）トウモロコシの神センテオトルに雨乞いと豊作を祈願する祭りだった。今日の祝祭はサポテカ文化の民族の祭りと、スペインのカトリックが7月16日にカルメル山の聖母を祝う祭りをあわせたものとなっている。祝祭は民族舞踊で幕を開け、男女が印象的な衣装で踊る。ダンサ・デ・ラ・プルマ（羽根飾りの踊り）では、男性が人目を引く半月のかたちをした羽根飾りをつけて踊る。ほかにバンドのパレード、郷土料理のごちそう、コロンブス以前の時代の手工芸品の展示なども祭りの華である。

開催地域：メキシコ、オアハカと周辺の町
開催時期：7月の最後の2回の月曜日

魔女の夜
カテマコ

　メスティーソ（混血）の豊かな遺産に根ざす亜熱帯の町カテマコには、魔術の長い歴史がある。先住民族と中世のスペイン、アフリカの風習をとりまぜた魔術は、1970年、思いがけなく現代化される。地元のブルホ（シャーマン）らが魔術師の集会を行なうと、すぐにメキシコ中のニューエイジャーを魅了した。その後、シャーマンや魔女、治療師が集まって、集団の清めの儀式をとり行なうようになり、その開催地である聖なる丘に多くの観光客が訪れる一大イベントに成長した。商業的な色合いが濃いものの、この儀式はいまもメキシコのユニークなカウンターカルチャー（対抗文化）をあらわしている。

開催地域：メキシコ、カテマコ
開催時期：3月の第1木曜日と金曜日

大根の夜
オアハカ

　地元の農業委員会が主催する観光客向けのイベントはいたるところで見られるが、この大根の夜は1897年以降、オアハカの中央広場でクリスマス徹夜祭の市で開催されてきた。地味な大根を称える祭りは、16世紀にスペイン人がメキシコにもちこんだ風習だ。このイベントでは、職人によって彫刻が施された大根が展示される。その多くは、キリストの降誕といった季節的なテーマの作品だが、なかにはメキシコの有名人などを描いた大根の彫刻も見られる。彫刻にじゅうぶんな大きさ——大きいものは50cmになる——の大根の収穫は遅い。わずか数時間の行事だが、大根の夜はつつましい野菜を賛美するユニークなものであり、毎年何千人もの観客を集めている。

開催地域：メキシコ、オアハカ
開催時期：12月23日

死者のための日

世界中の多くの人が自分の先祖を崇めている。
死者の魂のために特別な祭壇を家につくり、彼らに相談し、贈り物をする。
となれば、さらに一歩踏みこんで死者のための祝祭を行なう文化があったとしても
何ら不思議ではない。

上：笑顔で先祖の遺骨を運ぶマダガスカルの人々。遺骸を新しい布に包みなおす
ファマディハナという葬礼の習慣が7年ごとに行なわれ、死者を称える。

右：グアテマラ、サンティアゴの諸聖人の日、大凧を支える人々。
何百という美しい手づくりの凧が墓地の上空に揚げられる。

北半球では、死者にまつわる祝祭の多くが、夏の光が冬の闇へと移りゆく秋に開催される。そのほとんどは電気が発明される以前から続くもので、日が傾くと、人々が死者の魂に思いをはせるのはごく自然なことだった。

死者の魂は死んでもなお現世に影響をもたらすと信じる文化では、彼らの魂を幸せにすることにつねに関心があった。死者が自分たちに害をおよぼしたりしないように、できれば幸せを与えてくれるように願った。魂に贈り物を捧げることもあれば、魂を称えるパーティを開く場合もあった。マダガスカルのファマディハナの二次葬の慣習では、先祖の遺骨を7年ごとに掘り出して盛大なパーティを催し、新たな布に包んでふたたび埋葬する。これは生きている家族の者たちに幸運をもたらすとされる喜びの儀式であり、包みなおした先祖の遺骸と生者が踊る（p.14 参照）。

多くの信仰で死んだ聖人を追悼する。カトリック教会はさらに踏みこんで、聖人たちを祀っており、彼らの無数の聖遺物が世界中の教会で見つかっている。本人のものとされる遺骸の一部があまりにも多くあるため、聖人は私たちのようなふつうの人間とはまったく異なる骨格をしていたに違いない、と言われるほどだ。過去には、洗礼者聖ヨハネの首を所有すると主張する教会が、多いときには7つもあった。

とすれば、多くのキリスト教教会が諸聖人のための特別な日（11月1日の諸聖人の日、万聖節）や死者の魂を祝ったとしても（11月2日の死者の日、万霊節）、驚くにはあたらない。カトリックの信仰と、死者を崇める既存の異教の慣習が混ざりあった文化では、たいていこうした祝日に独自の祝祭を催している。

グアテマラのサンティアゴの死者の日の凧揚げ大会では、人々は色とりどりの大凧をつくりあげる（p.56 参照）。なかには直径10mになる凧もあり、そこには概して宗教や民間伝承のテーマがある。死者の魂を満足させるためにこれらの凧を墓地で揚げ、その後、捧げものとして燃やす。エクアドルでも、ディア・デ・ロス・ムエルトス（死者の日）を祝う（p.91 参照）。この慣習はキリスト教以前のアンデス文化に起源があり、

左：ろうそくの光に照らされたメキシコの墓地の夜。死者の日、家族は愛する者の墓前でおしゃべりしたり、食事をしたりして過ごす。

右：ファマディハナでは家族や友人はもとより、村中の人々が集まる。先祖をあがめる大切な祝祭であり、誰もが大好きなパーティだ。

上左：エクアドルの死者の日（ディア・デ・ロス・ムエルトス）の祝祭で売られているグアグアス・デ・パン。赤ちゃんをかたどった甘いパン生地でつくられたペストリーだ。

上右：死者の日の祝祭で、仮装コンテストに参加するメキシコの子どもたち。最も恐ろしい者を決める。

右：メキシコにて。恐ろしい悪魔の格好をした踊り手が観客のあいだを縫って踊り、死者の日を祝う。

　人々が親族の墓を訪れ、ピクニックやパーティをして、ちょっとした贈り物や花、小さな飾り物などを墓前に供える。メキシコのオアハカ州で開催される同様の行事は、死と死後の世界一色の祝祭である（p.59 参照）。人々はパピエマシュ（張り子の材料の混凝紙）でつくった頭蓋骨や骸骨をかたどったもの、そのほかあらゆる種類の身のまわりの品々や菓子類を買い求める。そして、エクアドルの場合と同じく、墓地を訪れ、食べ物を食べ、歌を歌い、大切なものを贈り物として墓前に供える。諸聖人の日に子どもの墓を、死者の日には大人の墓を訪れる。

　フェッテ・ゲデでは、ハイチのブードゥー教信者たちがポルトープランスの墓地に出向き、バロン・サムディに供え物をする（p.45 参照）。バロン・サムディはゲデと呼ばれる精霊（ロア）の王で、祝祭のあいだ暴れまわると信じられている。このゲデは少しばかりさかっていて、食べ物とチリの入ったラム酒を供えた信者のなかには、ゲデに取りつかれたようになり、みだらに踊り、裸体にラム酒をなすりつけたりする者もいる。

　文化によっては、死者の魂が生きる者に価値あるメッセージを与えることができると信じるものもあり、死者に相談するための手のこんだ儀式を行なう。トーゴのグイン・フェスティバルでは、ブードゥー教の司祭が聖なる石の色を読み、どんな1年になるかを予言する（p.32 参照）。石の色は神からのメッセージをあらわすとされる。カメルーンのンゴンドでは、ひとりの男性が陶器の壺をもって先祖たちが住むと信じられている川に飛びこむ（p.29 参照）。彼はできるだけ長く川底にとどまり——ときには9分間にもおよぶ——、浮上してくる。壺のなかには、川底の死者からの預言がつまっている。

多くの文化では、死者が来世へ行く際に葬儀の質が影響をもたらすと信じている。インドネシアのスラウェシ島に住むトラジャ族は、壮大な葬儀を行なうためのじゅうぶんな費用がたまるまで、何か月も遺体を安置する。この期間、「死者」は死んでいるのではなく、病気とみなされる。葬儀の日には、多くの人が招かれる。動物がいけにえに捧げられ、大規模な葬儀のパーティが陽気に催されたあとに、洞窟や断崖絶壁につくった墓に遺体を埋葬する（p.148 参照）。

死者の魂が生きている人々に害をおよぼすと考え、彼らを退散させようとすることもある。コートジボワールでは、血に染まった奇怪な悪魔祓いの儀式が行なわれる（p.29 参照）。女性や子どもたちは小屋から裸で走りでて、恍惚境に入って踊り、薬を飲み、自分で自分を切りつけ、粘土（カオリン）を体に塗りつける。

ハロウィンは、いまでこそ子どもたちが怖そうな仮装をして、「お菓子をくれないといたずらするぞ」とおねだりするフェスティバルとみなされているが、その起源は異教の信仰と初期キリスト教の死者の祝祭が混ざりあったものである。Halloween という呼称は All Hallows' Evening を縮めたもので、諸聖人（Hallows）の日の前夜に行なわれる。異教信仰の影響としては、古代ケルトのサーウィンの祝祭に起源をたどることができる。この日は収穫期の終わりを告げ、死者の魂がやってくるための「異界」への扉が開くとされていた。彼らは食べ物の贈り物で歓迎される。仮装の慣習は初期キリスト教の考えに由来すると思われる。ハロウィンは死者の魂が生者に復讐しにやってくる最後の機会であるため、人々は扮装して復讐心に燃える魂に自分がわからない

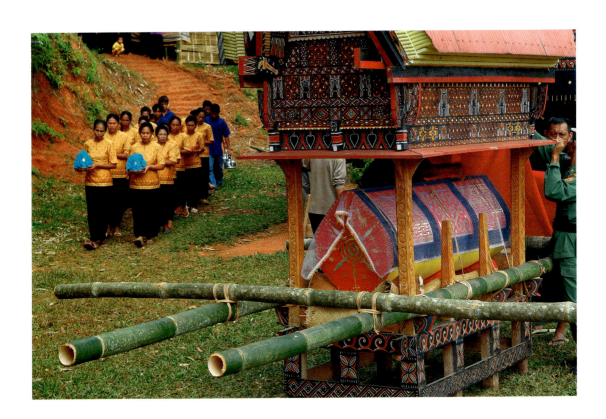

豪華で精巧な描写を施した「聖堂」に棺をおさめ、家族の葬列が死者を永眠の地へと送る。

ようにしたとされる。

　スペイン、ガリシア州のラス・ニエベスの祭りは死者のための祝祭ではなく、死にかけた人を祝う（p.221参照）。近年に病気や事故などで臨死体験をしたり、死の淵をさまよった町の住民が、家族によって棺桶のなかに運びいれられ、棺の蓋を開けたまま町中をパレードする。家族がいない場合は、自分の棺桶を運ぶ。この祝祭は復活の守護聖人である聖マルタを祝う日に開催される。棺桶は地元の墓地の近くまで運ばれ、そこで住民たちは町に引き返し、祝賀パーティに戻る。聖人の像が掲げられ、地元住民が「聖女マルタ、北の星、死に出会った人々をあなたのもとに送ります」とくり返し唱える。

　最も奇妙な死者の祭りは、まちがいなくコロラド州の冷凍遺体祭りだろう（p.70参照）。ノルウェー人のおじいちゃん、ブレド・モルステルがネダーランドの物置小屋で冷凍遺体となって見つかるまでの奇妙な物語を思い出すために、死にまつわる気味の悪いイベントが開催される。棺運びレースに、モルステルおじいちゃんのそっくりさんコンテスト、そして、この特別な死者の日に行なわれる最も恐ろしいイベントが、死ぬほどゆっくりなスローモーションパレードだ。

雪の降るコロラド州ネダーランド、冷凍遺体祭りにて。悪魔のような人物は、あるノルウェー人のおじいちゃんにちなんでいる。

春分・秋分の日
チチェン・イッツァ

春分・秋分の日になると、古代マヤの都市チチェン・イッツァにおおぜいの人がやってきて、壮観な光景に驚嘆する。ククルカンの神殿の階段にヘビの神が舞い降りるためだ。午後4時ごろ、太陽が光のさざ波を投げかけると、巨大なヘビの胴体がピラミッドの階段を滑りおりるように見える。そして、最下段にある羽をもつヘビの神の頭部の石像とつながる。わずか数日しか見られない神秘だが、最もドラマチックな光景がくり広げられるのは春分・秋分の日で、太陽の光がこのうえない効果を生み出す。高さ30mのピラミッドの階段はマヤの天文学者と建築家によって、きわめて正確な位置に置かれている。目を見張るような光のショーはニューエイジャーのあいだで話題になり、その後の数十年間で人気が高まった。何しろ、この神秘はマヤの暦によれば、2048年までしか見られないらしいのだ。

開催地域：メキシコ、チチェン・イッツァ、ククルカンの神殿
開催時期：春分・秋分の日

バニラ祭り
パパントラ

バニラと棒踊りはふつうなかなか結びつかないものだが、パパントラのバニラ祭りではこの2つが主役になる。メキシコの山麓の町パパントラはバニラ栽培が盛んな地域の中心に位置し、バニラが何百年にもわたって収穫されてきた。その甘く香る鞘は、世界中で最も愛されている香料のひとつの原料となる。この祭りには地元の特産品を使った食欲をそそる飲み物やごちそうが勢揃いする。地元の酒ザナスやアイスクリームをはじめ、バニラを使った珍しい製品、香料やバニラの鞘で織った手工芸品などが見られる。だが、訪れる人々の最大の楽しみは現地の民族舞踏、なかでもボラドーレスの儀式だ。これはナワトル族とトトナカ族の儀式で、ボラドーレス（飛ぶ人）は高さ30mの棒から飛び立ち、くるくると回りながら地上に降りてくる。身につけているのは、棒に巻きつけた長いロープだけ（p.257参照）。言い伝えによると、この命知らずの儀式は豊穣祈願と太陽を称えるものである。そのほかのアメリカ先住民の儀式にたがわず、今日のバニラ祭りはカトリックの祝祭と結びついている。この場合は聖体の祝日（コルプス・クリスティ、キリストの体の意味）で、子どもたちが祝福を受ける機会となっている。

開催地域：メキシコ、パパントラ
開催時期：6月

＞アメリカ合衆国

アルバカーキ国際気球フェスティバル
アルバカーキ

10月の穏やかな9日間にわたって、色鮮やかな熱気球がアルバカーキの空を埋めつくす。砂漠の景観に静かに空を漂う熱気球。世界最大の熱気球イベントと称されるこのフェスティバルには毎年80万人もの観客が訪れ、750機の熱気球と少なくとも同数のパイロットが集まる。圧巻なのは夜で、膨らんだ気球が地面に繋がれ、まるでガス灯がともっているようだ。上下に揺れて光の波をつくりだす。地上にいる人のためにもさまざまな娯楽が用意され、チェーンソーを使った木彫りコンテストや花火の打ち上げといったイベントが催される。ただ、風が強すぎると熱気球はひとつも飛ばない。

開催地域：アメリカ、アルバカーキ
開催時期：10月の9日間

アロハ・フェスティバル
ハワイ

エキゾチックなランやカーネーション、ゲッカコウの花飾り、レイが通りにあふれ、山車は花綱で飾られ、目に見えるすべての者を美しく飾る。よい香りに包まれたアロハ・フェスティバルは、1946年にハワイ特有の島の伝統文化を称える祭りとしてはじまり、おもだった6つの島――カウアイ島、マウイ島、オアフ島、ラナイ島、モロカイ島、そしてビッグ・アイランドの愛称で知られるハワイ島のすべてでさまざまなイベントが催される。祝祭は、アリイ（王族）の叙任式で幕を開け、ホラ貝とハワイの伝統的なフラダンスでにぎやかに行なわれる。見どころのひとつであるフローラルパレードでは、それぞれの島のシンボルカラーに分かれ、マーチングバンド、パウ・ライダーが行進する。コース沿いには露店が立ち並び、ハワイの手工芸品や地元のおいしい食べ物などが売られている。何百人という熱心なボランティアに運営されるこの祝祭は、毎年熱狂的な観客をひきつける。

開催地域：アメリカ、ハワイ州全域のイベント
開催時期：9月

アリイ（王族）の叙任式の参加者。ハワイの主要6島で開催されるアロハ・フェスティバルのひとつにて。

ムーン・アムトラック
ラグーナ・ニゲル

1979年のこと、カリフォルニア州オレンジ郡ラグーナ・ニゲルの鉄道線路沿いにある酒場「マグズ・アウェイ・サルーン」で、地元住民のK・T・スミスが、次に通過する列車に「ムーン」(裸のお尻を見せる)した者には1杯おごると言い出した。結局、彼は数杯の酒をおごるはめになったのだが、これをきっかけにムーン・アムトラックがはじまった。最初はごく小さなものだったが、いまでは夏のムーニングの時期になると、通過する列車に向かって大人数が裸のお尻を見せている。多数の列車が通り過ぎるので、参加する時間はもちろん、その合間に何杯かひっかける時間もたっぷりある。ときに度を超すこともあり、今では地元の警察が出動し、行き過ぎたわいせつな振る舞いを防止している。

開催地域:アメリカ、ラグーナ・ニゲル
開催時期:7月中旬の土曜日

アトランティック・アンティック
ニューヨークシティ

年に1度、ブルックリンの約1.6kmのアトランティック・アベニュー(ヒックスストリートから4番街まで)が巨大なストリートフェスティバルの会場に変わる。活気に満ちたストリートフェアとバンドの生演奏をはじめ、あなたが望むほぼすべてのエンターテインメントがそろう。アトランティック・アンティックは大々的なファミリー向けイベントで、子どもたちのために通りはすべて歩行者天国となる。子どもたちはポニーに乗ったり、フェイスペインティングをしたり、紙芝居をみたりと、心おどるアクティビティが盛りだくさん。家族全員に人気のアトラクションは、大規模で多種多様な食べ物の屋台だ。世界中のおいしそうな食べ物が数えきれないほど立ち並び、ニューヨークを故郷とする人々の国際色豊かな人種を反映している。

開催地域:アメリカ、ニューヨークシティ、ブルックリン
開催時期:10月初頭

ブリッジデー
ファイエットビル

物好きでなくてもブリッジデーに参加できるが、高さに弱い人にはおすすめできない。ウエストバージニア州のニューリバー・ゴージ橋には、20年にわたってアドレナリン中毒者が集まってくる。彼らはやみつきになる新しい飛び降りかたを求めている。高さ267mの橋は、1977年に開通した当初は世界最高で、これを記念するブリッジデーが3年後にはじまった。ブリッジデーの当日、道路は通行止めになり、約400人の勇敢な者のものとなる。ベースジャンプから飛び降りる際は、パラシュートをすばやく開かなければならない。いっぽう、215mのロープを体に結んで飛び降りた人は、辛抱強く上下に揺られる。だが、この橋からのバンジージャンプは、現在禁じられている。

開催地域:アメリカ、ファイエットビル
開催時期:10月の第3土曜日

バーニング・マン
ブラックロック砂漠、ブラックロックシティ

バーニング・マンはニューエイジの究極のフェスティバルで、何万人という人々が1週間の体験と自己表現、パーティのためにブラックロック砂漠に集まる。彼らはかなり個性的な服装でめかしこんで——もしくは、まったくの普段着で——、多くの人はほとんど、あるいは何も着ていない。パーティ好きの参加者たちが夜通しで、自給自足のかりそめの砂漠の町をつくりあげる。このブラックロックシティは完全に太陽光発電で、人々は自由に作品をつくったり、彫像を動かしたり、ミュータントビークルと呼ばれる車や改造自転車で砂漠の周辺をまわって、隣人たちにあいさつする。最終日の夜、人をかたどった巨大な木製の像を儀式的に燃やす。その炎とともに夏は終わりを告げ、ブラックロックシティはとりこわされ、来年を待つ。

開催地域:アメリカ、ネバダ州ブラックロック砂漠
開催時期:8月の最終月曜日〜9月の第1月曜日

カリェ・オチョ・フェスティバル
マイアミ

年に1度、マイアミのリトル・ハバナ、カリェ・オチョ(SW8ストリート)でアメリカ最大のラテンのストリートパーティが催され、100万人以上の人をひきつける。メインイベントは最後のブロックパーティで、SW8ストリート沿いの24のブロックにダンス会場やラテン料理の屋台があらわれ、ほぼすべてのラテン音楽がそろい、30ものステージで演奏される。1988年には、およそ12万人の参加者が世界最長のコンガの踊りの行列をなした。ブロックパーティにいたる週、訪れた者はカーニバル・オン・ザ・マイルで最もホットなジャズを楽しむことができる。ドミノトーナメントの熱い戦いも見ものだ。キューバとリトル・ハバナにおけるドミノ競技の人気の高さがうかがえる。

開催地域:アメリカ、マイアミ
開催時期:2〜3月の1か月間

ファンタジー・フェスト
キーウェスト

フロリダキーズのキーウェストのさまざまなコミュニティが、年に1度ストリートパーティを催す。毎年10月、この島を故郷とする人々がカウンターカルチャーを祝う。もともとは貿易の促進のために、公共心のある2人のビジネスマンがはじめたものが、真のコミュニティの祝祭として成長した。慈善舞踏会からドラッグクイーンコンテストまで、さまざまなイベントが目白押しだが、けっしてアメリカの主流ではない。10日間にわたる祭りのハイライトは、新たに選出されたコンク(ホラ貝)の王と女王のパレードで、彼らのあとにコミカルな山車の行列が続く。ファンタジー・フェストは厳粛さを嫌う。ニューオーリンズのマルディグラ(p.72参照)と同じく、軽妙なノリで外部の人々をひきつけ、最近では10万人以上が訪れる。

開催地域:アメリカ、キーウェスト
開催時期:10月の最終週

冷凍遺体祭り
ネダーランド

　棺運びレースに死者のパレード？　冷凍遺体祭りはまちがいなくニッチ市場だ。すべては1989年、ノルウェーのトリグベ・バウゲが亡くなった祖父を船でアメリカへ連れてきたことからはじまった。彼は「低温保存施設」で祖父を冷凍保存した。1993年、ビザ失効による不法滞在で強制送還されることになったトリグベは、コロラド州ネダーランドの母親の家に祖父の遺体を残して出国した。遺体は物置小屋に保存されていたが、地方自治体にとって悔やまれることに、母親は立ち退きとなった。彼女が地方新聞に秘密を洩らしてこれが報道されると、屈折したユーモアのセンスをもつ町の住民が冷凍遺体祭を考えついた。スローモーションパレード、遺体のそっくりさんコンテスト、物置小屋の見学ツアーをはじめ、あっけにとられるようなイベントが多数催される。

開催地域：アメリカ、ネダーランド
開催時期：3月第1週の金曜日〜日曜日

グリーンリバー・ランデブー
パインデール

　グリーンリバー・ランデブーは1830年代にはじまった。年に1度ワイオミング州の大自然に住む地元のマウンテンマン（罠猟師）やアメリカ先住民が、グリーン川下流の渓谷に集まって、毛皮や生皮を銃や道具類などと交換した。マウンテンマンの技能や文化を称えるこの祭りは、19世紀の最盛期を思い起こさせる。ワイルドな1週間の会期中、パインデールの田舎町は時代をさかのぼり、当時の衣装を着た人々が行進し、アメリカ先住民が野営する。そこで、いまは伝説のなかに埋もれてしまった在りし日の罠猟師や旅人、アメリカ先住民たちの日常生活を再現する。

開催地域：アメリカ、パインデール
開催時期：7月第2週の週末

グラウンドホッグ・デー
パンクサトーニー

　むかしのヨーロッパの農民は、厳しい冬の終わりに春の兆しを熱心に見守っていた。2月2日は大切な日で、この日、アナグマが巣穴から顔を出し、そのまま外に出れば、春はもうすぐそこまで来ている。自分の影におびえてあわてて巣穴に戻ったら、冬はまだ（6週間）続くとされた。この言い伝えはドイツ系移民によってバージニアにもちこまれ、新世界ではグラウンドホッグ（ウッドチャック）がアナグマの役割を担った。今日、この民間伝承は大衆文化の一部となった。とくに大ヒットした映画『恋はデジャ・ブ』（原題 Groundhog Day、1993年）のおかげですっかり定着した。1880年代に創設された「パンクサトーニー・グラウンドホッククラブ」が、毎年、人なつこいグラウンドホッグ、パンクサトーニーのフィルの助けを借りて気象を予報する。

開催地域：アメリカ、パンクサトーニー
開催時期：2月2日

ハロウィン
セーラム

　その恐ろしげな響きにもかかわらず、ハロウィンはアメリカ中で人気だ。全米のいたるところで子どもたちが仮装し、「いたずらか、お菓子か」と家々を訪ねてお菓子をねだる。ハロウィンの祝祭の雰囲気にどっぷりつかりたいなら、マサチューセッツ州のセーラムがおすすめだ。1690年代の魔女裁判で有名なこの街では、ほかの場所では見られないハロウィンが楽しめる。ハロウィンを祝うイベントはまるまる1か月続き、ツアーパーティやハロウィン舞踏会などが催される。

開催地域：アメリカ、セーラム
開催時期：10月31日

アイディタロッド国際犬ぞりレース
アンカレッジ

　アラスカの吹きさらしの氷原とツンドラ地帯を1770km以上も駆け抜ける過酷なアイディタロッド犬ぞりレースは、世界で最も厳しいトレイルのひとつを進む。各チーム最大16頭の犬を連れ、猛吹雪にホワイトアウト、氷点下の世界で、強風が吹きすさぶなか極限に挑む。1973年に犬ぞりの最優秀チームを決めるレースとしてはじまったアイディタロッドだが、今日では忍耐力を競う激しいコンテストに発展した。レースはアンカレッジからベーリング海峡のノームまでの道のりを約17日間かけて進む。儀式的なスタートとして開会のテープカットが行なわれ、犬が出発する。最もわくわくする瞬間だ。名誉あるマッシャーの先導で、チームは2分間隔でスタートしていく。アンカレッジの中心街を群衆の歓声のなかを元気に走り抜けたあと、レースは正式にウィロー湖で再スタートとなり、はるか海までを行く。

開催地域：アメリカ、アラスカ州アンカレッジ
開催時期：3月の第1土曜日から

ジューク・ジョイント祭
クラークスデール

　「ブルースの祭典が半分、小さな村のフェアが半分、デルタのすべて」といわれるクラークスデールのジューク・ジョイント祭は——過去、現在、そして未来の——ブルースを称える祭典である。週末にかけて100以上の演奏が行なわれる。日中は大小さまざまなステージで野外コンサートが催され、夜には屋内に移り、この都市にいまも残るジューク・ジョイントやブルースクラブが20以上の会場となる。映画の上映、豚レース、移動遊園地で週末を楽しもう。

開催地域：アメリカ、クラークスデール
開催時期：4月

ジャンピング・フロッグ・ジュビリー
エンジェルスキャンプ

　多作のアメリカの小説家マーク・トゥエインは、短編『ジム・スマイリーと彼の跳び蛙』（原題 The Celebrated Jumping Frog of Calaveras County、1865年）で一躍脚光を浴びる。この作品は、ゴールドラッシュで栄えたカリフォルニアの町エンジェルス・キャンプで聞いた話にもとづいている。以来、この町

ではカエル跳びの祝祭が催されるようになり、いまでは年に1度、5月に開催されるカウンティウェア（郡主催の品評会）でジャンピング・フロッグ・ジュビリーが行なわれるようになった。何百匹というカリフォルニアのウシガエルが飛距離を競うのを見るために、4000人以上のファンがかけつける。最初の試合のあと、上位50位のカエルが日曜日の優勝決定戦にのぞむ。地元では国際ジャンプ・フロッグ・デーと呼ばれる。カエル跳びに加えて、アメリカの国民的作家マーク・トゥエインを祝うためのさまざまな行事――小説の朗読、そっくりさんコンテスト、小説の登場人物になりきる仮装大会など――が行なわれる。

開催地域：アメリカ、エンジェルスキャンプ
開催時期：5月の4日間（木曜日～日曜日）

ジューンティーンス
ガルベストン

1865年6月18日、2000人からなる北軍がガルベストンに進軍、南部連合のテキサス州に奴隷制廃止を強いた。翌日、ユニオン軍のゴードン・グランジャーが、リンカーン大統領が1863年に出した奴隷解放宣言を読みあげ、アメリカ合衆国における奴隷制の公式な終焉を告げた。自由の身になった奴隷は通りに出て喜びあい、歓喜に満ちた祝祭が全米中に広がった。この祝祭は、ジューンティーンス（6月と19日をあわせた言いかた）として今日も続く。フリーダムデーとか奴隷解放の日と呼ばれることもある。6月9日から19日まで開催されるが、祭りの終わりははっきりせず、歴史的なツアーや仮装による再現、感動的な演説をはじめ、多岐にわたるイベントが目白押しだ。感謝し、楽しむ機会でもあり、公園でのピクニック、ストリートパレード、楽しい家族の集まり、伝統的なメロディの歌の集いなども行なわれる。ロデオやストリートフェア、さまざまな種類を取りそろえたアフリカ系アメリカ料理のバーベキュー・パーティなども楽しめる。

開催地域：アメリカ、ガルベストン
開催時期：6月9～19日

マイティ・マッド・マニア
スコッツデール

マイティ・マッド・マニアは、もともとごく限定的な商業的理由ではじまったが、地域社会の祝祭へと発展した行事の最たる例である。1976年、アリゾナのジョンソン・ワックス社のプロモーションの一環としてはじまったイベントで、300人の地元住民が真っ白なTシャツに泥を塗りつけ、ジョンソン・ワックス社の洗剤「シャウト」で洗う、というものだった。住民たちは泥だらけになるこのイベントが気に入り、やがて祭りに発展した。現在では、スコッツデールの夏のイベントのクライマックスを飾るまでになった。泥まみれの障害物競走では、出場者はすぐに泥の穴にはまりこみ、泥のプールで転げまわることになり、泥のお城をつくる。大人たちも好き放題泥にはまりこむ。スコッツデールのこのイベントよりも4年後にはじまったライバルの泥んこ祭りが、アリゾナ州のキングマンで行なわれている。

開催地域：アメリカ、スコッツデール
開催時期：6月

アラスカを横断する過酷な犬ぞりレースの出場者と犬たち。

ムース・ドロッピング・フェスティバル
タルキートナ

毎年、アラスカ州の小さな山あいの町タルキートナでは、上空に浮かぶ熱気球から何千という金色のムース（ヘラジカ）の糞が滝のように降ってくる。すべてのはじまりは1972年、野心あふれる一部の町民が、ほとんど知られていない自分たちの町を地図に載るほど有名にしたいと考えた。タルキートナはムースで有名。となれば、ムースがらみのものになるのはごく自然なことだった。彼らの考案したムース・ドロッピング・フェスティバルは、40年とたたずに世界的に有名な祭りへと成長した。ルールはシンプル。ムースの小さな球状の糞を集め、色を塗り、番号をつける。それから気球に積みこんで町でいちばん大きな駐車場にある標的めがけて落とす。住民たちは前もってラッフル（くじ）・チケットを購入している。標的の最も近くに落ちた糞の番号が当選番号となる。このメインイベントに加えて、現地のごちそうを楽しんだり、ムースに関連する作品のイベントなどが催される。

開催地域：アメリカ、タルキートナ
開催時期：7月第2週の週末

ニューオーリンズ・マルディグラ
ニューオーリンズ

金色、緑色、紫色——毎年、マルディグラの祝祭の3色でニューオーリンズの通りは鮮やかに染まる。華やかな行列と活気あふれるビッグ・イージー（ニューオリンズのニックネーム）のマルディグラは、世界で最もよく知られたもののひとつ。フランスでは、マルディグラという言葉は「太った火曜日」を意味する。四旬節の前にぜいたくな食べ物や飲み物を消費する最後のチャンスである。この重要な日に先立つ2週間、仮面舞踏会や豪華絢爛なパレードが催され、最後の週にメインイベントが実施される。通りは仮面を被った参加者であふれ、クルー（パレードを組む団体）の山車（フロート）とマーチングバンドでにぎわう。ひときわ目を引くのは「マルディグラ・インディアン」だ。大きな頭の羽根頭飾りは、基本的にアフリカのものだが、アメリカ先住民の衣服に身を包み、1863年の奴隷解放宣言の前にアフリカの奴隷たちを助けたアメリカ先住民を称えるものである。

開催地域：アメリカ、ニューオーリンズ
開催時期：灰の水曜日までの2週間

ドゥー・ダー・パレード
パサデナ

1978年、カリフォルニアのあるバーでパロディのパレードが考えだされた。伝統ある公式行事パサデナ・ローズ・パレードのカウンターカルチャーとしてはじまったパサデナのドゥー・ダー・パレードは、現在その不敬さが何千という人々をひきつけている。オハイオ州コロンバス、ニュージャージー州のキャピタル・シティでこれをまねたイベントがある。ドゥー・ダー・パレードはワイルドで皮肉たっぷり、ばかげていたり、滑稽なキャラクターに扮するグループが特徴。「ローン・モウアー・ドリル・チーム」や「バスタード・サンズ・オブ・リー・マーヴィン」「メン・オブ・レジャー・シンクロナイズド・ナップ・チーム」といったチームが参加する。パレードの名物バンド「スノッティ・スコッティ&ザ・ハンキーズ」が、刺激的な「イッツ・ア・"ハイ・バディ"ワールド」といった思いがけない音楽や歌詞で群衆を楽しませる。活気に満ちあふれた雰囲気が即興のパーティをあちこちで生みだし、パレードのあともひき続き楽しむことができる。

開催地域：アメリカ、パサデナ
開催時期：不定。最近はメーデーにいちばん近い土曜日

プライド・フェスティバル
ニューヨークシティ

お祭りであり、厳粛な行事でもあるニューヨークのプライド・フェスティバルは、レズビアン・ゲイ・バイセクシュアル・トランスジェンダー（LGBT）文化を称える祝祭である。世界各地でさまざまなゲイパレードが実施されているが、このニューヨークの祭典は最大級の規模を誇る。ほかのゲイパレード・フェスティバルと同じ6月に開催される。1969年6月、ニューヨークの「ストーンウォール・イン」が警察の踏み込み捜査を受けた際、警察の扱いに不満をもっていた同性愛者らによる暴動が生じた。これを記念するゲイパレードが開催される月には、ドラッグクイーンといった滑稽な要素を含む、カーニバルの精神をあらわすイベントも催される。いっぽう、活動家の好みそうなアクティビティも用意されている。ゲイの平等な権利を求める行進や、AIDS患者のための慈善舞踏会も開催される。そして、生気と熱気にみちあふれるプライドパレードがニューヨークの通りを練り歩き、クライマックスに達する。

ニューヨークシティにて。思い思いのドラムビートにあわせて行進するゲイ・プライドパレードの参加者たち。

開催地域：アメリカ、ニューヨークシティ
開催時期：6月にさまざまなイベントが開催される

レッドアース・フェスティバル
オクラホマシティ

　ショーニー族、チムシアン族、ホピ族、チェロキー族。毎年、100を超えるアメリカ先住民族が、大陸中からレッドアース先住民文化フェスティバルに集まる。1200人もの芸術家たちが多種多様のダイナミックな伝統を披露する。1986年にはじまったばかりだが、すでに全米最大の先住民の文化的な集まりに成長している。レッドアース・フェスティバルは金曜日の朝のグランドパレードで幕を開ける。礼装に身を包んだ部族の代表者たちがオクラホマシティ中をパレードする。続く3日間、現代的・伝統的な絵画、彫刻、ビーズ細工、陶芸品などの展示会が催される。また、儀礼舞踏の競技では、アメリカ中から集まった部族が独創性と創造力を誇示して競いあう。

開催地域：アメリカ、オクラホマシティ
開催時期：6月初旬の3日間

レッドネック・ゲームス
イーストダブリン

　1996年にアトランタで夏季オリンピック大会が開催されたとき、「レッドネック」が運営する大会にまつわる数々のジョークが飛びかった。ジョージア州の誇り高きイーストダブリンの住民たちはそれを実現させることに決め、レッドネック・ゲームスが誕生した。これはオリンピックのパロディとなるスポーツ大会で、保守的で教養のないレッドネック、というメディアがつくりあげたイメージを茶化すものである。レッドネック・ゲームスは有名になり、人気も高まった。開催種目は「ホイールキャップ投げ」「豚足食い競走」、蹄鉄のかわりにトイレの便座を投げる「便座投げ」など、珍競技が目白押し。泥水に飛びこむ「泥腹打ち飛びこみ」も楽しい。独特の音を奏でる「わきの下のど自慢」はレッドネックのバンドとビール、料理とともに。何よりも最高なのは、すべてがチャリティのもとに行なわれること！　イヤッホー！

開催地域：アメリカ、イーストダブリン
開催時期：5月末、または6月初頭の土曜日

動物轢死死体料理大会
マーリントン

　ヤマアラシのシチュー、シカのソーセージ、クマ肉のテリヤキ風味——味わってみたいと思った人は、動物轢死死体料理大会へ出かけてみよう。街でいちばんの料理が味わえる。この風変わりな料理コンテストは1991年にはじまった。ウエストバージニア州マーリントンで開催されるポカホンタス郡の秋の収穫祭において、観光客誘致の目玉となるイベントとして開催された。その狙いどおり、毎年1万人の観光客がつめかけ、最高の轢死死体料理をつくったり、味わったりする。ルールは簡単。主となる食材はほんものの轢死動物であること。路上でスピードを出している車にはねられて死んだリスやヘビ、シカなど。ただし、判定の際に料理に砂利や小石が残っていたら減点対象となる。

開催地域：アメリカ、マーリントン
開催時期：9月最後の土曜日

ロズウェルUFOフェスティバル
ロズウェル

　陰謀説を信じる人々やUFOマニアが、年に1度、ニューメキシコのロズウェルの町に集結し、「ロズウェル事件」の謎に迫る。1947年、ロズウェル陸軍飛行場から48km離れたところに空飛ぶ円盤が墜落したと軍が発表する。だが、すぐに墜落した物体は気象観測用気球だったと訂正された。この事件は議論を呼び、そしてカルトはつねに大衆文化を刺激し続ける。フェスティバル全体のテーマはエイリアンであり、地球外生命のパレードのほか、人間やペットによる仮装コンテストも催される。SFの専門家たちが地球外生命体が存在する証拠を論じあういっぽう、かわいい緑色のエイリアンが訪れる者を歓迎する。ロズウェルのUFOフェスティバルは、陰謀説論者が私たちにUFOを信じさせるための冗談なのかもしれない。

開催地域：アメリカ、ロズウェル
開催時期：7月4日に最も近い週末

ガラガラヘビ狩り祭り
スウィートウォーター

　ガラガラヘビを追いつめて捕まえるのは、ミッドウェストの田舎では昔から生きるうえでのサバイバル術だった。だが、今日のガラガラヘビ狩りは、もっとお金と娯楽の要素が強い。ハンターたちはヘビを捕まえるとお金がもらえる。ヘビは毒を絞られ、地元のフェア会場の穴に入れられ、3万人以上の観客が興味しんしんで見守るなか、殺されて肉と皮が利用される。このテキサスのフェスティバルでは、ハンターたちがヘビを狩るコツを披露したり、ガラガラヘビを使った料理がふるまわれる。

開催地域：アメリカ、スウィートウォーター、ノーラン郡コロシアム
開催時期：3月第2週の週末、木曜日〜日曜日

牛糞投げ世界選手権
ビーバー

　市民の誇りとは不思議なものだ。1970年、西部開拓時代から続くオクラホマ州の古い町ビーバーの住民が、自分たちの町を地図に載せるほど有名にしようと思いたった。そして、その方法として考え出したのが乾燥させた牛糞を投げる、というものだった。この競技が開催されると、5年後にはウィスコンシン州のソークシティでも同様の競技が行なわれるようになった。競技のルールはとても簡単。すべての「チップ（乾燥糞）」は地元でできたものでなければならない。直径は少なくとも15cm以上。コンテストの参加者は2つのチップを選んで、誰よりも遠くに投げる。現在の最長記録は驚くなかれ、56mだ。このコンテストは、19世紀後半にビーバーに入植した初期の開拓者たちを称え、地域社会でさまざまなアクティビティを催す週のハイライトとして開催される。当時、乾燥した牛糞はきわめて大切な燃料だった。

開催地域：アメリカ、ビーバー
開催時期：4月

アメリカ文化の一片

アメリカの祝祭にはいつも驚かされる。知性と狂気、厳粛さと軽妙さ、古い世界と新しい世界の文化や信条が混ざりあい、予想もつかないものが生みだされる。土地の広さは、そこに住む人々の多様性と、同じく変化に富んだ祝祭の数々を意味している。チェロキー族の踊りやラテン系アメリカ人のストリートパーティから、オリンピックのまねごと、「ア・ラ・フランセーズ」のカーニバルにいたるまで、すべてが融合のなかから生まれ、アフリカの最も熱いリズムが味わいを添える。自由の地ではあらゆることが可能なのだ。

上：派手に着飾ったホルン奏者がパサデナのパロディパレード、ドゥー・ダー・パレードを先導する。アメリカの保守的な祝祭の堅苦しさを抜いた、遊び心たっぷりの祭りだ。

右：ビッグ・イージー（ニューオーリンズ）のマルディグラ・インディアンは、国際色豊かなアメリカの伝統を反映している。アフリカ系アメリカ人、先住民族、フランス系アメリカ人の慣習が混ざりあっている。見事な衣装の多くは手作りで、ニューオーリンズのブラックインディアンが200年前に奴隷の逃亡を助けたアメリカ先住民を称える。

左：凝った透かし彫りのバルコニーから垂れさがる、色とりどりのマルディグラの祝祭カラー。ニューオーリンズのフレンチクオーターにて。旧世界のカーニバルが前衛的なアメリカのブルースやジャズで祝されている。

異文化のるつぼとしてのアメリカの一般的なイメージは、50の州の全域において、活気に満ちた祝祭で劇的に生命を宿す。大陸最上部の北極近くでは、過酷なアイディタロッド国際犬ぞりレースが、アラスカの荒野を進んだ先住民のイヌイットと初期のヨーロッパ人入植者の犬ぞりのトレイルを思い起こさせる（p.70 参照）。ディープサウスでは、蒸し暑いニューオーリンズの派手でいかがわしいマルディグラが旧世界のフランス、アフリカ、アメリカ先住民の慣習と、陽気な近代アメリカの都市の気流が混ざりあい、異文化のジャズ、踊り、仮装パレードのダイナミックな融合を生み出している（p.72 参照）。アメリカでしかできない体験だ。両極のはざまで、多数の祝祭がアメリカのアイロニー、冒険心、勇気、創造力を祝っている。

「アメリカのアイロニー」？　あなたは訝しがるかもしれない。アイロニーとウィット

上：アイディタロッド国際犬ぞりレースを競うひもでつながれたハスキー犬。アンカレッジからアラスカの荒野を横切り、ベーリング海のノームへいたる過酷なレースだ。全長1770kmの道のりの一部は、1990年代に金採掘者が切り開いたトレイルを犬ぞりでたどっていく。

に富んでいることが誇りのイギリス人は、アメリカのいとこたちがそのセンスをもちあわせていないことを嘆くのが好きだが、カリフォルニア州パサデナのドゥー・ダー・パレードや、ジョージア州のレッドネック・ゲームスを見たことがないのだろう（p.72、p.73 参照）。そんなものがあることすら信じないかもしれない。アメリカの多様性は、ドライすぎるほどドライなイギリスというブランドの弱々しい反映ではない。もっと活気に満ち、型破りで、あからさまな無礼がたっぷりで、ドタバタ喜劇が盛りだくさんである。たとえば、1984年にアトランタが夏季オリンピックの開催地に選ばれたとき、「レッドネック」（南部の貧しい白人農民たち）にオリンピックを運営させることに対して悪意に満ちた多くの発言があった。国家統制主義者の毒舌は、すぐさまジョージア州南部の町イーストダブリンの住民を奮い立たせ、彼ら自身のレッドネック・ゲームスが開催されることになった。それは、遊び心と皮肉に満ちたパロディのスポーツ大会

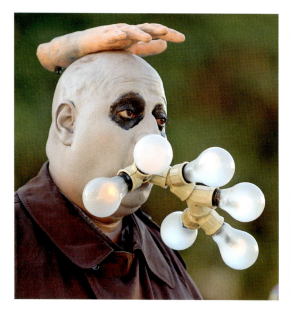 

上:遊び心に満ちたドゥー・ダー・パレードの参加者。マニアックなフェスターおじさんに扮し、天然の磁力で電球をつけるところを再現している。アダムス・ファミリーの怪しげな登場人物のひとりであるフェスターとその一族は、アメリカのあらゆる家族を風刺している。皮肉とウィットに富んだドゥー・ダー・パレードの参加者たちのお気に入りのキャラクターだ。

上右:泥にどっぷりつかってもおかまいなし。レッドネック・ゲームスの聖火ランナーの「エルボー」。「泥腹打ち飛びこみ」競技にて。

で、いかにもレッドネックが喜びそうな競技ばかりだ。はちゃめちゃな浮かれ騒ぎのなかで、円盤のかわりに自動車のホイールキャップをやみくもに振りまわし、オリンピックの円盤投げ選手の美しい投擲をパロディ化する。蹄鉄のかわりにトイレの便座を投げる「便座投げ」や、「わきの下のど自慢」で隠れた才能を発見できるかも？同じく、もう少し風刺の強いロズウェルUFOフェスティバルでは、1947年にロズウェル陸軍飛行場で「目撃」された未解決のUFO事件を祝う。信じやすさと皮肉のユーモアを組みあわせて、陰謀説マニアとエイリアン好きの双方を一気にとりこにする（p.73参照）。

前世紀の歴史的なロズウェルの「目撃」事件をおぼえている人は多い。だが、もっと歴史を重ねた出来事の数々は、慎重に情報をつなぎあわせて保護する必要がある。たとえば、アナグマによる気象予報というヨーロッパのケルトの風習が、迷路のように入り組んだ道のりをたどって新世界の海岸に到達し、現代のメディア向けのイベント、グラウンドホッグ・デーとなった（p.70参照）。

だが、歴史はさまざまな側面をあわせもつものであり、アメリカではとくにそれが顕著だ。たしかに、数千年もの歴史をもつアフリカ、アジア、ヨーロッパといった旧世界と比べると、アメリカはかなり"新しい"国だろう。何しろ、最初のヨーロッパ人入植者が到着したのが17世紀に入ってからだ。しかしそのずっと前から、アメリカ先住民の部族は北アメリカ大陸のいたるところを少なくとも1万年以上にわたって歩きまわっていたのである。彼らがアジアからベーリング海の陸橋を渡ってきたなら、さらにその起源をさかのぼることができると考える専門家もいる。広大な草原や山脈、熱帯雨林、砂漠で、彼らは豊かで独特な文化を発展させ、その多くは今日も伝統的な祝祭となっている。オクラホマシティのレッドアース・フェスティバルでは、1200人以上のアメリカ先住民族の芸術家が大陸の両端から集まり、生きた芸術をダイナミックに披露する（p.73参照）。

400年前のヨーロッパ人入植者の到着は、さまざまな出来事に彩られたアメリカ

の新たな時代のはじまりを告げていた。アメリカ西部地方の順化、アメリカ南北戦争（1861〜1865年）、奴隷解放（1863年）、人権の獲得に営利企業の台頭といった数々の画期的な出来事のすべてが、現在、全米各地でさまざまなフェスティバルとして祝われている。たとえばアメリカの壮大な西部開拓の物語は、その熱い息吹を——多数のひづめとともに——いまも感じることができる。その名にふさわしいカルガリースタンピードでは、伝説となったアメリカのカウボーイと古きよき西部開拓時代の生活を満喫できる（p.58参照）。もう少し静かなグリーンリバー・ランデブーでは、知られざる開拓時代の一面が見られる（p.70参照）。毛皮をまとったマウンテンマンたちが人里離れた山奥の地からあらわれ、物々交換し、ワイオミングの荒野を抜けて流れるグリーンリバー渓谷で大酒盛りをする。今日のランデブーは本来のどんちゃん騒ぎよりずっとおとなしいかもしれないが、アメリカの歴史のユニークな一片を伝える一助になっている。

ヨーロッパ人入植者が大陸全土に広がるのに伴って次々に町ができ、市民としての誇りが生まれた。現代のアメリカ人にとっても、自分が住んでいる場所への誇りは重要で、多くの人が自分の町が世界地図に載ることを夢見ている。競争にうち勝つため、市議会や積極的な町民がじっくりと意見を交わしあい、きわめて独創的で、奇抜なアイデアを考えつく。それが世界的に有名なイベントとなって、彼らの町にスポットライトがあたることを夢見て——たとえば、牛糞投げ世界選手権はオクラホマ州ビーバーの誇り高い市民が、彼らの町を地図に載せるために考案した（p.73参照）。乾いた牛糞を投げるコンテストの開催地という少々変わった名誉だが。

アメリカ国歌に歌われるように、「勇者の故郷」では、ほぼあらゆることが可能

下：ニューメキシコのロズウェルUFOフェスティバルにて。「エイリアン・ペット・コンテスト」で地球外生命体の犬と散歩するエイリアン。1947年にロズウェル陸軍飛行場近くで空飛ぶ円盤が発見されたといわれている。この事件を発端にロズウェルのUFOフェスティバルがはじまった。筋金入りのマニアも単なる興味本位の人もおおぜいが集まる。

下右：シャイアン族の少年。部族の衣装に身を包み、自分たちの先祖の儀式的な踊りを見ている。オクラホマのレッドアース先住民文化フェスティバルにて。

左上：カルガリースタンピードにて。競技場で馬術の腕前を披露する女性騎手。

左下：派手な格好をしたパーティ好きの人々が、キーウェストのファンタジー・フェストで想像力あふれる仮装パーティに参加する。このカウンターカルチャーの祝祭に10万人以上の人が集まる。

上：ドイツの古い慣わしでは、冬眠する動物の行動から冬の終わりを告げるサインを読みとる。フィラデルフィアのパンクサトーニーで、この風習がしっかりと根づいた。気象予報者のグラウンドホッグが高く掲げられ、人々の称賛を受ける。

だ。初期の入植者をつきうごかしていた開拓者精神はなおも健在だ。極限に挑む今日のスポーツ競技アイディタロッドは、アラスカの危険な雪原1770kmを駆け抜ける過酷な犬ぞりレースだ（p.70参照）。同じく度胸はいるが、ブリッジデーはもっとそよ風のように——といっても、そよ風のようにさらさらとはいかないが——さわやかなイベントだ。バージニアにある高さ267mのニューリバー・ゴージ橋の上から、勇気ある人々がさまざまな方法で渓谷に身を投じる（p.69参照）。

もっと世界的な色合いが濃く、同じく決然とした精神が高められる祝祭がジューンティーンスで、フリーダムデーとも呼ばれる。大陸中のアメリカ人が、奴隷が死に物狂いで手に入れた勝利を祝い、過去の奴隷廃止論者の英雄に敬意を表する（p.71参照）。

進取の気性に富んだ人々の国として名高いアメリカで、もともとは別の目的ではじまった祝祭があったとしても驚くにはあたらない。たとえば、フロリダ州キーウェストで開催されるカウンターカルチャーの祭りのファンタジー・フェストは、当初は貿易の促進が目的だった（p.69参照）。心を高揚させるニューメキシコのアルバカーキ気球フェスティバルは、集団で盛りあがるためのイベントだった（p.68参照）。さらに興味深いのが、商業目的のイベントが町の住民にとりあげられ、地域社会の祝祭となったものである。たとえばアリゾナ州スコッツデールのマイティ・マッド・マニアは、白いシャツについた泥を落とすための洗剤製造会社の販売促進イベントからはじまった。ところがアリゾナの泥はあまりにもしぶとかった。このイベントは住民の人気を博し、泥んこ祭りが新たな楽しみになったのである（p.71参照）。

アメリカ文化の一片

上：ブラックロック砂漠で、LOVEをテーマにした作品を通して愛と芸術の探究の新たな方法を見つける参加者。ネバダ州ブラックロック・シティのニューエイジ色の強いバーニング・マンのフェスティバルにて。

左：色鮮やかな熱気球がロープでつながれ、飛行に最適な気象条件を待っている。ニューメキシコのアルバカーキ国際気球フェスティバルにて。

世界のお祭り百科

上左：サービス精神旺盛なムーン・アムトラックの参加者。カリフォルニア、ラグーナ・ニゲルの酒場「マグズ・アウェイ・サルーン」の前を通過する列車に乗った人々のありふれた通勤風景に華を添える。

上右：霊柩車のボンネットに座る悪魔にはそうそうお目にかかれない。だが、コロラド州ネダーランドで春に開催される冷凍遺体祭りの会期中は、それほど珍しい光景ではない。

右：ブラックロック砂漠のバーニング・マンにて。まるで別世界の光景が広がる。1週間の発見の旅は「バーナー（参加者）」たちに自己表現と自給自足、見返りを求めない「贈り物経済」を体験する機会を与える。

　アメリカの祝祭の多くは、遊び心たっぷりに流れる川のよう。ときおり、奇抜さにあふれるイベントが、その流れのなかからほとばしる。ネバダ州のブラックロック砂漠で開催されるバーニング・マンは、1週間にわたるニューエイジ文化の体験と驚異の創作のイベントで、見返りを求めずに助けあうことを楽しむ。一張羅を着こんで——あるいは砂漠の暑さで脱ぎ捨てて——出発し、あまり旅慣れていない人々がまったく新しいタイプの有意義な経験をする（p.69 参照）。

　だが、もっと癖になるのが動物轢死死体料理大会と冷凍遺体祭りだ。あなたがヘビのマリネとかシカのソーセージを一度は食べてみたいと思ったら、バージニアの動物轢死死体料理大会に行ってみよう（p.73 参照）。一味違う——車にはねられた動物を使った洗練された料理がふんだんにそろっている。もっと通好みなのがコロラド州の冷凍遺体祭りだ。棺運びレースといったイベントに加え、ミミズの形をした酸っぱいグミを飾りつけた青いアイスクリームという気味の悪いおやつが売られている。「何？　死んで、凍っている？」とびっくりするだろう（p.70 参照）。

　もっと悪ふざけなのが、ムーン・アムトラックだ（p.69 参照）。男性だけのパーティや酒場で夜を過ごしたあとなら「素晴らしいアイデア」に思えるが、二日酔いから覚めて現実に戻って考えると何ともばかげている、というあれだ。きっかけは酔っぱらいの賭けだった。線路沿いの酒場で、陽気なカリフォルニア人が隣に座っていた人に、通過する列車に裸のお尻を見せたら1杯おごるともちかけた。この妙案が気に入られ、現在では夏の風物詩となっている。毎年、何千人もの人が羞恥心とパンツを脱ぎ捨て、遊び心たっぷりのひとときを楽しむ。列車のほうもあえてスピードを落とし、乗客たちに"見苦しくない"光景を見せてくれる。まさにアメリカならでは、だ。

アメリカ文化の一片

世界のお祭り百科

>>南アメリカ

>アルゼンチン

ラ・フィエスタ・デ・ラ・トラディシオン（ガウチョ祭り）
サン・アントニオ・デ・アレコ

　イタリア製西部劇に出てくるようなガウチョ（カウボーイ）の伝説的な魅力が、アルゼンチン中のラテンアメリカ系カウボーイとその強健な馬をひきよせる。彼らはガウチョ祭りの「本物」を満喫する。メインイベントは週末に開催される。ガウチョたちはたき火のまわりに集まって伝統音楽に耳を傾け、焼きたての牛肉アサードに舌鼓を打つ。日曜日は伝統的な衣装に身を包み、馬に乗ったカウボーイたちの迫力あるパレードではじまる。この日のハイライトはヒネティアダと呼ばれるガウチョのロデオだ。若い馬を杭にしばりつけて目隠しをし、激高したところに勇敢なカウボーイが飛び乗る。馬が放たれると、乗り手は死に物狂いでもちこたえる。競技場で暴れる馬から――通常は15秒間――振り落とされずに乗りきれたら合格だ。

開催地域：アルゼンチン、サン・アントニオ・デ・アレコ
開催時期：11月初旬の10日間

マンカ祭
ラ・キアカ

　陶器市として広く知られ、素晴らしい土鍋が売られた後で開催されるマンカ祭は、コロンブス以前の時代に起源をさかのぼる。近隣の高地の村々の住民が集まり、冬に備えて必需品の物々交換を行なっていた。標高3400mの高地に住む村人は、さまざまな慣習を重んじていた。ラマの毛を織り、料理用の土鍋をつくり、ブーロ（ロバ）を育てた。今日、この祝祭はラマの毛でつくったポンチョや土鍋といった地元の工芸品を売る大規模なフェアであり、おいしい食べ物や民族音楽、伝統舞踏なども楽しめる。

開催地域：アルゼンチン、ラ・キアカ
開催時期：10月第3土曜日～10月末

タンゴ・フェスティバル
ブエノスアイレス

　ブエノスアイレスと言えば、タンゴを思い出す人が多いだろう。まさに、この情熱的な踊りの代名詞となる都市である。タンゴ・フェスティバルの会期中、ブエノスアイレスのタンゴ熱はいっそう高まり、さまざまなタンゴのショーやレッスン、大規模なミロンガやダンスを伴う。実際、この祝祭は1万人以上のダンサーが石畳の通りをタンゴを踊りながら進む、野外の大規模なミロンガで幕を開ける。いちばん盛りあがるのがタンゴダンス世界選手権で、世界の一流ダンサーたちが競いあう。一生に一度は見ておくべきで、タンゴを楽しむ絶好の機会だ。

開催地域：アルゼンチン、ブエノスアイレス
開催時期：8月末

ブドウ収穫祭（ベンディミア・フェスティバル）
メンドーサ

　ベンディミアは、簡単に言うとブドウの収穫という意味で、3月の最初の週、メンドーサではワイン産業の成功を祝う祭が催される。このフェスティバルがはじまったのは1936年だが、ベンディミアの祝祭の起源は17世紀にさかのぼる。フェスティバル初日の金曜日、メンドーサの18の地域の代表となる18人のクイーン（女王）が、ブドウをテーマにした豪華な山車に乗って通りをパレードする。それぞれの地域の伝統衣装に身を包んだクイーンたちは、群衆に向かって収穫の贈り物を投げる。人々は熟れたブドウやウリを楽しそうに奪いあう。土曜日の朝には王室の山車のパレードも行なわれる。馬に乗ったガウチョたちに付き添われ、アルゼンチン中からやってきた熟練した演者や演奏者とダンサーが飾りたてて街を練り歩く。最終日、フランク・ロメロ・デイ・グリーク劇場でアクト・セントラル・フォーク・ミュージックのショーが開催され、優勝したクイーンが発表される。

開催地域：アルゼンチン、メンドーサ
開催時期：3月第1週の週末

>ボリビア

カンデラリア祭
コパカバーナ

　ボリビアの守護聖人、カンデラリアの聖母像は彼女が起こした数々の奇跡によって広く崇められている。その祝日にはペルーやボリビア各地から巡礼者が集まる。ついでに、ビールを求める人々を乗せた現代の乗り物も続々と到着する。チチカカ湖畔の町コパカバーナで開催され、異教とキリスト教の慣習が豊かに混ざりあったパレードが行なわれる。聖母は教会で祈りを捧げられ、民族のパレードが田舎の道をぬって進み、地元のアイマラ族の舞踏が踊られる。最後に石の囲いのなかに雄牛たちが率いられ、勇敢な者や酔っぱらいが競技場のなかに飛びこみ、たいていは一瞬で飛び出してくる。

開催地域：ボリビア、コパカバーナ
開催時期：2月2～5日

聖ミゲル祭
ウンシア

　どんなにとりつくろってみても、この祝祭は完全な殴りあいである。儀式的な「エル・ティンク」（対決）のなかで善と悪による伝説的な戦いが演じられる。演者たちは腕を激しく振るので、お互いにあたってしまうのはしかたがない。はじめこそ落ち着いているが、ビールがすすむにつれ、本気のパンチがとんでくる。ティンクの踊りはこの町のカトリックの守護聖人である聖ミゲルの祝祭の一部として行なわれる。言い伝えによると、この聖人は口から火を吐き、悪魔から町を守ったという。彼を称え、36もの民族舞踏のグループの豪華な行列が、太鼓や管楽器の音色とともに街中を練り歩く。

開催地域：ボリビア、ウンシア
開催時期：9月29日

ボリビア、オルロのカーニバルにて。トバ族の立派な戦士。恐ろしい悪魔に扮して、ダイナミックなディアブラーダ（悪魔の踊り）を踊る。

オルロのカーニバル
オルロ

舞いの動きにあわせてひるがえるポンチョ、響きわたるカスカベル（鈴）の音、角の生えたディアブロ（悪魔）。そのすべてが、ボリビアで最も盛大な祭りの渦に巻かれている。2万8000人以上の民族舞踏の踊り手と1万人の音楽隊がアンデスの伝統を披露する。もともとは母なる大地パチャママの女神を称える先史時代のイト祭りだったが、スペインによる支配下でカトリックの聖燭祭と習合しつつも土着の風習の底流はとどめている。ハイライトは20時間におよぶカーニバルの行進で、聖母ソカボンの教会まで4kmの巡礼ルートを進む。聖母は1789年にオルロの銀鉱山にあらわれたとされ、厚く信仰されている。カーニバルの参加者は16世紀のスペインによる征服や、大天使ミカエルが悪魔に勝利する様子を踊りで演じ、意気揚々としてカーニバルを終える。

開催地域：ボリビア、オルロ
開催時期：2月2日頃の10日間

プフリャイ
タラブコ

プフリャイとは、ケチュア語で「遊ぶ」という意味。つまり、楽しむことが目的だ。遊び心にみちたテーマは収穫期の風にゆれる開花の動きを匂わせ、この祭りの本来の役割がヤンパラ文化の収穫祭であったことを示唆する。16世紀はじめのスペインによる征服後、プフリャイはカトリックのカーニバルの一部として発展し、記念祭としての要素を強めた。祭りのあいだ、木造の要塞がつくられ、果物やパン、焼き菓子といった大量の供え物がアンデスの地母神パチャママに捧げられる。スペインの征服者のヘルメットと拍車を身につけた踊り手が、塔のまわりを輪になって踊る。地元の住民は、この祭りを特徴づける色鮮やかな手織りのポンチョ、ショール、スカートを数か月かけて準備する。

開催地域：ボリビア、タラブコ
開催時期：3月第3日曜日

ティンク（けんか祭り）
マチャ

乱闘で終わるパーティもある。だが、ティンクはけんかがその中心をなしている。古代アンデスのケチュア族とアイマラ族の伝統である「ティンク」は模擬戦闘で、敵やライバル、そのほかの脅威に対する勝利を象徴している。祭りはまず、異なる共同体の男女が踊り出し、友好的に幕を開ける。続いて女性が輪になって詠唱し、男性はその輪のなかに集まって身をかがめ、儀式にのっとってリズミカルにパンチをくりだす。ご想像どおり、ときには収拾がつかなくなり、ほんものの乱闘に発展することも多い。けが人やさらには死者が出ることもある。警察が催涙ガスで乱闘をとめなければならないこともしばしば。だが、流れ出た血は豊穣の女神パチャママへの捧げものとみなされる。

開催地域：ボリビアのポトシ県各地、とくにマチャ
開催時期：5月1日から2週間

＞ブラジル

ボイ・ブンバ
パリンチンス

ボイ・ブンバは大まかに訳すと、「雄牛を殴る」という意味になる。村のボイ（雄牛）の死と復活にまつわる心温まるブラジルの民間伝承にアマゾンのひねりが加わっている。パリンチンスでは、この物語は人形劇やミュージカル、仮面舞踏、活気に満ちたストリートパーティといったさまざまな媒体で語られる。その集大成ともいうべきが、島全体で行なう驚異的なショーで催される。主となるイベントは野外の円形劇場ブンボドロモで催される。そこで2つの組に分かれ、3夜にわたって6つの異なるパフォーマンスで競いあう。それぞれのチームは、衣装やパフォーマンス、ガレーラ（応援団）によって審査される。勝者が発表されると、ブンボドロモでのパレードがクライマックスを飾り、パリンチンスの町の通りやバーでさまざまなパーティがくり広げられる。

開催地域：ブラジル、パリンチンス
開催時期：6月最後の週末

ブンバ・メウ・ボイ
サンルイス

奴隷制の時代にはじまったブンバ・メウ・ボイは、殺されて、その後よみがえった雄牛の物語にまつわる祭りである。この民間伝承はよく知られていて、ブラジル北部の多くの地域で上演されている。サンルイスでは、漫然と洗礼者聖ヨハネも祝われてはいるが、やはり主となるのは民間伝承の祭りで、通りにはブラジル開拓時代の衣装を着た人々の一団が見られる。島にあるこの都市のいたるところで祝祭が開催され、アマゾンとアフリカ系ブラジルの音楽のリズムにのって、粋なストリートパレードが行なわれる。

開催地域：ブラジル、サンルイス
開催時期：6月13～30日

シリオ・デ・ナザレ（ナザレ大祭）
ベレン

世界最大級のカトリックの行列として名高いシリオ・デ・ナザレは、毎年200万人もの巡礼者を集める。荘厳なミサのあと、ナザレの聖母の小さな木像をのせた花で飾られた輿に率いられ、夜明けに行進がはじまる。ベレン大聖堂からナザレ大聖堂までの3.6kmの道のりを信者たちは聖母像について歩く。300年前につくられた木像は大聖堂に2週間祀られる。多くの信者は裸足で輿をひく一行をこぞって手伝おうとする。熱帯の熱気と感情の高まりから、数百人が気を失う。行進のあと、大規模なフェアで地元の特産物と歌や踊りが楽しめる。

開催地域：ブラジル、ベレン
開催時期：10月第2日曜日

イエマンジャの祭り
リオ・ベルメーリョ

魅惑的な海の儀式、イエマンジャの祭りは毎年2月にリオ・ベルメーリョの海岸で開催され、白いローブをまとったカンドンブレの信者がおおぜい集まる。起源はアフリカの神話にあり、16世紀の奴隷制とともにブラジルにもちこまれた。西アフリカのヨルバの地母神イエモジャをあがめる風習が、土着やスペインの慣わしと融合し、女神は人魚のようなイエマンジャへと姿を変えていった。供物をささげる習慣は、1923年、漁獲の少なかったときに漁師たちが豊漁を願って神々に贈り物をしたのがはじまりである。今日、村人たちは夜明けに300にもなる漁船の船団で供物の入った籠を海に運び、神々に供えて敬意をしめす。

開催地域：ブラジル、サルバドール、リオ・ベルメーリョ
開催時期：2月2日

ラバージェン・ド・ボンフィン（ボンフィン祭り）
サルバドール

1773年、サルバドールのボンフィン教会で、数人のブラジル人奴隷がキリストの祝祭に備えて教会を清掃するよう命じられた。奴隷の多くはカンドンブレ（アフリカ系ブラジルの精霊信仰）を信仰していたが、キリスト教も受け入れるようになっていた。カトリックのサルバドール大司教にとってはたいへん残念なことに、奴隷たちは創造主オシャラをイエス・キリストに重ねあわせ、すすんで楽しげに教会を清掃した。宗教の混淆をやめさせるため、大司教は奴隷たちに教会内部の清掃を禁じ、階段や前庭のみの掃除を許した。今日にいたるまで、教会の扉はかたく閉ざされたままである。白装束で身をつつんだカンドンブレの信者たちは、陽気なアフリカの歌や太鼓の音にあわせて階段や中庭を洗い清める。

開催地域：ブラジル、サルバドール
開催時期：1月の御公現の祝日後の第2日曜日の前の木曜日

甘い香りの花の贈り物や香水が海の女神イエマンジャのために運ばれる。ブラジル、サルバドール、リオ・ベルメーリョにて。

新年祭
コパカバーナ

ブラジルの大みそか、白い服を着た200万人以上の「カリオカ（リオっ子）」がコパカバーナの海岸に集まり、海の女神イエマンジャに供えものをする。小さな模型の船のなかに贈り物を入れる者もいれば、波間に白い花とろうそくを浮かべる者もいる。真夜中ちょうどに、数えきれないほどの花が海に投げ入れられ、頭上には花火が打ち上げられる。西アフリカの女神イエマンジャの崇拝は、16世紀にアフリカ人奴隷とともにブラジルにもちこまれた。そして、年月を重ねるなかで、その崇拝はアフリカ系ブラジル人の宗教ウンバンダの一部として発展した。ウンバンダはカンドンブレと関連があるが、20世紀におこった独自の浸礼主義的な側面をもつ新興宗教である。

開催地域：ブラジル、リオデジャネイロ、コパカバーナ
開催時期：12月31日

レシフェ・オリンダのカーニバル
レシフェ、オリンダ

ブラジル東海岸の隣接する2つの都市レシフェとオリンダで、ブラジルの三大カーニバルのうちの2つが行なわれる。何よりも素晴らしいのは、タクシーでわずか20分の距離にあるこの2つのどちらも楽しめるということだ。なんで発展してきたこの2つの都市は、カーニバルのスタイルも同じだ。躍動するリズムにエキゾチックな衣装、ポルトガル支配下で奴隷にされたアフリカ人と先住民部族の文化に大きな影響を受けている。オリンダで人気のイベントは巨大なパピエマシェ（張り子）の人形の行進で、群衆の頭上から突き出て、ぎこちなく進む。人々が飲み騒ぐ通りのいたるところで巨大人形に声援が送られ、太鼓や管楽器のリズムに乗って体を揺らす。レシフェのカーニバルの目玉は、「夜明けのおんどり」と呼ばれる土曜日の早朝のパレードだ。何千人もの観光客が4kmの行列に加わり、地元のフレーボの特徴的なステップを刻む。アメリカ先住民とアフリカのマラカトゥの混ざった独特のリズムを伴う。

開催地域：ブラジル、レシフェとオリンダ
開催時期：金曜日〜告解の火曜日

リオのカーニバル
リオデジャネイロ

リオのカーニバルは、200万人もの人と330以上の楽隊が連日通りを埋めつくす世界最大級のカーニバルだ。カーニバルがブラジルに入ってきたのは16世紀のことで、ポルトガル人がその豪華な仮面舞踏会とともにもちこんだ。だがすぐにサンバをはじめとするアフリカとアメリカ先住民の音楽と踊りに触発され、ブラジル独特のカーニバルへと発展する。今日、観覧にチケットが必要なメインのパレードがサンボードロモで開催され、華やかな舞踏会はコパカバーナ・パレスで催される。そのほか、星空のもと、砂浜沿いに即興の演奏会やパーティがいたるところで行なわれる。

開催地域：ブラジル、リオデジャネイロ
開催時期：告解の火曜日にいたる4日間

ブラジル、オリンダのカーニバルの参加者。フレーボの熱いリズムに乗って飛び跳ね、伝統的な小さな傘を足のあいだで前後に動かす。

サルバドールのカーニバル
サルバドール・ダ・バイーア

世界的なリオのカーニバルよりもっと親しみやすく、開放されたサルバドール・ダ・バイーアのカーニバルは、蒸し暑い通りに群衆が集まり、エネルギッシュなお祭り騒ぎの渦をつくりだす。パレードは電車のような長さ60mの巨大トラック、トリオ・エレトリコが先導し、ブロコ（カーニバル参加者のグループ）が続く。このステーシカーは大容量の音響システムを備え、上部のステージでバンドが演奏する。スピーカーから爆音が轟き、下では安全のために警備員がトラックのまわりを長いロープで囲んでいる。その輪のなかに入れるのは、アバダと呼ばれる各ブロコのTシャツを着ている者だけだ。「カマレオン」といった最大のブロコは4000人もの人々を魅了し、歌い踊り、パーティで盛りあがる。ロープの外側では、群衆がますます騒々しくなる。そうしたすべてを見たい観光客には、カンポ・グランデ周辺の通り沿いに設けられたバルコニー観覧席カマロッチが人気だ。このどんちゃん騒ぎは灰の水曜日、ブラジルの有名なミュージシャン、カルリーニョス・ブラウンに率いられた力強いパレードで最高潮に達する。

開催地域：ブラジル、サルバドール・ダ・バイーア
開催時期：灰の水曜日の前週

> チリ

ラ・ティラナの祭り
ラ・ティラナ

毎年夏になると、眠ったように静かなラ・ティラナの町が目覚める。200以上の踊りのグループが足を踏み鳴らして通りを練り歩き、25万人の巡礼者を喜ばせる。土着の異教とスペインのカトリック文化や風習が融合したラ・ティラナの祭りは、伝統的な民族舞踏とカルメル山の聖母を祝う祭りが組みあわさっている。その目玉となるのがディアブラーダ(悪魔の踊り)で、悪魔を追い払う儀式である。角のついた恐ろしい仮面と人目をひく悪魔の衣装に身を包み、「悪魔」たちは太鼓や管楽器のリズムにあわせて跳び、舞い踊る。踊りのグループのリーダーたちが笛を吹いて拍子をとる。教会では敬虔な信者たちが祈りを捧げ、教会の外では地元の工芸品や料理のフェアが楽しめる。

開催地域：チリ、ラ・ティラナ
開催時期：6月12〜17日

> コロンビア

黒と白のカーニバル
サン・フアン・デ・パスト

黒と白が入り混じる陽気なこの祭りは、1607年の奴隷たちの反乱にその起源をさかのぼる。奴隷たちは1日の休暇を要求し、それは1月5日に認められた。奴隷の所有者は自分たちも楽しみに加わるために顔を黒く塗った。これを受けて、奴隷たちは翌日、自分たちの顔を粉を塗って白くした。以来、この慣習が楽しく続けられている。都市の住民はみな、チョークやグリース、小麦粉やタルクで黒人や白人に扮する。カーニバルの会期は12月28日から1月6日までだが、最後の2日間が最も盛りあがる。参加者たちは、黒くなる5日と白くなる6日のお祭り騒ぎに興じる。参加しないですむと思うなかれ。好むと好まざるとにかかわらず、誰もが白くなったり、黒くなったりすることになる。

開催地域：コロンビア、サン・フアン・デ・パスト
開催時期：12月28日〜1月6日

悪魔のカーニバル
リオスシオ

真の意味で、時代の産物といえる。悪魔のカーニバルは、1847年に生まれた。敵対していた2つの町——ひとつにはアメリカ先住民が住み、もうひとつには黒人、白人系が混じって住んでいた——が破滅を恐れて説得に応じ、自分たちの遺産を守るためにひとつの新しい町リオスシオとして生まれ変わった。彼らが苦労して手に入れた赦しを記念して、悪魔のカーニバルでは現実が逆転する。2年ごとに6日間開催されるカーニバルは悪魔の支配のもとに行なわれ、最後に悪魔は象徴的に燃やされる。それまでのあいだ、通りという通りで人々が陽気に浮かれ騒ぎ「コンパルサ」(グループ)のエネルギッシュなパレードが催される。参加者の多くは迫力ある悪魔に仮装する。カーニバルの中心は、巨大で激しく恐ろしい悪魔で、会期を通して不気味な姿をあらわし、平和を保っていないと破滅が待っていることを人々に思い起こさせる。

開催地域：コロンビア、リオスシオ
開催時期：1月4〜9日、ただし2年ごとの奇数年のみ

活気あふれる黒と白のカーニバルの会期中、参加者たちは何かを塗ったり、まぶしたり、描いたりして白くなったり、黒くなったりする。

バランキージャのカーニバル
バランキージャ

　太陽が照りつけ、活気あふれる港町の通りで開催されるバランキージャのカーニバルは、アフリカ、スペイン、ラテンアメリカの文化が激しく渦巻く。クンビアにポロ、ランダンゴにメレクンベにいたる、多様な音楽や舞踏が楽しめる。コロンビア最大級の民族の祭典で、伝統的な「花の戦い」で幕を開ける。6時間におよぶ花の山車（フロート）のパレードは、カーニバルの女王が踊り手や火を吹く者といったキャラクターを従えている。日曜日のグランドパレードでは、仮装した参加者たちが群衆でいっぱいの通りを練り歩く。最も印象的なのは、長い鼻のついた頭巾を被ったマリモンダなどが演じる伝統劇だろう。さまざまな民族舞踏も披露され、なかでもスペインのパロテオ、アフリカのコンゴ、アメリカ先住民のミコ・イ・ミカスは圧巻だ。月曜日と火曜日は、次々と登場するバンドが奏でるリズムに身をゆだね、象徴的な「ホセリートの葬送」で彼の死をみなで悼む。

開催地域：コロンビア、バランキージャ
開催時期：水曜日〜告解の火曜日

＞エクアドル

死者の日（ディア・デ・ロス・ムエルトス）
エクアドル

　死者の日、エクアドルでは道路が通行止めとなり、愛する者が眠る墓地まで厳かな行列が続く。全国で祝われるが、とくにカトリック教会によって、死者の魂に祈りを捧げるときが定められている地方で大々的に行なわれる。さらに田舎の農村では、墓地は会葬者であふれ、彼らはその日1日を墓地で過ごす。墓の草をむしって掃除をし、死者に食べ物を供える。墓地でピクニックという風情だが、この慣習はおそらく初期のアンデスの風習に原点がある。アンデスの人々は死者の魂がもうひとつの世界、この世と密接な死者の世界で生き続けていると考えていた。キリスト教の普及に伴い、そうした古層文化の慣わしとキリスト教が混ざりあった慣習が発展し、アメリカ先住民の家族がカトリックのミサに出席し、カトリックの司祭が供え物の食べ物を祝福する。

開催地域：エクアドル全土
開催時期：11月2日

クエンカのカーニバル
クエンカ

　カーニバル会期中にクエンカを旅するなら、水風船にはご注意を。このカーニバルは「水かけ祭り」とも呼ばれる。エクアドルでは四旬節の前週を「水かけ」の独特な慣習で祝う。クエンカでは水の遊びはとりわけ荒っぽく、「ディアブリート」（小悪魔）が水だけでなく、小麦粉や卵も投げつけてくる。子どもたちが大好きなカーニバルの過ごしかたは、動くものなら何でも水鉄砲の標的にすることだ。だが、いちばん狙われるのは「グリンゴ」（白人）だ。この慣習は16世紀初期にスペイン人がやってくる以前から見られ、いくつかの先住民族は小麦粉や花、香りのついた水などを投げあって、その年の2度目の満月を祝っていた。カトリックが広まるに伴い、異教の水の儀式は、四旬節前のカーニバル（謝肉祭）の慣習に組みこまれていったのである。

開催地域：クエンカおよびエクアドル全土
開催時期：2月17〜20日

＞フランス領ギアナ

マルディグラ
カイエンヌ

　カイエンヌペッパーの名前の由来となった都市カイエンヌは、やはり、そのマルディグラもスパイスがきいている。食べ物だけでなく、その踊りや仮装もだ。すすで黒くしたネグマルーンが逃亡奴隷を演じ、そのほかに白い服を着て子どもたちに強力粉を振りかける者や吸血鬼のような衣装で街中を赤く染めていく者もいる。土曜日、トゥルル（きらびやかなシルクやサテンを全身にまとい、仮面をつけた魅惑的な女性）の登場で、熱い「踊り」に刺激が走る。彼女たちは体を揺らし、気に入った者を選んで誰にも素性を知られることなく戯れる。砂に隠れる色鮮やかなカニにちなんでトゥルルと呼ばれる彼女たちが、夜明けまで祭りを導く。夜通し踊ったあと、参加者はクレオール風の香辛料をきかせた魚とエビのスープで活力を取り戻す。日曜日の午後、きらびやかな山車や吹奏楽団が率いる仮装パレードがふたたびはじまる。

開催地域：フランス領ギアナ、カイエンヌ
開催時期：御公現の祝日から灰の水曜日にいたる週

＞ガイアナ

マシュラマニ（共和国記念日）
マッケンジー

　印象的なアメリカ先住民の言葉マシュラマニは、「仕事がうまくいったことを祝う」という意味で、この祝祭の精神と、何を祝うのかを完璧にあらわしている。すなわち、1970年のガイアナ共和国の誕生である。ガイアナで最も壮観な行事のひとつマシュラマニ（縮めてマッシュとも呼ばれる）は、目を見張るような山車のパレードショー、カリプソのコンテスト、目がくらむようなストリートダンスの背景に、スティールドラムの響きとカリプソバンドの演奏がいたるところから聞こえる。見どころとして、エネルギッシュな仮装の一団が跳ねたり、宙返りしたり、見事な曲芸舞踏の様式を披露する。これはガイアナにおけるアフリカの伝統を反映している。カーニバルの精神にのっとり、毎年、王と女王が選ばれ、冠をいただく。共和国の誕生を記念する祭りでは、少々皮肉に思えるかもしれないが、カーニバルの王室を真面目にとらえる者などいない。

開催地域：ガイアナ、マッケンジー
開催時期：2月23日

＞ペルー

カンデラリア祭
プーノ

　プーノの守護聖人であるカンデラリアの聖母を称えるカンデラリア祭は、カトリックの聖母マリア崇拝とアンデスの地母神パチャママ崇拝に根ざす、教義と文化のダイナミックな融合である。表面上は宗教的な祝祭だが、本質的にはケチュア族、アイマラ族、アルティプラーノの人々の踊りと音楽、衣装の文化的な祭典である。4万人の踊り手と5000人の演奏者による200以上もの先住民族の踊りが披露される。言うまでもなく、衣装をつくったり、刺繍を施したり、仮面を製作したりする人々、宝石職人や靴職人などを含め、何千人という人が関わっている。この祝祭は2月9日に最高潮を迎える。豪華な大パレードが、何時間もかけて行進する。

開催地域：ペルー、プーノ
開催時期：2月1日から2週間

インティ・ライミ
クスコ、サクサイワマン遺跡

　インカ文化の最大の祭典、インティ・ライミは、古代の太陽の祭りを再現する。インカの人々は彼らの太陽神インティをあらゆる生命の源としてあがめた。1944年から、クスコに近い古代の遺跡サクサイワマンで原点となる儀式が復活した。インカ・ガルシラーソ・デ・ラ・ベーガ（1539～1616年）の著した年代記をもとに再現したもので、先住民によって現地のサンポーニャ（パンパイプ、管楽器の一種）、ケーナ（フルート）、ボンバ（太鼓）の伴奏のもとでとり行なわれる。6月24日に行なわれる儀式がメインイベントで、儀式は9時間にもおよぶ。これに先立つ数日間、行進やストリートパーティなどが行なわれる。今日もケチュア族のあいだでは、ほんとうのインティ・ライミの儀式が祝われ、印象的なアヤ・ウマの仮面をはじめ、伝統的な音楽や衣装を伴う。

開催地域：ペルー、クスコ
開催時期：6月24日

ディアブラーダ（悪魔の踊り）
プーノ

　ディアブラーダ（悪魔の踊り）のもと、悪魔がチチカカ湖をうろつく。このドラマチックな仮面舞踏は、悪魔の格好をして、恐ろしげな角のついた仮面を被ったディアブロによって披露される。スペインとアンデス両方の文化に根ざすディアブラーダは、キリスト教の道徳劇の慣わしと、湖や河川、洞窟や鉱山の神々を称える異教の踊りの儀式が組みあわさったものである。この踊りの起源については、ボリビアかチリかをめぐって激しい議論がくり広げられている。だが、いずれにしても、ディアブラーダがキリスト教とアメリカ先住民の儀式がユニークに融合したものであることにかわりはない。

開催地域：ペルー、プーノ
開催時期：11月5日にいたる週

インカの遺跡を背に古代のインティ・ライミを再現する。クスコにて。

奇跡の主（セニョール・デ・ロス・ミラグロス）
リマ

　リマで最も崇拝される聖像は驚くほど強運だ。18世紀の大地震をくぐり抜け、破壊しようとするあらゆる試みも乗り越えてきた。奇跡の主として知られるこの聖像は、浅黒い肌をしたイエス・キリストの磔刑像である。おそらく、17世紀にアンゴラ人奴隷が壁面に描いたキリスト磔刑像の複写と思われる。毎年10月になると、奇跡の主は重さ2tにもなる銀で飾った御輿で通りをパレードする。これを担ぐのは「クアドリーリャ」（信徒団）で、200年以上も前から続く儀式だ。何千人という巡礼者が集まり、その多くは裸足で懺悔の色である紫の衣服を身にまとい、歌い、祈りを唱えながらあとに続く。

開催地域：ペルー、リマ
開催時期：10月18～28日

聖女カルメン祭
パウカルタンボ

　静かな山村パウカルタンボでは、聖女カルメン祭の日、盛大な祭りが催される。活気あふれる地元の祭りで、その民族舞踏とエキゾチックな仮面で有名だ。アンデスの多くのキリスト教の儀式と同じく、この祝祭もキリスト教と異教の慣習の創造的な混淆をしめし、聖母マリアとアンデスの地母神パチャママの両方の要素が見られる。ミサのあと聖女像が担ぎ出され、集まった群衆のあいだを行進する。仮面をつけたコンフント（踊りのグループ）が厳重に守っている。それぞれのコンフントが伝統的な物語を演じ、アンデスの英雄と架空の登場人物（クマのようなウククなど）を称える。悪魔に似たサクラがまわりでとび跳ね、行進を邪魔しようとする。聖母が彼らを町から追い払って勝利をおさめると、行進はクライマックスに達し、喜びの花火が打ち上げられ、人々は夜通し踊る。

開催地域：ペルー、パウカルタンボ
開催時期：7月14〜17日

＞スリナム

オウル・ヤリ
パラマリボ

　スリナムの首都では、バンという音とともに行く年を送る。中国の爆竹の慣わしが年越しを活気づける。通りは赤い花火の紙管で足の踏み場がないくらいになり、あたりには火薬のにおいがたちこめる。その目的は古い精霊を追い払い、気持ちも新たに新年を迎えることにある。夜遅くまでパーティが続き、午前０時が近づくにつれてますます騒々しくなる。時計が新年を告げると、いっせいに爆発音が鳴り響き、最高潮に達する。

開催地域：スリナム、パラマリボ
開催時期：12月31日

＞ウルグアイ

ガウチョ祭り
タクアレンボー

　絵のように美しいイソシンギの湖ののどかな雰囲気のなか、ガウチョ（カウボーイ）の慣習を祝う文化的な祭りが開催される。はじまったのは1985年だが、この祝祭は200年の歴史を反映している。カーニバルの王族が選出されたのち、強健な馬による活気あふれる行進がはじまる。アクティビティのほとんどはロデオの競技場で行なわれる。素晴らしい才能をもつガウチョたちのロデオの名人芸が披露される。関連する革細工やグリル料理に加え、先住民の鮮烈な踊りや衣装も楽しめる。

開催地域：ウルグアイ、タクアレンボー
開催時期：3月第1週

モンテビデオのカーニバル
モンテビデオ

　モンテビデオのカーニバルは、奴隷制の過酷な時代にその起源をたどることができる。アフリカ人奴隷たちは慰めを求め、祖国の伝統的な歌や踊り、音楽に刺激を見いだした。そして、ごくまれな休日にそれらをよみがえらせた。この陽気な祝祭は、アフリカ文化に触発された数々の特徴をうつしだしている。その最たるものが、太鼓を基にしたカンドンベのリズムだ。また、ルボロ（白人を黒く塗る）の慣習にも奴隷制の時代の名残が見てとれる。これは侮辱的な行為ではなく、祭りに参加し、障壁をとりのぞくための試みである。いちばんの盛りあがりを見せるのが、「デスフィーレ・デ・リャマーダス」で、精巧な山車、エキゾチックな衣装、鳴り響くカンドンベを伴う豪華なパレードだ。奴隷たちが人混みのなか、タンボール（太鼓）でお互いを呼びあった日々を思い起こさせる。

開催地域：ウルグアイ、モンテビデオ
開催時期：灰の水曜日前の月曜日と火曜日

＞ベネズエラ

サン・フアン・バウティスタ
バルロベント

　サン・フアン・バウティスタの音は、丈のあるクロ・デ・プアと呼ばれる太鼓がアフリカの魂のリズムを打ち鳴らす音である。南北アメリカの多くの祝祭の例にもれず、スペイン、アメリカ先住民、アフリカの伝統が力強く混ざりあい、奴隷が音楽と踊りでその文化を絶やさないようにしていた時代に生じたものである。夜通し音楽が鳴り響き、その後、洗礼者聖ヨハネ像が担ぎ出され、リズミカルな太鼓の音と人生の喜びと悲しみをあらわす即興の歌の旋律とともに通りを練り歩く。人々の多くはサンテリアの信仰（西アフリカのヨルバ文化に原点をもつ精霊信仰）をあらわす白い衣服に身をつつんでいる。この聖人の夜は、とくに未来を占い、幸運の魔法をかけるのに最も適した、神秘的な時間と考えられている。

開催地域：ベネズエラ、バルロベント
開催時期：6月24日

コルプス・クリスティ（カトリック聖体祭）
サン・フランシスコ・デ・ヤレ

　善と悪の永遠のせめぎあいは、ラテンアメリカの祝祭によくあるテーマだ。ヤレの聖体の祝日では、赤い衣装をまとった悪魔が街中を跳ね踊る。そのグロテスクな仮面に反して、彼らは十字架とロザリオを身につけている。これは、彼らが演じる悪魔から踊り手を守るためのものだ。教会の前で善と悪の象徴的な戦いが行なわれ、悪魔が打ち負かされる。接戦の末、最後の瞬間に悪魔はくずおれ、懺悔し、バンバのリズムが鳴り響く。

開催地域：ベネズエラ、サン・フランシスコ・デ・ヤレ
開催時期：5月か6月の聖体の祝日

>>アジア

>中国

白族の火把節（松明祭り）
張家界

　白族の火把節の目玉は、村の広場で燃えさかる巨大な松明である。松明を燃やすことで火の神を崇め、邪気を払う。火把節は中国南西部全域の祭りだが、とりわけ白族の火把節は手がこんでいて盛大だ。祭りの前夜、松と竹で全長20mの松明をつくって縁起物の小旗や提灯、花火をくくりつける。

　翌朝、白族の人々は伝統的な衣装を身につけると、先祖を称えるために火のついた松明を手に行列をなして集落の墓地へ向かう。夜の帳が降りるころ、太鼓や爆竹が鳴り響き、歓声があがるなか、若い男たちが松明に点火する。人々は幸運を願いながら松明のまわりを3周する。松明から燃え落ちた竹は縁起がよいとされ、人々が取りあう。村中の家々を松明の炎が照らしだす。暗闇が広がる畑と野原では、害虫除けにともされた松明の琥珀色の炎が揺らめく。祭りが最高潮に達するのは伝統的な松明遊びだ。若い男女が楽しげに引火性の粉をかけあうと、炎がぱっと燃えあがる。その炎は邪気を払い、福を与えると考えられている。

開催地域：中国、湖南省、張家界市、白族の集落
開催期間：旧暦の6月25日

長洲島の饅頭祭り
香港

　金融街の超高層ビル群から遠く離れた長洲島では、風変わりな祭りが毎年——たいてい5月上旬には——行なわれる。北帝廟前の竹で組んだ高さ20mの塔には、祭りの主役である饅頭がぎっしりと取りつけられる。若い男たちが競争でその塔によじのぼり、できるだけ多くの饅頭をとる。最近まではこの競争に誰でも参加できたが、いまは安全のため事前に参加者が決められて、饅頭もプラスチック製になっている。言い伝えによると、この祭りは18世紀に島民が海賊から解放されることを願ってはじまったという。現在、1週間の祭りの開催中、島民は肉や魚を口にせず、パレードや儀式的な踊りに没頭する——それから、饅頭の争奪戦を見に集まる。

開催地域：中国、香港
開催期間：5月上旬

旧正月
香港

　中国人のように正月を祝う民族はほかにない。中国の各都市や世界中のチャイナタウンでは、旧暦1月1日（新暦の1月下旬から2月中旬にあたる）に人々の記憶に残るようなお祭り騒ぎが開かれる。しかし、最も盛大に祝うのは香港だ。九龍島の尖沙咀地区周辺では、煌々と照明が輝く山車の大パレードが行なわれる。午前0時を迎えるとともに、数千人が嗇色園黄大仙廟を訪れる。この寺院には仏教、道教、儒教の三教が祀られ、人々は供え物をして願いごとをする。

　有名な香港のスカイラインと港に目を移すと、そこは眩いばかりの打ち上げ花火で照らし出されている。

開催地域：中国、香港
開催期間：旧暦の1月1日

コルバン祭
新疆ウイグル自治区

　この祭りに先立つこと数日間、中国では多数の羊や牛、ヤギが集められ、トラックで中国北東部のバザール（市場）に運ばれていく光景が見られる。イスラム教徒の祝祭であるコルバン祭の準備のためだ。コルバンは「生贄」を意味する。敬虔なイスラム教徒イブラヒムの伝説を再現して、儀式として家畜を殺す。イブラヒムは息子を生贄に捧げるようアラーに命じられたが、いざ命を奪おうというときに天使が生贄のヤギを連れてあらわれたという。それ以来、イスラム教徒は儀式でヤギなどの家畜を生贄に捧げることで、アラーへの服従をしめしてきた。彼らは宴の前にモスクに集まって祈りを捧げ、その後、歌や踊りで祝う。若者たちは競馬をして——またはヤギを追いかけて——エネルギーを発散させる。

開催地域：中国、新疆ウイグル自治区
開催期間：イスラム暦の12月10～13日まで

端午節（ドラゴンボート・フェスティバル）
湖南省

　角とタテガミ、牙、鱗がある——としたら、それはドラゴンボートに間違いない。毎年、湖南省の活気あふれるドラゴンボート・フェスティバルの開催中には、華麗な小型ボートの一団が汨羅江や揚子江の水面を滑るように進む。この祭りは、紀元前278年に楚の詩人、屈原が愛する祖国を秦に侵略されたことに抗議して汨羅江に身を投げたことに由来する。屈原はこの地域で人気があったため、多くの漁船が猛スピードで彼のあとを追い、川岸では彼を慕う人々が悪霊を追い払うために太鼓を叩き、広大な湖の龍神の助けを得るために粽を川に撒いた。以来、中国人は屈原をずっと記憶に留めている（p.96参照）。湖南省での祝いかたは独特で、ドラゴンボートでレースをし、太鼓を激しく打ち鳴らして悪霊を追い払い、粽を食べ、甘酒を飲む。祭りの夜の最後には、盛大な打ち上げ花火の下で踊ったり、ふたたび甘酒を飲んだりする。

開催地域：中国、湖南省、汨羅江と揚子江
開催期間：旧暦の5月5日

ラブラン寺の大法会
夏河

　18世紀に建立されたラブラン寺は、中国北西部に位置する甘粛省で人口のかなりの割合を占めるチベット人にとって聖地である。信仰と学びの中心であるこの寺院には、大きなものから親指大の小さなものまで、さまざまな仏像が数千体も祀られている。毎年7回開かれる「法会」には、周辺の草

華やかな氷の祭典では、2万㎡を越える量の雪と氷を使って、世界最高の氷彫刻家たちが1500もの見事な彫刻をつくる。

原地帯から僧や巡礼者が訪れる。「大法会」として知られる最大の法会は1月から2月にかけて開かれ、捕えられた動物を解放する放生会や、巨大なタンカ（仏画）を屋外で開帳する晒し大仏法要、仮面をつけた「チャムの踊り」が行なわれる。この期間、僧侶たちは1日に6回大経堂に集まり、お経を唱える。

開催地域：中国、夏河、ラブラン寺
開催期間：旧暦1月4〜17日

タール寺の大法会
青海省

山の地形にあわせて建てられたタール寺は、チベット仏教（ラマ教）徒の聖地である。信徒は年4回の大法会に集まり、朗々と経を唱える祈願法要、瞑想、教理問答を行なって、合計8日間の精神的に濃厚な時間を過ごす。巡礼者と観光客は、優美な宗教壁画や、独特な堆繍（布を立体的に縫いあわせる刺繍の一種）といった寺の宝物にも目を見張る。とりわけ見事なのは、ダルマ（法）を守るためにつくられた仮面舞踊の金剛怖畏護法踊りだ。タール寺は冬季にバター彫刻を供えることでも有名である。バター彫刻はもともとチベット族から伝わったものだが、タール寺の僧侶によってひじょうに観賞価値の高いものになった。そのほかに、シルク製の「タンカ」という瞑想のときに使われる象徴的な仏画の開帳も壮観だ。

開催地域：中国、青海省、タール寺
開催期間：旧暦1月と4月の14、15日、旧暦6月7、8日、旧暦9月22、23日

ハルビン氷祭り
ハルビン

氷の彫像をつくるのにハルビンほど適した場所はない。冬の氷祭り開催中は、その材料がそこらじゅうにいくらでもある。氷で覆われたあらゆるものを祝うハルビンの祭りは、驚くほど近代的だ。祭りがはじまったのは1963年だが、文化大革命（1966〜1976年）のあいだは中断され、1985年に再開された。しかし、その起源は清朝時代（1644〜1912年）にさかのぼる。地元の漁師が氷の塊をバケツ状に掘り、そのなかにろうそくをともしてランタンをつくったのがきっかけだった。今日では、1月上旬から1か月間、熟練の職人たちが精巧な彫刻をつくるが、そのサイズは年々大きくなっている。氷の彫刻は町中に飾られるが、おもな会場は2か所あり、夜には創意に富んだライトアップが行なわれる。

開催地域：中国、ハルビン
開催期間：1月5日から1か月間

撥水節（水かけ祭り）
景洪

ずぶ濡れになってにぎやかに新年を祝う撥水節は、中国北西部のタイ族が、はめをはずして楽しむ祭りだ。タイの水かけ祭りソンクラーンのような迫力がある。老いも若きも民族衣装をまとい、水入りのバケツや壺を手に地元の仏教寺院に向かう。仏像を水で清めたあと、人々は水をかけあって楽しむ。これは古い年を洗い流し、新年の福を撒くことの象徴だ。予想どおり、最初は控えめな水のかけあいは、ずぶ濡れになるほどにまでエスカレートするが、濡れれば濡れるほどご利益があるとされる。

開催地域：中国、景洪
開催期間：4月中旬

羌年節（チャン族の新年の祭り）
チャン族の集落

2008年の汶川（ウェンチュアン）大地震（四川大地震）で多くの石造の村が壊滅して以来、チャン族の新年である羌年節は緊急な保護を要する無形文化遺産としてユネスコに登録されている。チャン族は独自の文字をもたなかったため、1000年にわたる文化は口伝と古くからの儀式によって維持されてきた。その最たる例が新年である。彼らにとって新年は収穫と自然の恵み深さに感謝するだけの機会ではない。シャーランという踊りと叙事詩の朗誦を通して、チャン族の文化を保存する機会なのだ。長老たちとシビと呼ばれる宗教職者が祭事をつかさどり、地上の神々にヤギを供える。その後、人々は集まってごちそうを食べ、歌い、浮かれ騒ぐ。

開催地域：中国、チャン族の集落
開催期間：旧暦10月1日

姉妹飯節
施洞

　山岳地帯で暮らしていると、結婚相手を見つけるのは難しい。だからこそ、姉妹飯節は、アジア南西部や中国南部の高地に広く分布するモン族の集落で暮らす多くの若者を引きつける。モン族は中国ではミャオ（苗）族として知られる。1年で最も人気のあるこの祭りには、家族揃ってボートやトラックに乗って、または徒歩で訪れる。多くの人が持参する重い荷物の中身は、鳳凰をあしらった冠や、銀のチョーカー、下げ飾りがついた胸当て、銀の板状の前掛けなど、少女たちが身に着ける豪華な銀の装飾品だ。家宝として受け継がれるきらびやかな装束で飾りたてられた少女は、文字通り、頭から足まで銀で覆われる。祭りは川辺で盛大に行なわれ、太鼓や芦笙の音にあわせ、娘たちが輪になって踊る。そのまわりで紺色のチュニックと赤い帽子姿のハンサムな若者たちがうっとりと見入っていると、娘たちがおこわの包みをひとつかふたつ渡しにいく。その包みが2膳の箸とともに戻されれば、カップルの誕生だ。若者たちが出会いを楽しむいっぽう、年寄りは1日中買い物や旧友との雑談を楽しんだり、騒々しい闘鶏に興じたりする。

開催地域：中国、貴州、施洞
開催期間：旧暦3月15、16日

端午節
香港

　別名、ドラゴンボート・フェスティバルとしても知られる。典型的な中国の水上の祭典で、2000年以上前に堕落した統治者たちに抗議して入水自殺した詩人の屈原を記念している。ドラゴンボート（大きな競技用カヌーで、船首に龍の頭、船尾に龍の尾の装飾がある）は大いに目を引く船だ。1980年代に香港の漁師が国際大会を開催して以来、ドラゴンボート競技に対する関心がアジア全域で高まった。しかし、最も広い地域から参加者が集まるのは香港で、参加者はつねに3万人を超える。また、香港では1年を通してさまざまなイベントが開催される。最も壮大で伝統があるのが6月の端午節だ。この時期のレースには、粽をつくって食べるのが習慣となっている。

開催地域：香港（および中国全域、p.94参照）
開催期間：旧暦5月5日

イ族の火把節
四川省

　イ族には悪霊を払う独特の方法がある。彼らの祖先は、最後に悪霊に苦しめられたとき、ヤギの角に松明の火をくくりつけて、そのヤギを悪霊のねぐらに突進させることで追い払った。以来、イ族は悪霊に勝利したことを祝って夜に松明をともし、お祭り騒ぎをするようになった。
　近年、この伝統は昼間にまで拡大され、楽器の演奏会やさまざまなスポーツイベント（アーチェリー、闘牛、レスリングなど）が行なわれる。祭りの締めくくりには、人々はたき火のまわりに集まって、華々しい打ち上げ花火の下で何時間も踊る。

開催地域：中国、四川省
開催期間：旧暦6月24、25日

自貢の提灯祭り
自貢

　中国全域で、自貢市は提灯の代名詞となっている。自貢の人々は唐朝（618～690、705～907年）以来、手のこんだ伝統的な中国式提灯をつくり、飾ってきた。四川省の春節の一部として、1か月間開催される自貢の提灯祭りの特色は、精巧につくられた中国式提灯だ。伝統的なものもあれば、現代的なものもある。ほとんどが細く裂いた竹の骨組みに、色をつけた絹の布か紙を張ってつくられる。提灯はそれ自体がひとつひとつ素晴らしいが、たくさんの提灯でつくられた超大作のなかには、龍や恐竜、寺院の形にまとめあげられたものもある。今日では、提灯にはろうそくではなく電気の明かりをともす場合が多い。そのため、提灯が最も多くともされる時間帯には停電を引き起こすことがある。眩いばかりの光のショーは、見本市や会議をいっそう引き立たせる申し分のない舞台背景だ。

開催地域：中国、自貢
開催期間：2月から3月の春節の頃

＞日本

浅草三社祭
浅草

　「祭壇を担いで歩く」この活気あふれる祭りは、東京の浅草周辺で5月第3週の週末に行なわれる。数千人の氏子が神輿を肩に担いで浅草神社界隈を練り歩き、見物客は100万人を超える。この祭りは、7世紀に浅草寺の起源となった3人の男の霊を称えるという宗教的な儀式がもとになっているが、その激しさで有名で、ときには酔っ払いも話題にのぼる。荒々しい太鼓の音もたえまなく聞こえる。熱狂が最高潮に達するのは、神輿が激しく揺られるときで、この行為は神輿に宿る神の霊力を強めると信じられている。

開催地域：日本、東京、浅草
開催期間：5月第3週の週末（金曜日から日曜日にかけて）

秩父夜祭
秩父

　秩父神社の周辺を拠点としたこの祭りは、冬を熱くする。2000年の歴史をもつ秩父神社の前にずらりと並んだ重さ20tもの巨大な山車は、次々と町中を引きまわされ、市役所前の広場に集結する。山車は提灯や織物、金箔の施された木材で飾られており、歌舞伎舞台がついた大型のものもある。祭りの最大の見ものは、最終日の夜に市役所前広場へ続く急な坂道を山車をひいて上がる場面だ。引手は間違いなく汗だくになる。その苦労をねぎらうかのように、豪華な花火が冬の夜空を明るく彩る。

開催地域：日本、秩父市
開催期間：12月2、3日

大六天の裸祭り
四街道

裸祭りと呼ばれるこの祭りは神事であり、このときに行なわれる泥塗りには珍しい意味がある。泥だらけになる行事は日本中にあるが、東京の南東に位置する四街道で2月に開催されるものが最大にして最も見ごたえがある。狂気の沙汰にも見えるが、きちんと作法がある。褌姿の若者たちが皇産霊（みむすび）神社から近くの神田（しんでん）（または御手洗池）へ行って互いに泥をかけあい、また神社に戻って豊作と厄除けの祈願をする。水と土は豊かさの象徴だ。それらがなければ稲は育たない。そこで1年に1日、偉大な泥に感謝するのである。

開催地域：日本、四街道市、皇産霊神社
開催期間：2月下旬

どろんこ祭り
高知市長浜

4月に長浜を通るなら、泥を運んでいる女性には気をつけたほうがいい。この祭りが「女天下のどろんこ祭り」と呼ばれるのには理由がある。どろどろした茶色の塊で武装した女たちが、男たちを追いかけては、彼らの顔に泥を塗りつける。泥を塗られた男は1年間健康でいられるという。祭りは真面目な田植えの儀式ではじまる。女たちは田植え装束で水田に入り、厳粛に稲を植える。やがて祭りはにわかに活気づき、女たちは笑いながら男たちに泥を塗りつける。それに対して男たちは渋々ながらお礼を言う。400年以上前から若宮八幡宮を中心に行なわれてきたこの習慣は、おそらく古代の豊穣祈願の儀式、または疫病根絶後の感謝の儀式に由来している。

開催地域：日本、高知市長浜
開催期間：4月

祇園祭
京都

かつて天皇が暮らした美しい都、京都では、7月に日本で最も有名な祭りのひとつが行なわれる。祇園祭の名は開催地である祇園地区にちなんでいる。祭りの目玉は丹精こめて飾られた32基の山鉾（山車）巡行だ。なかには高さ25mの山鉾もある。祭りの起源は9世紀にさかのぼり、疫病が発生して神々をなだめるためにはじまったとされる。山鉾巡行では、「神の使い」として選ばれた地元の少年が山鉾に乗せられる。少年は巡行が終わるまでの4日間、地面に足をつけることを禁じられている。

開催地域：日本、京都
開催期間：7月の1か月間

秩父夜祭の開催中、提灯がともされた巨大な山車が町を輝かせる。

はだか祭り
西大寺中地区

まるでイギリスの「イートン・ウォール・ゲーム」（壁を使って競りあうフットボールのようなもの）の神道版だ。本堂の窓から9000人の褌姿の男たちに向かって、僧侶が2本の宝木（しんぎ）を投げ、男たちがそれを奪いあう。岡山県の西大寺中地区では、2月の第3土曜日に、驚くほど常識からかけ離れたドラマチックな光景が見られる。宝木は直径4cm、長さ20cm程度のため、それをつかんで離さずにいるのは、干し草のなかから針を探すくらい難しい。けれども、それをなしとげて米を盛った枡に宝木を突き立てた者は、福男として幸せな1年に恵まれるとされる。

開催地域：日本、岡山市、西大寺中地区
開催期間：2月の第3土曜日

博多祇園山笠
博多

　7月15日、750年の伝統をもつ祭りでは、山笠（山車）を担いで福岡市内を走る（山笠を「舁（か）く」）とき、筋力、持久力、スピード、優雅さが同じぐらいに要求される。重さ1tもの山笠を5km 舁くには、筋力と持久力が必要だ。追い山の競争に勝つにはスピードが欠かせない。最後の課題である優雅さは、おそらくいちばん難しいだろう。褌と丈の短い法被姿の舁き手は、山笠の重さに顔をゆがめて耐えているのだから、見栄えを気にするどころではない。華麗に装飾された飾り山笠は、7月1日から街角に展示されるが、メイン行事となる追い山は7月15日に行なわれ、100万人を超える観衆が、疾走する舁き手に声援を送る。

開催地域：日本、福岡市、博多
開催期間：7月10〜15日

豊年祭
小牧

　ヨーロッパの人々は春にメイポール（五月柱）を立てて満足するが、小牧という小さな町では子孫繁栄と豊作を祈願して、「大男茎形（おおわせがた）」という木製の大きな男根像（全長2.5m）を神輿に乗せて街を練り歩く。さらにはお祭り騒ぎをする人々が振る舞い酒をたらふく飲み、これ見よがしに男根形の棒つき飴を舐める。そうするあいだにも、大男茎形は小牧市にある2つの神社（神明社と熊野神社）のうちのひとつから田縣神社へ向かう。どちらから出発するかは奇数年か偶数年かで決められる。

開催地域：日本、小牧市
開催期間：3月15日

かなまら祭り
川崎

　奇祭とはこのことだ——工業都市の川崎市では、鉄製の男根を崇める祭りが行なわれる。件の物体を乗せた神輿は、予想通りの飲めや歌えの大騒ぎのなかを練り歩く。近年は、地元の女装愛好家と訝しげな様子の外国人観光客で盛りあがっている印象である。だが、祭りの起源は古くて複雑だ。昔、売春婦が地元の神社の男根を模した御神体を崇拝し、性病除けを祈願したのがはじまりとされる。

開催地域：日本、川崎市
開催期間：4月の第1日曜日

竿燈祭り
秋田

　北の町、秋田で毎年夏に数百人もの熟練のパフォーマー（差し手）が、豊作祈願として神に奉納する竿燈妙技で観客を魅了する。竿燈とは竹竿を組んで提灯を46個吊るしたもので、長さ12m、重さ50kgほどになる。米俵を象徴する提灯が不安定に揺れる。差し手はその竿燈を高々ともちあげ、できるだけ垂直を保ちながら片手で握ったり、額や肩や腰に乗せてバランスをとる。この妙技にあわせて太鼓や横笛のお囃子と観衆のかけ声がにぎやかに響く。

開催地域：日本、秋田市
開催期間：8月3〜6日

上には一面のピンク色、下にはそれを眺める人々。桜の花の下で食事を楽しむ「花見」は、何世紀も昔からある風習で、現在も広く親しまれており、日本の年間行事のなかで最も大切なもののひとつだ。

泣き相撲
東京

　日本の「泣く子は育つ」ということわざは、400年前から続くこの突飛な伝統行事を知る助けになる。この行事では相撲部の学生が身をよじる赤ちゃんを抱いて見あわせ、どちらが先に泣くかを見守る。学生力士に抱かれただけでは泣かない場合は、そばにいる行司が大きな声をかけたり、腕を振りあげたりして少し怖がらせる。両者が同時に泣いたら声が大きいほうの勝ちで、健康に育つとされる。すべての赤ちゃんは土俵入りの際に僧侶から加持を受ける。このような祭事は日本各地で行なわれているが、なかでも東京の浅草寺が有名で、毎年4月には約100人の赤ちゃんが参加する。

開催地域：日本、東京、浅草寺
開催期間：4月

那智の火祭り
那智山

　火と水と12という数字は、神聖な那智大滝で行なわれる美しくも謎めいた儀式の大切な要素である。7月14日、12基の扇神輿（大滝の姿をあらわしたつくりで高さが6mある）は氏子に担がれて熊野那智大社から別宮の飛瀧神社へ運ばれる。その途中で重さ50kgの松明12本を運ぶ男たちが扇神輿を出迎える。この扇神輿は熊野の山中に住むとされる12の神々と、1年の12か月を象徴するといわれている。これに続いて松明は円陣を組んで回りながら、燃えない程度に神輿に火の粉を落とし、これを清める。神輿と松明が133mの大滝前へ運ばれると祭りはクライマックスを迎え、滝の神に招福が祈願される。

開催地域：日本、那智山
開催期間：7月14日

起し太鼓
飛騨古川

　夜の帳が降りると、木組みの櫓の天辺に乗せた大太鼓（起し太鼓）を、数百人もの褌姿の男たちが引いて飛騨古川の町内を巡る。太鼓の両端に2人の男がまたがり、代わる代わる太鼓を打ち鳴らす。起し太鼓のすぐ後ろには、町内12組の「付け太鼓」と呼ばれる棒にくくりつけられた小太鼓が続く。通りに人があふれかえり、興奮がさらに高まるなか、12組は付け太鼓を起し太鼓に近づけようと激しく押しあう。見物の際はじゅうぶんに離れておくこと。見物客がその激しい攻防戦に巻きこまれることで有名だ。

開催地域：日本、飛騨古川
開催期間：4月19、20日

お水取り
奈良

　日本には古来より続く宗教的な儀礼が数多くあるが、この行事は8世紀までさかのぼる最も古いもののひとつである。お水取りとは霊水を汲みあげることを意味する。奈良市で3月に2週間にわたって行なわれる一連の独特な儀式のなかのひとつである。この期間中、東大寺二月堂では毎夜、僧侶たちが大きな松明をもって回廊にあがり、下にいる参拝者に火の粉をまき散らす──皮肉なことに、これが無病息災をもたらすのだ。最後に彼らは下りてきて、二月堂の下にある井戸から水を汲む。この井戸は1年のうち、お水取りの時期以外は涸れており、回復のパワーがあるとされている。

開催地域：日本、奈良市、東大寺
開催期間：3月1日から2週間

御柱祭
諏訪

　この祭りはひんぱんに開催されるものではない──数えで7年、寅年と申年に行なわれる──が、開催期間は2か月にわたる。御柱とは「尊い柱」を意味し、御柱祭には長野の諏訪大社を構成する4つの社の象徴的な意味での再生として、各社につき4本の大木を切り出して、立てる儀式が含まれる。長さ17mもあるこの大木は、儀式として山中で切られ、社までは綱で引き下ろされる。巨大な丸太が起伏の多い地形を引き出されるるため、冒険好きな若者は斜面を引き出される丸太にまたがり、勇気と信仰心を証明する。社では、丸太は多くの若者を乗せたまま、かけ声とともに垂直に立ちあがっていく。

開催地域：日本、長野、諏訪湖
開催期間：数えで7年、寅年と申年

桜祭り
東京

　年に1度、春の到来を象徴する満開の桜ほど日本人を感動させるものはない。花が見ごろになると（3月下旬から4月中旬）、日本各地で人々が庭園や公園に集まって宴会を開く。そうした集いが大きくなって、独自の祭りに発展したところもある。東京の上野公園がまさにそうで、ここでは600本以上のソメイヨシノがピンク色の花を咲かせ、夜には1000個以上の提灯がともる。近隣住民や観光客など数万人が集まり、いかにも日本らしい風情を存分に楽しむ。

開催地域：日本、東京
開催期間：3月下旬から4月中旬にかけて、開花状況による

日光東照宮春季・秋季例大祭
日光

ユネスコの世界遺産に登録された美しい山間の町では、武者（華麗な侍装束や光輝く甲冑を身に着けた男たち）が、春と秋（5月中旬と10月中旬）の年に2回、「百物揃千人武者行列」で勇壮な姿を披露する。神職も含む武者行列は、1616年に逝去した徳川家初代将軍の葬列を再現している。このメイン行事の前日には、全速で駆ける馬上から弓矢で的を射る流鏑馬が行なわれる。神輿や雅楽の演奏と舞いが祭りのムードを盛りあげる。

開催地域：日本、日光市、日光東照宮
開催期間：春（5月17、18日）と秋（10月16、17日）

高山祭
高山

春と秋の年に2度、歴史ある高山市の人々は季節の祭りにくり出す。とりわけ有名なのは、新しい季節の到来を歓迎する春の祭りで、旧高山城下町の南部の氏神様である日枝神社周辺で行われる。一方、秋の祭り行事は北部の氏神である桜山八幡宮周辺で行われる。どちらも背の高い華やかな屋台（山車）が用意され、お囃子に合わせて町中を引き回され、その光景に魅了された大勢の観光客から興奮した拍手喝采が起こる。

開催地域：日本、高山
開催期間：春（4月14日と15日）、秋（10月9日と10日）

天神祭
大阪

雅な日本が、国内で最も壮麗な仮装行列で蘇る。7月下旬の2日間、大阪では学問と芸術の守り神である天満天神を称えて、伝統的な神楽と文楽を披露するといった豪華な行事の数々が行なわれる。祭りのハイライトは、中世の公家の装束をまとった3000人の行列だ。彼らが乗った100艘あまりの船は、川岸の明かりのともった観覧席のそばを行き交う。日が暮れると船に提灯がともり、松明船の篝火が川の流れを照らす。伝統的な花火のあとに「大阪締め」という独特の手拍子が行なわれる。こうした風習は、浮世絵で生き生きと描かれた江戸時代の文化を思い起こさせる。

開催地域：日本、大阪市、天満神宮
開催期間：7月24、25日

十日戎
大阪

商売繁盛を祈願する十日戎は日本中で行なわれているが、京都や商業の中心地として知られる大阪を含む関西地区ほど盛大に行なう場所はない。大阪では1月9〜11日までの3日間で、100万人以上が今宮戎神社を訪れ、商売の守り神である戎様に商売繁盛を祈願する。道頓堀川にかかる戎橋はもともとこの神社にお参りにくる人々のためにつくられた。境内の店（吉兆店）では、福笹につける小判や鯛、米俵の形をした縁起物の飾りが売られている。お参りや商いが行なわれるかたわらでは、芸者と福娘の行列も見られる。福娘には毎年3000人の応募があるが、選出されるのは知性と人柄で選ばれた40人だけである。

開催地域：日本、大阪市、今宮戎神社
開催期間：1月9〜11日

山焼き
奈良

新年の吉凶を占うのに、歴史ある山を燃やす以上にいい方法があるだろうか？ 1月、春日大社から移された御神火を、僧侶らが行列を組んで若草山の麓へ運び、斜面に火をつける。炎が山腹を駆けあがる前には、打ち上げ花火が華を添える。この儀式化された「放火行為」の起源については、18世紀の領地争いにあるという者もいれば、単にイノシシを追い払い、害虫を駆除するための最適な方法だったと推測する者もいる。どちらにしても、山焼きは記憶に焼きつくほど印象的な光景を生み出す。

開催地域：日本、奈良市、若草山
開催期間：1月の第4土曜日

雪まつり
札幌、すすきの、大通り公園

1972年に冬季オリンピックが開催された札幌では、それ以前から見事な雪の催しが行なわれていた。1950年に小規模にはじまったこの雪まつりは、毎年2月に1週間の会期で催され、200万人が訪れる世界的な行事に成長した。人々は雪や氷でつくられた数百基もの複雑な像や物語の一場面が市内の複数の会場に展示されていることに驚く。今日では競技的要素もあり、世界中から集まったチームが雪像コンクールに参加する――まさに、友愛の精神で世界をつないでいるのだ。

開催地域：日本、札幌、すすきの、大通り公園
開催期間：2月中の1週間

＞モンゴル

ナーダム
ウランバートル

中世の時代、ユーラシア大陸を広く支配したモンゴル軍は、勇壮な競馬と弓射で有名だった。その姿は今日でもモンゴルで人気のスポーツ競技に垣間見ることができる。勇ましい国の伝統をルーツにもつナーダムは、弓射、相撲、1000人の騎手が参加する競馬が特徴。モンゴル帝国の最盛期には、射手は全速で駆ける馬を狙って次々と矢を放った。今日では的は動かないが、射手たちは並外れた正確さで幾度となく的に当ててみせる。相撲には時間制限がない――倒されずにいた者が勝ちである。

開催地域：モンゴル、ウランバートル
開催期間：7月の3日間

＞韓国

保寧（ポリョン）マッド・フェスティバル
保寧市、大川（デチョン）海水浴場

　おおぜいの水着姿の見知らぬ人たちと泥まみれになるための完璧な口実となるのが、誰もが楽しめる保寧マッド・フェスティバル（泥祭り）だ。もともとは、ポリョンの泥を使用した化粧品の宣伝として考え出された祭りだったが、またたくまに国際的になり、現在では夏に2万人以上が訪れるまでになった。泥だらけの滑り台や泥風呂のほか、泥汚れが少ない人が収監される泥刑務所まである。

開催地域：韓国、保寧市、大川海水浴場
開催期間：7月の第1週と第2週の週末を含む2週間

江陵（カンヌン）端午祭
江陵

　古代シャーマンの儀式をルーツにもつ、韓国では最も古い庶民の祭りが「江陵端午祭」だ。当初は空の神に豊作と豊漁、地域社会の安全と健康を祈願するものだった。祭事のなかには、神通行列や官奴（クァンノ）仮面劇のような楽しげな民族舞踊など古くから続く土着のものがあるいっぽうで、中国四川省の川劇（せんげき）のように国際的なものもある。もっと遊びの色が強い民族芸能としては、シルムという相撲や綱引きがある。

開催地域：韓国、江陵
開催期間：7月の第1週と第2週の週末を含む2週間

燃灯祭り
ソウル

　目も心も楽しませてくれる燃灯祭りは、仏教の象徴にあふれている。簡単にいうなら、提灯をともすと人生の暗い隅々に光明がもたらされるのだ。釈迦の誕生日を祝うため、祭りは10万人を超える行列からはじまる。その多くの人々が韓服を着て、色とりどりに光る提灯をもっている。この行列には誰でも参加でき、提灯は露店で教えてもらってつくることができる。提灯の形はさまざまで、蓮の花のほか、龍や虎、象まである。まばゆいばかりの行列は、東大門（トンデムン）を出発し、仁寺洞（インサドン）の入り組んだ道を通って曹渓寺（チョゲサ）にいたる。寺に向かう人々は途中で精進料理で腹ごしらえをしたり、観光客は拓本をとったり、パレード後もにぎやかな催しを楽しむことができる。

開催地域：韓国、ソウル
開催期間：釈迦の誕生日（旧暦4月8日）の1週間前の金曜日から日曜日にかけて（延長あり）

チンギス・ハーンは軍隊を万全に保つために、相撲を「男の3つの技能」のひとつとして奨励した。相撲競技はモンゴルのウランバートルで開かれるナーダムの目玉となっている。

韓国保寧市の海水浴場につくられた泥風呂ほど、人を笑顔にさせるものはない。

熱狂と祭り

ほとんどの人が抱く日本のイメージは、現代的でクール、技術力が高く、
国民は折り目正しく控えめで、礼儀正しい。
それはまちがいなく事実だが、祭り以外での話だ。
無礼講で、わいわい、がやがやと浮かれ騒ぎ、ときには荒々しくもなる――
ようこそ、祭りの熱狂へ！

上：白塗りの顔と意匠を凝らした髪型で一分の隙もなく整えられた装い。
芸者姿は典型的な日本のイメージとなっている。
右：博多祇園山笠で巨大な山車を引いて福岡市内を巡るには、怪力の男衆が必要だ。

左：博多祇園山笠では伝統装束の褌と法被を身につける。

世界に多々ある祭りでは、楽しい数時間、あるいは数日間は一時的にふだんの行動規範が棚上げされる。日本も例外ではない——裸祭りという風変わりな伝統行事に関しては。この行事は日本各地で行なわれる。参加者（たいていは男性）は裸に褌だけを身につける。裸という要素だけでなく、喧嘩や激しい競争を特色とする場合が多い。いつもの自分とはまったく異なる行動をとることで、日々の生活からほんのつかのまでも解放されたがっているかのようだ。

裸祭りは単なる気晴らしのために最近考えられたものではない。その起源は数百年前にさかのぼり、古くからある自然信仰の一形態である神道に根差している（神道は命あるものを肯定する祭典に関与する。日本では、神道の信徒として生まれ、仏教徒として死ぬといわれている）。福岡市博多区の博多祇園山笠は、750年あまりの歴史

上：西大寺のはだか祭りでは、神職が投下した2本の宝木（しんぎ）を男たちが奪いあう。宝木を手に入れた者は1年間の幸福が約束される。

がある（p.98 参照）。祭りの参加者は褌のほかに法被を身につけ、重さ1tもの山笠（山車）を担いで市内を走って競争する。奇妙なことに、速さだけを競うのではない——流儀と優雅さでも評価される。これは褌姿ではかなり難しい。

もうひとつの裸祭りが、飛騨古川の起し太鼓だ。この祭りでは、12組の男衆が大太鼓が乗った櫓を追いまわし、できるだけ大太鼓に近づこうと押しあいへしあいを夜通し続ける（p.99 参照）。日本では礼儀と慎みを守るのが常だが、それとは対照的に、この競りあいはときに見物客が巻きこまれてしまうほど荒々しい。

裸祭りのなかで最も有名なのは——そして、参加者同士の争いが熾烈なのは——西大寺中地区の「はだか祭り」である（p.97 参照）。神職が投下した縁起の良い木製の棒「宝木（しんぎ）」を、9000人あまりの群衆が奪いあうこの伝統行事は、500

上：川崎市の金山神社で毎年開かれるとても有名なかなまら祭りは、生殖と豊饒の象徴として男根を崇める。

右上：秩父夜祭では2時間にわたって豪華な花火が打ち上げられる。

右下：高くそびえる山車に飾られた提灯が、秩父神社の12月の祭りをさらに魅力的にする。

年以上前から続いている。当初は「牛玉（ごおう）」という紙の巻物が投下されていたが、激しい混乱のなかでは破れやすかった。

　裸祭りで行なわれる格闘のなかには、泥だらけになる程度の危険しかないものもある。四街道市で開催される大六天の裸祭りでは、奇怪な清めの儀式において、褌姿の群衆が皇産霊（みむすび）神社から近くの神田（しんでん）（御手洗池）へいき、たっぷりと泥を塗りつけあう。泥だらけになった人々は神社へ戻り、豊作と厄除けの祈願をする（p.97 参照）。

　長浜のどろんこ祭りでも泥の格闘はなくてはならないものだ（p.97 参照）。珍しいことに、この祭りにたずさわるのはおもに女性である。厳粛な田植えの儀式が終わると、女たちは周囲にいる男たちを追いかけて、田んぼの泥を顔に塗りつける。この泥は健康と幸福をもたらすと考えられているため、男たちは泥を塗られるたびにお礼を言わなければならない。

　衣服を何も身につけずに祭事を行なうのは無礼だと思えるとしたら、いくつかの祭りは無礼どころではおさまらない。なにしろ、由緒ある豊饒祈願の儀式に男根像を伴うのだから。多くの文化が男根像を男性の生殖能力のシンボルと考えるが、日本の祭りのなかには、それをとことんまで追求したものがある。川崎のかなまら祭りでは、ペニスが神様であることは明らかだ（p.98 参照）。あらゆる形と大きさ――と味、とあえて言わせてもらう――の男根像がいたるところにある。祭りのおもな要素はペニスが祀られた神輿のパレードだ。神輿のひとつは視覚効果抜群の派手なピンク色の巨大な男根像である。露店では、男女の性器の形をした飴まで売られている。

　さらに常軌を逸した日本の祭りでは、たいてい大量の酒が飲まれる。それが豊年祭

りで行なわれても驚くことではない。祭りの最大の呼び物は長さ2mあまりの木製の男根像なのだから、それもそのはずである。祭りが最高に盛りあがるのは、社前で撒かれた福餅の奪いあいだ。

　日本の祭りでは神輿や山車を特色とすることが多い。それらは人々の手によって町を巡幸する。こうした祭りのなかには、重い神輿や山車を坂の上へ引っ張りあげなければならないルートを通ることで、祭礼を極限的なものにすることもある——普段なら正気の沙汰ではないほどの力強さが試される。秩父夜祭では6基の巨大な山車があり、

それぞれが20tから30tの重さがある（p.96参照）。全体に提灯が飾られた山車の激しい引きまわしでは、急な坂を一気に駆けあがる。これには叫び声や歓声がどっとあがる。

　坂を上るのとは対照的に、諏訪湖周辺で7年目ごとに開催される1200年の歴史をもつ御柱祭では、勇敢な者がまたがった巨大な丸太を斜面の下へ落とす（p.99参照）。危険を伴うことは明らかだ。丸太は斜面を滑り落ちるため、ほぼ制御不能で、ときには死傷者が出る。またがったまま持ちこたえた者は、この丸太が神社の土台の象徴として垂直に立てられるときに、さらにしがみつく。

　部外者にはいかに奇抜に思われようとも、これらすべての祭りは、日本社会の中核をなす神道の影響を受けている。日本

上：無鉄砲なのか勇敢なのか、男たちは命がけで綱を操り、4本の巨大な丸太を山の斜面から落とす。7年目ごとに行なわれるこの祭りでは、落とされる木は長野県の諏訪大社の尊い「御柱」になる。

右：相撲部の学生に高々ともちあげられ、行司の「泣け、泣け」という叫び声にあおられる2人の赤ちゃん。先に泣いたほうが勝ちだ。泣き声が大きいほど健康に恵まれる。

のあらゆる祭りのなかで、議論の余地はあるものの、最も奇妙で、何より典型的な日本の伝統をそなえているのが、泣き相撲だ。400年以上前にはじまったとされる古くからの儀式で、相撲部の学生が赤ちゃんを高くもちあげて、どちらが先に泣くかを勝負する。その進行を見守る行司は耳障りなかけ声に加えて、大声を出して泣くようにしむける。このような祭りは日本各地で開催されているが、とくに有名なのが4月に東京の浅草寺で行なわれるものだ（p.99参照）。先に泣いたほうが勝ちだが、同時に泣いたときは声が大きいほうに軍配があがる。母親たちは幼児虐待と思われるどころか、泣くことで子どもが丈夫に育つと信じて、参加するために行列をなす。何がどうしてどうなっているのかを理解できなくても、日本の祭りに退屈することはめったにない。

＞台湾

保生大帝誕生祭
台北と学甲

　78組もの華やかな仮装集団が、パフォーマンスをしながら長さ3kmの行列をなして練り歩く。学甲の保生大帝（薬の神）誕生祭パレードは、台湾で最大かつ最も熱狂する祭りだ。伝説上の人物の像を乗せた21基もの花車の列が保生大帝の物語を紹介する。この薬の神様は、台湾の160以上の寺院で祀られており、なかでも台北と学甲が有名だ。パレードの先頭はオレンジ色の衣装をまとった僧侶と巡礼者と踊り手で、「百足真人」（ムカデ陣）として知られる。これは悪魔祓いを象徴化したものである。

開催地域：台湾、台北市と台南市学甲区
開催期間：旧暦3月（新暦4月）15日

＞チベット

チュンガ・チューパ（バター灯明祭）
ラサ、バルコル広場

　バターに彫刻を施すにはコツがある——指が温まりすぎてはいけない。だから、ヤクのバターでランプをつくる僧侶はしょっちゅう冷水に指を浸ける。想像力に富んだ、仏陀や動物、植物の彫刻は、仏教の光明を象徴している。チベット暦の新年15日の夜、無数のランプが柔らかな光を放つ。3段に組まれた台の上に置かれたランプもある。そうして明るく照らされたラサのバルコル広場では、チベットの人々が瞑想し、踊り、歌い、麦からつくったチャンという地酒を存分に楽しむ。仏陀が法論対決でキニク学派に勝ったことを記念する祭りといわれているが、それはおそらく、夜がふけてもお祭り騒ぎが続き、話し声が熱を帯びて騒がしくなることの言い訳だろう。

開催地域：チベット、ラサ、バルコル広場
開催期間：チベット暦1月15日

ロサール
チベット全域

　チベット暦で最も重要なロサール（新年）は、アジア全域のチベット民族が祝う祭りだが、本家のチベットでは物議を呼ぶ政治行事となっている。2009年以降、チベットの精神的指導者ダライ・ラマの追放に抗議して多数の僧侶が自殺し、チベットの指導者はロサールを祝いの時ではなく、追悼の時にするよう呼びかけた。それでも、1月または2月のロサールで行なわれる3日間の祈りの儀式や仮面舞踊、松明行列は、チベット人の独自性と文化の再確認、そして強化に役立っている。

開催地域：チベット全域、とくにラサ
開催期間：チベット暦12月29日から3日間

農村部に暮らす民族衣装姿のカザフ人女性たち。カザフスタン、アスタナで開かれるナウルズにやっと参加できた。

ナクチュ競馬祭
ナクチュ

　チベット北部の遠隔地に暮らす人々にとって、ナクチュの競馬祭は新年よりも重要だ。民族衣装で盛装した牧夫が方々からやってきて、無秩序にさまざまな色のテントを張って野営地をつくる。なかには、数百kmも離れたところからやってくる者もいる。弓や綱引きの競技もあるが、祭りの目玉は一連の馬上競技だ。疾走する馬上から銃で的を撃ったり、地面に置かれた儀式用のスカーフを拾ったりする。そのほか、猛スピードで疾走する競馬は最長で10kmある。

開催地域：チベット、ナクチュ
開催期間：8月1日から5日間から15日間

サガダワ
カイラス山

　仏陀の生誕、解脱、入滅を祝う場所として、宇宙の中心よりふさわしいのはどこだろう？　ヒンドゥー教徒と同様、仏教徒も西チベットのカイラス山こそふさわしいと考える。チベット暦4月（新暦5月か6月）の満月の日、巡礼者はこの山に集まり、山裾にある50kmあまりの巡礼路を1日で歩く。仏暦の1月は最も神聖な月であり、この月に祈願するととくに

ご利益があると考えられている。このため、巡礼者は大きな旗竿にタルチョという祈祷旗を無数に結びつけ、それをラマ僧の指示のもと、完全に垂直に立てる。仏教では垂直は縁起がいいとされる。巡礼者は軽く一息つくため、ポタラ宮の麓にある宗角禄康公園を訪れ、昼下がりのピクニックを楽しむ。

開催地域：チベット西部、カイラス山
開催期間：チベット暦4月の満月の日

ショトン祭
ラサ、ノルブリンガ

　ヨーグルト祭りという食欲をそそるあだ名がついているため、年に1度の祭りの開催中はヨーグルトが特別なもてなしだとわかっても驚きはしない。この祭りはラサ全域で催されるが、ダライ・ラマの夏の離宮であるノルブンガが有名だ。祭りの起源は16世紀にさかのぼる。数か月間の修行を終えた僧侶の食事に、酸味のある牛乳を用意したのがはじまりとされる。この修行のあいだ、僧侶はうっかり生き物を踏んでしまわないよう、お堂にこもる。今日では、僧侶が隠遁所から出てくると、首都ラサの住民たちは家族で宮殿の庭園に集まり、伝統的な歌劇や舞踊を鑑賞し、ピクニックを楽しむ——もちろん、ヨーグルトを食べながら。

開催地域：チベット、ラサ、ノルブリンガ
開催期間：チベット暦6月30日から約1週間

＞＞中央アジア

＞アフガニスタン

ノールーズ
アフガニスタン全域

　春分からノールーズがはじまる。ノールーズとは、中央アジアの多くの国々にとっての新年だ。イスラム原理主義のタリバン政権（1996〜2001年）下では、この伝統が異教を起源とすることから廃止されていたが、現在ではふたたび広く祝われるようになっている。なかでも北部の都市マザリシャリフの祭りは盛大である。新年を迎えるため、人々は服を新調し、家の大掃除をする。改装までする家もある。そして祝いのピクニックの準備をする。祖国の緑の平原で、春に咲く赤紫色のハナズオウの花に囲まれてピクニックを楽しむのだ。ノールーズのころに若い女性は寺院で良縁を願う。いっぽう男性は、ブズカシというポロのような競技を楽しむ。ただし、ボールの代わりに使われるのは、頭を切り落としたヤギの死骸だ。

開催地域：アフガニスタン全域、とくにマザリシャリフ
開催期間：3月21日に先立つ2週間

＞タジキスタン

アトゥチャブシュ
ムルガブ

　パミール山脈に位置するこの辺境地では、毎年8月に1回、週末にキルギス族が集まって、馬に関するあらゆることを祝う。キルギス産の馬はとりわけ逞しく丈夫で、自給自足という遊牧民の数千年も変わらない生活様式の象徴となっている。キルギス族の乗馬の名手は馬への愛情をしめすために大集合して、そのすぐれた技を披露しあう。種目には競馬の耐久レース、馬上レスリング、疾走する馬に乗ったまま地面からスカーフを拾う競技がある。

開催地域：タジキスタン、ムルガブ
開催期間：8月に1回、週末

＞カザフスタン

ナウルズ
アスタナ

　アフガニスタンやイランのノールーズ（新年）と密接な関係にあり、冬に別れを告げて春を迎え入れるために古くから行なわれている儀式。カザフスタンがソ連に編入された際に禁止され、1988年までは当然のことながら復活されなかった。現在は国の祝日となり、春分（3月下旬）に行事が催される。長く寒い冬が終わるこの時期、カザフスタンの首都は活気づく。空地には飾りつけをしたユルト（テント）が建てられ、カラフルな衣装を着た人々が出てきて祝う——木を植え、ヨーグルト料理のナウルズ・コジェを食べ、キズクー（馬で逃げる女性を男性が追いかけてキスする）のような伝統的なスポーツで競う。

開催地域：カザフスタン、アスタナ
開催期間：春分（3月20〜22日頃）

アフガニスタンのカブールに暮らすアフガン人は、ノーズールで新年を迎える。

華麗なるレース

追いかけるときのスリルと興奮に誰が抗えるだろう？
スピードの追求、勝ちたいという衝動、長所と技術と忍耐力に対する高い評価は、
どこにでも存在する。行事の規模がどうであれ、
また行事の呼び物が馬でもラクダでも水牛でも、
すべての文化においてレースは興味をかきたて、人を興奮させる。
レース場での1日は逃してはならない社交的な行事だ。

上：インドネシア式の水牛レース。

右：聖コンスタンティヌスのアルディエは、セディロという町で行なわれる由緒ある競馬。

農村社会では、レースのためだけに動物を飼うという贅沢はまずできない。したがって荷物運び用のありふれた動物を祭事用の貴重な「競走馬」にする。たとえば、アジアの多くの地域では水牛が代表的だ。ふだんはアフリカスイギュウより穏やかなアジアスイギュウは、水田か沼田場をのんびり歩きまわる姿でおなじみだ。ところが、うまく煽れば驚くほどのスピードで走るため、刺激的な娯楽になる。

　カンボジアでは、プチュンバン（お盆）の最後に水牛レースが行なわれる。いちばん有名なのはカンダイ州のプレアヴィヒア寺院のレースだ（p.146参照）。レースに出場する水牛は頭と角を覆う豪華な頭飾りをつけ、騎手が乗ってコースを周回する。レース終了後、水牛は競りに出される。

　ベトナムのアンザン省に暮らすクメール人にも牛を使ったレース行事がある（p.163参照）。1本のくびきにつながった2頭の牛に鋤を引かせ、騎手が牛の背に立って操り、水浸しのコースを進む。騎手は泥水に落ちないようにしながら、スピードを制御する。年1度のこの祭りは、地域にある2つのパゴダ（塔状の仏教寺院）で交互に行なわれる。僧侶がおおぜい出席し、レース開始前に牛に加護を与える。勝った2頭の牛は、それが飼われている村に幸運をもたらすと信じられている。

　タイのチョンブリーでは、レース前に水牛を飾り立てたりはしないが、やる気を出させるためにビールと生卵を飲ませる（p.160参照）。鞍をつけないため、騎手はよく落下する。数多くのレースを経るうちに牛の酔いがまわるなか、勝ち抜いた牛が優勝となる。

　インドネシアの水牛レースでは、牛が騎手を乗せずに100mの水浸しのコースを走り、御者は泥水がはねあがるなか、水牛の後ろを追う。ロンボク島のマレアン・サンピ・フェスティバルは国中で有名だ（p.147参照）。この呼び名は現地のササク語で「牛のあとを追う」という意味である。レース前には管楽器と銅鑼の伴奏で水牛の行列が練り歩く。

　馬術に誇りをもつ地域社会は多い。モンゴルではチンギス・ハーンの子孫たちがナーダムと呼ばれる伝統的な勝ち抜き戦を行なう。種目には相撲、弓射、競馬がある。最大のナーダムは首都ウランバートルで開かれる（p.100参照）。競馬は大規模な長距離レースで、距離は馬の年齢によって決まる。27kmのレースには、モンゴル全土から約1000頭が出場する。騎手は5歳から参加できる。

　キルギスタンの祭りアトゥチャブシュ（p.111参照）では、キルギス社会における馬

左：タイのチョンブリーの水牛レース。
上：モンゴルのウランバートルで開催されるナーダムの競馬。

ナクチュ競馬祭に参加するために、人々は数百kmもの道のりを旅してくる。馬術に関する行事に加え、文化的な活動やスポーツが行なわれる。

の重要性を反映して、おもに馬にまつわるさまざまな形式の競技が行なわれる。その特色は、耐久レースや伝統的な騎馬ゲームなど広範囲にわたる馬術競技だ。最も人気があるキズクーは、花嫁姿の女性騎手を男性騎手が馬を全力で走らせて追うゲームである。捕まえることができればキスできるが、捕まえることができなければ、追いかけた相手に嘲笑われ、冗談半分に鞭で打たれる。こうした騎馬ゲームは、真剣に取り組む競馬からの楽しい気晴らしだ。中央アジア式の競馬は短距離走というよりマラソンであり、スピードを出す瞬発力よりも馬と騎手の耐久力が重要となる。

チベットのナクチュ競馬祭の中心は馬である（p.110参照）。5〜15日間続くこの祭りは、数千もの人々をナクチュ郊外の草原にひきよせる。祭りの目玉は競馬だが、そのほかにも弓射や相撲、綱引き、石運び競争やヤクのレースまである。この祭りはとても活気があって色彩にあふれ、地ビールのチャンが大量に飲まれる。馬の買いつけ人も多数訪れ、勝利した馬は高く評価されて高値がつく。

もちろん、中東ではラクダも便利な乗り物だ。年に1度開催されるジャナドリヤ国民祭のハイライトはラクダのレースである（p.173参照）。スタートから全力疾走する2000頭ものラクダは、その後、速度を落として19kmのコースをゆっくりと走り抜ける。コースの周囲では文化的で優美な民俗伝承にまつわる催しが開かれるが、おおぜいの人々をひきよせるのはラクダのレースである。

イタリアには伝統的なパリオ祭がある。これは中世から続く競馬で、優勝賞品はパリオという旗だ。最も有名なのは、シエナのパリオ祭である（p.207参照）。年に2

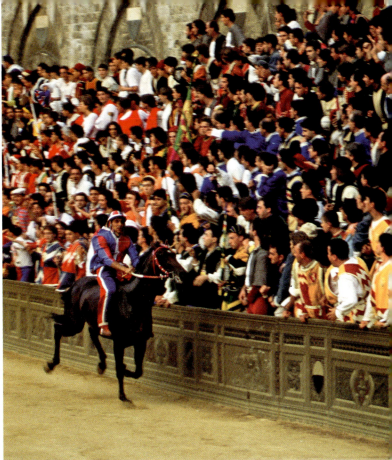

上左：チベット、ノルブリンガのショトン祭では、騎手が全速で疾走する馬上からスカーフを拾いあげ、馬術の腕前を披露する。

上右：シエナ、パリオ祭の馬と騎手。

回、町のメイン広場であるカンポ広場に砂を敷いて行なわれ、シエナ各地のコントラーダ（地区）どうしが競いあう。競争する10のコントラーダと、各コントラーダに割り当てられる馬と騎手はくじ引きで決まる。そして、それからの1週間は計略を巡らしたり、レースの練習をしたりする。このあいだ、各コントラーダの代表者はライバル騎手の買収を試みる。レースの前には、中世の衣装をまとった各コントラーダが独自の旗を掲げてパレードする。

　その光景は実に印象的で、町が栄えた中世時代に戻ったような気分になる。もしあなたが——私のように——有料観覧席や広場を囲む建物のバルコニーのために高い料金を払う余裕がないなら、日当たり抜群の広場中央部（無料）で間にあわせるしかない。そこで延々と待ち続け（たまに肘鉄の応酬がある）、場所を確保するのだ。何時間も待ったあげくの実際のレースは、あまりの熱狂ぶりに、何が起きているのか、誰が勝ったのかよくわからない。

　10頭の馬のうちの9頭までが順次スタートラインに並び、最後の1頭が後方から駆けだすとレースがはじまる。この最後の1頭は何度もスタートするふりを見せては、ほかの馬を苛立たせる。広場に砂を敷いてつくった凹凸のある短いトラックを3周してレースは終わる。狭いコーナーでは落馬や転倒が相次ぎ、横滑りして大きな防護マットに突っこむ。騎手を失った馬がレースの先頭を行くことも珍しくなく、落馬した騎手はレースを投げ出したと責められないように、一目散に退場する。1等の馬がゴールしても、カンポ広場の群集のほとんどは誰が勝ったかわからないが、広場外周の傾斜

のついた席にいるコントラーダからはよく見える。勝者は旗をもらいに走っていく。敵対するコントラーダは真っ先に楽しいお祭り気分をぶち壊し、派手な殴りあいの喧嘩がはじまることもある。よくわからないままコントラーダの色を身につけるのは好ましくない。知らないうちに喧嘩を誘発するかもしれないからだ。

シエナのパリオ祭の競馬と似ているのが、トリノから近いアスティの競馬だ（p.206参照）。起源は町が最高ににぎわっていた13世紀にさかのぼる。シエナの競馬よりも古く、アラブの都市との戦いに勝利したことを祝うものだ。

さらに南のサルデーニャ島で年に1度開かれる聖コンスタンティヌスのアルディエ祭の競馬はもっと速くて激しい（p.206参照）。レース前日の夕方には、312年にコンスタンティヌス帝が勝利したミルウィウス橋の戦いの突撃を再現した劇がある。翌朝、ひどい砂埃と7月の暑さと酔った人混みのなか、聖コンスタンティヌス教会を中心と

左：シエナのパリオ祭にて。各コントラーダの色を身に着けた騎手は馬を駆り、カンポ広場の足場が不安定なコーナーをまわる。

左下：シエナのパリオ祭を上から見たところ。観客はカンポ広場の中央の囲いのなかに入れられる。

上：コルテオ・ストリコ（歴史的な仮装パレード）の鼓手。このパレードはパリオ祭に先立って行なわれる。

したコースで競馬が行なわれる。

祭りとスポーツ行事の中間にあたる催しが、スペイン西部のサンルーカル・デ・バラメダの砂浜で8月に開催される国内最古の競馬だ（p.225参照）。入場は無料。観光客と地元住民は砂浜から見物する。この競馬の風変わりでおもしろい特徴は、地元の子どもたちが馬券売場を設ける点だ。売場はたいてい段ボール製で、子どもたちは競うようにレース結果に賭ける。

これらの多様な祭りの共通点は、競馬の見ごたえ抜群でスリル満点、危険がつきものだということだ。だが、それは二義的なもので、地域の伝統や人々と動物の絆を賛美することを第一としている。一見すると、危険を顧みないだけに映るかもしれないが、本質的には技術と勇気と地域の文化を披露する行事なのだ。

>>南アジア

>ブータン

ドゥラミツェ祭り
モンガル

　ドゥラミツェ祭りのドラマチックな呼びものは、仏教徒の賢人パドマサンバヴァを称える神聖なドゥラミツェ・ンガチャンという仮面舞踊だ。16 人の仮面をつけた踊り手が、立派な法衣のような衣装と色鮮やかな木製の仮面を身につけ、トランペットと太鼓とシンバルのリズムにあわせてくるくるとまわる。象徴する神々の感情によって、踊りは穏やかなものから躍動感あふれるものへと変化する。その舞踊と祭りの雰囲気は、僧の加護を受けにきた観衆に高揚感をもたらす。

開催地域：ブータン、モンガル、ウケン・テチョック・ナムドゥリル・チョリン寺院
開催時期：年 2 回、ブータン暦 5 月と 10 月（年によって日が変わる）

ロサル（新年）弓技大会
西ブータン

　ふだんは落ちついているブータン国民も、チベット仏教の新年を祝うときには、ほろ酔いかげんで騒ぎながら弓の腕を競いあう。国民が大好きな弓技の大会では、弓の名手が伝統的な長い弓で 140m 先の的を狙う。大会前夜、競技者は集中力を高めるために自宅を離れて眠る。大会当日、多くの者がシャーマンに助言を求めたり、マントラを唱えたりして平静を保つ。だが競技がはじまると、競技者も観客も一様に、射手の気持ちを乱そうとして、叫んだり野次を飛ばしたりする。新年には弓のほかに、デゴ（平たい石を投げる）やクル（ダーツ）などのゲームも楽しまれる。

開催地域：西ブータン
開催時期：1 月下旬、または 2 月上旬の仏教徒の新年

パロ・ツェチュ
パロ・ゾン

　山の国、ブータン王国最大の祭りのひとつ、パロ・ツェチュは、チベット仏教の開祖パドマサンバヴァを称える 5 日間の舞踊の祭典である。緑豊かなパロ渓谷を見下ろし、16 世紀に建てられ、要塞を兼ねた僧院パロ・ゾンには、目もくらむばかりの仮面舞踊を見ようと、数千人もの巡礼者とカメラを構えた観光客がおしよせる。とくに素晴らしいのは「黒帽子の舞」と「火葬場の王の舞」だ。最終日の朝にはシルク製のタンカ（瞑想を視覚的に助ける道具）の開帳がある。

開催地域：ブータン、パロ・ゾン
開催時期：ブータン暦 2 月 10 日前後の 5 日間

ティンプー・ツェチュ
ティンプー

　毎年 9 月から 10 月にかけての 3 日間、ブータンの首都ティンプーに太鼓とシンバルの不協和音が響きわたり、踊り手たちが秋から冬への季節の移り変わりを祝う。祭りの中心地となる、市内で最も有名な寺院タチショ・ゾンの中庭では、僧侶と地域の住民によるトゥンガン・チャム（「忿怒尊の舞」）といった儀式的な舞踊が次々と披露される。精巧なつくりの仮面や衣装、頭飾りをつけて舞う彼らに、数千人の巡礼者と市民はすっかり魅了される。1670 年の初開催以来、この祭りはブータンの文化とアイデンティティを積極的に表現する場となっている。

開催地域：ブータン、ティンプー
開催時期：ブータン暦 8 月 10 日から 3 日間

>インド

アランガーナッルール・ジャリカトゥ（牛追い祭）
アランガーナッルール

　牛を興奮させることが単なる娯楽と思えないなら、ジャリカトゥのあいだは家にいるか、せめて上階のバルコニーにいるべきだろう。たくさんの雄牛が群衆に向かって放たれるこの行事は、収穫祭「ポンガル」の一部として行なわれる。当然、雄牛は周囲にいる見物客たちに突進する。牛の角か背にしがみついたまま 50m 進むことができたら成功だ。雄牛は何度も群衆に突っこむので、必ず怪我人が出る。このハラハラする行事は、かつては花婿候補を試すためのものだったが、今日では成功しても自慢話になるだけだ。

開催地域：インド、アランガーナッルール
開催時期：マットゥ・ポンガル・デー（ポンガル祭の 3 日目。おおむね 1 月 14 ～ 18 日のあいだ）

ビカネール・ラクダ祭り
ビカネール

　砂漠の都市ビカネールでは、ラクダがたいへん役に立つ。ビカネールにはインド唯一のラクダの繁殖場がある。「砂漠の船」の異名をもつラクダを、市民は移動手段としても、食用としても長年頼ってきた。だから、新年を迎えるにあたってラクダがテーマの祭りがあっても不思議ではない。この行事は、ラージャスターン州の各地からラクダを飼育している人々が集まるだけでなく、世界中からも観光客が訪れるほど人気だ。この地域のラクダは丈夫で持久力があることで有名で、それは第 1 次および第 2 次世界大戦中、精鋭ラクダ部隊ガンガ・リサラに使われた際に実証されている。今日のラクダレースはラクダの誉れ高い脚の速さを見せつける場だが、ラクダの美人コンテストやラクダの毛刈りコンテストなども開かれて、明るい雰囲気となっている。

開催地域：インド、ビカネール
開催時期：1 月の 2 日間

デヴ・ディーパワリ
ヴァラナシ

　デヴ・ディーパワリの日、神々は大地に降り立ち、ガンジス河で沐浴をする。神々に敬意を表して、ヴァラナシの人々は 100 万以上ものディヤ（素焼きのランプ）をともして川岸

ブータンのパロ・ゾンにて。舞台袖で待機する黒い帽子の踊り手。これから観客の前に出て、ステップを踏んで大地を清め、邪気を払う。

を照らしだす。祈りを捧げるために数百万人がこの聖なる都市におしよせる。沐浴の儀式カールティク・スナーンを行ない、多くの人が炎揺らめく無数のディヤを水に浮かべる。この行事は地域文化を紹介する5日間の祭りガンガ・マホートサヴの最終日に行なわれるが、地元の観光局が協力していることは察しがつく。しかし、デヴ・ディーパワリの真の美しさは、川岸に集まる巡礼者たちの目のなかと、質素なランプの輝きに照らしだされた彼らの顔にある。

開催地域：インド、ヴァラナシ
開催時期：カールティク・プールニマー（ヒンドゥー暦8月の満月、新暦10月または11月）

ディワーリー
ニューデリー

ディワーリーのあいだ、屋根や胸壁の上、家や寺院のかなど、いたるところに小さな明かりがともされる。ディヤ（素焼きのランプ）をともすのが伝統だが、今日では街を輝かせるのは豆電球だ。プレゼントを交換したり、新しい服を着たりして、家族全員が楽しいひとときを過ごす。信徒は寺院に集まって供物をそなえ、すべての家庭は大掃除をして、富と繁栄の女神ラクシュミーを迎える準備をする。ディワーリーはインド全域で祝われるが、とくに心を揺さぶるのは、活気に満ちた由緒ある首都ニューデリーである。

開催地域：インド全域、とくにニューデリー
開催時期：10月または11月

ドゥルガー・プジャ
西ベンガル州コルカタ、アッサム州

職人はドゥルガー・プジャまでの数週間を費やして、魔王マヒシャースラを倒して悪に勝利した女神ドゥルガーを描写した華麗な像をつくる。鮮やかな色で塗られた粘土製のムルティ（神像）が、パンダルに設置される。パンダルとは、街の広場や運動場、寺院に一時的に建てられる竹製の神殿だ。10日間の会期中、この女神はドゥルガー、ラクシュミー、サラスヴァティーといった異なる化身の姿で崇拝される。最終日のヴィジャヤ・ダシャミ（勝利の10日目）には、神像を川へ運んで沐浴させる。これは神々がヒマラヤの天上界に帰ることの象徴である。

開催地域：インド、西ベンガル州コルカタとアッサム州
開催時期：カールティク月（ヒンドゥー暦8月）の2〜7日

ダシャラー
クル渓谷

ヒマラヤ山脈にある広大なクル渓谷は神々の谷として知られ、村ごとに土着の神がいる。毎年秋の1週間、それらの神像約200体がクルの町に集合し、叙事詩『ラーマーヤナ』の主人公ラーマ王子が魔王ラーヴァナに勝利したことを祝う。各村にはシャーマンも存在し、祭りのあいだは入神状態となったシャーマンを通して神と話すことができる。最終日には竹や笹を燃やすいよい香りのする祭火に、水牛などの動物を生贄として捧げる。

開催地域：インド、ヒマーチャル・プラデーシュ州、クル渓谷
開催時期：9月から10月の7日間

ガンガ・サガール・メーラ
サガール島

年に1度催されるヒンドゥー教の祭りで、ベンガル湾の水で沐浴するために50万人以上が集まる。ガンガ・サガールはコルカタから南へ約100km、ガンジス川の支流フーグリー川の河口という縁起のよい場所にある。1月中旬には、海で魂を清めようという人々でごったがえす。海岸には焚火が燃やされ、沐浴をすませた人々が体を温めてから、カピルムニ寺院へ行って祈りを捧げる。花、お香、目が覚めるような装束、裸のサドゥー（神に身を捧げた者）、そして、熱心な巡礼者がたぐいまれな光景をつくりだす。

開催地域：インド、サガール島
開催時期：マカール・サンクランティ（1月14日、うるう年は15日）

ガンガウル
ジャイプル

色彩豊かなインドにおいて、18日間のガンガウルほどカラフルな祭りはない。ジャイプルの旧市街「ピンクシティ」のバラ色に塗られた建物に囲まれた会場で祭りは開催される。美しいサリーとアクセサリーや頭飾りをつけた女たちが、既婚者も未婚者も、シヴァ神の妻で夫婦愛の化身でもあるパールヴァティーを崇める。祭りの開催中、女性は食事を1日1回に制限して精進し、粘土や彩色した木片でパールヴァティー像をつくる。最終日、祭りの締めくくりに、鮮やかに色づけされたパールヴァティー像は牛が引く荷車や装飾された神輿に乗せられ、豪華に飾られたゾウの先導で市内をパレードする。

開催地域：インド、ジャイプル
開催時期：チャイトラ月（ヒンドゥー暦1月）1日から18日間

ゴリシワラ寺院祭
チェライ

インドは驚くべき祭典に満ちているが、いくつかの華やかな祭りは南部のケーララ州で開催される——そして、ゾウは絶対に欠かせない。注目すべき一例が、コーチ（旧コーチン）市郊外で1月または2月に9日もしくは10日間にわたって行なわれる祭りだ。あの巨大なゾウが30頭も、金箔の施された頭飾りをつけて寺院の広大な前庭に集まった群衆のあいだを練り歩く。ゾウの背に乗った僧侶は、団扇振りやパラソル回しといった奇妙な技の腕を競いあう。

開催地域：インド、チェライ
開催時期：1月の終わりから2月はじめにかけて

ヘミス・ツェチュ
ヘミス

かつては独立した仏教王国だったラダック地方は、ヒマラヤ山脈の高地にあり、険しい岩山の上に立つ数々の僧院で有名だ。そしてヘミスは、年に1度の祭りツェチュが開催される町として有名になった。この祭りはチベット仏教の開祖パドマサンバヴァを記念して、6月か7月に2日間行なわれる。

コチ市チェライのゴリシワラ寺院祭では、豪華な飾りをつけたゾウの高い背中の上で、僧侶が傘をまわしたり、クジャクの羽根でつくった団扇を振ったりして群衆を沸かせる。

おおぜいの人々（地元住民と外国人観光客）がヘミス僧院の中庭いっぱいにつめかけ、華やかな仮面舞踊や神話劇を鑑賞する。12年に1度、僧院に納められているこのうえなく尊い大タンカ（パドマサンバヴァのために奉納された宗教的な織物飾り）が開帳される。次回の開帳は2016年である。

開催地域：インド、ヘミス
開催時期：6月または7月の2日間

ホーリー
マトゥラー

「色の祭り」ホーリーは、インドで最も激しく、文字通り最もカラフルな祭りだ。善が悪に勝利した祝いとして1500年前にはじまったともいわれ、色つきの粉や色水を家族や友人だけでなく、だれかれかまわずにかける。この風習は収拾がつかなくなる場合が多い。祭りの雰囲気や、おそらくは少しの大麻で高揚した群衆は、夢中で色粉や色水をかけあい、誰もがずぶ濡れの粉まみれになる。ホーリーはインド全域で祝われる。なかでもクリシュナ神に縁のある都市がさかんで、とりわけ有名なのがウッタル・プラデーシュ州のマトゥラーだ。

開催地域：インド全域、とくにマトゥラー
開催時期：パールグン・プルニマ（ヒンドゥー暦12月の満月）、新暦2月終わり〜3月下旬

ホーラ・モハッラ
アナンドプル・サーヒブ

この祭りはホーリーのあとにはじまり、3日間続く。シク教のグル、ゴービンド・シングが、その前身となった祭りの本来の意味がほとんど失われていると感じて、1701年にはじめたものだ。当時、ムガール帝国と戦っていた彼は、悪魔との戦いにおいて同胞愛と勇気が大切であることを人々に思い出

させるため、ふだんは温和なシク教徒の戦闘能力や、グルにとって有益な技術を紹介する場を整えた。現在の祭りの目玉は、模擬戦、剣術や馬術の披露で、ランガル（寄付で運営される地域の食堂）では精進料理が無料で提供される。

開催地域：インド、アナンドプル・サーヒブ
開催時期：チベット暦太陰月の元日（ホーリーの翌日）

イギトゥン・チャルネ
ビチョリム郡

この壮麗な祭りでは、女神ライライを信仰する者がゴアのシュリガオ寺院を訪れ、ライライ像の前で火のついた炭の上を裸足で歩き、信仰心を証明する。この火渡りを行なう者は色鮮やかなサロンを体に巻き、色とりどりの毛糸で装飾した棒をもつ。夜を迎えて、赤々と燃える炭がよく見えるようになると、祭りはますます盛りあがる。火渡りのコツは、乾いた足で歩き続けることだ。希望者が多いため、まさに押しあいへしあいで列をなす。火渡りのまえにはプラサーダという菓子を女神に供え、終わったあとには祈りを捧げる。

開催地域：インド、ビチョリム郡、シュリガオ寺院
開催時期：5月と6月

国際凧揚げ大会
アフマダーバード（アーメダバード）

グジャラート州では凧揚げがとても人気だ。太陽が北半球へ移ること（冬が終わること）を祝う祭りであるマカール・サンクランティ（現地ではウッタラヤンとして知られる）へ向けての準備期間中、州全体が凧づくりに没頭し、年齢や生活環境にかかわらず、誰もがいちばんいい凧をつくろうとする。神々を長い冬の眠りから目覚めさせるために凧を使うのは、おもにヒンドゥー教徒の伝統だが、凧揚げはさまざまな宗教の信徒に人気の娯楽だ。大会当日は、形も大きさもさまざまな凧が空を埋めつくす。優勝をかけた戦いでは競技も激しく、ほかの凧の糸を切るために凧糸にガラスの粉を塗って強化する場合も多い。

開催地域：インド全域、なかでもアフマダーバード（アーメダバード）
開催時期：マカール・サンクランティ、1月14日

ジャガンナート・ラタ・ヤトラ
プリー

この宗教的な祭りは、インド東岸のオリッサ州でかなり盛大に行なわれる。ドラマチックな演出と色彩をふんだんに用いて、クリシュナ神のゴークラからマトゥーラへの旅を祝う。ジャガンナート神、バラバードラ神、女神スバードラの像を載せた3台の巨大な木製の戦闘馬車（装飾を施した高さ14mの山車で、数千人の巡礼者がこれを引く）が列をなし、ジャガンナータ寺院からグンディチャ寺院までの3kmの道のりを進む。9日後、それらの像はふたたび寺院に戻され、山車は分解して翌年まで保管される。言語学者の主張によると、英語の「juggernaut（巨大で破壊力があるもの）」は、「Jagannath（ジャガンナート）」——クリシュナ神の数ある別名のひとつ——に由来し、その語源はこの祭りで使われる巨大な戦闘馬車となっている。

開催地域：インド、プリー
開催時期：旧暦3月

ジャパン蛇祭り
ヴィシュヌプル

8月中旬のある1日、ふだんは静かなヴィシュヌプルの町に、数千人もの祭りを祝う人々と蛇使いが集まり、蛇の女神マンサを称える。豊富な雨と豊饒、そして蛇に噛まれないように祈願したあと、延々と蛇どうしを戦わせたり、蛇使いのショーを楽しんだりする。そのかたわらでは、怖いもの知らずのコブラ使いが息をのむような腕前を得意げに披露する。

開催地域：インド、ヴィシュヌプル
開催時期：ヒンドゥー暦シュラーヴァナ月の末日（8月中旬）

インド全域で一般的になった春の祭りホーリーでは、人々が楽しげに投げあう色つきの粉が大量に宙を舞う。

ジャイサルメール砂漠祭り
ジャイサルメール

　ラージャスターン州タール砂漠に位置するジャイサルメールは、幻想的な趣きの要塞都市で、城壁内にはいまも人々が暮らしている。そこからほど近いサム砂丘で3日間にわたって開催される砂漠祭りは、この地域の豊かな伝統を称える、心躍る祭りだ。歌や踊り、曲芸、ラクダのレース、ターバン巻き競争、長いひげコンテストなどが行なわれる。祭りのハイライトともいえるのが、毎年恒例のミスター砂漠コンテストだ。ラージプート族のなかから最もラージプート族らしい者が選ばれる。だが、近年の優勝者は初代にはかなわない。初代優勝者はこのコンテストで何度も優勝したため、終身ミスター砂漠の称号を授与された。3日間とも、1日の最後は星空の下で民族音楽と舞踊で締めくくられる。

開催地域：インド、ジャイサルメールに近いサム砂丘
開催時期：2月

ジャンマシュタミー
マトゥラー

　マトゥラーはクリシュナ神誕生の地とされる。彼の誕生を祝ってインド全域でジャンマシュタミーの祝祭が行なわれるが、最も熱狂的に祝うのはウッタル・プラデーシュ州のマトゥラーだ。クリシュナ神の信奉者は、クリシュナが生まれた宮殿と信じられているジャンマ・ブーミ寺院を訪れる。現在は大きな寺院となっているこの場所で、彼らは丸1日断食する。明かりのともっていない小さな内殿ガルバ・グリハに安置された像を見つめながら、クリシュナに経を唱え、歌を捧げる。午前0時になると、人々はその像を牛乳と凝乳に浸し、腕に抱いて揺すってあやす。祈りのあとに鐘が鳴らされ、ホラ貝の音とともに断食が明ける。

開催地域：インド、マトゥラー
開催時期：8月

カーリー・プジャ
西ベンガル州、コルカタ

　カールティク月、新月の第1日目の午前0時、国内のさまざまな地域がディーワーリーを祝うなか、魅惑的な都市コルカタでは破壊の女神カーリーを称える。ヒンドゥー教徒は、強さの象徴であるカーリーが悪から守ってくれると信じている。夜になると人々は着飾り、ろうそくをともし、爆竹を鳴らして、カーリーに祈りを捧げる。シヴァ神の妻であるカーリーは、時間と変化の女神でもあり、慈愛に満ちた母親とも考えられている。祭りの様子はドゥルガー・プジャ（p.121 参照）と似ていて、街は彩色された粘土製の像を安置したパンダル（一時的に建てられる竹製の神殿）であふれ返る。カーリー・ガット寺院には数千人もの信奉者が訪れ、カーリーに動物（大半がヤギ）の生贄を供える。これはヒンドゥー教の寺院では珍しいことだ。

開催地域：インド、コルカタ
開催時期：ヒンドゥー暦カールティク月（10月か11月）の新月

キラ・ライプール農村大運動会
ルディアーナー

　この競技会が、スコットランド地方各地で行なわれるハイランド・ゲームを真似ていることは明らかだ。スポーツの腕前を競いあう年に1度の農村の祭りに、2月中の3日間で数千もの競技参加者と100万人にのぼる観客が訪れる。参加者は何を競うにも、ラクダやラバなどの4本脚のものに乗らなければならない。最大の呼びものは、荷車を去勢牛に引かせるレースだ。パンジャブ地方の男たちは、このレースで男らしさと勇気を存分に発揮するらしい。そのほかの力自慢――愚行でないとすれば、だが――には、自転車を歯でもちあげたり、耳で自動車をひっぱったりするものも含まれる。

開催地域：インド、ルディアーナー
開催時期：2月の3日間

コルゾック・グストール
コルゾック、ツォモリリ湖

　この祭りを見たら息もできなくなるだろう――文字通りの理由をあげるなら、ツォモリリ湖畔のコルゾック村は海抜5000mにある。グストール祭はコルゾック僧院で7月に2日間行なわれる。村を見下ろす牧草地にヤクとパシュミナ種のヤギを放牧しにくる、周囲の渓谷の遊牧民牧夫たちが集まる。祭りの目玉は、僧侶が踊る「チャム」という神秘的な道徳舞踊だ。有名な「黒帽子の舞」で悪霊を退治するタントラ経典の化身役の踊りは圧巻。僧院の動物たちを解放する放生の儀式では、とくに騒がしくなる。

開催地域：インド、コルゾック、ツォモリリ湖
開催時期：7月の2日間

アラハバードのクンブメーラ
アラハバード

　端的に言えば、世界で最も多くの人が集まる行事のひとつだ。神々が悪魔に勝利したことを祝う祭り、ヒンドゥー教のクンブメーラは、大規模な沐浴の儀式である。おびただしい数のヒンドゥー教徒が罪を洗い流すためにガンジス川に身を浸す。クンブメーラは、開催周期が異なるものも含むので開催予定がわかりにくいうえに、主要開催地は4か所ある（p.133 参照）。だが、最大級にして最も盛大なのは、12年に1度アラハバードで行なわれるものだ。1月から2月の6週間の会期中に数千万人が参加する。沐浴場は街の東にあるサンガムだ。この場所でガンジス川とヤムナー川、伝説上のサラスヴァティー川が合流するといわれている。氾濫原には広大なテント村ができ、一目で圧倒されるほど多くの苦行者と信仰者が、たえまなく次々と沐浴し、行列をなして、祈りを捧げる。

開催地域：インド、ウッタル・プラデーシュ州、アラハバード郊外のサンガム
開催時期：2013年以降、12年ごとの1月から2月

ハリドワールのクンブメーラ
ハリドワール

　神聖な沐浴の儀式として有名なクンブメーラの背景には、つぎのような言い伝えがある。あるとき、ヒンドゥー教の神

ハリドワールのガンジス川の岸にある沐浴場ハリ・キ・パイリー・ガート。ハリドワールは神がこぼしたアムリタ（不死の霊薬）の雫が落ちた4か所のうちのひとつで、ヒンドゥー教徒にとって大変神聖な意味をもつ。アラハバード、ウジャイン、ナーシクにも同様にアムリタの雫が落ちた。

ヴィシュヌが不死の霊薬が入った壺（クンブ）を運んでいたが、4滴の雫がこぼれ、異なる4か所に落ちた。それが現在、12年ごとにクンブメーラが行なわれる4大開催地の4か所のガート（階段）である（p.134参照）。ハリ・キ・パイリー・ガートは、聖なる川のなかで最も神聖なガンジス川がヒマラヤ山脈をあとにする地点といわれるように、重要でドラマチックな場所だ。

開催地域：インド、ハリドワール
開催時期：次回の6年ごとのアルダ（「半分」の意）・クンブメーラは2016年、12年ごとのマハ（「偉大な」の意）・クンブメーラは2022年

ナーシクのクンブメーラ
ナーシク

偉大なヒンドゥー教の神々のひとり、ラーマ神は生まれ故郷を追放されて逃げたとき、ナーシクに居を構えた。彼が沐浴したとされるゴダヴァリ川のラムクンドという場所は、現在、ナーシクのクンブメーラが行なわれる中心地である。沐浴の儀式は罪を洗い流し、人を無限の輪廻転生から解放する。2003年のクンブメーラは、将棋倒しで39人が死亡するという悲劇となった。

開催地域：インド、ナーシク
開催時期：次回は2015年8月から9月。以降12年ごとに開催

ウジャインのクンブメーラ
ウジャイン

ヴィシュヌ神の霊薬の雫が大地に落ちた最後の場所ウジャインは、シプラ川流域に建設された都市である。年間を通しておおぜいのヒンドゥー教徒が沐浴に訪れる。沐浴は人間を地上に縛りつける輪廻から解放すると考えられている。川岸にはガートと寺院が延々と並ぶ。川を境界線として、片側にはシヴァ神を信仰する裸の苦行者（サドゥー）が集まり、もう片側にはヴィシュヌ神の信奉者が集まる。このようにわけることで、ウジャインで行なわれるクンブメーラをはじめとする多くの宗教的祭事は、ほかの聖地でしばしば起こるような口論や取っ組みあいの喧嘩で荒れることはない。

開催地域：インド、ウジャイン
開催時期：2016年4～5月、以後12年ごと

マドゥライ浮き船祭り
マドゥライ

　この祭りがはじまったのは17世紀、ナヤク王が新たな宮殿を建設すると決めたときのことだ。王は、煉瓦用の土を掘ってできた大きな穴に水を満たして湖にした。それから中央に島をつくって寺院を建て、自分の誕生日にその寺院から神像を船に乗せて運び出すようになった。今日では、満月の日の朝、女神マーナクシーとその夫の像を乗せた金色の駕籠がゾウと音楽隊をともなって寺院を出発する。音楽と朗々とした歌声が響くなか、甲板を花で飾った浮き船に像を乗せる。無数の電飾と打ち上げ花火が、魅力的な光景に光の華を添える。

開催地域：インド、マドゥライ、マリアマン・テッパクラム貯水池
開催時期：タミル暦タイ月（1～2月）の満月の日

マハマハム・メーラ
クンバコナム

　敬虔なヒンドゥー教徒は、12年に1度、クンバコナムにある寺院の貯水池マハマハムに聖なるガンジス川とインドの諸川の水が流れこむと信じている。穏やかに水をたたえた面積2.5haあまりの貯水池は、周囲を寺院に囲まれている。おおぜいの信者がこの神聖な貯水池に集まって沐浴する。言い伝えによると、池の底には20もの泉があり、インドの神聖な川の水が注ぎこむという。神聖な水には罪を洗い流し、身を清らかな状態に戻す力があると信じられているため、人でごったがえす池におおぜいの人々が喜んで入っていく。

開催地域：インド、クンバコナム
開催時期：12年ごと、次回は2016年の2～3月

マハマスタクアビシェーカ
シュラヴァナベラゴラ

　12年に1度行なわれるジャイナ教の重要な祭り。高さ18mのシッダ・バーフバリ像の頭に水や牛乳などをかける。何十万もの巡礼者が、丘の上に立つ像のもとに集まり、像の上方に組まれた足場から何百杯もの聖水が像の頭にかけられる様子を見守る。牛乳やサトウキビの搾り汁、白檀、ウコン、赤色の顔料などの粉もかけられる。この像が建てられたのは10世紀だが、祭りは現代化する社会に対応してきた。前回の2006年の祭りでは、最後に像の上を飛ぶヘリコプターから大量の花びらが投下された。

開催地域：インド、シュラヴァナベラゴラ
開催時期：12年ごと（次回は2018年）

ナーナク・ジャヤンティ
アムリトサル

　シク教の開祖グル・ナーナクの誕生を祝う祭り。世界中のグルドワラ（シク教の寺院）で開催されるが、最大にして最高の誕生祭を行なうのはシク教の精神的中心、アムリトサルの黄金寺院だ。グル・ナーナクの誕生日前日、黄金寺院では祈祷集会が開かれ、シク教の聖典『グランス・ザヒブ』を運ぶ盛大な行列がアムリトサルの町を練り歩く。信徒のなかには剣をもち、シク教徒のすぐれた戦闘能力をしめす者もいる。誕生日当日、黄金寺院は照明とろうそくでライトアップされ、見ごたえのある姿となる。

開催地域：インド、アムリトサル
開催時期：シク教暦カールティク月（10月から11月）の満月

ナヴァラトリ（ダシャラ）
グジャラート

　たくさんの武器をもつドゥルガーを含め、ヒンドゥー教の母なる女神の化身すべてを祝福する祭り。ナヴァラトリは「9夜」を意味する。インド全域で見られるが、グジャラートでとりわけ盛大な祭典が開かれる。人々は9日間、夜になると広場に集まり、女神の化身それぞれに「プジャ（祈りの儀式）」を行なう。それから独特な音楽にあわせて、女神を納めた小さな神殿を囲み、グジャラートの伝統舞踊「ガルバ」を踊る。剣や火のついたトーチをもった踊り手がトランス状態に陥ることもある。「ダシャラ」として知られる10日目は休息日となる。これは、最後に善が悪に勝利したことの象徴である。

開催地域：インド全域、とくにグジャラート
開催時期：9月下旬から10月上旬

オナム祭
ケーララ

　オナムとは、ケーララに暮らす人々の10日間にわたる収穫祭である。現在は、毎年訪れるアスラ王マハーバリの霊を感動させるために開かれる州の郷土祭であり、誰もがひどい興奮状態になる。初日と最終日は最も重要だと考えられ、ごちそうや伝統舞踊、寺院への参詣、ゾウのパレードが特徴となっている。最終日の目玉は「オナサディヤ」で、これは野菜カレー、ピクルス、チャツネ、果物など9種類の食べ物をバナナの葉に盛ったごちそうだ。もうひとつの目玉はヴァラムカリ・スネークボートレースで、30艘ものボートが出場する。1艘につき、漕ぎ手と掛け声係150人が乗り、40kmのコースを競争する。

開催地域：インド、ケーララ州全域
開催時期：マラヤラム暦チンガム月（8～9月）の10日間

ピャン・ツェドゥプ
ラダック地方

　ラダック地方はかつてヒマラヤ山脈の独立王国だったが、現在はインドの一部である。この地方では、僧院の祭りの大半は真冬に行なわれ、雪に閉ざされた長い数か月間のお楽しみとなっている。だが近年では、観光客が見物できるように毎年恒例の祝祭を夏に変更する僧院もある。祭りの多くは、僧院の中庭での仮面舞踊「チャム」、チベット仏教の歴史と教えを伝える劇、シルク製の尊い「タンカ」（瞑想を視覚的に助ける道具）の開帳というように、似たような形式をとっている。ラダック地方最大級の祭りは、7月下旬または8月上旬にピャンで催される。

開催地域：インド、ラダック地方、ピャン・ゴンパ
開催時期：7月

プシュカール・メーラ
プシュカール湖

　ラクダの市が立つことで世界的に有名なこの祭りは、主としては宗教的集会である。10月または11月の満月の日、ヒンドゥー教徒の祝日カールティク・プールニマーには、プシュカール湖の聖なる水で沐浴をするために巡礼者が集まる。満月までの5日間、数十万人ものラージャスターンの人々が祖父母を含む家族総出で祭りに出かける。これに、湖の西側に立つ市のラクダの売人（と5万頭のラクダ）が加わる。信仰にまつわるアクティビティだけでなく、ラクダのレースや綱引き大会が催され、旧式の移動遊園地もある。さらには家畜の売買交渉もひんぱんに行なわれている。

開催地域：インド、ラージャスターン州、プシュカール湖
開催時期：カールティク・プールニマー（10月から11月）までの5日間

共和国記念日
ニューデリー

　インドは、憲法が発布されて共和国となった日を国の祝日として祝う。首都ニューデリーでは、植民地時代の面影が残るラージパト通りで共和国記念日のパレードが行なわれる。その界隈は、インド門、ロークサバー（下院）とラージャ・サバー（上院）の両院が入る堂々たる国会議事堂など、イギリス植民地時代終盤に建設された。ここで行なわれるパレードは愛国の誇りを大いにかきたてる。今日までの軍事的要素もふんだんに盛りこまれ、ベンガル槍騎兵隊やラクダに乗った国境警備隊といった色彩豊かな騎馬（ラクダ）隊の行進も見ものだ。各州やニューデリーの学校を代表する山車も特徴的。パレードを締めくくる命知らずなオートバイの曲乗りチームの登場とインド空軍の低空飛行は、インド独特のものである。

開催地域：インド、ニューデリー
開催時期：1月26日

ソネプール・メーラ
ソネプール

　中古のゾウをお探しなら、この場所がうってつけだ。ヒンドゥー教の祝日カールティク・プールニマーに毎年開かれ、プシュカール・メーラ並みのお祭り騒ぎとなる。アジア最大の家畜市と銘を打つこの催しの目玉は、「ハーティ」というゾウの市だ。ここでは荷役用の巨大な動物、ゾウが大量に売買される。牛、ヤギ、馬といったそのほかの動物も取引きされ、短いコースでレースを行ない、買い手の興味をひきつける。市で現金がやりとりされるいっぽうで、巡礼者は魂を浄化させるためにガンジス川とガンダク川の合流点へと急ぐ。

開催地域：インド、パトナ近郊のソネプール
開催時期：カールティク・プールニマー（10〜11月の満月）から1か月間

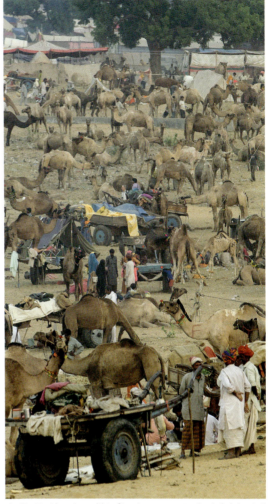

インド、ラージャスターン州のプシュカール・メーラに立った家畜とラクダの市に集まった売人と売り物のラクダ。5万頭のラクダが集まり、プシュカール湖の聖なる水で沐浴をしにくる巡礼者の人混みはさらにごった返す。

「沐浴」
——インドの水浴び祭り

何百万人というヒンドゥー教徒にとって、聖地巡礼や宗教的な集会は生活の一部である。そうした行事は年々増え続け、今日では参加者数もますます伸びている。大集会の多くは「メーラ」と呼ばれ、その特色は水浴びの儀式——沐浴である。

上：カールティク・スナーン（11〜12月、ヒンドゥー暦のカールティク月にガンジス川で行なう沐浴）を行なう信者。

右：デヴ・ディーパヴァリ期間中に、ヴァラナシのガンジス川で沐浴する巡礼者。

左上：ラージャスターン州で開催される5日間のプシュカール・メーラにて。湖畔にできた家畜売買人の宿営地。

左下：聖なるプシュカール湖のそばで瞑想するサドゥー（インドの苦行者）。後ろは沐浴する巡礼者たち。

上：ガンガ・サガール・メーラの沐浴。

「沐浴」──インドの水浴び祭り

インドで行なわれるヒンドゥー教の沐浴の祭りには、おびただしい数の人々が参加する。遠目でざっと見積もって、インド独自の数量単位で言えば数ラク（10万）や数クローレ（1000万）の人々がいるさまは、まるでアリの群れのようだ。インド7大聖河の川岸に点在する沐浴場には、よいカルマを得るために沐浴をしようと、想像を絶するほどの大人数が集まる。

敬虔なヒンドゥー教徒は、輪廻を信じている。魂は転生を続け、悟りに達した状態、つまり「モクシャ（解脱）」または「ニルヴァーナ（涅槃）」によってようやく「サンサーラ（輪廻）」から解放される。その方法には、善行や品行方正な生活など、たくさんある。てっとり早いのは巡礼と沐浴だ。沐浴の場所と時期の縁起がよければよいほど、魂の浄化効果は高まる。

沐浴には神秘的な古い書物の記述にのっとって行なわれるものもあるが、ほとんどの巡礼者は石鹸で体を洗ったり、笑ったり、水しぶきをあげたり、水に潜ったりして楽しく沐浴している。沐浴は誰がしてもかまわない。観光客や見物人も、信仰する宗教にかかわらず、例外なく参加できる。

縁起のよい沐浴の時期は、たいてい月の周期によって固定され、現行の太陽暦（グレゴリオ暦）では移動する。長年にわたって、縁起がよいとされる日には沐浴したがる巡礼者がきわめて多くなるため、大きな祭りの参加者数は伸び続け、数えきれないほどになる場合もある。そのようにおおぜいがつめかける祭典は、それぞれが独自の活気と特徴を帯びている。

聖なる湖、プシュカール湖では、カールティク・プールニマー（10月から11月の満月）のもと、ラージャスターンの部族民が沐浴とラクダの売買のために集まる。プシュカール湖は、ブラフマー神が悪魔ヴァジュラナブハーを蓮の花で退治した際に落ちた花びらから生じたと信じられている。この湖はインドで最も神聖な場所のひとつと考えられており、町ではお酒とあらゆる動物性食品が禁止されている。

プシュカール・ラクダ祭りとも呼ばれるプシュカール・メーラには、昔から観光客が訪れているが、地元民にとって重要なのはラクダの売買より沐浴で、商業活動はおまけのようなもの（p.127参照）。ラクダ市は満月前の数日間開かれ、それが終わる満月の日には業者と観光客のほとんどはいなくなる。巡礼者数は満月の日に最多となり、湖畔に並ぶ階段「ガート」は一晩中人々でごった返す。その混雑は昼まで続く。

ビハールのソネプール・メーラはアジア最大の家畜市だ（p.127参照）。馬、ヤギ、羊、ニワトリ、牛のほか、水牛まで買うことができるが、最大の呼び物は「ハーティー」、ゾウの市である。ここではたくさんのゾウが取引される。高値がつくように、ゾウを

巡礼者、商人、買い手が、インド、ソネプールのガンジス川の岸で水浴び中のゾウを見物する。ここではアジア最大の家畜市が開かれる。

水浴びさせて飾りたて、老木の陰で休ませる。ゾウの売買は公式には認められないため、苦肉の策として取引は賃貸契約となる。

インドで最も古い祭りのひとつ、ソネプール・メーラは、ワニとゾウの姿をした2人の神が争ったという神話に由来する。巡礼者が訪れる目的は、満月の下で、ガンジス川とガンダク川の合流点で沐浴することだ。最も重要な沐浴日には、およそ3ラク人（30万人）が村に押し寄せるため、警察は歩行者を一方通行にする。ほとんどの人は宿泊することなく、早朝に到着し、沐浴をして、ガンジス川河岸の小さな寺院を目指そうとするが、結局はちょっと買い物をしてから家路につく。

沐浴祭の開催日は、すべてが月の周期で固定されるわけではない。西ベンガル州のガンジス川河口デルタに位置するサガール島のガンガ・サガール・メーラは、珍しく太陽暦によって開催日が決まる（p.122参照）。毎年同じ日、マカール・サンクランティ（1月14日）だ。この日に太陽は北半球へ移動し、冬から夏へ本格的に季節が変わる。

フーグリー川（ガンジス川の支流）がベンガル湾に流れこむように、5ラク人（50万人）もの巡礼者が集団となって河口へ進み、沐浴をする。真夜中に巡礼の群衆が海岸へ向かい、沐浴をする光景は奇妙ながらも趣きがある。この儀式には苦行の要素も含まれる。夜はとても寒く、水は凍えるほど冷たいからだ。巡礼者の多くは仮設の宿泊所で夜を明かす。暗がりでも通り道がわかるように、メーラの会場から海までの主要な道は、赤、緑、青の電飾で照らし出される。濃い霧がしばしば群衆の周囲に立ちこめ、ますます神秘的な雰囲気が強くなる。

沐浴のあと、巡礼者はカピルムニ寺院へ向かう。その途中、おおぜいのサドゥー（苦行者）のそばを通る。彼らは数ルピーと引き換えに祝福を与える。サ

上：浄化の祭りガンガ・サガールで祈るヒンドゥー教徒。この祭りはベンガル湾のサガール島で年に1度開催される。

上右：西ベンガル州ガンガ・サガールのカピルムニ寺院では、敬虔な信者たちが供物を供え、ひきかえにプラサーダというお菓子をもらって祝福を得る。

ドゥーは大麻の煙でかすんで見えないことも多い。

　ヒンドゥー教最高の聖地は、ウッタル・プラデーシュ州ガンジス川河岸の古都ヴァラナシだ。いまも人が暮らす都市としては世界最古ともいわれ、年間を通しておびただしい数の巡礼者が訪れる。その目的は沐浴だが、この場所で死を迎えて火葬してもらうためという場合もある。1年のうちで縁起のよい時期には巡礼者の数が膨れあがるが、この都市に関連する祭りで最も目を引くのは、デヴ・ディーパワリだ(p.121 参照)。この日には神々が地上に降りてくると考えられている。冷たい水で沐浴する巡礼者のために小さなランプが無数にともされ、川まで続く由緒あるガートに置かれる。

クンブメーラ

　ヒンドゥー教の沐浴祭のうち、最大なのがクンブメーラだ——実際には、地球最大の人類の集いである。古代から歴史をもつクンブメーラは、12年ごとに4か所の開催地を複雑に交代しながら行なわれる。祭りの由来は、アムリタ（不死の霊薬）が入った壺（クンブ）をめぐって神と悪魔が戦ったというヒンドゥー教の神話ぐある。12日間の壮絶な戦いのさなか、霊薬の雫が4滴、異なる4つの場所に落ちた。それがアラハバード、ハリドワール、ウジャイン、ナーシクだ(p.124〜p.125 参照)。神の1日は人間の1年に相当することから、12年ごとに開催される。

　最も縁起のよい場所はウッタル・プラデーシュ州アラハバードだ。巡礼者は、聖なるガンジス川とヤムナー川、そして伝説上のサラスヴァティー川の合流点で沐浴する(p.124 参照)。12年ごとに行なわれるアラハバード・クンブメーラは、マハクンブまたは大クンブと呼ばれる。2001年のマハクンブメーラは、ひとつの目的で開催され

下：ウッタル・プレデーシュ州アラハバードの大規模な沐浴の儀式では、女たちが悪魔を倒した神々に嬉しそうに感謝する。

下右：夜のハリ・キ・パイリー・ガートを上から見る。12年に1度のハリドワール・クンブメーラには数えきれないほどの巡礼者が集まり、彼らがもつ明かりで輝いて見える。

た集会としては史上最大規模となった。ある見積もりでは、6〜7週間に参加した巡礼者の数は1億人にのぼる。天文学的な計算によって、とくに縁起がよいとされる日が開催日に指定され、それらの日には巡礼者数がピークに達する。2001年にはメインとなる沐浴の日1日で、3500万人の巡礼者が沐浴に向かったと考えられる——このメーラの会場は、一時的に世界で最も人口が多い都市のひとつになった。

クンブメーラは、巡礼者のみならずサドゥーが沐浴に来ることで有名だ。サドゥーのなかにはアカーラという大きな僧団を組織する者もいる。なかでもナーガ派は見た目が恐ろしく、灰を全身に塗っただけのほぼ全裸で、縮らせた長い髪を細く編んで大きな束にまとめており、シヴァ崇拝に欠かせないものとして、ときおりチャラ（大麻樹脂）を吸う。クンブメーラで最も縁起がよい3日間か4日間は、シャヒ・スナーン（王の沐浴の日）に指定される。これらの日には、アカーラに属するサドゥーが列をなしてサンガムの沐浴場へ向かう。アカーラ最大のジュナ・アカーラ派には数千人が所属する。

右：ハリドワールのクンブメーラが行なわれるあいだ、アカーラに属するサドゥーたちが列をなしてハリ・キ・パイリー・ガートに向かう。

次の見開き：ガンジス川に架けられた仮設の浮橋を渡るゾウと巡礼者。浮橋はメーラの関係機関が建設する。

三叉の槍や剣を携えた姿は、時代がかっていて恐ろしげだ。うっかり彼らの行く手を遮ったり、何らかの理由で怒らせたりすると、彼らに攻撃されることは昔から知られているが、彼らが刑罰を受けることは事実上ない。

ほかの聖地のクンブメーラは小規模だが、それでも1000万人の巡礼者を集める（p.124〜p.125参照）。ハリドワールはガンジス川がヒマラヤ山脈から流れ出る場所であるため、水が冷たくて流れが速い。そのため巡礼者は流されないよう、ハリ・キ・パイリー・ガートに取りつけられた鎖につかまらなくてはならない。マディア・プラデーシュ州ウジャインで巡礼者が沐浴するのは、流れがゆるやかなシプラ川だ。ここでは、川の両岸にガートがあり、シヴァ神を信奉するサドゥーとヴィシュヌ神の信奉者が別々に利用できるようになっている。マハーラーシュトラ州ナーシクのクンブは最も規模が小さい。巡礼者は神聖な貯水池ラムクンドのほか、ゴダヴァリ川でも沐浴する。

上：2001年にアラハバードで開かれたマハクンブメーラにて、重要な沐浴日に列をなすジュナ・アカーラ派の信徒。

右：ヒンドゥー教徒と巡礼者はよいカルマを得るために、数多く開催される沐浴祭の縁起がよいとされる日に、インドの7大聖河のひとつで、さまざまな方法で信仰を実践する。

沐浴する喜び

　ヒンドゥー教は基本的にとても現実的な宗教だ。だから、神に懇願したいことが何かあれば、きっとあなたにあった方法が見つかる。クンブメーラのような大きな沐浴祭に行く余裕がなかったり、海外に住んでいる場合は、近くに崇拝されている沐浴場に行くこともできる。その場所と、星の運行や太陰暦、またはヒンドゥー教の神話で定められた、沐浴に縁起のよい日を組みあわせればいいのだ。したがって、インド中を探せば、自分にあう沐浴祭が見つかる。たとえば、タミル・ナードゥ州クンバコナムで12年ごとに開かれるマハマハム・メーラや、インドの貯水池に巡礼者が集まるターネタール・メーラなどだ（p.126、p.142参照）。モーリシャスにあるクレーター湖ガンガ・タラオで毎年開かれるマハ・シヴァラトリのように、インドから遠く離れたところでさえ沐浴の祭りはある（p.14参照）。

　私は実際にヒンドゥー教の沐浴祭を数多く見てきたが、そのすべてにおいて、胸を打たれたことがひとつある。それは、沐浴をする人々が純粋に喜んでいることだ。巡礼者のなかには、儀式として厳粛な方法をとる一派がいるし、大きな祭りでは祈りと沐浴の計画を綿密に立て、それに従って40日間を過ごす者もいる。けれども、巡礼者の多くは笑いやほほえみがあふれる幸せな家族連れだ。人々にとって重要なのは水に浸かることだ。どんな方法をとるかは自分次第らしい。水に飛びこむ者もいれば、お互いに水をかけあってくすくす笑う者も、水に浸かるのをためらう家族を笑いながら水中に沈める者もいる。敬虔なヒンドゥー教徒の多くにとって、大きな沐浴祭に出かけるこ

　とは、計画を立て、お金を貯めて、期待に胸をふくらませる、といったたくさんの事柄の達成でもある。この達成感は強い幸福をもたらす。彼らはその幸福感を家族や友人、そして奇妙な西洋人写真家と分かちあいたいのだ。
　私は何度も沐浴したことがある。それは私がヒンドゥー教徒だからでもなければ、何らかの信仰心をもっているからでもない。ただ、沐浴をしなければ後悔しそうだからだ。そんな私を人々は招きよせ、仲間に入れて一緒に笑ってくれた。彼らはきまって「沐浴はしたか？」とたずねる。「沐浴するのか？」ではない。多くの巡礼者たちが沐浴のために苦難に耐えてきたことを考えると、彼らと一緒に沐浴しないのは失礼な気がする。2001年のマハクンブメーラの開催地サンガムは、ヒンドゥー教ではこのうえなく神聖な場所であり、このときは144年間で最も縁起がよいとされた。そんなときさえ、彼らは私にほほえみを向け、一緒に沐浴してくれと頼んだ。とても特別なときに、信者でない者をそこまで歓迎する宗教を、私はほかにまったく思いつかない。

上：アラハバードのマハクンブメーラにて、縁起のよい日に沐浴をする巡礼者。

左上：2001年アラハバードのマハクンブメーラのために設営された会場。この年は参加者数が地上最多となった。

インド、ラダックのタクトク僧院では、手のこんだ特大サイズの仮面をつけた演者が、神の物語を舞踊で伝える。

タクトク・ツェチュ
ラダック

ラダックのタクトク僧院の中心部には洞窟があり、その壁は数世紀分のバター・ランプの煙で黒ずんでいる。この洞窟はグルのパドマサンバヴァの隠れ家だったと信じられている。彼はかつて山岳の独立王国だったこの地にチベット仏教を伝えた人物だ。その幸運な縁を祝うのが、毎年7月、または8月にこの僧院で開催される祭りだ。僧院の中庭では、舞踊と儀式が2日間行なわれ、仮面舞踊でクライマックスを迎える。巨大な仮面をつけた姿はさまざまな神々を象徴する。パドマサンバヴァもそのひとりだ。

開催地域：インド、ラダック、タクトク
開催時期：チベット暦9月28日と29日（新暦7～8月）

ターネタール・メーラ
ターネタール

あなたが夫になる人を探しているなら、赤いスカートをはいて、ヒンドゥー暦バードラ月（新暦8～9月）の4～6日にタンガドという町近くのこの村に行こう。独身男性はカラフルなドーティーとベストを着て、恥ずかしそうに傘をくるくる回している。このお見合い的な側面は、グジャラート民族伝統の豪華な祭りのほんの一部だ。きらびやかな衣装の男女が伝統舞踏を踊り、子どもたちは仮設遊園地で遊ぶ。手品師、ヘナタトゥーのアーティスト、抜け目ない物売りといった面々が祭りに興を添える。

開催地域：インド、ターネタール
開催時期：ヒンドゥー暦バードラ月（新暦8～9月）の4～6日

トリシュール・プーラム
トリシュール

豪華に飾られたゾウと、催眠術のような太鼓と打楽器の音で有名なトリシュール・プーラムは、寺院の祭典としては最大にして最もドラマチックだ。この祭りは4月、または5月のまる1日をかけて、トリシュールにあるケーララ州最大の複合寺院ヴァダックンナータで行なわれる。15頭の美しく飾られたゾウの一団をそれぞれに含む2つの行列が、近隣の寺院から聖像を運んでくる。音楽が大きく速くなると、ゾウに乗る僧侶たちが立ちあがって、調子をあわせて団扇とカサを激しく振る。この夜のクライマックスは、明るく照らし出された寺院の上にあがる打ち上げ花火だ。

開催地域：インド、トリシュール
開催時期：マラヤーラム暦メダム月（新暦4月頃）

＞ネパール

ビスケット・ジャトラ
バクタプール

バクタプールはネパールでもとくに古い街並みや慣習が見事に保存されている。ネパールの正月（新暦4月）にしても同様で、新年には市民が引く巨大な山車の車輪の音が、古い玉石舗装の道に響く。山車は、ふだんは解体してバイラブナート寺院の脇に保管してあり、祭りのたびに組み立てる。山車にはシヴァ神の化身である恐ろしげなバイラブの像が祀られている。この巨大な山車は、下級の神々の像を乗せた小さめの山車とともに街をめぐる。ある地点では、異なる地区どうしで綱引きをして、どちらが山車とそれに乗っている大切な神々を引く名誉を得るかを決める。元日の夜、神々の像はそれぞれの寺院に戻され、山車は解体されて翌年まで保管される。

開催地域：ネパール、カトマンズ渓谷、バクタプール
開催時期：ネパールの元日の前後4日間ずつ

ダサイン
カトマンズ

かつて悪魔が神々の世界を支配したが、女神ドゥルガーが魔王マヒシャースラを滅ぼし、すべては元通りになった。ネパールのヒンドゥー教徒は太陰暦アシュヴィン月（新暦9～10月）に15日間ドゥルガーに感謝する。それがネパール最長で最大の祭りだ。崇拝の対象はドゥルガーとその化身すべてだが、儀式の中心は動物の、とくにヤギと水牛の大量屠殺だ。その光景に部外者は不快になるかもしれない。血を流す伝統は、ドゥルガーの化身のなかで最も邪悪な女神カーリーを慰めるためだと思われる。

開催地域：ネパール全域、とくにカトマンズ
開催時期：ネパール暦アシュヴィン月（新暦9～10月）の満月の日に終わる

ファグ
カトマンズ渓谷

ファグは2月、または3月の2日間で行なわれる陽気なお祭り騒ぎで、汚れたり、ずぶ濡れになったりするのが特徴だ。世界中のヒンドゥー教徒が祝うホーリーのネパール版で、冬からの解放と春の到来を象徴する。人々はお互いに色粉（とくに朱赤色）や水をかけあい、たいていはやりたい放題になる。カトマンズではダルバール広場で行なわれる。汚れてもいい古い服を着て、背後に気をつけて！

開催地域：ネパール、カトマンズ渓谷
開催時期：ネパール暦ファルグン月（新暦2～3月）、満月ごろの2日間

ロサール
カトマンズ渓谷

12月から1月にかけての活気に満ちた2週間以上のあいだ、チベット系民族（シェルパ族、タマング族、グルン族など）はチベットの新年の到来を歓迎する。彼らは民族衣装を着て、仏教僧が1年の幸運を祈祷する僧院を訪れる。家庭は祝宴を開き、贈り物を交換しあう。風習は地域や集団によって異なるが、どれも連帯感や一体感を強めるものだ。

開催地域：ネパール、カトマンズ渓谷
開催時期：ネパール暦ポウシ月（新暦12～1月）の15日間

マニ・リムドゥ
エヴェレスト地方

この祭りほど神々に近づける祭りはない。世界最高峰のすぐそば、クンブ地方に暮らすシェルパ族は、仏教が古代ボン教の神々に勝利したことを祝う。チベット太陰暦10月（新暦10月から11月）1日から9日間にわたって、秩序と混乱の象徴的な戦いをあらわす舞踊劇が行なわれる。この舞踊劇では僧たちがさまざまな神を演じる。色砂で丹念につくられた精巧な曼陀羅（宇宙をしめす神聖な図）も見ることができる。曼陀羅には瞑想の集中力を高める働きがある。

開催地域：ネパール、エヴェレスト地方、タンボチェ僧院
開催時期：チベット太陰暦10月（新暦10～11月）の満月

シヴァラトリ
カトマンズ渓谷

驚くべき神話を儀式化したものが、ヒンドゥー教最大級の祭りになった——シヴァ神は世界を破壊しかねない毒を飲んで、世界を救った。それ以来、ヒンドゥー教徒はシヴァをあがめる重要な夜であるシヴァラトリで感謝を捧げてきた。聖なるバグマティ川の岸に立つパシュパティナート寺院では、2月、または3月の新月の夜に10万人を超える巡礼者とサドゥー（苦行者）が集まり、シヴァ神に供物を供え、声高に祈りを捧げる。翌朝、信者は川で沐浴し、過去を洗い流して再出発する。サドゥーと巡礼者は、シヴァラトリのあいだ、悟りを得る助けとしてハシシ（大麻樹脂）をたっぷり吸う。

開催地域：ネパール、カトマンズ渓谷、パシュパティナート寺院
開催時期：ヒンドゥー暦ファルグン月（新暦3月）のクリシュナ・パクシャ（月の光が弱まる時期）のチャトゥルダシ（14日）

悟りの精神修養の助けとして、パイプでハシシ（大麻樹脂）を吸うシヴァ神の信奉者。ネパール、カトマンズのシヴァラトリ祭にて。

＞パキスタン

バサント・フェスティバル
ラホール

　凧が空を埋めつくす——軽飛行機ほどの大きさのものもあれば、ハンカチより少し大きい程度のものもある。競争相手の凧を破壊するために、凧糸は鋭利なガラス片でコーティングされている。最後まで空にあがっていた凧が優勝だ。この競技が行なわれるのは、パキスタンのパンジャブ地方で、毎年春（2月から3月）に開催される美しい凧の祭りバサントである。この時期、人々は屋外で凧あげを練習し、競技当日には空地や屋根の上はどこも凧をあげる人でいっぱいになる。なかでもラホールの祝いかたはとくに激しく盛大で、吹奏楽団、打ち上げ花火、曲芸まである。

開催地域：パンジャブ全域、とくにラホール
開催時期：2月または3月の春のはじめ

チョウモス（冬）・フェスティバル
カラーシャ渓谷

　この土地のように人里離れた、居住に適さないような場所に暮らすなら、冬は陽気なパーティで楽しんで当然だろう。北西パキスタンの少数民族、カラーシャ族は、アフガニスタンとの国境に近い人里離れた3つの谷に住んでいる。冬至のころの2週間、彼らは収穫期の終わりを祝って、桑の実からつくった酒を飲み、踊り、生贄に捧げたヤギを食べる。カラーシャ族の宗教は精霊信仰で、1年のうちのこの時期には、彼らが信仰する神バリマインが来て、一緒に過ごすと信じられている。強さと連帯を証明するため、小麦粉を練って動物の形をつくり、子どもたちが石を投げて「狩り」をする。

開催地域：パキスタン、チトラル、カラーシャ渓谷
開催時期：冬至のころの2週間

ジョシ（春）・フェスティバル
カラーシャ渓谷

　日が長くなり、丘の斜面が日差しで温まるようになると、カラーシャ族は春の祭りを開いて、冬のあいだ家畜を守ってもらったことを神に感謝する。5月の3日間、カラーシャ渓谷では3つの谷に順々に男女が集まり、列を組んで、力強い太鼓のリズムにあわせて広場をまわりながら踊る。祭りの途中で、彼らはハーブの束を振り、それを儀式として谷に投げ入れる。

開催地域：パキスタン、チトラル、カラーシャ渓谷
開催時期：5月の3日間

セーワン・シャリフ・フェスティバル
セーワン

　古都セーワンは、スーフィズム（イスラム神秘主義）において、きわめて重要な場所である。スーフィー（イスラム神秘主義者）の守護聖人ライ・シャハバーズ・カランダル（1274年没）の埋葬地だからだ。年間を通して、巡礼者は彼の霊廟に供物を捧げるが、9月の3日間に50万人を超える巡礼者や修行僧、信者がパキスタン中から集まると、信仰心はますます高まる。祭りの参加者はカランダルの白い霊廟のまわりに押し寄せ、デルヴィーシュの舞のようにくるくる回って踊るうちに陶酔の快感に陥る。この祭りは激しいながらも喜びがあり、宗教的緊張が潜むことはなく、男女ともに楽しむことができる。

開催地域：パキスタン、セーワン
開催時期：9月の3日間

シャンドゥール・ポロ・フェスティバル
ギルギット・バルティスタン州

　「世界の屋根」と呼ばれる場所で、猛烈なスピードで行なわれるシャンドゥールのポロ競技会は、スポーツとしても文化としても世界最高のものである。パキスタン北部、標高3734mの人里離れた山岳地帯にあるポロの競技場は、世界で最も標高が高い。7月の2日間、ここではチトラール地方とギルギット地方のチームでトーナメント戦が行なわれる。数千人の観客と大会関係者が集まり、歌や踊りといった楽しい催しもある。年に1度の競技会は、1936年にイギリス人駐在官のコップ少佐によってはじめられたが、ポロ自体は何世紀も前から先住民族によって行なわれてきた。毎年シャンドゥールを沸かせる現代のプレイヤーたちは、技術が高く、勇敢である。

開催地域：パキスタン、ギルギット・バルティスタン州、シャンドゥール・ポロ競技場
開催時期：7月の2日間

＞スリランカ

ドゥルトゥ・ペラヘラ
コロンボ

　インド亜大陸最大級のゾウの祭り、ドゥルス・ペラヘラは、2500年前に仏陀がスリランカを訪れたことを記念して開催される。1927年に第1回が開かれた。現在は1月に3日間、ケラニヤ・ラジャ・マハ・ヴィハーラ寺院で開催され、仏陀の遺骨を納めた舎利容器を運ぶ行列が、連日街を練り歩く。この行列の最大の見どころは、華やかな装飾が施されたゾウである。そのほかにも、鞭使い、火のついた松明のジャグリング、おおぜいの僧侶と踊り手も見ごたえがある。

開催地域：スリランカ、コロンボ
開催時期：1月の満月前の3日間

世界最高地のポロ！ パキスタン、ギルギット・バルティスタン州シャンドゥール峠のてっぺんという、息をのむほど美しい舞台で、ルールがなく、審判もいない試合が行なわれる。

エサラ・ペラヘラ
キャンディ

　豪華に装飾されたゾウのパレードが呼び物のエサラ・ペラヘラ祭りは、7月または8月に10日間行なわれる。祭りの主役は仏陀の歯、もしくはそのレプリカである。実物の歯は、スリランカの仏教寺院で最も重要な仏歯寺に保管されている。仏歯を象徴する黄金色の容器はゾウによって運ばれる。これを先導するのは、火のついた松明をジャグリングする者と鞭使いだ。彼らの働きによって、群衆のあいだにゾウの通り道ができる。この一団の後ろには、巡礼者や音楽隊、松明を持った人、僧侶やゾウといったカラフルでにぎやかな行列が続く。これと似たさまざまなパレードが連日次々と行なわれ、各パレードのはじまりを知らせる大砲の音が街中に響きわたる。

開催地域：スリランカ、キャンディ
開催時期：シンハラ暦エサラ月（7月または8月）の新月から満月の夜にかけて

ヴェル・フェスティバル
コロンボ

　ヴェルとは、ヒンドゥー教の神ムルガンが魔神ソーラパドマンを退治した神話に出てくる槍である。ヴェルはムルガンの力と美徳の象徴としてスリランカ全域で崇められている。7月、または8月の新月の日にコロンボで開かれるこの意匠を凝らした祭りで注目を集めるのは、ムルガン像を乗せた豪華な銀色の山車が、装飾を施されたゾウや踊り手や太鼓の叩き手の一団をともなって街を練り歩くパレードだ。ヴェルという祭りのテーマを維持するため、信者のなかには頬を串刺しにしたり、裸の背中にフックを引っかけて宙吊りになったりして、自傷行為を見世物にする者もいる。

開催地域：スリランカ、コロンボ
開催時期：タミル暦アーディ月の新月のころ

>>東南アジア

>ミャンマー（ビルマ）

パウン・ドー・ウー
インレー湖

　仏像が太陽の下に出されると、仏教徒がそのあとに続く。インレー湖の湖上に立つパウン・ドー・ウー・パゴダにまつられた5体の金色の仏像は、1年のうち11か月以上ものあいだ寺院内に安置される。そして、9月か10月になると盛大な祭りの開催中に4体が屋外に運び出され、3週間近く湖の周囲を巡幸する（5体目は寺院を守るために残る）。4体の仏像は金色に塗られた平底船に乗せられ、足とふくらはぎでオールを操作する片足漕ぎボートに引かれて、岸に沿って時計回りに進む。この巡幸は湖畔の村のそばで止まるため、村人は像を拝むことができる。この宗教行事と同じようにドラマチックなのが、男女対抗の片足漕ぎボートレースである。

開催地域：ミャンマー、インレー湖
開催時期：ビルマ暦タディンジュ月（新暦9〜10月）の約18日間

ティンジャン
ミャンマー全域

　新年に先駆けて、ビルマ人によるさまざまな水の祭典が東南アジア全域で開催されるなか、ミャンマーは4月中旬の3日間、徳を積むための善行（と水）に満ちあふれる。1日目、人々は厳粛に寺院に参詣して僧侶や仏像の前に供物を供える。夜になると踊りと飲酒で箍（たが）が緩み、翌日はずぶ濡れになって箍が外れる——これぞティンジャンのあるべき姿だ。大砲の発射音を合図に水かけがはじまると、もう誰も無事ではいられない。人々は身を清める冷たい水をボウルやバケツだけでなく、ホースや水鉄砲で激しくかけあう。この祭りがそもそも何を象徴するのか、つい忘れてしまうが——罪を洗い流し、新生活に期待することだ。

開催地域：ミャンマー全域
開催時期：4月13〜16日

>カンボジア

ボン・オム・トゥーク
プノンペン

　9世紀のジャヤヴァルマン2世の時代にはじまったこの伝統ある祭りは、かつては奇跡と思われていた自然現象に注目したものだ。プノンペンでメコン川と合流するトンレ・サップ川は、雨季は広大なトンレ・サップ湖に流れこんでいる。11月下旬に雨季が終わると、水は逆流してメコン川に流れこみ、湖は小さくなる。この現象は国内全域で祝われるが、祭りの中心地となるのは、首都プノンペンだ。市民と観光客は3日間トンレ・サップ川に通いつめ、ボートレースやコンサート、恵みの雨に感謝する式典を楽しむ。

カンボジア、プノンペンのボン・オム・トゥーク祭では、トンレ・サップ川に浮かぶカラフルに装飾された長艇の上で、40人の漕ぎ手が競争に勝つために態勢を整える。

開催地域：カンボジア、プノンペン
開催時期：仏暦カダック月（新暦11月）の満月の頃

水牛レース・セレモニー
プレアヴィヒア寺院

　この名前には少し誤りがある。騎手は水牛だけでなく馬にもまたがり、この村から北東のプノンペンへ向けて狭い道を走るのだ。カンボジアのプチュンバンを締めくくるのがこのレースだ。プチュンバンとは、9月または10月に15日間にわたって家族で死者の霊を弔う行事である。先祖に対する義務を果たした人々は、水牛の頭と角に飾りをつけ、鞍にまたがる。また、クメール相撲の大会もある。水牛はレース終了後に競りにかけられるが、優勝した水牛には最高額がつけられる。

開催地域：カンボジア、プレアヴィヒア寺院
開催時期：9月か10月

チョール・チュナム・タマイ
カンボジア全域

　新年を祝う儀式は世界各地で大きく異なる。たとえば、寒い北国のスコットランドでは、訪問先の家に火をたくための石灰の塊を贈る。暑い南国のカンボジアでは、清めの水をかける。カンボジアの正月、チョール・チュナム・タマイは、全国的に水をかけあうことで祝う。祭りは4月中旬に3日間続くが、各日に異なった特色がある。1日目のマハ・ソンクラーンは旧年の大みそかで、寺院や僧院に参拝して仏陀に感謝する。2日目のヴィラク・ワナバットには貧困者に施しをしたり、先祖をしのんだりする。そして、3日目のタヌアイ・ラウング・サックには、仏像に香りつきの水をかけて清める——それから水のかけあいになる。

開催地域：カンボジア全域
開催時期：4月13〜15日

＞インドネシア

ガルンガン
バリ島

　210日ごとにめぐってくる10日間の祝日、熱帯の島バリにはガルンガンを祝う陽気な音楽や歓声と鮮やかな色があふれる。この季節は、「ダルマ（善）が勝っている」ため、最高神サンヤン・ウィディをはじめとする神々が地上に降りてくる。神々にふさわしい歓待をするために、街中をペンジョール（飾りをつけた竹）で飾る。寺社には果物や花や菓子などの供物、バンテンが山ほど供えられる。そして、いたるところで楽隊が奏でるガムランの揺らめくようなリズムが響く。ライオンに似た毛むくじゃらの守り神の化身バロンが、飛んだり跳ねたりしながら島中の寺院や村をめぐる。多くのバリ人は祭りのためにカンプン（故郷の村）へ戻る。1日目、男たちは早起きしてブタを殺す。これはあとで数々のごちそうになり、餅やトロピカルフルーツとともにふるまわれる。満腹になるまで食べたあとは、気楽におしゃべりをしたり、地酒のアラックを飲みながらのんびりする。

開催地域：インドネシア、バリ
開催時期：バリ暦11週目頃の10日間

マレアン・サンピ・フェスティバル
ロンボク島

　「マレアン」は「追う」、「サンピ」は「牛」を意味することから、マレアン・サンピ・フェスティバルの焦点が何かは一目瞭然だ。文字通り、牛のレースである。もっと正確に言うなら、水浸しの水田で競う激しい100mレース、だ。ロンボク島特有のレースであることから、マレーシア中から農民や牧夫、観光客が訪れ、賭けをしたり、騎手の勇敢さと腕前に驚いたりする。騎手はあらかじめ最良の牛を慎重に選び、その牛を美しく飾りたてて、にぎやかな音楽と歓声のなかをパレードをする。そして牛を2頭1組でくびきにつなげ、騎手は勇ましく牛たちを操る。レースが進むにつれ、跳ねあがる泥で騎手はどんどん汚れていく。優勝した牛は一級品とされ、オークションで最高値がつく。この行事は収穫期の終わりに感謝を捧げ、踊りとごちそうで祝う祭典となっている。

開催地域：インドネシア、ロンボク島のさまざまな村
開催時期：4月

ニュピ（バリの正月）
バリ島

　バリの正月に島全体で聞こえるのは、虫の羽音と犬の吠え声だけだ。空港は閉鎖され、車は走らず、有名なビーチでさえ人の姿がない。しかし、ニュピ前の数日間はまったく別物だ。ニュピの3日前のメラスティという儀式では、各寺院の仏像が沐浴のために川を下る。ニュピ前日のタウール・クサンガでは、各村が悪魔祓いのために、大きな牙を持つ「オゴオゴ」という巨大な人形を村の中心地までパレードさせる。そこでお祭り騒ぎをし、日が暮れるとオゴオゴに火をつけてにぎやかに締めくくる。

開催地域：インドネシア、バリ島
開催時期：バリ暦の新年

パソーラ
スンバ島

　中世の馬上試合とよく似ているが、パソーラのトーナメント試合では先端が丸い槍を使う。騎手同士が木製の槍を敵に投げあい、すぐれた腕前と勇敢さを誇示する。この人気の行事は春の到来を告げ、人々は豊饒の女神ニャレに供物を捧げる。この女神が象徴するのは珍しい自然現象——海岸に押し寄せる色とりどりの無数のニャレ（海虫、ゴカイのような生物）だ。今日では、馬上試合用の槍は先端が丸いが、それでも死傷者がでる。しかし、流血は豊作の前触れとして前向きに考えられている。

開催地域：インドネシア、スンバ島
開催時期：2〜3月

ペラン・トパト
西ロンボク島

　イスラム教徒とヒンドゥー教徒が食べ物を投げつけあう活気あふれる祭りである。その意味は見かけとは異なる——対立する民族の暴力ではなく、2つの民族がお互いにたくさんの食べ物を与えあうことで、仲良くひとつになって収穫を祝うのだ。このメインイベントに先立ち、両者は祝いのごちそうを用意する。そのなかにはクトゥパッ（粽）も含まれるが、これはほどなく投げあいに使われることになる。その前に、イスラム教徒とヒンドゥー教徒はプラ・リンサルへ向かう。そこはイスラム教の祭壇をもつヒンドゥー教の寺院だ。彼らはこの寺院で毎年恒例の記念祭を行ない、神々に収穫を感謝して粽や果物、水牛を供える。午後になってワル（ハイビスカスの一種）の花がしぼむと、それを合図に、みんなが粽を投げあう。余った粽は、豊作を願って畑に埋められる。

開催地域：インドネシア、西ロンボク島、プラ・リンサル寺院
開催時期：ササック暦6回目の満月の頃（11〜12月）

プクル・サプ
ママラ村とモレーラ村

　400年前から続くこの儀式では、ママラ村とモレーラ村の男たちが、上半身裸で自作の籐の鞭または小枝で血が出るまで交互に叩きあう。背中や胸についた傷は、傷を数日で治すと評判のママラというヤシの実油ですぐに手当される。この不可解な風習は、双方の村の悲惨な歴史に由来する。彼らの先祖は、カパハラ戦争（1643～46年）で植民地支配を進めるオランダと戦った罪で投獄された。植民地支配から解放されると、反乱軍は踊りと歌で別れの儀式を開いたが、その場所と出来事を仲間同士の血で印すために箒で叩きあった。今日でも、村人たちはこの儀式によって昔ながらの友情を確認しあっている。

開催地域：インドネシア、バリ島、ママラ村とモレーラ村
開催時期：ラマダーン明けの1週間

タナ・トラジャの葬儀
南スラウェシ州

　トラジャ族は独特な葬儀の装束と、それと同じぐらいに特殊な岩の絶壁に掘られた墓地で有名だ。彼らは名目上はキリスト教徒だが、手のこんだ葬儀にはトラジャ族の伝統である自然崇拝の思想が見てとれる。誰かが死んでもすぐには埋葬せず、葬儀の費用が貯まるまで、ときには何年間も亡骸を家で保管する。そして費用が工面できたら、にぎやかな別れの儀式を行なう。霊を来世に送り出すために、水牛や豚が供儀されたあと、村をあげての大きな祭宴が開かれる。1週間続くこの祭宴は、儀式的な踊りと闘牛でクライマックスを迎える。最後に、遺骸を小さな洞窟や近くの崖に掘った墓に安置するが、竹製の棺に納めて、岩肌につくられた木製の棚の上に置くこともある。

開催地域：インドネシア、南スラウェシ州、タナ・トラジャ
開催時期：随時

ウサバ・サンバ
トゥガナン・プグリンシガン村

　山岳民族のバリ・アガ族のお見合いの儀式ウサバ・サンバでは、若い男女が順番にそれぞれの魅力を披露する。マカレ・カレという決闘では、引き締まった体つきの若者がサロン（腰巻）だけを身に着け、縁が鋭利なパンダンの葉で血が出るまで叩きあう。この剣闘大会のあとは、娘たちがアユナンの儀式で注目を浴びる番だ。上等なシルクの装束に身を包んだ娘たちが、巨大な木製の観覧車（とブランコをあわせたような乗り物）に1回に7人ずつ乗り、宙高く上がる。下ではその様子を先程の戦士たちがライバルに囲まれて見ている。この乗り物は運命の回転と自然の力強い流れを潜在的に象徴している。

開催地域：インドネシア、トゥガナン・プグリンシガン村
開催時期：トゥガナン暦5月（5～6月）

ワイサック・デー
ボロブドゥール

　月光、ランタン、読経の声——年に1度の数百人もの僧侶による巡礼は、精神的な行事であると同時に、息をのむほど素晴らしい光景だ。5月の満月の日、濃黄色の袈裟を着た僧侶が仏陀の誕生日を祝って、チャンディ・メンドゥット寺院から広大なボロブドゥール遺跡までの3kmの道のりを行進する。仏陀の宇宙を象徴するボロブドゥール遺跡の底部には、欠点や迷いのある人間たちの姿が彫刻されている。そこから回廊をのぼるにつれて、魂の目覚めに関するさまざまな段階が、最上壇の涅槃の境地に達するまで表現されている。僧侶はここで供物を捧げたあと、瞑想や読経を行ない、夜になると1000個のランタンを空に放つ。

開催地域：インドネシア、ジャワ島、ボロブドゥール
開催時期：5月の満月

＞ラオス

ブン・バン・ファイ
ラオス

　ひとつ、またひとつと、巨大なロケット花火がシューとかゴォーという音を響かせて、煙をもくもくと吐きながら天高く打ちあがり、春の空に白い筋を残す。ラオスのロケット花火祭りは、豊富な雨を降らせるよう神々を鼓舞するために昔から行なわれている。騒々しいロケット花火は、神に懇願するには奇妙な方法に思えるかもしれないが、この習慣で思い出すのは、火を愛する雨の神だ。雨の神は煙をたなびかせるブン・バン・ファイ（ロケット花火）を送るよう信奉者に促した。どうやらこれがこうを奏し、習慣として定着した。今日では長さが6mあるものも多く、ほとんどは素人の手作りである。だが仏教の僧侶は黒い火薬を詰めて、リボンや龍の頭を飾る昔ながらの製法にのっとって最高のロケットをつくる。雨が田植えシーズンの先駆けとなるように、ブン・バン・ファイもまた、つらい田植えに先駆けて人々が集まり、絆を深める場となる。

開催地域：ラオス全域
開催時期：5月中旬

ライ・フア・ファイ
ルアンパバン

　ライ・フア・ファイは黄色い明かりが織りなす美しい祭りで、その船は浮かべるためではなく、灯籠を流すためにつくられる。竹と薄紙でできた船にたくさんのろうそくを乗せて川に浮かべ、ともした火をナーガ（水の精霊）への供物とするのだ。この祭りに先立ち、大きさ、形、色のさまざまな手作りの船が、読経の声と太鼓の音が高らかなろうそくの行列とともに市内をパレードする。船はいったんワット・シエン・トーン寺院に集まり、灯籠コンテストのあと、ろうそくに火をともしてメコン川に浮かべられる。船は煌々と炎を輝かせながら流れていく。川岸では群衆が願いごとをしながら、花で飾られた小さな灯籠に火をともして流し、ナーガに感謝し、仏陀を称える。

ラオス、ルアンパバンの正月、若い仏教僧の幸せを願う人々が雨のような祝福を与える。

開催地域：ラオス全域、とくにルアンパバン
開催時期：旧暦11月の満月の翌日

ラオスの正月
ルアンパバン

ラオスでは、新年の祭りにもともと備わる「再生」というテーマを、水を自由にかけてまわることで表現する。びしょ濡れになりたいなら、4月中旬に新年の祭りで盛りあがる美しい古都ルアンパバンへ行くといいだろう。メコン川の中央にある砂州では、人々が砂の城をつくる。この街の主役級の仏像が街を巡幸し、それ以外の仏像は洗い清められる。そのあとはもうどこに隠れても無駄である。なにしろバケツの水が空中を飛びはじめるのだから。

開催地域：ラオス、ルアンパバン
開催時期：行事は1週間続くが、メインとなるのは4月13～15日

パ・タット・ルアン
ヴィエンチャン

パ・タット・ルアンは全国で祝われるが、とくにタット・ルアン寺院には仏陀を称えるために数千万人の巡礼者が訪れる。初日と最終日の朝、人々はこの寺に集まって僧侶に供物を寄進し、加護を受ける。祭りの期間中、とくに最終日は、おおぜいの人々がストゥーパの周りを3周し、仏陀と仏教徒の正しい行ない（徳）と仏教徒の社会に敬意をしめす。初日から3日間は宗教的な儀式があり、そのあとはストゥーパの外のパレード会場で活気に満ちた祭りがはじまる。音楽隊の演奏やビール売りのテント、ミス・ラオス美人コンテストもある。

開催地域：ラオス全域、なかでもヴィエンチャン
開催時期：旧暦12月（新暦11月初旬）の満月

ワット・プー・チャンパサック
ワット・プー・チャンパサック

チェンラ王国時代（5～8世紀）に丘の上に建設されたワット・プー古代寺院群は、ヒンドゥー教の神シヴァを祀っている。未発掘の遺跡を含めると、ラオス最大の考古学的遺跡であり、ユネスコ世界遺産に登録された2か所のうちのひとつである。本殿奥の急な階段の先には、奥行きの浅い洞窟があり、聖なる水が滴り落ちている。ラオス全域から仏教僧と巡礼者がワット・プー遺跡におしよせ、階段を上がって寺院まで行き、祈りを捧げ、供物を供え、聖なる水を集める。宗教儀式と並んで、もっと浮かれ気分の行事もある。タイ式ボクシングや闘鶏のゴングの音は、伝統音楽や現代音楽のコンサートにも引けをとらない。

開催地域：ラオス、ワット・プー・チャンパサック
開催時期：旧暦3月の満月

> マレーシア

女神マリアマンの祭り
クアラルンプール

　古代タミル語の「マリ」は雨を意味し、「アマン」は母を意味する。この2語をあわせた「マリアマン」または短くして「アマン」は、マレーシアで非常に人気のあるヒンドゥー教の母なる女神だ。農村部の貧しい人々はとりわけこの女神に、豊作と子どもの健康と、痘瘡やはしか、発疹のような病気にかからないよう祈願する。バンサー地区にあるスリ・ナゲスワリイ・アマン寺院で開催される年に1度のマリアマンの祭りには、数千人が集まる。多くの人々が、女神に敬意を表して牛乳を脚つき壺に入れてもっていく。彼女の崇拝者のもっと極端な一面は、火渡りの儀式だ。崇拝者は燃える石炭の上をおぼつかない足取りで歩くことで信仰心をしめし、助けを求めたり、与えられた恵みに感謝する。同様の祭りは、イポーのスリ・マハ・サムンディースワリ・カリアンマン寺院でも開催される。

開催地域：マレーシア、クアラルンプール、スリ・ナゲスワリイ・アマン寺院
開催時期：タミル暦アディ月（新暦7～8月）

ガワイ・ダヤク
サラワク州

　ガワイ・ダヤクの文字通りの意味は、ダヤク族の祭りである。ダヤク族とはサラワク州の先住民族だ。1957年に、ラジオ局プロデューサーのイアン・キングスレーがこの祭りを考えて以来、社会的、文化的に重要な行事となっている。祭りは、族長に代々受け継がれたロングハウス（共同住宅）での、欲望の精霊を追い払う儀式ムアイ・アントゥ・ルアで幕を開ける。日が暮れると、族長は神々に生贄の若鶏を捧げる儀式をとりおこなう。その後、みんなでごちそうを食べ、神々を歓迎する松明行列を楽しむ。真夜中に銅鑼を鳴らして全員に注目させ、族長が長寿と健康と繁栄を願って乾杯の音頭をとる。それからは伝統舞踊と叙事詩のような歌で和やかな雰囲気になる。人々はロングハウスを開放しあい、トゥアク（強い米の酒）を飲みながら会話を楽しんだり、ダンスや吹き矢大会、闘鶏などの文化的な行事に参加したりする。

開催地域：マレーシア領ボルネオ、サラワク州
開催時期：6月1日

タイプーサム
クアラルンプール

　タイプーサムの開催中、悔悟の巡礼は最も厳しいものとなる。敬虔な信者たちは、重い荷物を運んだり、あらゆる種類の釘や釣針を肉体に刺したりする。このヒンドゥー教の祭りは、女神パールヴァティーが英雄ムルガン神にヴェル（槍）を贈ったことを記念するもので、多くの参加者が舌に小さい槍を刺すことでムルガンに敬意をあらわす。信者たちは真夜中にクアラルンプール市街地を出発し、13kmの道のりを歩いて神聖なバトゥ洞穴寺院がある山の麓に到着する。そこでは厚い信仰心から僧侶たちが鉤針や釘を肉体に刺し、さらに272段の階段をのぼり、メインの洞穴寺院にたどり着く。自らに課した苦行に耐えるため、ほとんどの信者がトランス状態に入れるよう、断食と瞑想で準備してきている。

開催地域：マレーシア、クアラルンプール、バトゥ洞窟
開催時期：旧暦10月（1～2月）

> フィリピン

アティ・アティアン
カリボー

　南アメリカのマルディグラの迫力と情熱のすべてをあわせたようなアティ・アティアンは、キリスト教と異教の要素が融合した刺激的な祭りである。アティ・アティアンはカリボーの守護聖人サント・ニーニョ（幼きキリスト）にある程度の敬意をしめす。しかし、アティ・アティアンという名が示唆するように、この土地のアティ族（先住民族）の伝統、とくにカリボーの人々との友情を祝う。この祭りがはじまったのは13世紀初頭、マレー人の首長たちがボルネオから逃れる際に、アティ山近くのパナイに定住する権利を与えられたときのことだ。そのお返しに、マレー人たちはアティ族の農作物が豪雨でだめになったときに食べ物を分け与えて彼らを助けた。祭りのあいだ、アティ族の感謝の踊りが披露される。仮面をつけた踊り手はすすで体を黒く塗り、素晴らしい戦闘服に身を包み、騒々しい太鼓と口笛、打楽器替わりの鍋やフライパンの耳障りな音にあわせて踊る。2日目には、街の人々がキリスト教をテーマに、サント・ニーニョの宗教的な行進を行なう。祭りのクライマックスは民族衣装を着た人々による盛大な松明行列だ。そのあと踊り手たちは川で水浴びをして、すす汚れを落とす。

開催地域：フィリピン、パナイ島、カリボー
開催時期：1月の第3日曜日を最終日とする3日間

ガワイ・ダヤクで、自分たちが継承したものを祝うため、サラワクの人々は夕方の儀式がはじまる前に、族長のロングハウスの前で食事をする。

ブラック・ナザレの行列
マニラ

10万人を越える悔悛の巡礼者が、畏怖の念を抱かせるほどに信仰心をあらわしてキリスト像に群がる。この像はブラック・ナザレとも呼ばれ、尊敬を集めている。マニラの中心部、小さなキアポ教会区の見物人でごったがえす通りをパレードが練り歩く。巨大な十字架を背負った実物大の木製キリスト像が乗る馬車を引くのは、悔悛をしめす紫色の服を着て、裸足を屈辱の印とする信者たちだ。この像がどうして普通とは異なる黒い色になったのかはよくわかっていない。ある言い伝えでは、17世紀にスペイン船の中で火事に遭い、木材が焦げたという。そもそもこの像は150年前の1月9日に聖アウグスティノ修道会の修道士によって、メキシコからマニラにもちこまれたものだ。以来、この日にはフィリピン最大級の行進が行なわれる。

開催地域：フィリピン、マニラ
開催時期：1月9日（および聖金曜日と元日）

ディナギャン
イロイロ市

とにかく陽気なお祭りだ。現地イロンゴ語の「ディナギャン」は、「お祭り騒ぎ」を意味する。祭りの中心地では、先住民族のイロンゴ族がキリスト教に改宗したことを派手なパレードで祝う。街の守護聖人サント・ニーニョ（幼きキリスト）に敬意を払い、「ビバ、セニョール・サント・ニーニョ」（サント・ニーニョ万歳）の歓喜の叫び声をあげる。イロイロ市で開催されるこの祭りには、イロンゴ族の文化遺産が反映されており、アティ族やカサジャハン族などの土着の部族が、華麗な戦闘服を着て鳥の羽やビーズの飾りがついた大きな仮面をつけて、踊りやパレードを行なう。その衣装はとても想像力に富んでいるため、西洋人はわざと茶化しているのかと疑問に思うことがある——その答えは、「事実は小説よりも奇なり」である。

開催地域：フィリピン、パナイ島、イロイロ市
開催時期：1月第4週の週末

豚の丸焼きパレード
バラヤン

マニラの南に位置する小さな町バラヤンを豚の丸焼きがパレードし、そのかたわらで見物人が水をかけあう——6月24日の洗礼者聖ヨハネの祝日を祝うために、100年以上をかけて進化してきた奇祭だ。丸焼きの豚（レチョン）は、ヨルダン川でイエスを洗礼した聖ヨハネの扮装をしているものや、花で飾られたりスカートをはかされたりしているものもある。教会で祝福を受けたあと、豚の丸焼きは町をパレードし、そのいっぽうで祭りの参加者は水をかけあってずぶ濡れになる——洗礼の象徴だ。肉汁たっぷりの豚はもちかえって、地域のみんなで食べる。

開催地域：フィリピン、バラヤン
開催時期：6月24日

カラバオ祭
プリラン

フィリピン農村部では、水牛はひじょうに価値がある。食べ物をつくる畑を耕し、現金収入をもたらしてくれるからだ。そこで人々は、この不格好な荷役用動物に毎年感謝する。サン・イシドロ・ラブラドール（労働者聖イシドロ）を祝う祭りは、5月中旬に2日間開催される。この祭りのために、農民はカラバオ（水牛）をリボンで飾り、町をパレードしながらサン・イシドロ教会へ向かう。ここでは、ひざまずく訓練を受けてきた水牛が祈りを捧げ、祝福を受ける。2日目は、水牛が街中を走る親善レースが行なわれる。それが終わると、人々は街にくり出してダンスやパレードで1日中楽しむ。

開催地域：フィリピン、プリラン
開催時期：5月14、15日

サン・ペドロ・クトゥッド・レンテン・ライツ
サンフェルナンド

究極の信仰表現とも言える例を、あなたは目撃するかもしれない。サン・ペドロ・クトゥッド・レンテン・ライツの開催中、悔悛者はみずから十字架に磔にされる。それに使われるステンレス製の釘は、なかには長さ5cmのものもあり、アルコール消毒ののち、悔悛者のてのひらに打ち込まれる。その者は5分ほど十字架に磔にされたあと、急いで降ろされ、救護テントに連れていかれる。彼らが苦難に耐えるのはさまざまな理由——悔悛のため、願いがかなったことへの感謝、犯した罪の贖い——があるからだ。現実の磔を見に数千人が集まり、悔悛者の信仰心に驚嘆する。または、磔にされる以外の役、たとえば鞭打ち役や十字架の運搬役をする。この儀式より重要なのは、祭りのメインとなるキリストの受難が題材のドラマチックな芝居だ。これは地元の住民によって演じられる。

開催地域：フィリピン、サンフェルナンド
開催時期：聖金曜日

シヌログ
セブ市

シヌログとは、土着のビサヤン族がキリスト教に改宗したことを祝う舞踊儀式である。その踊りは、先住民が信仰する宗教の偶像を称える伝統舞踊だった。しかし、1521年に探検家マゼランが上陸し、この土地の国王にサント・ニーニョ（幼きキリスト）像を贈って以来、シヌログはキリスト教の儀式として踊られるようになった。この舞踊そのものは色彩が豊かで、動きは水の流れにたとえられる。太鼓やトランペット、銅鑼の音にあわせて踊る。1980年以降、シヌログはもっと本格的な祭りとなり、先住民族のキリスト教改宗を再現するパレードがバシリカ教会まで大々的に行なわれる。

開催地域：フィリピン、セブ市
開催時期：1月の9日間、最終日は第3日曜日

苦しみを超越する

多くの宗教の信者にとって、不自由、禁欲、苦行は、信仰心をしめすための方法である。命や手足を賭けた危険な巡礼を行なう者もいれば、想像するだけで痛みが走るような方法で悔悛したり、殉教者と同じ苦しみを味わったり、物質世界の幻想性を証明するために極端な身体的苦難を体験したりする者もいる。その行為者と傍観者にとって、公然とみずからに苦痛を与える行為は、信仰には苦しみを超越させる力があることの証明にほかならない。

上：プーケットにて、ベジタリアン・フェスティバルの行進。

右：マレーシア、クアラルンプールのタイプーサムにて。ヒンドゥー教の戦いと勝利の神ムルガン神を信奉するこの悔悛者は、舌を槍で貫くことに耐えている。

左上左：サドゥー・アマール・バールティ・ババは、信仰心をしめすために極端な苦行を選んだ——1973年からずっと右腕を頭の上にあげている。

左上右：立ちっぱなしの苦行を実践する若いサドゥー。

左下：巡礼者のなかには、聖パトリックを称えて裸足でクローパトリック山（764m）に登る者もいる。441年、聖パトリックはこの山で40日間断食したとされる。

下：パナマ、ポルトベロの黒いキリスト祭りにて。黒いキリストを崇拝する悔悛者は、巡礼の道のり85kmの最後の数kmを這いずりながら進む。

これまで見てきたように、世界最大級の宗教集会は、数千万人もの巡礼者を集めるヒンドゥー教の大規模な沐浴祭である。毎年行なわれる巡礼で最大なのは、メッカを巡礼するハジであり、それを実行することはイスラム教信仰の重要な教義のひとつだ。これらの祭事に参加するには、信仰心と努力と忍耐が要求されるが、巡礼だけでは満足しない信者もいる。

多くの文化には、宗教的な理由で苦痛を経験する伝統がある。そのような伝統は、信仰する宗教の開祖の苦痛を見習いたいという思いから生じることもあれば、贖罪の方法として、または単純に信仰心を証明する方法として生じることもある。私が気づいたのは、生活環境が厳しく苦しい地域ほど、より極端な事例が見られることだ。おそらく、貧しい農村のキリスト教コミュニティでは、見返りが乏しくてもたゆまずこつこつ働いて6日間を過ごしたあとでは、教会で座っている時間があまりに楽に思えるのだろう。密教の信徒が（両ひざと両手、額を地面につけて伏す礼拝方法、）五体投地を——108回も——くり返すのは、身体を厳しさに晒すことで日常生活に満足しきっていることを批判しているのかもしれない。

自らに苦痛を与える事例は、多くの宗教に見られる。ある厳格なキリスト教の教えは、身体的な苦行——髪を布で覆う、鞭打ち、断食、重いものを運ぶ——を奨励するが、これはキリストの苦痛を見習うためだ。イスラム教シーア派のある悔悛者たちは、預言者ムハンマドの孫イマーム・フセインの苦しみを忘れないために、穀物を打つための竿で自分たちを叩く。ヒンドゥー教の僧侶と修道僧のなかには、現世の領域を超

越してさらに高いレベルの精神的な目覚めに達するために、極端に厳しい試練にみずからを晒す者もいる。本書で紹介した祭りのなかには、巡礼をさらに難しくするために、巡礼者がわざとみずからに苦しみを与えるものがある。キューバの聖ラザロ巡礼や、パナマの黒いキリスト祭りでは、多くの悔悛者が裸足で歩き、一部には手と膝で這う者もいて、あざができても、血が流れてもおかまいなしである（p.45、p.57参照）。アイルランドでは、リーク・サンデーに多くの巡礼者が神聖なクローパトリック山に登るが、石がごろごろあり、寒くて雨がよく降る気候にもかかわらず、薄着に裸足である（p.210参照）。

多くの祭りは、自分を意図的に傷つける儀式を含む。台湾の首都、台北で行なわれる薬の神の華やかなパレードでは、山車と仏像を乗せた輿の長い行列がある（p.110参照）。これを先導するのは、僧侶と踊り手と巡礼者の「百足真人」（ムカデ陣）と呼ばれる集団だ。そして、辻褄のあわない行動だが、健康に恵まれるようにと、群衆のなかから何人かがわざと彼らの前に飛び出して、踏みつけられようとする。

上：ベジタリアン・フェスティバルでは、悔悛者が釣り針を皮膚に通してそれにロープを取りつけ、重い山車を引きながらプーケットの町を進む。

右：タイで10月に開催されるベジタリアン・フェスティバルで、熱い石炭の上を駆け抜ける火渡りは、一部の信仰にとっては信仰心を試すものとなっている。

右上：ギリシャ正教会の信徒は、アナステナリアとして知られる火渡りの儀式に参加する。

祭りの参加者が特定の儀式で恐怖や痛みを乗り越えるために、トランス状態に陥ることはよくある。火渡りを含む祭りも多い。火の上を歩くにはコツのようなものがあり、足の裏が固くて乾燥している人の多くは、熱い石炭の上を火傷せずにさっさと歩くことができる。それでも、実行するには、科学にしろ宗教にしろ、ある程度は信じる必要がある。火渡りが呼び物となっているのは、マレーシアのクアラルンプールで行なわれる女神アリアマンの祭り（アリアマンは南インドでは雨の女神）と（p.150参照）、ゴアの女神ライライを祀るシュリガオ寺院イギトゥン・チャルネだ（p.123参照）。後者は参加者が多いため、行列に並ぶために押しあいへしあいしなければならない。火渡りが見られるのは、発展途上国だけではない——ギリシャ各地で行なわれるアナステナリア祭でも、信仰の一部として熱い石炭の上を歩いて渡る（p.202〜p.203参照）。

ヒンドゥー教の祭りタイプーサムのあいだに、クアラルンプールで年に1度実施されるバトゥ洞穴寺院への巡礼は、尋常ではない苦痛としては世界で最もショッキングなものだ。体にピアスを開けるのが好きな人は、この祭り——と、とてもよく似たタイのプーケットのベジタリアン・フェスティバル——を知れば、かなり気が変わるかもしれない（p.150、p.162参照）。どちらの祭りも、信者はたくさんの尖った道具で無謀なまでに自分を串刺しにする。悪魔ソーラパドマンを退治するために、戦の神ムルガンに神聖な槍を授けたことを記念して、南インドをはじめとする地域でタミル族によるタイプーサムが開催される。この祭りでは、たくさんの釣針を皮膚に刺し、それに取りつけた鎖で重い山車を引いたり、あらゆる種類の釘や刃物を皮膚に刺したまま、装飾

用の重い構造物（カヴァディ）を運んだりする。祭りに先立つ数週間、信者は長期間の浄化の儀式に耐え、苦痛を乗り切るためにトランス状態になることがよくある。驚くことに、流血やはっきりした傷跡はほとんどない。

キリスト教のイースターの告解の多くは、磔にされたキリストの試練と苦しみを再現することが目的だ。サン・ペドロ・クトゥッド・レンテン・ライツは、これを文字通りに解釈し、信者はアルコール消毒されたステンレス製の釘で十字架に打ちつけられる（p.151 参照）。この儀式は熱狂的なカトリック教徒のフィリピン人によって、聖金曜日にサンフェルナンドで行なわれる。ほかにも、キリストが磔になる前に鞭で打たれたこ

上：フィリピンでは聖金曜日に、磔にされたキリストの苦しみが再現される。サン・ペドロ・クトゥッド・レンテン・ライツでは、ステンレス製の釘が悔悛者の手を貫く。

右：サン・ペドロ・クトゥッド・レンテン・ライツで十字架に磔にされる信者。このような極端な犠牲こそが自分の罪を贖い、病を奇跡的に治し、神に感謝する方法だと信じて痛みに耐える。

とを再現して、血が出るまで鞭で打たれる者もいる。この儀式がはじまったのは 1955 年とごく最近だ。以来、大工のルーベン・エナジェは 20 回以上磔にされてきた。

いつか、苦行が行き過ぎて悔悛者の体に障害が残ることがあるかもしれない。インドの大クンブメーラにはサドゥー（苦行者）の大群が集まる。なかでも過激なナーガ（裸）派は、衣服も含め、あらゆる物質的所有を控え、焚火の灰だけを全身に塗って歩きまわることを好む。最も禁欲的で信仰心が厚いのは、ジュナ・アカーラ派だ。彼らは武術を厳しく教えこまれていることで有名で、三叉と剣を携帯してる場合が多い。ナーガ派のサドゥーは極端な苦行をする伝統がある——開始と終了をアラハバードのクンブメーラ（p.124 参照）にあわせ、12 年続けることが多い。一般的なのは立苦行で、いったんはじめたら何年も立ったままでいるため、眠るときはスリング（抱っこ紐）で体重を支える。同じぐらいよく知られているのが、ペニスを使った芸当だ——人間の体のなかで最もデリケートな部位で重りやほかのサドゥーをもちあげる。最も極端な苦行は、アマール・バールティ・ババが行なっているものだろう。40 年以上前、彼は右手を高くあげようと決めた。現在、彼の腕はやせ衰え、そのまま動かなくなっている。宗教的理由で片腕を犠牲にするとは、まさに物質的な執着に対する究極的な断絶である。

苦しみを超越する

世界のお祭り百科

＞タイ

アカ族の正月
タイ北部

アカ族は山岳民族のひとつで、タイ、ミャンマー、中国、ベトナムが接するいわゆる「黄金の三角地帯」の山と渓谷が混在する一帯とその周辺には、無数の山岳民族が存在する。各民族には独自の伝統、言語、習慣がある。アカ族の正月の特色は、12月から目白押しの宴会と祭りである。複数の村で少しずつ時期をずらして行なうため、別の村の祭りにも参加できる。先祖崇拝と生き物の霊的価値を信じる精霊信仰（アニミズム）は、彼らの一連の活動において重要な役割を果たす。祝宴、歌、踊りとともに、こま回しなどの遊びもたくさんある。

開催地域：タイ北部、アカ族の村々
開催時期：12月頃、村によって異なる

アカ族のブランコ祭り
タイ北部

アカ族の正月はおもに男性の行事と考えられ、「男の正月」と呼ばれることがある。女性の行事に相当するのは、雨季（たいてい8月）の終わりごろに4日間行なわれるブランコ祭りだ。村ごとに急峻な山腹を見下ろす巨大なブランコがつくられる。それをこぐ村人の表情には、自由と賛美と、たいへんな農作業からの完全な解放が見てとれる。この祭りのあいだ、女性は年齢と地位をしめす民族衣装と装飾品で着飾り、男性の称賛と感嘆のまなざしを浴びる。

開催地域：タイ北部、アカ族の村々
開催時期：8月の終わりから9月のはじめ

ブン・バンファイ（ロケット祭り）
ヤソトン県

5月半ばにタイ北東部と隣のラオスにいるなら、背中（体のほかの部位も）に要注意だ。この時期、雨季の到来を祝うために、数百基の手作りロケットが空に向けて発射される。つらい農作業をはじめる前に、人々はこの祭りで3日間羽を伸ばす。手作りロケットは打ち上げ台から発射され、飛行の高さ、距離、たなびく白煙の美しさが審査される。見ごたえはかなりのものだが、危険でもある。何しろ、打ち上げ係が地元の穀物酒を飲んでいたときに、ロケットが迷走して死者が出たこともあったのだ。

開催地域：タイ、ヤソトン県
開催時期：5月中旬の金曜日～日曜日

チェンマイ花祭り
チェンマイ

33年間続いているこの魅力的な祭りは、まさにチェンマイの精神といえる。この時期、チェンマイの公園などの花壇はとりわけ美しく、濃厚な香りが漂う。祭りのハイライトは大行列だ。すべてが花でつくられた華麗な像の数々が街をパレードする。その多くはタイをテーマに、僧院の建物、仏教の教え、ゾウなどが、花びらやつぼみで表現されている。パレードの終点となる街の中心部のブアック・ハート公園は市場に変わり、さまざまな露店が並び、世界で最も美しい花が展示される。

開催地域：タイ、チェンマイ
開催時期：2月第1週の週末

チョンブリー水牛レース
チョンブリー

県庁所在地のチョンブリーは、何世紀も前にはじまった水牛レースの開催地である。旗や垂れ幕が飾られた街では、祭りの衣装に身を包んだ人々が伝統的なタイの歌にあわせて踊る。荷車を引く水牛を先頭に、レースに出場する水牛と騎手がスタジアムに入場する。ここでは速く走れるように、水牛に生卵とビールという怪しげな餌を与える。レースでは鞍をつけずに、熱狂的な大群衆の前の土のトラックを走る。騎手は暴れる水牛の背に必死にしがみつく。勝者は花冠で祝福される。そのほかにも、飾りたてられた水牛のコンテストや、「ミス農場娘」を競う地元の美人コンテストがある。

開催地域：タイ、チョンブリー
開催時期：旧暦11月の満月（たいてい10月第1週末）

フルムーン・パーティ
パンガン島（コ・パンガン）

パンガン島のリゾート地ハドリンの、伝説になるほど有名なフルムーン・パーティには、世界中からバックパッカーや大学入学前の冒険好きな旅行者、あらゆる年代のヒッピーが訪れる。年に12回以上──満月のときに──このリゾート地は昼も夜も興奮と熱狂に包まれる。ビーチのバーはダンスミュージックを大音量で流し、砂浜全体がダンスフロアと化す。熱狂する人々は、夜が明けて朝日が砂浜に差してもまだ元気だ。1980年代に小規模にはじまったパーティはしだいに大きくなり、いまでは最盛期に3万人が訪れる──それとともに、違法薬物を取り締まる警察官もやってくる。

開催地域：タイ、パンガン島
開催時期：満月のときに毎回

モン族の正月
タイ北部

モン族は小さな部族で構成される山岳民族の仲間で、ラオスやタイ、ベトナム、中国南部に住む少数民族である。11月から1月、各地の伝統によって日にちは異なるが、モン族の正月の特色は、見合いに重点を置いた祝賀行事だ。村公認で若い未婚の男女が出会い、ゲームをして遊ぶ。たくさんのごちそうと陽気さにあふれている。モン族は未来に目を向けると同時に、先祖を丁重に敬い、どの家庭にも先祖をまつる祭壇がある。

開催地域：タイ北部の村

タイ北部に暮らすリス族が3日間行なう正月祭りの最終日、村人は餅や贈り物を飾りつけた木を囲む。この儀式は村の各家の前で行なわれる。

開催時期：11～1月

リス族の正月
タイ北部

　中国北部とチベットを起源とするリス族は、何世紀もかけて南へ移住し、現在はタイ北部の山村に暮らす。そんな彼らの伝統にふさわしく、正月の時期は中国と同じで、祝いかたも似ている。しかし、リス族独特の祝いかたもある。祝賀行事を行なう3日間のうち、1日目は家族で餅をつき、森から小さな木を切り出して家の前に置く。最終日に餅をほかの贈り物とともにその木にとりつけて、ニワトリを供える。村人総出で木を囲んで踊り、それを各家の木ごとに順々に行なう――最後はシャーマンの家の木を囲んで踊り、歌う。

開催地域：タイ北部のリス族の村
開催時期：旧暦2月の満月の日を含む3日間

サル祭り
ロップリー

　サル祭りは1980年代に地元のビジネスマンが、カニクイザルに感謝の意をあらわすひとつの方法としてはじめた。街の中心にあるクメール遺跡にはたくさんのサルがいて、これが観光収入をもたらしているのだ。形式ばった開会式のあと、テーブルの上に並べた果物をサルに与える。人間用の食べ物屋台もあるが、厄介なサルには要注意だ。サルはどんな食べ物でも自分のものだと思っている。

開催地域：タイ、ロップリー
開催時期：11月最後の日曜日

マーカブーチャ（万仏節）
バンコク

　ろうそくの光に照らされて祝う、明るい兆しに満ちたマーカブーチャの特色は、東南アジア全域で行なわれる大規模な瞑想と祝賀行事だ。しかし、タイの首都の北にあるワット・プラ・タンマガーイ寺院ほど盛大に祝う場所はほかにない。旧暦3月の満月の日（だいたい新暦2月）、数千人の僧侶と信者がこの寺院の中庭に集まる。悟りを開いたばかりの仏陀が、自然に集まった1250人の僧侶に説法をしたことを祝うためだ。仏陀が説いた3つの基本的な教え――悪事を働かず、徳を積み、心を清くする――は現代の信者を鼓舞するものだ。マーカブーチャの日、仏教徒はこれらの教えを胸にとどめる。夜になると、ろうそくをともした行列がワット・プラ・タンマガーイ寺院の中庭を3周して、仏教における三宝――仏、法（仏の教え）、僧（修行する出家者の集団）――を思い出す。

開催地域：タイ全域、とくにバンコクのワット・プラ・タンマガーイ寺院
開催時期：旧暦3月の満月の日（新暦2月）

水かけ祭り（ソンクラーン）
チェンマイ

　この祭りは4月中旬の暑い盛りに涼をもたらし、悪運を洗い流す——何より、水をかけあうのが楽しくてしかたがない。タイの正月といえばとにかく水だ。この祭りの中心となるさまざまな宗教上の沐浴や清めの儀式は、楽しむための格好の口実になる。ソンクラーンは東南アジア全域で祝われ、もちろんタイも含まれるが、チェンマイはとりわけ独特な盛りあがりをみせる。祭りの3日間、オープンカーに乗った人々が街の中心部で群衆に水をかけて大騒ぎをする。群衆もやり返す。そのうえ、ミス・ソンクラーン・コンテストまであるのだ。

開催地域：タイ、チェンマイ
開催時期：4月13〜15日

スコータイの得度式
スコータイ

　タイではほとんどの男性にとって、出家生活は通過儀礼である。タイ北部、スコータイのワット・ハート・シアオ僧院では、新たに出家した僧たちがその経験を忘れないように、彼らをゾウに乗せて得度式へ向かわせる。4月7日と8日の朝、新米の僧たちは、家庭で開かれるパーティの主賓となる。その場で髪を剃られ、袈裟を着せられる。化粧をする場合もある。化粧は彼らがこれから離れる俗世間の象徴だ。その後、彼らはゾウに乗って僧院まで行進する。

開催地域：タイ、スコータイ
開催時期：4月7日

スリンのゾウ祭り
スリン

　年に1度のゾウの大集合は、かつてスリンの人々が隣のカンボジアから野生のゾウを捕獲し、訓練することに長けていた時代を思い出させる。週末に開催されるこの祭りは、金曜日の朝にはじまる。約300頭のゾウの行列が街を行進する。この行列には、地元の学校の生徒と教師が民族衣装を着て参加し、歌や楽器の演奏を披露する。行列は果物を山積みにしたテーブルの前で止まり、それらの果物がゾウにふるまわれる。土曜日と日曜日には催しはスタジアムに移動し、サッカーや綱引き、丸太引きなど、ゾウの強さや能力を見せるゲームが行なわれる。最高に盛りあがるのは、戦闘服姿の人々とゾウによる中世の戦闘の再現である。

開催地域：タイ、スリン
開催時期：11月第3週末

ベジタリアン・フェスティバル
プーケット

　菜食主義者はひ弱で青白い顔をしていると思っているなら、プーケットのベジタリアン・フェスティバルに行けば、考えが変わるだろう。これは菜食主義を称える祭りではない。自己を浄化する伝統行事だ。特徴は、身の毛もよだつような行列

タイ北部スコータイにて、仏門入りする人がゾウに乗ってワット・ハート・シアオ僧院の得度式へ向かう。

である。地元の中国人道士たちは、先端が尖ったいろいろなものを体に刺している。信者たちは肉や刺激物を断つことで健康と心の平和が得られ、神によって痛みと恐怖から守られると信じている。この伝統行事の起源は、150年以上前にさかのぼる。中国から流れてきた歌劇団の団員たちがマラリアに倒れたが、自己浄化後に全快したのだ。

開催地域：タイ、プーケット
開催時期：10月の9日間

イー・ペン祭とローイ・クラトン祭
チェンマイ

　この2つの光の祭りは、たいてい11月下旬に同時開催される。イー・ペン祭は昔ながらの地元の伝統行事で、コムローイという薄紙製のランタン（熱気球）を数千個も飛ばす。各ランタンの底にはろうそくか固形燃料が取りつけてあるので、小さな気球のようにゆっくりと夜の空へ昇っていく。ランタン

はそのほかにも、人々が行列で持ったり、建物や寺院にぶら下げられたりする。このようなランタン祭りはタイ全域で行なわれるが、チェンマイのローイ・クラトンがとくに美しい。祭りのルーツはヒンドゥー教やバラモン教の祭義である。地元の人々は願いをこめて、バナナの葉でつくった器にろうそくやお香、お金を飾りつけたものを川に流す。流れ去る光は、悪運と災難が流れ去ることを象徴している。

開催地域：タイ、チェンマイ
開催時期：タイ太陰暦12月の満月

＞ベトナム

競牛祭り
アンザン省

アンザン省のメコン・デルタに暮らすカンボジア民族は、年に1度、先祖を敬う祭りの一部として牛のレース大会を開催する。祭りの日には、このメインイベントの前に、祈祷と食事で祝う。レースはパゴダ（仏塔）が点在する水田地帯で行なわれる。入念に準備されたトラックは、ひどくぬかるんでいて進むのも困難だ。レース前、騎手は2頭の牛を選ぶ。牛は僧侶から加護を受けたあと、2頭1組でまぐわにつながれる。騎手はその馬鍬の上に立って牛を操縦し、落ちることなく120mのトラックを疾走する。近年、このレースは各地を巡回して行なわれており、勝者の名声はいっそう高まっている。

開催地域：ベトナム、アンザン省
開催時期：クメール暦10月末日

レマットのヘビ祭り
レマット

言うまでもなく、この祭りの中心はヘビである。ヘビには気の毒だが、料理のメニューでよく目にする。この祭りは約1000年前、地元のヘビ採りが大蛇を撃退して王女を救った功績により、村全体がハノイに近いもっと肥沃な土地に移動したことを記念するものだ。またその後、この村がヘビの商売――毒のある種類を捕獲、飼育して、多種多様な関連商品を生産する――で繁盛したことを祝う祭りでもある。いろいろなイベントが催される1日は、ダンスと祈祷ではじまり、王女を救った伝説の再演で終わる。ヘビの美人コンテストもあり、ヘビ酒やヘビ肉が大量に消費される。

開催地域：ベトナム、レマット
開催時期：（年によって変わる）旧暦3月23日（新暦4～5月）

香寺祭
フォン・ティック

ベトナム最大にして最長として知られるこの祭りは、香山の寺院群で開催される。ここで最初の建造物は15世紀のものと信じられ、健康と幸福と子宝に恵まれるとあって、香寺への参詣はベトナム全土で人気がある。良縁祈願で参詣する者もいる。行事はたくさんあるが、最も素晴らしいのは、石灰岩が織りなす岩山の見事な景色のなかをボートで進む旅だ。途中、ロープウェーに乗り換えるか、徒歩で山頂の仏像が並ぶ洞窟寺院に到着する。祭りは3か月ほど続くが、いちばんにぎわうのは旧暦の2月15日から20日である。

開催地域：ベトナム、フォン・ティック
開催時期：旧暦1月6日から3月末日

テト・グエン・ダン（元旦節）
ハノイ

新しい年のはじまりを祝うテト（正月）は、ベトナムで最も重要な祭りだ。多くの人々にとって、3日間の祭りの目的は、春の到来を祝う以外に、家を掃除し、借金を返し、贈り物をし、紛争を解決することで、新年を折り目正しくはじめることにある。ハノイ、ダナン、ホーチミンでは盛大な花火大会があるが、テトの祝賀行事は全国各地でさまざまに行なわれる。たとえば、ボートレース、ドラゴンダンス、山車のパレードのほか、愉快なコンテストなどで、なかには2500年前から行なわれているものもある。元旦節は家族と家で過ごし、先祖に供え物をして新たな1年の幸運を願うときでもある。

開催地域：ベトナム全域で祝賀行事が行なわれる。ハノイはとくに盛大。
開催時期：旧暦1月1日

ハノイのテト・グエン・ダン（元旦節）を祝うパレードに登場した見事な龍の山車。

ハッピー・ニュー・イヤー！

新年がはじまる日は、暦、信仰、文化によって世界各地で異なる。
主だった宗教ではその日が独自にあるし、国や地域社会ではそれぞれの方法で、
古い年を送り出し、新しい年を迎え入れるための祝宴を開く。
つまり、うまく時期を選べば、新年を幾通りもの楽しい方法で
何度も祝うことができるのだ。

上：ラオスの新年を祝う行事では、ある種の「水のもてなし」から誰も逃げられない。
右：華僑の社会では、華麗なドラゴンダンスで新年を祝う。

左上：香港のビル群の上空を彩る豪華な花火が、新年の到来を告げる。

左下：新年の香港の街はお祭り騒ぎだ。

下：ジョウロから惜しみない「祝福」を注いで、新年の祝賀行事を楽しむ。

　かつて私は、東南アジアで新年を何度も祝って、楽しい数か月を過ごしたことがある。11月から4月までのあいだに、何とかやりくりして5回も新年の祝いを体験することができたのだ。アカ族、リス族、モン族のそれぞれの正月、西洋の正月とソンクラーンのばか騒ぎ、タイ正月だ。残念ながら、新年の誓いはなかなか守れなかったが、新しいスタートを切るチャンスが何回か増えた。

　東南アジアは山岳民族と呼ばれる少数民族で有名だ。その多くは中国南西部とミャンマーから山岳地帯の国々に移住した民族である。そのとき、言語や装束などの豊かな文化も一緒にもちこんだ。それらの民族のなかで最も有名な2つが、アカ族とモン族である。どちらにも独自の正月行事があり、元日の正確な日付は村ごとに決まっている。日付に関しては、隣接する村も行事に参加できるようにしたり、地域の行事や村の歴史にあわせたりする目的がある。伝統舞踊の披露や、さまざまなゲームによって、若者たちはほかの村の配偶者候補と出会うことができる（p.160〜p.161参照）。

　旧暦1月1日にあたる日が正式に明示されることから、中国の正月は中国人の人口が多い場所ではどこでも行なわれ、打ち上げ花火やドラゴンダンスで祝われる。伝統的な紙製の龍が運ばれていく先々では、家庭や仕事に幸運がもたらされる（p.94参照）。ほかにも多くの宗教や文化で、中国社会と同じ暦が用いられている。ベトナムのテト・グエン・ダンとチベットの新年ロサールは、どちらも旧暦1月1日ごろに行なわれる。

　少数民族のリス族は、中国南西部、ミャンマーの山岳地帯、インドのアルナーチャル・

プラデーシュ州に暮らし、同じ時期に新年の祝賀行事を3日間行なう。祭りは森から1本の木を切り出すことからはじまる。そして特別な食事を用意して、地域のみんなと過ごす。村全体が一晩中、飲んで歌っての大騒ぎになる。リス族の女性は色鮮やかな服を着て、銀の宝飾品や顔が隠れるほどの房飾りがついた頭飾りをつける。お酒とごちそうの祝宴は1晩中続く。個人的な経験では、村人が一緒に乾杯したがるので、強い米酒を何杯飲んだかわからなくなる（p.161参照）。

　私のアジア放浪の旅の最後の祝賀行事はタイ正月のソンクラーンだった（p.162参照）。これは上座部仏教の正月なので、東南アジアの多くの国々で祝われている。カンボジアではチョール・チュナム・タマイ、ミャンマーではティンジャン、中国南西部ではポーシュイジェ（撥水節）、ラオスではピーマイラオ（ラオスの正月）として知られる。これらすべての行事には、水が関わっている。水はもともと、僧侶が一般信者に加護を与えたり、仏像を清めたりするために使われた。だが、近年ではその儀式がエスカレートして、何日も常軌を逸した水かけ合戦をするまでになっている。ラオスのルアンパバンの町でも最高の祝賀行事が催される。ここでは水かけ祭りの合間に、数百人もの濃黄色の袈裟を着た僧侶たちが行進をする（p.149参照）。誰も濡れずにはすまない。そして、最後の共産主義国といわれるこの国では、僧侶も、

ハッピー・ニュー・イヤー！

世界のお祭り百科

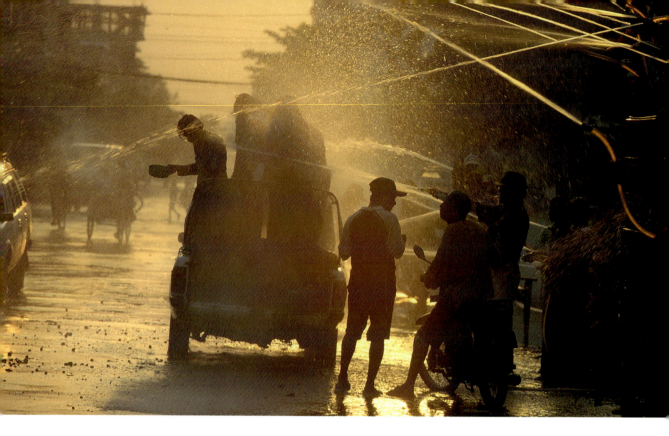

警察官も例外ではない。ただし、僧侶に対しては敬意をこめてそっとかけるが、警察官に対してはもう少し手荒なもてなしをする。

　インドでは、さまざまな州でたくさんの正月祭りが行なわれるが、ヴィクラマ暦のはじまりを祝う行事として、ヒンドゥー教の正月にいちばん近いのは、ディワーリーという光の祭りだと考える人が多い（p.121参照）。小さなランプに明かりをともして新年を迎え入れる風習は、インド全域に共通するものだ。これは、暗い月から明るい月への転換の象徴である。ネパールの正月はビスケット・ジャトラと呼ばれ、ネパール暦のバイサク月1日に祝われる。これはたいてい新暦4月にあたる。祭り全体は1週間続き、宗教的な行列や祝宴、寺院への参拝が特徴である（p.142〜143参照）。

　西洋の正月はグレゴリオ暦のはじまりをしめす。これは1月1日にあたる。しかし、多くの宗教は異なる暦に従っているため、1年のはじまりがこれと同じ日にはじまるわけではない。太陰暦に従う宗教の元日は、グレゴリオ暦に直すと毎年異なる日にあたる。ロッシュ・ハシャナーとして知られるユダヤ教の正月は、9月から10月頃になる。イスラム教の正月、アル・ヒジラは、イスラム暦ムッハラム月1日にあたる（2015年

左上：ミャンマーの正月、ティンジャンでは常軌を逸した水かけ合戦が行なわれる。

左下：正月に村のゲーム大会で競うモン族の女性。

下：パレードのトランペット隊がジャンカヌーのにぎやかな音楽を吹き鳴らす。バハマ全域では、クリスマスの翌日のボクシングデーと元日にカーニバルのような祝賀行事が行なわれる。

は10月。西暦に対して毎年11日ずつ早まる）。

　グレゴリオ暦に従う人々のなかには、正月を珍しい方法で祝う者もいる。ルーマニアのコマネシュティ村の人々は、クマの毛皮を被って村内を練り歩く（p.175 参照）。クマが家に来ることは幸運だと考えられており、数多くのクマの毛皮が代々受け継がれている。バハマでは、数千人が色鮮やかなカーニバルの衣装を着て、ジャンカヌー行列に参加する（p.44 参照）。この行列の起源はサトウキビ農場にある。農場で働く奴隷たちが家族と過ごすことを許されたのは年に2日だけで、正月はそのうちの1日だった。

　正月の祝賀行事の多くでは、新年を祝うとともに古い年を見送る。リオデジャネイロでは、海の女神イエマンジャの信奉者が、有名なコパカバーナの海岸に集まり、浄化の儀式をとり行なう。これは奴隷貿易が行なわれていた時代にアフリカからもちこまれたものだ。白い服を着た信奉者たちは、海に白い花を投げこみ、小さな船に乗せた供物をイエマンジャに送る（p.89 参照）。スリナムのオウル・ヤリは、アフリカの伝統に加えて、爆竹を鳴らして古い年の重荷を追い払い、新しいスタートに備える中国の風習が混ざっている（p.93 参照）。

　議論の余地はあるが、このような祝賀行事で最も有名なのはホグマネイである。スコットランド英語のホグマネイは、「大みそか」を意味する。アバディーンにほど近いストーンヘヴンでは、古い年を情熱的な方法で見送る。おおぜいの地元民（人数は

ハッピー・ニュー・イヤー！

上：元旦に二日酔いとともに目覚めた人のためのスコットランドの伝統療法といえば、「ルーニー・ドゥーク」。極寒のフォース川に頭まで潜る。

右上：タイ北部の山岳民族、リス族の女性は、新年に美しい装飾品で着飾り、伝統舞踊を楽しむ。

右下：アフガニスタンの新年の祭りノールーズで竹馬で歩く人。その後ろを馬に乗った人が感心の面持ちで続く。

各年で異なる）が、燃える火の玉を頭上で振りまわしながら街をパレードする。だが、メインイベントは少なくとも2日間、エジンバラで行なわれる。松明行列で古い年を見送ってから、有名なエジンバラ城のすぐそばで大きなパーティが開かれる（p.250、p.251参照）。午前0時を過ぎるとすぐに、国中がたくさんの「ファースト・フッティング」（その年の最初の訪問者）を迎える。いろいろな幸運を家主にもたらすため、石炭やケーキ、ウィスキーなどの手土産をもって隣人を訪問するのだ。

イランでは、ノールーズ――昔ながらのペルシャの新年で、起源は5000年前にさかのぼり、天文学的に正確な春分のはじまりを祝う――は、ほとんどの人にとって大切な祝日である（p.172参照）。ハジ・フィールーズと呼ばれる陽気な人物とその音楽隊が、新年を景気づけるニュースを広める。アフガニスタンの新年も似たような祭りで祝う。これらは、イスラム教以前の時代の祭りであり、アフガニスタンでは異教に由来するとしてチベット族によって禁止された。

もうひとつの風変わりな伝統は、ユリウス暦（グレゴリオ暦以前に使われた）に従っている。ベラルーシのセメジョボ村では、1月13日に行なわれる「ツァーリの訪問行事」だ（p.174参照）。白いシャツとズボン、伝統的な装飾のベルトと帯に背の高い帽子で着飾った7人の「ツァーリ」が登場する。それぞれが地元の代表的な人物を演じ、家々をまわって歌を歌い、冗談を言い、村人たちに幸運を分け与える。

たしかに暦、習慣、文化、気候によって違いはあるものの、新年の祝賀行事には、時間の経過を祝うという共通のテーマがある。過去を振り返り、目を前にむけて未来に希望をもつ。そういう姿勢で、多くの人々が、新年の誓いを立てる機会としてこの

ハッピー・ニュー・イヤー！

行事を利用する——新しい角度から人生を眺め、過去の誤りを正して、よりよい人間になろうとする。新年に浮かれ騒ぐ方法はいろいろであっても、この共通のテーマにおいて、私たちはひとつにまとまっているといえるだろう。

世界のお祭り百科

>>西アジア、レバント

>イラン

ノールーズ
イラン全域

　3月の春分の日、イラン人はペルシャ暦の正月を祝う。その由緒ある伝統的な祝いかたは、この地域がゾロアスター教をルーツにもつことを思い出させる。正月は1年で最大にして最も重要な祝日である。人々は家の大掃除をして正月に備える。これには旧年のがらくたを取りのぞくという文字通りの意味と、象徴的な意味がある。新年を迎え入れるハジ・フィールーズという人物に扮して、顔を黒く塗り、赤い服を着る者もいる。家族で友人や親せきの家をまわって、陽気に新年のあいさつを交わす。

開催地域：イラン全域
開催時期：3月の春分の日

サデ
ヤズド

　冬のまっただなか（たいてい1月の終わりごろ）ゾロアスター教の信者は火を燃やす祭りを開いて、寒く暗い勢力を追い払おうとする。イラン中央部に位置するヤズド州はゾロアスター教の本拠地であるため、広く遠方から巡礼者が訪れ、山岳地帯の趣きある洞窟寺院、チャク・チャク拝火教寺院で火のそばに集まる。この伝統は、イランのほかの場所でも焚火の明かりとともに行なわれる。

開催地域：イラン全域、とくにヤズド州
開催時期：イラン暦バフマン月10日（新暦1月29日、または30日）

>イスラエル

イースター（復活祭）
エルサレム

　エルサレムは1年を通してさまざまな信仰をもった人の心を引きつけるが、聖週間（復活祭前の1週間）はなおさらだ。イースターサンデー（復活祭の日）には、キリストの復活を祝うために世界中から巡礼者が訪れる。聖週間には、人生の節目を飾るべき宗教的行事が目白押しだ。聖木曜日（洗足木曜日）はキリストが聖餐式を定めた際の最後の晩餐を記念する日である。聖金曜日には、旧市街地（オールドシティ）の苦難の道（ヴィア・ドロローサ）に巡礼者が行列をなし、十字架の道行きの14留を実際にたどる。イースターサンデーは、キリストが天国へ昇ったオリーブ山の上で復活を喜ぶ。

開催地域：イスラエル、エルサレム
開催時期：キリスト教とギリシャ正教会のイースター前の1週間

エルサレムのイースターの祝賀行事には、世界中から巡礼者が集まる。彼らは、聖金曜日に行なわれる十字架の道行きを再現している。

オメルの第三十三日節（ラグバオメル）
イスラエル全域

　「オメルの第三十三日節」の日、世界中のユダヤ人社会で焚火を囲んで踊り、髪を切り、パーティを開く。ユダヤ教の七週祭のあいだは、「過越しの祭り」から「五旬節」まで、まじめに「オメルを数える」期間となるが、三十三日目のこの日は、1日の休息を楽しむ。焚火はユダヤ教の教え「トーラー」による啓蒙の象徴だ。人々は遠足や結婚式に「オメルの第三十三日節」をあてる。いっぽう、幼い男の子ははじめて髪を切り、ローマ人に反抗した歴史にならっておもちゃの弓矢で遊ぶ。神与の食物「マナ」がはじめて天国から落ちてきたのは、この「オメルの第三十三日節」の日だと信じる者もいる。

開催地域：イスラエル全域
開催時期：ヘブライ暦イヤール月18日（4～5月）

プリム
イスラエル全域

　カーニバルの精神がプリムを支配する。喜びに満ちたユダヤ人の祝日プリムは、ユダヤ人の歴史において運命が好転したことを祝って、当たり前を当たり前ではなくするときだ。その物語は聖書のエステル記で詳しく述べられている。2500年以上前、ペルシャ王クセルクセスの時代、邪悪な大臣ハマンがユダヤ人の抹殺を企んだ。しかし、その企みは勇敢な王妃エステルと王妃の従兄弟モルデカイによって失敗に終わる。今日では、幸運にも難を逃れたことを祝ってマルディグラ風の祭りを行ない、酒を飲み、異性の服を着て、仮装して、パレードする。シナゴーグでこの物語が読まれると、人々はハマンの名が出るたびにブーッとかシーといった声を出す。同じように明るく温かな雰囲気は、友人とのプレゼント交換や、慈善団体への寄付、皆で集まって祝いのごちそうを食べるときも続く。それはハマンタシェン（果物をつめたパン菓子で、ハマンの三角帽を象徴する形をしている）を食べるときも例外ではない。

開催地域：ユダヤ人社会全体。とくにエルサレム

開催時期：アダール月14日、たいてい3月

＞パレスチナ

クリスマス
パレスチナ自治区、ヨルダン川西岸地区

　今日では、西洋のクリスマスシーズンは長くなっているようだが、クリスマスの発祥地と比べればたいしたことはない。小さな町ベツレヘムでは、祝いが1月18日まで続く。ビザンティン様式の生誕教会前のマンガー広場は、教会下の、ナザレのイエスが生まれたと信じられている洞窟に入る順番を待つ数千人もの巡礼者と観光客でごった返している。

開催地域：パレスチナ、ヨルダン川西岸地区、ベツレヘム
開催時期：12月25日から1月18日

＞サウジアラビア

ジャナドリヤ国民祭
アル・ジャナドリヤ

　比較的最近になってはじまった祭り（1985年創設）にもかかわらず、ジャナドリヤ国民祭はサウジアラビアの文化と伝統工芸品を保存する手段として重要になってきた。2週間開催されるこの祭りは、壮大なラクダレースで幕を開ける。このレースでは、2000頭以上のラクダが砂漠のなかの19kmのコースを競う。そのほかにも競馬や鷹狩りのデモンストレーションがあり、さらには伝統的な歌と踊り、民族詩が披露される。おおぜいの職人が集まるマーケットでは、伝統的な陶器、宝飾品、金属加工品、木工品、織物が売られる。この王国の伝統的な生活と文化を展示した文化遺産村もある。

開催地域：サウジアラビア、アル・ジャナドリヤ
開催時期：2月終わりから3月はじめにかけて

＞トルコ

デヴェ・ギュレシ祭
セルチュク

　古代都市エフェソスからほど近いセルチュクは、色彩豊かな祭りデヴェ・ギュレシの開催地である。専用に飼育されたトゥルと呼ばれる雄ラクダどうしが「レスリング」をする。トルコにはラクダを戦わせる伝統があり、おそらく起源はラクダの行列がシルクロードを通って極東まで行った時代にまでさかのぼる。年間30大会ほど開催されるが、とりわけ圧巻なのはセルチュク選手権大会だ。大会前日、豪華に飾りたてられたレスリング用のラクダが、音楽隊を引き連れて街をパレードする。大会当日、雌ラクダを前にして戦う気満々の2頭の雄ラクダが、首の力で格闘する。首で叩きあったり、押しやったりしていると、とうとう片方が膝をついて倒れる。立っているほうが勝者となる。

開催地域：トルコ、セルチュク
開催時期：7月第3日曜日

クルクプナル
エディルネ

　気が弱い人や上品ぶった人にはおすすめしない。筋肉隆々の男たちが分厚い革の半ズボンに体をねじこみ、全身にオリーブ油を塗って取っ組みあう姿は、まるでタコのようだ。この中東の伝統競技には数千年の歴史がある。トルコのエディルネで年に1度開かれるトーナメント大会は、6月終わり、または7月はじめから丸1週間続く。この大会は650年前から行なわれてきた。ペーリヴァン（レスラー）が部門別に戦う姿を数千人が観戦する。ドラムロールと伝統的な音楽隊の演奏が鳴り響くなか、優勝者には黄金のベルトが与えられる。

開催地域：トルコ、エディルネ
開催時期：6月末から7月初頭

デルヴィーシュ旋舞フェスティバル
コンヤ

　トルコで最もイスラム色が強い都市コンヤは、イスラム神秘主義の一派であるメヴレヴィー教団の本拠地でもある。人々を魅了する旋回舞踊デルヴィーシュで知られるこの教団は、13世紀にイスラム神秘主義者メヴラーナ（ルーミーとしても知られる）の信奉者によって創立された。この教団を有名にしたのは、その独特な祈りの儀式（片足で旋回する）である。旋回しながら、彼らは恍惚としたトランス状態になる。教団は年間を通してこの旋舞を行なうが、12月にコンヤ市のスポーツ・スタジアムに1週間集合し、教団の創立者を祝って踊る。この祭りのクライマックスは、最終日の夜12月17日だ。この夜、踊り手たちはメヴラーナの「結婚記念日」（実際は命日だが、死によって神とひとつになったことを意味する）を祝う。完璧に調和のとれた踊り手の動きと、白いスカートが円盤のように広がるさまは魅惑的で見ごたえがある。

開催地域：トルコ、コンヤ
開催時期：12月

デルヴィーシュの踊り手は、スカート状の衣服とベルト付きの白い上着をまとい、くるくるまわりながらトランス状態になる。太陽をめぐる惑星を象徴的にまねた舞いで、彼らの旋舞は宇宙のような無限の愛を表現する。

ヨーロッパ>>東ヨーロッパ

>ベラルーシ

ツァーリの訪問行事
セメジェボ村

　ユリウス暦で新年を迎える夜、ベラルーシのセメジョボ村ではカリャディ・クリスマス・ツァーリ（ツァーリの訪問行事）という珍しい行進が行なわれる。これは、ツァーリ（皇帝）の軍が村の近くに駐屯した18世紀にさかのぼる慣習と考えられている。その年の大みそか、兵士は村のあちこちをまわって住民を楽しませ、住民は彼らを酒食でもてなした。この伝統は受け継がれ、現在では500人以上の住民が参加し、そのうち7人がツァーリ役に選ばれる。赤と白の衣装を身にまとい、木製のサーベルを振りまわしながら、それぞれが地元の物語独特の役柄を演じ、村の家々で戦いの様子を再現する。日が暮れると、松明をともして行進は続く。

開催地域：ベラルーシ、セメジェボ村
開催時期：1月13日

>ボスニア・ヘルツェゴビナ

イカロス飛びこみ大会
モスタル

　1566年から続く世界最古の飛びこみ競技。70人ものダイバーが3万人の見物人を前に、スタリ・モスト（古い橋の意味）から21m下のネレトヴァ川に飛びこむ。最も高いオリンピックの飛びこみ台の2倍の高さで、ダイバーは頭や足から着水できるが、そのたぐいの競争ではなく、度胸ある男性の通過儀礼にすぎない。バルカン諸国がいまわしい内戦中だった1993年、この橋は故意に破壊された。ボスニア人にとって国民的な悲劇だった。2004年に再建された橋が開通し、その後、復活したこの伝統ある慣習は、度胸だけではなく、復興の象徴に発展していった。

開催地域：ボスニア・ヘルツェゴビナ、モスタル
開催時期：7月の最終週

>クロアチア

ドゥブロヴニク・カーニバル
ドゥブロヴニク

　14世紀にはじまったドゥブロヴニク・カーニバルは、城壁に守られた沿岸都市ドゥブロヴニクそのものと同じくらい古く、町の歴史に欠くことができないものだ。市民が仮面をつけて思い思いの仮装をすることを当局が許可し、この伝統行事がはじまった。今日、5週間にわたる華やかな祭典では、町の数多くの名所旧跡でさまざまなイベントが行なわれる。通りや広場を埋めつくす人々は、兵士や占い師、乳母、聖職者、悪魔などに扮し、歌や踊り、詩の暗唱のほか、息を呑むよう

21mの高さのスタリ・モストからネレトヴァ川に飛びこむ。ボスニアの多くの若者たちの通過儀礼だ。

な曲芸をトランペットや伝統楽器の音楽にあわせて披露する。仮面をつけて行なわれるパレード、パーティ、音楽祭が毎週末に開催される。祝宴の締めくくりは、レヴェリン要塞での仮面舞踏会だ。

開催地域：クロアチア、ドゥブロヴニク
開催時期：2～3月

リエカのカーニバル
リエカ

　毛むくじゃらでけばけばしく、恐ろしい。リエカのカーニバルの見どころは、民話に登場する「ジボンチャリ」だ。羊の毛皮を着こみ、型通りの恐ろしい顔をした動物の覆面を被っている。ジボンチャリによく似たキャラクターは、東欧のいたるところの祭りで見られる。なかでもスロベニアの「クレント」やハンガリーの「ブショー」にそっくりだ。ブショーヤーラーシュと同じく、ジボンチャリはトルコの侵入者を追い出したことを記念する祭りと考えられてきたが、現在は悪霊を追い払うとされている。リエカは中世からこのカーニバルで知られていたが、1980年代に復活するまで愛着をもたれてはいなかった。町の主役がジボンチャリになるとき、現代の一風変わった四旬節がはじまる。仮装パレードが行なわれ、装飾を施したビンテージカーが集まる。そして、前年に起きた悪いことすべてを背負った人形が燃やされる。言い伝えによれば、仮装した人々のばか騒ぎによって厄を払うだけでなく、春の到来と新しい命の創造を祝うとのことだ。

開催地域：クロアチア、リエカ
開催時期：2月

＞チェコ

国際バグパイプ・フェスティバル
ストラコニツェ

バグパイプといえばスコットランドだと思っているなら、国際バグパイプ・フェスティバルがチェコ共和国の南ボヘミア州で開催されていると聞いて驚くかもしれない。チェコにはバグパイプの長い伝統があり、地元ではドゥディやベーミッシャー・ボック（ドイツ語でボヘミアのヤギという意味。ヤギの皮がバグパイプに使われている）として知られている。本来は民間伝承的な祭りであるこの5日間のイベントは、1967年に考案された。バグパイプの伝統をもつ欧州15か国から集まるバグパイプ奏者や愛好家を魅了するコンサート、展示、セミナー、ワークショップが16世紀の城を舞台に行なわれる。バグパイプのことをまったく知らない人も、フェスティバル独特のビールには興味をもつかもしれない。バグパイプ奏者がラベルに描かれたドゥダークだ。

開催地域：チェコ共和国、ストラコニツェ
開催時期：2年ごと、通常8月下旬

ストラジュニツェの民俗祭り
ストラジュニツェ

絵のように美しい小さな町ストラジュニツェは、チェコ共和国とスロバキアの国境近くにあり、その地域最大の民俗的祝祭のひとつを開催している。年に1度週末に催され、音楽、歌謡、民族衣装での踊り、そしてたっぷり飲める当地ワインが呼び物だ。「公式な」祝祭は昼間に行なわれ、仮装パレードやヴェルブンク（ダンス競争）といった伝統色の濃い出しものが目玉となる。より「非公式な」イベントは、もっと自由に集められた楽団や踊り手によるもので、深夜から夜明けまでの数時間に行なわれる。どちらを選ぶにしても、モラビアの楽曲を演奏するツィンバロム（バイオリン）の楽団、ポルカやワルツなどのダンスが好みなら、町にあるザメク（城）の敷地内で行なわれるこの祝祭で、ついついはまってしまう罪深き楽しみに心ゆくまで酔いしれることができるだろう。

開催地域：チェコ共和国、ストラジュニツェ
開催時期：6月最後の週末

＞ハンガリー

ブショーヤーラーシュ
モハーチ

悪魔のような角をもつ「ブショー」に扮した人々が、大きな音をたてていたずらをしながらモハーチの町を占拠し、冬の終わりと四旬節の到来を告げる。それは何とも恐ろしい光景だ。立派な角のついた木製の仮面をつけ、毛むくじゃらの羊の毛皮をまとった500人ものブショーが、ボートでドナウ川にやってくる。通行人をからかい、さまざまな鳴りものをもちながら大騒ぎしていく。ブショーヤーラーシュ（ブショーの行進）の中心となるパレードは日曜日に行なわれる。最後の夜となる告解の火曜日、ブショーは大きなかがり火を焚いて棺を燃やす。これは冬の終わりを意味する。この伝統行事は、ハンガリーがトルコの占領下にあった時代にはじまったとされる。劣勢だったモハーチの人々が、前進するトルコ軍を恐ろしい木製の仮面をつけて脅かしたところ、彼らを悪魔だと思ったトルコ軍が撤退したといわれている。

開催地域：ハンガリー、モハーチ
開催時期：2月下旬、灰の水曜日（四旬節の初日）の前週の木曜日から火曜日まで

＞ポーランド

ライコニク
クラクフ

チンギス・ハーンの大軍に勝利したことを祝える場所は数少ない。クラクフは幾度となく攻撃され、破壊されていたが、1241年に何とか一勝している。侵略してきたタタール人が近くの森で眠っているところに遭遇した筏夫の一団が、彼らを攻撃したという言い伝えがある。その筏夫のひとりがタタール人の装束を身にまとって町中を凱旋し、自分たちの勝利を知らせた。ライコニクは、その凱旋の様子を再現した祝祭で、毎年開催される。ライコニクとは、とんがり帽子を被って東洋の絹の服らしき装束を身にまとった変わった騎手のことで、市長に勝利を告げるために模型の木馬を腰につけて町にやってくる。音楽隊や騎手をひきつれたライコニクは、出会った人々をつくりものの槌矛で叩いて幸運をもたらす。マーケット・スクエアにいる市長のもとに到着すると、祝杯をあげて勝利演説をする。

開催地域：ポーランド、クラクフ
開催時期：6月、聖体節直後の木曜日

＞ルーマニア

新年の祝賀
コマネシュティ

コマネシュティで森に行ったら、ひどく驚くことはまちがいない。コマネシュティの人々は、新年の儀式で熊の毛皮——テディベアのように可愛らしいものではない——を身につけて、次の年にそなえて悪魔を追い払うために踊りまわる。ルーマニアでは、ヒグマは強さと勇気を意味し、クマが家に入ってくると健康と幸運がもたらされるといわれている。現在、ルーマニアでクマ狩りは違法なので、古くから家にある熊の毛皮を使うか、クマの衣装をつくる。ほんものの毛皮は非常に貴重で、家宝としてあつかわれる。何百人もの人々がクマの毛皮を着て、鼓手や音楽隊をひきつれて、村の家々を訪ねてまわる。

開催地域：ルーマニア、コマネシュティ
開催時期：大みそか

ジュニ・ブラショヴルイ
ブラショフ

　トランシルヴァニアの奥深く、趣きのある中世の町ブラショフで開催される色鮮やかな騎馬行列。その起源は、遠い年月のかなたに消え去っている。ジュニ（青年）の騎馬行列は、1年のうちのたった1日だけ、5月の第1日曜日を祝うもの。伝統的に、この日だけはルーマニア人がサクソン人の町ブラショフに自由に入ることができた。なかには150年物もある凝った衣装で正装した町の若者が、歴史的な街並みのなかを馬に乗って通り抜け、既婚の男性「オールド・ジュニ」がそのあとろに続く。行列の行き着く先は、なだらかな山地に囲まれた渓谷だ。彼らはそこで「犬のダンス」とリズミカルなホーラ（円舞）を踊るグループに分かれ、見学するのも踊るのと同じくらいにくたびれるダンス耐久大会を行なう。

開催地域：ルーマニア、ブラショフ
開催時期：5月の第1日曜日

＞ロシア

イテリメン族の収穫祭
コヴラン

　カムチャツカ半島の雪の多い荒れ果てた地の先住民であるイテリメン族、コリャーク族、スンダ族は、長年にわたって差別されていた。というよりも、彼らの昔ながらの漁場とトナカイを遊牧させる場所から追放された。現在自分たちの遺産を取り戻そうとして、文化的な復興をしつつある。イテリメン族の収穫祭は浄化のための時間であり、1週間にわたる祝祭ではファイアーダンス、太鼓演奏、詠唱、歌、トーテム彫刻が行なわれる。70kmほど離れた先に崇拝の対象エリウェリ山があり、その山頂に1本のトーテムポールを立てて、山の精霊のために食物を供える。夜には、人々が火のまわりに集まり、長時間続くダンスで競いあう。休憩が許されるのは、水を飲むときとキスをするときだけだ。

開催地域：ロシア、コヴラン
開催時期：9月（満月の時期と一致する）の2〜3週目

北の祭り（プラーズニク・セーヴェラ）
ムルマンスク

　12月と1月のあいだ、ムルマンスクは「極夜」の真っただ中にあり、暗闇が2か月間も続く。北極圏の210km北にあるコラ半島のムルマンスクで3月末に行なわれる「春の光」を祝う北の祭りが、このうえなく嬉しい行事なのも頷ける。この10日間の祭りは「極地のオリンピック」という愛称で親しまれ、アイスホッケー、トナカイのレース、クロスカントリー、ダウンヒル、セミョーノフスコエ湖での寒中水泳といったスポーツ競技が目白押し。先住のサーミ人がトナカイを披露し、数千年ものあいだ過酷な状況で生き残った文化を祝うために都市に来る唯一の機会でもある。

開催地域：ムルマンスク
開催時期：3月終わりから4月はじめにかけての10日間

マースレニツァ
モスクワ

　まるでロシアの日常のような、ぶあついパンケーキ、泥酔した人、ウォッカを飲みながらのけんか──すべてマースレニツァの大事な要素。実際、上機嫌で殴りあいのけんかをして、踊っている酔っ払いはいまでこそ珍しくなったが、この祝祭は騒々しくて活気に満ちている。マースレニツァの起源は冬の終わりを知らせる異教の祝祭だが、東方正教会の四旬節前の祝典に盛りこまれた。共産主義時代には抑圧されていて、最近になって復活した祝祭である。マースレニツァという名前は「バター（マースラ）」を意味するロシア語からきていて、春の太陽を象徴するバターをたっぷり塗ったブリヌイ（そば粉などでつくるパンケーキ）を堪能する。「冬」のかかしを燃やして、過去1年におこした自分の不始末を家族や友人に謝る伝統的な「赦しの日曜日」でこの祝祭は締めくくられる。

開催地域：ロシア、モスクワ
開催時期：四旬節の前週

＞セルビア

グチャ・トランペット音楽祭
グチャ

　セルビアではトランペットが大人気だ。どこよりも人気があるというわけではないが、吹奏楽団はセルビアの田舎暮らしには欠かせない。出産、婚礼、葬式といったほぼすべての人生の重要な行事でトランペットが演奏される。トランペット演奏は先住のロマによって大衆化され、200年以上ものあいだ親しまれている。そして、1961年にトランペット奏者による最初のドラガチェヴォの集いが開催された。現在は、世界最大の吹奏楽のフェスティバルであるグチャ・トランペット音楽祭としても知られ、ロマの楽団だけでなく世界中の演奏家や熱狂的なファンを魅了している。金曜日に開会式があり、土曜日にトランペットと吹奏楽の記念祭、日曜日に最高のトランペット奏者を決めるコンテストが行なわれる。このフェスティバルは現地の文化を称える大切な記念祭でもあり、伝統的な民族舞踏が特徴である。

開催地域：西セルビア
開催時期：8月

睾丸料理世界選手権
オスレム

　世界最大の睾丸の祭典がセルビアの遠く離れた山村オスレムで開催される。「睾丸料理」の世界選手権では、シェフたちが雄牛、雄ブタ、ラクダ、ダチョウ、カンガルーなどの睾丸を、通常は衣をつけて揚げるか、素揚げして提供する（おいしそうだと感じるか、吐き気がすると思うかはあなた次第）。セルビアでは、睾丸には「白い腎臓」という上品な呼び名があり、テストステロンが豊富で男性の性欲を高めると考えられている。「おもしろいこと、食べ物、そして勇気。それがこの祭典のすべて」と、この風変わりなイベントを主催する睾丸グルメでセルビア人シェフのリュボミル・エロビッチはい

ロシアのマースレニツァの会期中、冬が去ったことを知らせる焚き上げの前に、衣装を着せられて行進に加わるかかしや人形。

う。その前年に「勇敢さ」をしめした人々に賞も授与される。最近の受賞者にはバラク・オバマ、ジュリアン・アサンジ、2012年に地上40kmからスカイダイビングをしたフェリックス・バウムガートナーなどがいる。

開催地域：セルビア、オスレム
開催時期：9月

＞スロベニア

ヤマネ・フェスティバル
スネジュニク城

飢えたネコでもないかぎり、ヤマネの肉にはそれほどそそられないかもしれないが、中世以来、スロベニアのゴルスキ・コタル郡の地域ではヤマネはごちそうとされてきた。食用のオオヤマネは、食用でないヤマネ類より大型だとはいえ、料理にするとなるとかなりの数が必要だ。この祭りは、ヤマネ狩りシーズンの解禁を祝うもので、現地の物産展、ヤマネにまつわるさまざまな料理の提供をはじめ、長い週末に一連のイベントが行なわれる。土曜日にはヤマネ狩り競争が行なわれる。ヤマネ狩り名人は一晩に100匹も捕えることがあるが、ふつうは20匹も捕まえられれば、たいしたものらしい。

開催地域：スロベニア、スネジュニク城
開催時期：9月下旬か10月

クラウイ・バル（牛の舞踏会）
ウカンツ

ウカンツの牛飼いは、夏のあいだじゅうずっとスロベニアのアルプス山脈高地の牧草地で牛を放牧し、寒い冬がはじまる前の9月末に下山する。牛飼いと牛が戻ってきたことを知らせるため、地元の住民は牛にまつわる一連のイベントを開催する。クラウイ・バルは、花飾りとカウベルで飾り立てた最高の牛を、町の住民の大半と一緒に町の有名な滝まで歩かせるパレードで幕を開ける。チーズといった乳製品のごちそうの市場があるだけでなく、夏をもっぱら牛と一緒に過ごした牛飼いが、のこぎりによる丸太切りや馬蹄投げで男らしさを見せつけるコンテストもある。夜には実際に牛の舞踏会が開かれる。地元の住民はくつろぎ、アコーディオンやフィドルの旋律にあわせて伝統的な民族舞踏を踊って思う存分楽しく過ごす。

開催地域：スロベニア、ウカンツ
開催時期：9月の第3日曜日

クレントヴァニエ
プトゥイ

現在の形のクレントヴァニエは1961年から続いているが、もともとはこの地域のさらに古い民間の慣習によるものだ。フェスティバルの主役は毛深い「クレント」。羊の毛皮を着こみ、腰のまわりに冬を追い払う鎖とカウベルをつけ、顔にかぶった皮製の仮面の鼻は長く、赤い舌が垂れ下がっている。クレントは冬を追い払い、春を迎え入れることができるといわれている。クレントの仮面づくりは大事な民芸とされ、残された仮面職人は2人だけだ。最初の土曜日の真夜中にかがり火のまわりをクレントが踊り、祭りの会期中に町を支配するカーニバルの王子が公式に王位につくと、コンサート、舞踏会、民俗的な行列などのにぎやかな祭りが開幕する。仮装した人々による大規模なパレードは第2土曜日に開催され、告解の火曜日のお祭り騒ぎは儀式的に幕を閉じる。

開催地域：スロベニア、プトゥイ
開催時期：告解の火曜日に先立つ10日間

火と光

原始的で神秘的、人の心をひきつけ、そして危険を伴う火。
火は世界中の多くの祝祭の特色となっている。超自然現象を思い起こさせ、
祈り、浄化、試練、祝典、祭事に使われる。死や破壊に導くこともある——
だが、希望と再生、暗闇のなかの光、暖炉の前の心地よさをもたらすのも火だ。
何を象徴しているにせよ、影響力が強く表情豊かな元素である火によって、
私たちは自然の力と直接かかわっている。

上：バイキングの遺産を祝うウップ・ヘリー・アーで、燃えさかる松明をもった人々。
スコットランド、シェトランド諸島にて。

右：スペインの火祭りファリャを祝うかがり火にくべられるニノット（張子人形）。

私たちの最古の祖先が、100万年以上も前に火を制御する方法を発見して以来、火は人間の生活において中心的役割を果たし、その不思議な特性は宗教と結びついてきた。火のおかげで原始人たちは肉を料理し食生活を変えることができ、暖をとり、危険な動物から身を守れるようにもなった。後年には鉄、そして鋼の製造を可能にし、軍事面と農業面での技術開発へとつながる、すべての産業革命を支えたのは火だった。つまり、年月を重ねるにつれ、この不可欠な元素である火をめぐるすばらしい神話や象徴的意味がつくりあげられていったのは当然のことなのだ。

　火に関連する象徴的意味の多くは異教が起源であり、季節が移り変わる際に暗闇

上左：イランのサデ祭りでは、炎が悪魔を脅して追い払う。

上右：ロシアの祝祭マースレニツァでは、冬の象徴であるかかしが燃やされる。

が光へとうつろいゆくさま、善悪のせめぎあいやその破壊力を意味することもある。その一部は、より確立した宗教的儀式になっていった。

　多くの火祭りには宗教的な要素があるが、火に対する明らかな賛美に重点を置いているものがひとつだけある。ゾロアスター教の至高神アフラ＝マズダー（賢き主）だ。古代ペルシアの宗教、ゾロアスター教は火を崇拝する。イランのヤズドで行なわれるサデの祭りの一環として、忠実な信者はいまも洞窟にある寺院を訪れる（p.172 参照）。そして、ゾロアスター教の悪と闇の神アフリマンという悪魔を寄せつけないようにかがり火を焚く。

　農村や部族社会では、大きな焚き火を囲むように暮らしている場合が多い。身を守り、暖をとるためだ。したがって、火は多くの儀式の背景となっている。ロシア極東部、カムチャツカ半島のイテリメン族の収穫祭では、大きな焚き火を囲んで伝統的な踊りを踊る（p.176 参照）。

　季節の変化、とりわけ冬から春への移り変わりと光の到来を火が告げることも多い。ロシアのマースレニツァは異教の要素を取り入れ、冬を象徴するかかしを燃やすなどして春の訪れを告げる（p.176 参照）。ベルテンは冬の終わりに行なわれるゲール人の祝祭で、新しい生活のはじまりを象徴するかがり火を焚く。エジンバラで催されるベル

テン・ファイアー・フェスティバルは、新しい解釈によるケルト人の流派で、松明を掲げた行列と大きな焚き火で祝われる（p.250参照）。ヨークシャーのインボルクは別の異教の祭りを思い起こさせるもので、冬至と春分の中間に行なわれる（p.238参照）。松明を掲げた行列、火をかたどった彫刻、ジャグラー（曲芸師）、火を食うファイアーイーターの背景には、象徴化された氷の妖精ジャックフロストと春の森の守護神グリーンマンのせめぎあいがある。

はるか最果ての地、中国少数民族の松明祭りでは火が主役だ。白族（ペー族）は、火把節で火の神を崇める（p.94参照）。村の中央で巨大な松明（火把）を燃やし、

上：ケルト人のベルテン・ファイアー・フェスティバルでは、夏の到来を祝うために火が焚かれる。人々はいくつもの焚き火のまわりを歩きまわり、炎の上を飛び越え、勇者は残り火の上を走りぬける。従来は、五穀豊穣と家畜の無病息災のために行なわれていた。

上右：エルサレムの聖墳墓教会にて。イースターの儀式、聖火の奇跡に参加する人々。

燃えさかる松明を掲げて行列をなす。松明の炎で悪霊を追い払い、松明から飛び散る火の粉を浴びると幸運を招くと信じられている。

暗闇に光をもちこむことは異教で象徴化され、キリスト教にも反映されている。なかでもキリストの復活と死を克服したことを祝うイースター（復活祭）が有名だ。エルサレムで行なわれる復活祭の礼拝では、聖墳墓教会にあるキリストの墓は聖火の奇跡と呼ばれる儀式の際にろうそくの光であふれかえる（p.172参照）。イタリアのフィレンツェで開催されるスコッピオ・デル・カッロでは、町に運ばれた「聖火」はハトの形をしたロケットに火をつけるのに用いられ、次々に多数の花火が打ちあげられ、キリストの復活を象徴する（p.208参照）。

コロンビアのリオスシオで行なわれる悪魔のカーニバルでは、儀式として悪魔が焼き払われる（p.90参照）。そうした邪悪な勢力との戦いは、多くの宗教で象徴的に祝される。中国のイ族の火把節では、彼らの祖先が悪霊の王に勝利したことを祝う（p.96参照）。ヒンドゥー教の光の祭典ディワーリーでは、小さなランプ（近頃では豆電球）で夜空を照らし、善が悪に勝利したことをあらわす（p.121参照）。そして、聖地ヴァラナシのデヴ・ディーパワリでは、その日、地上に降り立つといわれている神々を歓迎するために、巡礼者がガンジス川に沿って並ぶガート（沐浴場に通じる階段）の上に

左上左：日本最大の火祭りのひとつ、熊野山脈での那智の火祭り（扇祭）で、炎を上げる大松明をもつ人々。

左上右：新年の奈良の若草山焼きでは、30分間にわたって壮大な花火が打ち上げられる。

左下：11月5日のガイ・フォークス・ナイトを祝い、歓喜に包まれるイングランド沿岸の小さな町ルイス。

右：11月5日、オッタリー・セント・メアリーでは、炎をあげるタール樽をかつぐ。

ランプを置く（p.121参照）。

　重大なできごとを記念したり、祝ったりするために火が用いられることもある。大きな焚き火が主役となるのが、首都アディスアベバで行なわれるエチオピアのマスカル祭だ（p.14参照）。この祭りは、326年にコンスタンティヌス大帝の母、ローマ帝国皇后ヘレナが真実の十字架（マスカル）を発見したことを祝すものである。仏陀がキニク学派を論破したことを記念するチベットのチュンガ・チューパ（バター灯明祭）では、バターとツァンパは色鮮やかな彫刻を施したバター細工（酥油花）となり、明かりがともされる（p.110参照）。

　11月5日の夜、イギリスは炎に照らされる。1605年に議事堂爆破とジェームズ1世殺害を計画した火薬陰謀事件が失敗したことを祝う、ガイ・フォークス・ナイト

だ。陰謀が発覚した直後に、この事件を毎年祝うことを命じる法律が定められ、現在までその慣習は続いている。花火が打ち上げられ、首謀者ガイ・フォークスをかたどった人形を大きなかがり火で燃やす。イーストサセックス州ルイスで開催されるボンファイアー・ナイト（ガイ・フォークス・ナイトの別名）が最も有名だ（p.236参照）。同州には祭事グループである多数の「ボンファイアー・ソサイアティ」があり、それぞれが印象的なテーマの松明行列と焚き火のパーティを開催している。

　イングランドのデヴォン州オッタリー・セント・メアリーで燃えさかるタールの樽を運ぶ風習は、ボンファイアー・ナイトから派生したものだ（p.239参照）。巨大な火の玉を投げつけあうエルサルバドルのラス・ボラス・デル・フエゴ（火の玉祭り）は、1658年の火山噴火から町が救われたことを思い起こすための祭りである（p.56参照）。動物の守護聖人である聖アントニオの祝祭、スペインのルミナリアスでは、勇気ある騎手が巨大な焚き火を飛び越えることで、異教の清めの儀式を再現している（p.224参照）。焚き火の煙により、その先の1年間、馬は清められるといわれている。

　とりわけ日本において、火は数多くある浄化の儀式の一部となっている。熊野山脈の那智の火祭りでは、大きな炎を上げる大松明で神々が宿る扇神輿を清める（p.99

最上：スペインの火祭りファリャのためにつくられるニノット（張り子人形）は、パレードののちに火にくべられる。燃やすために選ばれるモチーフは、前年の行動が非難された有名人であることが多い。

上：ベルテン・ファイアー・フェスティバルのかがり火を背に、花と春の女神フローラの衣装を着て、春の到来を祝う女性。

参照）。また、東大寺のお水取りでは、境内にいる参拝客の運がよくなるように、社殿を清める松明から火の粉をまき散らす（p.99参照）。もっと世俗的な説明がなされているのが、奈良にある若草山の斜面に火をつける山焼きで、その起源は領地争いか、イノシシや害虫の駆除とされている（p.100参照）。

異教に起源をもつイギリスの古い慣習ワッセイリングでは、リンゴの木を「浄化」する（p.236参照）。かがり火を焚き、モリスダンスを踊る人々がリンゴの木を棒で叩いて悪霊を追い払い、豊作を願う。グアテマラシティのケマ・デル・ディアブロ（悪魔退散）では、人々は家中を掃除し、古くなって不要となったものを燃やすために、路上に薪を積む（p.57参照）。悪魔は汚い家に住むと考えられていて、悪魔をかたどった人形を薪の上で燃やすこともある。日が暮れる前に火がつけられ、つんと鼻をつく煙がもうもうと街中にたちのぼる。

火の破壊力を利用する祭りもある。最も壮観なのがスペイン、バレンシアの火祭りファリャやスコットランド、シェトランド諸島のウップ・ヘリー・アーだ（p.223、p.251参照）。ファリャでは、ニノットと呼ばれる張り子人形がつくられ、町をパレードする。そのときに話題になっているものや、政治的なものがモチーフとなることが多く、耳をつんざくような花火の音のなか、大量の薪で燃やす儀式が行なわれる。ウップ・ヘリー・アーでは、ユール（クリスマス時期）の終わりを祝うという異教の要素もあるが、お

下：1月にスコットランドのシェトランド諸島で開催される欧州最大の火祭りウップ・ヘリー・アー。火を放たれるロングシップ（バイキングの帆船）は、この祭りのための特別製だ。

もにバイキングの弔いを再現していて、スコットランド北岸沖の島々における古代北欧の影響を反映している。古来のロングシップ（バイキングの帆船）がつくられ、1000人もの「バイキング」が松明を手に街を練り歩く。彼らが松明を船に投げ入れると何もかもが炎にのみこまれていく。

　火という脅威は、人間の肉体のもろさに挑むという機会も与える。祭りに火が使われることに大きな象徴的意味や意図があるときでさえも、人々は自分自身を試したがり、楽しそうに焚き火を飛び越え、火を運び、放り投げ、炎のなかを馬に乗って走り抜ける。楽しみと虚勢という気持ちの根底には危険に対する果敢な抵抗があり、人は必ず死ぬという意識がつねに存在している。最も壮観な祭りのなかには、火による厳しい試練が伴うものもある。文化史上における重大なできごとを記念する祭りもあるが、そのほかの、たとえば火渡りといったものは信頼と勇敢さをはかる単純なテストだ。クアラルンプールの女神マリアマンの祭りやプーケットのベジタリアン・フェスティバルをはじめ、多くの祭りの一環として素足で熱い炭の上をわたる火渡りが行なわれている（p.150、p.162 参照）。

>>スカンジナビア

>デンマーク

オールボー・カーニバル
オールボー

　カーニバルの祝祭としての特徴を多くそなえているものの、実際には世俗的なオールボー・カーニバル。春、そして来たる夏の祝祭として1982年に考案され、いまでは北欧最大のカーニバルに成長した。みどころはやはりパレードだろう。しかも4種類ある。4つの異なるルートが合流するキルデ公園には、音楽とダンスの公演が行なわれる4つのステージがある。パレードを率いるのは、このカーニバルの象徴カルス・ナヴァリス（車輪つきの船）、季節の移り変わりをあらわすカーニバルボートだ。ボートの前を歩く「シャドーマン」は、手にしたほうきで冬を一掃していく。そしてボートのうしろには1対の雄牛と種を植えている農民が続く。パレードの前に、世界中から集まったバンドが演奏して競いあう。

開催地域：デンマーク、オールボー
開催時期：その年の22回目の土曜日（通常、5月の最終週）

>フィンランド

ヘルシンキのニシン祭り
ヘルシンキ

　フィンランド・ニシン流通審議会が考え出した行事のように思えるが、このニシン祭り、実は1743年にまでさかのぼるヘルシンキ最古の伝統行事である。原則として1週間続く海産物祭りで、魚恐怖症の人には向かない祭りだ。数えきれないほどの露店が自慢のレシピのニシン料理で誘惑し、港のほとりに船を停泊した漁師がバルト海のニシン料理を直売している。そのほかにも、たくさんの売店で魚に関係する品物を売っている。うさんくさく思われないように、審議会の審査員が、最高のマリネをつくった人と驚きのニシン料理をつくった人を決める。

開催地域：フィンランド、ヘルシンキ、マーケット広場
開催時期：通常10月の第1週

ヴァップ
ヘルシンキ

　冬が長い北国では太陽の光が足りないことに関係しているのかもしれないが、ヘルシンキの人々は羽目を外してメーデーを祝う。ヴァップ（ヴァルプルギスの夜祭）と呼ばれる伝統的なお祭りがはじまるのはメーデー前日の午後6時。マーケット広場にあるハヴィス・アマンダ（バルト海の乙女）像をおおぜいの人がごしごし磨きあげ、祭りがはじまる。祭りは夜通し続き、メーデー当日は人々はピクニックをするために2つの公園のうちのひとつに向かい、フィンランドの郷土料理を大量の酒で流しこむ。多くの人々がテーブルクロスと装飾のある枝つき燭台をもちこみ、上品な雰囲気を出すようにピクニックの準備をしたあと、思いっきり大騒ぎする。本来なら世界の労働者が団結する日にふさわしく、各組合や政党がスピーチしながらデモ行進をするが、大半の人は単に大規模なパーティをする言い訳としてメーデーを利用している。

開催地域：フィンランド全域、とくにヘルシンキ
開催時期：4月30日午後6時開始

奥様運び世界選手権
ソンカヤルビ

　信じられないような話だが、フィンランドでは奥様運び（エウコンカント）という「スポーツ」が非常に人気だ。一説によれば、強盗団が女たちを背負って「盗んだ」1800年代にまでさかのぼるらしい。奥様運びをはじめてスポーツと銘打ったのはフィンランドの町ソンカヤルビで、1992年以降、世界選手権大会を開催している。水の仕掛けなどの障害物がある253.5mのコースを男性が「妻」（ほんものの妻とは限らない）を運ぶ大会だ。勝者は、「妻」の体重分のビールを得られる――賞品の多さを選ぶか、楽に運べることを優先するか、なかなかおもしろい難問だ。競技は真剣に行なわれるが、観客はとても落ちついてはいられない。

開催地域：フィンランド、ソンカヤルビ
開催時期：7月

>アイスランド

人々の祭り
ヴェストマン

　自宅でパーティを開くのはいいが、問題は家がめちゃくちゃになる可能性があるということ。ヘイマエイ島の人々は、理想的な解決策を考え出した。ヴェストマンの中心街近くのヘルヨウルブルダルール渓谷に逃れて、パーティを開くのだ。言い伝えによると、1874年、島の住民は悪天候のせいでアイスランド本島に渡れず、自治権認可の祝祭に参加できなかった。彼らは気落ちすることなく、独自の祭りを主催し、それ以来ずっと続けてきた。人々は立ち並ぶ白いテントのなかで、戸外で食べる簡単な食事やいぶしたツノメドリをはじめとする地元のごちそうをおおいに楽しみながら、音楽を聞き、喜劇の芝居を見る。その多くがアイスランドの人々だ。日曜日の夕方、彼らは大きな焚き火を前に丘の斜面に座り、花火を見ながら声をあわせて歌う。

開催地域：アイスランド、ヘイマエイ島の町ヴェストマン
開催時期：8月第1月曜日の前の週末

ビールほしさに汗水をたらして、妻（自分の妻とは限らない）を担いでトラックを走る夫たち。

> ノルウェー

サーミ・イースター・フェスティバル
カウトケイノとカラショーク

　サーミ人（サーメ）は、北極圏の過酷な冬の終わりを祝うために集会を開き、文化的・社会的な絆を強めてきた。そうした集いは結婚式の場にもふさわしい。古来、トナカイの遊牧を行ない、サーミ（ラップランドと誤って呼ばれることが多い）として知られる彼らの故郷はノルウェー、スウェーデン、フィンランド、ロシアの各北部一帯である。古くからシャーマニズムを信仰していたサーミ人の多くが18世紀にキリスト教に改宗し、彼らの集会は現在、イースター・フェスティバルと呼ばれる。ノルウェーにあるサーミ人の大きな2つの町で開催され、伝統演劇、舞踊公演、映画、サーミ文化の展示などが行なわれている。サーミ人の学習の中心地カウトケイノは、サーミ・グランプリ（ユーロヴィジョン・ソング・コンテストのサーミ版）で有名で、サーミ人の議会の本拠地カラショークは、トナカイレース世界選手権でよく知られている。

開催地域：ノルウェー、カウトケイノとカラショーク
開催時期：イースターまでの1週間

> スウェーデン

中世週間
ヴィスビー

　ほとんどの場所では、大勝利を記念して立派な祝祭を開く。だが、スウェーデン領ゴトランド島のヴィスビーでは、1361年にスウェーデンの支配下にあった同町がデンマーク王ヴァルデマー4世に惨敗したことを記念して中世週間を開催する。約1800人の農民がヴァルデマー王の兵士に殺害された。町の輪壁の外側に3つの巨大な樽が用意され、町をそれ以上破壊しない見返りとして樽を宝物で満たすよう要求された。ヴィスビーは、石畳の道と多くの歴史的建造物のある中世の町だ。中世週間のあいだ、多くの地元住民が当時の衣装を身にまとって伝統的な市を立てる。宮廷道化師、大道芸人、リュートやフルートの演奏家などが訪れる人を楽しませる。みどころは騎士による一騎打ちの馬上槍試合だ。弓の射手と重装歩兵も備えている。

開催地域：スウェーデン、ヴィスビー
開催時期：その年の第32週目、日曜日から日曜日まで

夏至祭（ミッドソンマル）
ストックホルム

　もしも自分が住んでいる国の冬が長くて寒く、首都に太陽の光があたるのは1日に6時間だけ、北部では暗闇が24時間続くとしたら、夏はきわめて重要だ。多くの人々は、スウェーデンの夏至祭がバイキングの時代からあったと考えている。夏至（日照時間が最も長い日）を祝ってはいるが、夏至祭は伝統的に6月の第3土曜日に開催される。人々の多くは田園地方に向かう。だが、最高のパーティのひとつはストックホルムのスカンセン野外博物館で開催される。パーティは夏至祭の前夜にはじまり、人々は伝統衣装を着て、夏至柱の周囲をまわりながら歌い踊る。これは豊作を願う儀式で、夏至柱は花や緑で飾られる。シュナップスとスパイスをきかせたウォッカで流しこむように、ニシンの酢漬けや、ポテトのサワークリームとチャイブ添えといった郷土料理を食べる。

開催地域：スウェーデン、ストックホルム、スカンセン野外博物館
開催時期：6月の第3金曜日と土曜日

>>西ヨーロッパ

>オーストリア

水仙祭り
アルタウッセ

　オーストリアの水仙祭りは、慎ましやかな花、水仙の祭典だ。ウェールズの人々はアルタウッセの市民が自分たちの国花を奪おうとしていると心配するかもしれない。だが、この祭典の主役はオーストリアの白い水仙（口紅水仙）だ。4日間を通して水仙の女王が選ばれ、花でつくられた巨大で精巧な山車のパレードが、路上とグルントル湖またはアルタウッセアー湖に浮かぶボートで行なわれる。口紅水仙を愛でるだけでなく、水仙祭りは、オーストリアのフェスティバルに参加するまたとない機会となる。踊ったり、音楽を演奏したりする地元住民は、男性はかの有名なレーダーホーゼン（革のショートパンツ）、女性はハイジのようなディアンドルといった伝統衣装を身につけているので、誰もが『サウンド・オブ・ミュージック』のエキストラのように見える（軍服の人は省く）。

開催地域：オーストリア、アルタウッセ
開催時期：5月か6月の下旬の木曜日〜日曜日

>ベルギー

アールストのカーニバル
アールスト

　男装や女装、風刺、人を不快にしてかまわないのが、600年続くこのカーニバルの特徴だ。狂乱騒ぎがはじまるのは、カーニバルの王子が選ばれたとき。王子は冷笑する市長から市のカギを受けとり、事実上の市長となる。それからの3日間、奇人変人たちが、町を完全に支配する。日曜日と月曜日、風刺に富んだ山車が街頭にくり出し、パレードをして地元や世界のできごとをパロディ化する。地元の住民は自分たちを「玉ねぎ」と呼び、月曜日には、カーニバルの王子が市庁舎から群衆に向かって玉ねぎを放り投げる。告解の火曜日は、「薄汚れたジェニーたち」の登場によって告げられる。彼らは通りで騒ぎまわり、大げさに振る舞い、人々を侮辱していく。その後、カーニバルの人形が燃やされるのが慣わしだ。つまり、王子がカギを返す時間が来た、ということ。狂乱騒ぎはあと1年おあずけだ。

開催地域：ベルギー、アールスト
開催時期：告解の火曜日まで

アトの巨人祭り
アト

　15世紀のヨーロッパにさかのぼり、宗教問題について農民を教育するいちばんの方法は、多数の巨大な像を町のあちこちにひきまわすことだと決めた者がいた。その発想は好評を博し、伝統行事としてベルギーとフランスの多くの町に残った。なかには350kgの像もあり、巨人は町の歴史と彼らが伝えようとしている宗教的な教えによって異なる。動物やドラゴンが主役の祭りもあるが、アトの巨人祭りが伝えるのはダビデとゴリアテの聖書の物語だ。土曜日は宗教色が強く、宗教的でない行列は日曜日に行なわれ、多様な山車が出る。ベルギーのほかの都市の巨人祭りに行くなら、ブリュッセル、デンデルモンデ、メッヘレン、モンスだ。

開催地域：フランスとベルギーの特定の町、とくにベルギーのアト
開催時期：8月第4週の週末

ボメル・フェスティバル
ロンセ

　ボメルと呼ばれるベルギーの町を、あなたがグーグル・マップで必死に探す前に言っておこう。このフェスティバルの名称は町ではなく、巨人の名前にちなむ。彼らは町を通り抜けるパレードで押しあい、たいてい激しく争って、相手をひっくり返そうとする。この巨人は、実際よりも背を高く見せるために必要以上に飾り立てた衣装を着て、巨大な仮面をつけている。フェスティバルは公現祭後の最初の土曜日に開催されるが、この日は「クレイジー・マンデー」と呼ばれる。この伝統行事の起源は、「ボンモー」として知られる中世の仮面をつけたキャラクターのパレードにさかのぼる。王様、宮廷道化師、吟遊楽人のほか、「長舌」、「皿舐め」と呼ばれるキャラクターもいる。このパレードは1950年代に復活し、現在の祝祭へと生まれ変わった。

開催地域：ベルギー、ロンセ
開催時期：公現祭（1月6日）の後の第1土曜日

バンシュのカーニバル
バンシュ

　オレンジは健康によい、と多くの人は言うだろう。ただし、カーニバルの行列の中央から自分の頭めがけて投げつけられるとしたら話は別だ。だが、歓声を浴びる告解の火曜日のバンシュのカーニバルでは、実際にそんなことが起きてもおかしくない。行列をなすのは、仮面をつけた1000人もの道化師でジルと呼ばれている。彼らの原型は、18世紀の終わりに地元の記者アドルフェ・デルミーがつくったインカ帝国のキャ

アールストのカーニバルにて。グランドパレードに参加する、派手な衣装を着た多数のグループのひとつ。

ラクターだと考えられている。色鮮やかな衣装に身を包み、木靴を履き、ろうでつくった特徴的な仮面をつけ、大きく広がったダチョウの羽根つきの帽子を被っている。大きく打ち鳴らされる太鼓の音にあわせて踊りながら、彼らは町を通り抜け、オレンジを投げつけていく。オレンジを受けとれたら幸運が訪れるといわれている。音楽にあわせて町を練り歩く行列、ダンス、打ち上げ花火があるのは日曜日と月曜日だ。

開催地域：ベルギー、バンシュ
開催時期：四旬節の前週

竹馬祭り
ナミュール

　1411年以降、ナミュールの市民は高さ1mのスティルツ（竹馬）に乗って戦ってきた。独自の騎馬戦だ。「剣闘士」は赤と白の衣装を着て、昔ながらの床屋のサインポールに似たものを足に取りつける。食うか食われるかの激しい戦いの主役は、騎馬戦を行なう2チームの計50人で、男性も女性もいる。彼らは長い竹馬を足につけて戦い、お互いをひっくり返そうと虎視眈々と狙っている。チームの勝利が決まるのは、生き残りをかけて戦った剣闘士がただひとり残ったときだ。その剣闘士は勝者として黄金のスティルツを手にする。次点者には銀のスティルツが贈られる。ナミュールの人々がスティルツに乗りはじめたのは中世の時代、地元の川が定期的に氾濫をおこして土手を決壊し、町を浸水させたときだ。この祭りを見逃しても、スティルツ合戦はワロン地方全域の祭りで行なわれている。

開催地域：ベルギー、ナミュール
開催時期：9月の第3日曜日

ハンスウェイクの聖母行列
メッヘレン

　ヨーロッパには古い伝統が数多くあるが、ハンスウェイクの聖母マリアの行列はまさに最古の伝統行事のひとつである。初開催は1273年で、メッヘレンの町が疫病から生き残ったことを祝った。地元の住民は聖母マリアの像に救われたと信じ、以来ずっと行列を行なっている。このパレードのみどころは、さまざまな衣装を身につけた何百人もの人々で、音楽家、聖歌隊、舞踏団がそれに華を添える。行列は3つに分けられ、町の歴史、聖母マリアの生涯、イエスの生涯を表現している。行列の一環として聖母マリアの像も登場する。25年おきにまた別のイベントが行なわれる。ハンスウェイクの大行進だ。毎年恒例の行列と同様に、馬、羊、山車が練り歩く。前回は2013年10月に開催された。

開催地域：ベルギー、メッヘレン
開催時期：5月の任意の日曜日

聖血の行列
ブルッヘ（ブリュージュ）

　聖血の行列では、キリストの血の聖遺物が町にお披露目される。伝説によれば、この日、乾いた血液が液体に変わるという。フランドル伯ティエリが十字軍遠征からもち帰ったこの聖遺物を祝して、1291年以降、壮麗な行進が行なわれてきた。2000人近くの参加者が、キリストの生涯や町の歴史を再現する劇を演じながら行進する。聖血兄弟団、吹奏楽団、カリヨンに守られ、行列の最後に聖遺物が登場する。聖血が通ると、観客は感動に包まれ、敬意を表して静まり返る。

開催地域：ベルギー、ブルッヘ（ブリュージュ）
開催時期：昇天祭（イースターから30日後）、4月または5月

ネコ祭り
イーペル

　イーペルのネコ祭りは、表向きは慎ましやかなネコを愛でている。だが、その本質は織物会館の鐘楼からネコを投げるという中世の残酷な習慣を再現したものだ。この伝統行事は、ネコと魔術とのつながりを暗示していて、ネコを投げるのは悪霊を殺すことを意味するという説が有力だ。ネコ祭りは、9人の侍者がパレードをして鐘楼に向かい、そのてっぺんからネコのぬいぐるみを投げ捨てた儀式がはじまりだ。その後の数年で、山車、ネコの衣装、劇団などを伴う、ネコをテーマにしたパレードへと成長した。投げ落とされたネコのぬいぐるみは幸運をもたらすとされ、人々はこぞって受けとろうとする。パレードのあと、魔女の人形を火あぶりにする儀式が行なわれる。

開催地域：ベルギー、イーペル
開催時期：3年ごとの5月

ル・ドゥドゥ祭り（黄金の馬車行列とリュムソンの闘い）
モンス

　地元で「ル・ドゥドゥ」として知られるこの祭りの最大の呼び物は、聖ジョルジュとドラゴンとの戦いの儀式で、善と悪の永遠に続く闘争を意味している。これはリュムソンと呼ばれ、黒い馬にのった聖ジョルジュと全長約10mの枝編みのドラゴンが主役だ。ドラゴンを巧みに操るのは悪魔の一団で、聖ジョルジュをおおぜいの兵士が加勢する。「ドゥドゥ」の音楽にあわせて、戦いが儀式的に再現され、群衆はドラゴンの尻尾を少しでもつかみとろうと殺到する。三位一体の主日の朝、町の守護聖人である聖ウォードリュの聖櫃を運ぶ馬車行列が行なわれる。

開催地域：ベルギー、モンスのグラン・プラス
開催時期：三位一体の主日（イースターの57日後、通常5月または6月）

中世ヨーロッパ

ヨーロッパの国々は異なる習慣と伝統の宝庫だ。
その多くは、現実あるいは想像上の過ぎ去りし中世に起源をもつ。
ヨーロッパの数えきれない多彩な祝祭をめぐる旅をすれば、
時の流れをさかのぼり、中世の衣装、野外劇、競技、
一騎打ちの馬上槍試合といった世界を旅した気分になれる。

上：アトの巨人祭りの大きくて存在感のある十字軍兵士。

右：全速力で駆けながら、吊るされた星を剣で突き刺して馬術の技を披露する仮面をつけた女性騎手。サルデーニャ島のサルティリア祭にて。

上:「ムーア人とキリスト教徒の祭り」で、ムーア人に勝利したキリスト教を祝うために、騎士の衣装を身につけてムーア人との模擬戦に参戦する男性。

上右:13世紀、チンギス・ハーンにつかのま勝利したことを祝うクラクフのライコニク祭。戦いに敗れたタタール人の大将に扮した男性。

　ヨーロッパの祭りは国家的な祝祭でも地方のお祭りでも、その国の文化や伝統の豊かさ、複雑さ、特有の習慣を反映している。かなり多くの祭りが過去と強く結びついている。ヨーロッパの歴史における偉大なる形成期、中世として知られる時代は別格だ。

　中世とは、一般的には5〜15世紀のあいだ、西ローマ帝国滅亡から新世界の発見までと定義されている。国民国家以前の時代で、社会構造は概して封建的、教会が強大な影響力と権力を振るっていた。ゴート族、バイキング、マジャール人、ムーア人、サラセン人、フン族らによる侵略があり、オスマン帝国によるビザンティン帝国崩壊へといたった。これらの部族すべてがヨーロッパ全体の記憶にその足跡を残した。異端信仰、教会分裂、農民による反乱、悲惨な内戦があった。1347年から1350年にかけて、ヨーロッパの人口の3分の1以上が黒死病で命を落とし、たえず飢えに苦しめられていた。

　そんななか、中世のプロヴァンスとブルゴーニュの宮廷において、戦術は抑制され、宮廷風恋愛やキリスト教の騎士道の理想へと姿を変えていく。教会によって知的生活は存続され、それまで修道院に限定されていたのが主要な大学が設立されるようになる。そして繁栄した交易都市では、市民の生活が発展し、それぞれが誇りを抱き、大領主が独立して栄華を極めた。つまり、驚くほど多くのヨーロッパの祝祭がこの激動の時代を起源としているのも不思議ではないのだ。

　中世をテーマにした祭りのなかには、実際の歴史的な戦いを祝い、疫病を悼むものもある。スペイン、アリカンテの「ムーア人とキリスト教徒の祭り」は、北アフリカから侵攻してきたムーア人に対するスペイン軍の勝利を再現している（p.222 参照）。5000人以上の人々が——時計と眼鏡だけは公式に認められているが——細部にいた

るまで当時のしきたりどおりに正装する。そして聖ホルへの助けにより、最後には城を解放する模擬戦に参加する。

13世紀、東ヨーロッパの多くの都市は、チンギス・ハーンの軍隊によって幾度となく破壊された。ライコニク祭では、クラクフの町は侵略してきたモンゴルの騎馬軍に対する稀有な勝利を再現する（p.175参照）。モンゴル兵は町の近くの森で眠っているあいだに殺されたのだが、それでも勝利には違いない。以来、東西折衷のパレードによって祝われ、パレードを率いる敗者タタール人の大将の装束に身を包んだライコニクが町の勝利を宣言する。

おそらく最も風変わりな中世の戦いは、イタリア、イヴレアのオレンジ合戦だろう（p.204参照）。領主の圧制に対する人々の反乱が柑橘系の果物で再現されている。何百人もの人々が中世の衣装で盛装し、3日間オレンジを投げあう。歩いている人々は町民、荷馬車に乗った人々は領主の兵士に扮している。

戦いを再現している祭りのすべてが大勝利を祝っているわけではない。スウェーデンの中世週間は、侵略者デンマーク王ヴァルデマー4世によって虐殺された1800人もの農民兵士を悼んだものだ（p.187参照）。この1週間、町全体が中世になる。一騎打ちの馬上槍試合が開催され、鎧で身を固めた騎士たちが決闘を行なう。

特定のテーマをもつ祭りは、中世に生きた祖先の生活における重要なできごとを祝っている。ベルギー、メッヘレンのハンスウェイクの聖母マリアの行列は、1273年から続くパレードで、大発生した疫病から町が解放されたことを祝う（p.189参照）。迫力のあるジャンヌ・ダルク祭は、侵略者イングランドによって異端とされ火あぶりとなったオルレアンの乙女、ジャンヌ・ダルクを記念した祭りだ（p.199参照）。

下：異教の罪に問われる女傑ジャンヌ・ダルク。毎年恒例のジャンヌ・ダルク祭では、彼女の裁判と処刑が再現される。1431年5月30日の彼女の死を悼むため、フランスの諸都市で行なわれる。

左上：貴族の衣装を着た人たちで満員の金色に彩られた壮麗なゴンドラ。ヴェネツィアの過去の栄光を祝うレガータ・ストーリカで行なわれるグランド運河での水上パジェントだ。

左下：スペイン、ベルガのパトゥム祭で、特大の被り物をかぶり、観客を楽しませるパフォーマー。

特定のできごとを記念するものではないが、権力と栄光の全盛期に時計の針を戻すことを好む場所もある。ヴェネツィアのレガータ・ストーリカは、ドージェたちが統治した偉大な海洋の共和国としてのヴェネツィアの過去を回顧している（p.207参照）。グランド運河でのゴンドラの水上パジェントに続いて、ゴンドラによる一連のレースが催される。小国サンマリノ共和国では、中世祭の会期中にいくつかの歴史協会——サンマリノ石弓協会というすばらしい名前の協会など——の人々が、中世の衣装で着飾り、町の中心部に中世の村を再現する（p.220参照）。

中世は積極的な布教活動が行なわれ、他宗教が抑圧された時代だった。十字軍やスペインの異端審問の時代であり、異端とされた人々が拷問を受けて処刑され、イスラム教が武力によって南ヨーロッパと東ヨーロッパの覇権を一気に手中におさめた時代だった。西ヨーロッパでの大規模な宗教パレードによる伝統行事は、読み書きのできない多くの住民にキリスト教の教えを伝えるために発展した。その典型的な例が、ブリュッセルのアトの巨人祭りとロンセのボメル・フェスティバルだ（p.188参照）。

スペイン、ベルガのパトゥム祭は、夏至の祝祭を起源としている（p.222参照）。だが、多くのキリスト教以前の古層文化の祝祭と同じく、カトリック教会は新たな象徴によってそれを再利用し、聖体節に同化させた。ベルガでは早くも1454年には聖体行列が行なわれたとされ、短い道化芝居が演じられていた。過ぎ去りし中世を利用したパトゥム祭は、巨人、悪魔、天使、小人、騎士、トルコ人、ムーア人といった多彩な顔ぶれが揃う、善と悪が闘う人気の公演に発展していった。

ベルギー、モンスのル・ドゥドゥ祭りでは、聖ジョルジュが善で、ドラゴンが悪だ。両者がモンスの中央広場グラン・プラスでリュムソンと呼ばれる模擬戦をくり広げる（p.189参照）。ばたばたと動くドラゴンの尻尾は幸運をもたらすとされ、群集はその一部をつかみ取ろうとする。ベルギー、ブルッヘ（ブリュージュ）の聖血の行列は、十字軍がもちかえったキリストの聖血とされる聖遺物が街頭パレードで公開される（p.189参照）。約2000人の参加者がキリストの人生の場面を演じながら同行する。この日、乾いた血液が液体になるとされている。

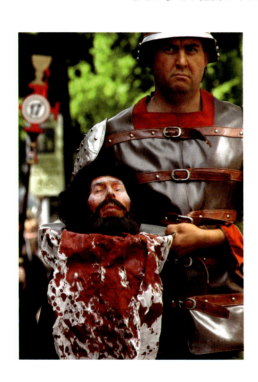

上：1291年以降、毎年ブルッヘ（ブリュージュ）で昇天祭に開催される聖血の行列にて。

当然のことながら、中世がつねに悲観的で憂鬱な日々だったわけはなく、当時のスポーツを記念する祭りも多数ある。中世初期で最も際立つスポーツのいくつかは競技会で、鎧で身を固めた騎士が婚姻のための戦闘に参加した。イタリア、アレッツォのサラセン人の馬上槍試合は、十字軍時代から続く競技会を再現している（p.206参照）。異なる地区から選ばれた騎士が、サラセン人を模した金属製の人形めがけて全速力で駆け抜ける。彼らは槍で標的となる人形を一撃し、人形が撃たれると飛んでくる鎖玉を避けていく。馬上槍試合は、サルデーニャ島のサルティリア祭の呼び物でもある

（p.207参照）。より大規模な騎射の一環として、仮面をつけた騎手が、吊るされた星を剣で突いていく。突いた星の数が多いほど幸運な年を迎えられるとされる。

シエナのパリオは鞍をつけていない裸馬による中世のレースで、起伏の多い石畳の中央広場カンポで、年に2度開催される（p.207参照）。市街のコントラーダ（地区）のなかから抽選で出馬する10地区、馬、騎手が選ばれる。一連のレースのあと、中世の衣装で正装した各コントラーダの騎手が馬でカンポを行進する。行進には、鎧をまとった騎士、伝統的な旗のトワラーもいる。陰謀と不正がまかり通るレースで、人々は競争相手の騎手に賄賂を贈ったり、馬を買収しようとする。レースはカンポを3周し、狂乱状態のなか、急カーブで何頭もの馬が転倒したり、騎手が落馬する。よく似たレースが、ピエモンテ州アスティでも毎年開催されている（p.206参照）。

上：シエナの中央広場カンポを駆けまわる裸馬レース、パリオ。その開催前に登場した中世の衣装をまとった演奏者と旗のトワラーたち。

右：ろうそく祭りを見るために、グッビオのメイン広場に集まったおおぜいの地元住民と観光客。3チームが競いながら聖ウバルド、聖ジョルジョ、聖アントニオの像をサンタ・ウバルド教会まで運ぶ。

中世の2つのスポーツ競技がピサの町で再現される。ジョーコ・デル・ポンテと聖ラニエリのレガッタだ（p.205、p.207参照）。1290年から続くレガータ（レガッタ）・レースで、アルノ川をくだる。各レガータにはモントーレが乗っている。彼の仕事はゴール地点に停泊している船のマストを支える10mの太綱によじ登り、先端部にある色鮮やかな優勝旗をつかみ取ることだ。ジョーコ・デル・ポンテは、異なる地区から選ばれた男たちが中世の衣装に身を包み、橋の真ん中で巨大な台車を押す力を競う大会で、2つのチームが台車を押しあい、相手を押し返したほうが勝者となる。

公式なスポーツ競技ではないが、イタリア中央部グッビオのろうそく祭りでもレースが開催されている（p.205参照）。この12世紀の儀式は、3人の聖者の像が街頭パレードで掲げられ、山頂のサンタ・ウバルド教会まで猛スピードで運ばれる。

中世のスポーツはヨーロッパのいたるところで開催されているが、最も風変わりなもののひとつが、ベルギー、ナミュールの竹馬祭りで、15世紀から続いている（p.189参照）。1m以上の高さのスティルツ（竹馬）に乗り、赤と白の服を着た戦士が、相手をひっくり返すために決闘する。戦いはチーム同士ではじめられ、最後の1人が残ったチームが勝利する。

国際バスタブ・レガッタ
ディナン

イギリスのナンセンス詩人エドワード・リアの作品に出てくるフクロウと子ネコは美しい黄緑色のボートで海に行ったかもしれないが、この国際バスタブ・レガッタでミューズ川に漕ぎだすのに選ばれた船は粗末な浴槽だ。ルールは簡単。出場選手は川に浴槽を浮かべて操縦しなければならない。一直線のレース（最初にゴールを過ぎれば勝者）だが、出場者には浴槽を飾る努力も求められる。毎年、テーマが選ばれる。ほかの浴槽を沈めようとすることは許されていないが、たいてい水で戦う――ライバルを妨害するためにバケツの水を浴びせるのだ。

開催地域：ベルギー、ディナン、ミューズ川
開催時期：8月中旬

オメガング
ブリュッセル

オメガングは、ベルギー、オランダ、北フランスで祝われるパジェントの総称。最も有名なのはブリュッセルの象徴グランプラスで開催されるものだろう。ブリュッセルがその威厳と繁栄を誇示しようとしていた時代の1549年、勝利をおさめた神聖ローマ帝国皇帝カール5世が町を凱旋した様子を再現している。現代のオメガングでは、約1500人のほんものの衣装を着た人々、馬、大型四輪馬車が市街を通り抜けるパレードを行なう。中世の村が再現され、騎馬の一騎打ち、鷹匠、スティルツ（竹馬）乗り、弓術などの実演が催される。このパジェントがはじめて登場したのは1359年、当初は重要な宗教的行列だった。オメガングとはオランダ語で「（教会の）まわりを歩く」という意味。しかし、この祝祭の宗教色は年月とともに薄れている。

開催地域：ベルギー、ブリュッセル
開催時期：7月の2日間

ブラン・ムーシのカーニバル
スタヴロ

膨らませたブタの膀胱を武器にするのは奇妙に思える。しかも、それを振りかざしているのは長くて赤いニンジンの鼻のついたマスクをつけた白衣の人々だ。だが、このブラン・ムーシ（「白い服を着る」という意味）が、疑いようもなくこの奇妙なカーニバルの主役なのだからしかたない。彼らは群衆のなかを進みながら低いうめき声をあげ、笑い、魚の燻製とブタの膀胱で人々を叩いていく。500年以上も前、地元の修道士が大修道院長にカーニバルを禁止されたことを受けて、さまざまな町の住民が抗議したのがはじまりだ。四旬節半ばに3日間開催される祭りだが、ブラン・ムーシは日曜日のカーニバルで人々にいたずらを仕掛けるためだけにやって来る。この日は山車と鼓笛隊による大パレードが開催される日で、街中の住民が仮装して参加する。

開催地域：ベルギー、スタヴロ
開催時期：四旬節の4回目の週末（3月か4月）

>フランス

パリ祭（フランス革命記念日）
パリ

フランス人はこのうえない誇りをもってフランス革命記念日を祝う。1789年7月14日、パリの人々はバスチーユ監獄を襲撃した。実際に監獄にいた囚人は7人だけだったが、この襲撃をフランス革命ならびに共和国成立のはじまりをはっきりとしめしていた。パリでの公式祝典は、シャンゼリゼ通りを練り歩く異様なほど意気揚々とした軍事パレードで幕を開ける。フランス空軍のアクロバット飛行チーム「パトルイユ・ド・フランス」の飛行機が頭上を舞う。祝典は、公式にはエッフェル塔での大規模な花火大会で締めくくられるが、パリの町中でコンサート、舞踏会、パーティが行なわれる。

開催地域：フランス全域、とくにパリ
開催時期：7月14日

カルナバル・デ・スフレ
ノントロン

カルナバル・デ・スフレとは、何だか上品な食べ物のお祭りのように聞こえるかもしれないが、「スフレ」とはふいご（送風器）のことだ。そして、この奇妙な伝統行事では、人々が悪魔を吹き飛ばすためにお互いの寝間着にふいごで風を送る。人々は一列になって歩き、南仏の古代オック語で「われらはみな子どもだ。父さんはふいご屋だった」という一節からはじまる歌を歌いながらふいごを動かす。祭りは土曜日の夜、宴会で幕開けとなる。日曜日には、パレードが行なわれ、丈の長い寝間着を着て、ふいごを一式もっていれば誰でも歓迎される。この伝統行事は、四旬節のために聖灰水曜日に身を清めるために地元の修道士が行なった行為に原点があると考えられている。

開催地域：フランス、ノントロン
開催時期：4月最初の週末

ペンテコステのフェリア
ニーム

ペンテコステの週末にかかる5日間、パエリア、サングリア、古代ローマ式闘技場で行なわれる闘牛が、ニームをスペインに変える。南仏の町ニームの市民は、完全に闘牛に夢中になる。とはいえ、フランスならではの雰囲気がいたるところに感じられる。フランス式アブリヴァド（牛追い）が開催され、ニームの短気な黒毛の雄牛はカマルグの牧童（カウボーイ）に追われて通りを疾走する。スペインの雄牛よりも小さくて、地元の人々が走りよることも多く、柵に押しこまれることもあるため、牧童らが乗りこんでコースに戻さなければならない。

開催地域：フランス、ニーム
開催時期：ペンテコステの週末、イースターの10週間後（4月）

復活祭のフェリア
アルル

　ニームから約30km南東にあるアルルの町の人々は、ニームの人々よりもさらに闘牛に夢中のようだ。ひとつのフェリアでは満足せず、イースター（復活祭）のはじまりには、復活祭のフェリアを開催し、これとよく似た初穂祭のフェリアを9月末に行なう。牛追い、町を練り歩く鼓笛隊、ローマ式闘技場での雄牛の競技や闘牛といった、闘牛に不可欠なものがすべてそろっている。フェリアに参加したら、祭りのために出店されるボデガ（食料雑貨店）で大量のパエリアをサングリアで流しこもう。

開催地域：フランス、アルル
開催時期：イースターの週末と9月末

ジャンヌ・ダルク祭
ルーアン

　ルーアンの善良な市民は、彼らの町の最も有名な住民で国民的ヒロインであるオルレアンの乙女、ジャンヌ・ダルクを悼むために本格的に町を中世に戻す。乙女ジャンヌ・ダルクは、侵略者イングランドによって異端者として裁判にかけられ、1431年に火あぶりにされたことで知られている。彼女の壮絶な最期を悼むために、町中が青と白で飾りつけられ、当時の競技会や興行を催す中世フェアを開催する。群衆を楽しませる宮廷道化師、人形使い、曲芸師、占い師がいて、フェンシング、スキットル、石弓競技会が行なわれる。日曜日には、儀式的な衣装を着た人々がボワルデュー橋へ行進し、セーヌ川のジャンヌ・ダルクの遺灰がまかれた場所に花が投げこまれる。

開催地域：フランス、ルーアン
開催時期：5月最後の週末

巨人祭り
ドゥエー

　ベルギーとフランスには多くの巨人がいる。村民を脅迫する邪悪な怪物ではなく、祭りのときにあらわれる伝統的な巨人だ。ドゥエーではガイアントと呼ばれている。最も大きい巨人はムッシュ・ガイアントだ。重さは350kg、高さは8.5mで堂々たる姿だ。彼は「妻」と3人の子どもたちと一緒に行進する。ガイアント大妻の行列は1530年にはじまったが、1720年まで子どもはひとりもいなかった。ほかの町からも祭りに参加する巨人が集められ、パレードする巨人が100体にのぼることもある。ガイアンティーナと呼ばれる特別なお菓子が人々に配られる。巨人のパレードが開催されるフランスの町は、ほかにタラスコン、カッセル、ペズナがある。

開催地域：フランス、ドゥエー
開催時期：7月

レモン祭り
マントン

　レモン祭り会期中のマントンの町をぜひ訪れてほしい。この町以上に柑橘系の果物が1か所に集中する光景はほかでは絶対に見られない。毎年2週間、海岸沿いの町マントンは、地味なレモンと地元で育った柑橘系の果物一色に染まる。この祭りの起源は1930年代にまでさかのぼり、町のレモン生産を祝おうとする地元ホテルのアイデアだった。行列に登場するレモンの山車には、レモン製の像とレモンが飾られている。毎年、たとえばスペインとかディズニーといった異なるテーマが決められ、さまざまな劇的な場面や肖像が、ほぼ完全にレモンだけで組み立てられる。日曜日にはゴールデンフルーツパレード、木曜日にはムーンライトパレードが実施される。

開催地域：フランス、マントン
開催時期：2月中旬の2週間

フランス、マントンで2週間開催されるレモン祭りにて。ゴールデンフルーツパレードに登場したレモンでつくられた山車。

バイヨンヌ祭り
バイヨンヌ

模倣を最上級の賛辞のかたちとするなら、バイヨンヌの町は国境を挟んで隣接するスペインのパンプローナに夢中にちがいない。何しろバイヨンヌ祭りは、アーネスト・ヘミングウェイの『日はまた昇る』で世に広まり、さらに有名になったサン・フェルミン祭にそっくりなのだ。地元の人々は同じ白色のチュニックを着て白いズボンをはき、赤いサッシュとスカーフを身につける。闘牛場では闘牛が行なわれる。ここはバスクの国なので、24時間ぶっ通しで食べて、飲んで、パーティをする覚悟が必要だ。祭りが市役所前で行なわれる式典で幕を開ける。町の象徴とされる鍵束が群衆のあいだに放りこまれ、それを取った人は、祭りの会期中、バイヨンヌ市内のバー80軒に自由に出入りできる。

開催地域：フランス、バイヨンヌ
開催時期：8月の第1日曜日の前の水曜日からの5日間

牧童祭
サント・マリー・ド・ラ・メール

カマルグの牧童（ガルディアン）は、フランスのカウボーイとしての名声を喜ぶ。彼らは有名な白い馬に乗り、黒毛のカマルグの雄牛を飼育する。毎年恒例の牧童祭では、彼らの英雄マーキス・デ・バロンセリを称える。牧童の権利を強く主張した人物で、西部開拓時代のガンマン、ワイルド・ビル・ヒコックの友人だった。牧童はまず、子牛を駆り集めて焼印を押す。それからマーキス・デ・バロンセリの墓場の脇で記念の乗馬を行なう。午後にはアブリヴァドで通りにいっせいに放たれた雄牛を牧童が統率する。競技場では地元の民俗的な慣習、馬術、雄牛の競技などが目白押し。勇敢な者でも、実は愚か者だろうと、誰でも雄牛とともに競技場に飛びこんでもかまわないが、個人的に忘れられない経験から言うと、その人はたぶん追いまわされる羽目になる——そして、地元の人々を楽しませる。

開催地域：フランス、サント・マリー・ド・ラ・メール
開催時期：5月26日

モナコ・グランプリ
モンテカルロ

モナコ・グランプリの雰囲気を満喫するために、あるいは、曲がりくねった市街地のサーキットを一周するF1カーの太く低い轟音を聞くためにチケットを買う必要はない。1929年に第1回大会が開催されたモナコ・グランプリは、現在、世界で最も有名で栄誉ある自動車レースのひとつであり、珍しいことに、町にいるだけでレースに関わることができる。たしかに、高級ヨットでやってくるか、高価な特別観覧席のためにお金を出すかしないと、レースはよく見えないかもしれない。しかし、レース開催中は町中に関係者がいて、舗道に面したカフェに座っていると、この伝説的レースの観戦にきた国際的スターや元レーサーを見ることができる。予選は土曜日、決勝は日曜日の午後に行なわれる。市街地のレースなので、全レース終了後は、このサーキットで車を走らせることもできる。

開催地域：フランス、モナコ、モンテカルロ
開催時期：5月最後の週末

ジタンの巡礼祭
サント・マリー・ド・ラ・メール

ヨーロッパ中から流浪の民ロマがサント・マリー・ド・ラ・メールの小さい村に集まり、2日間にわたって華やかな聖地巡礼を行なう。彼らの守護聖人サラだけでなく、マリア・ヤコベとマリア・サロメ（キリストの受難直後にこの地に逃れてきたといわれている）を称える。両日ともに熱心なミサがとり行なわれ、何百人ものロマが教会の上階から下ろした2体の聖像を掲げて町中を練り歩いたのち、海へと向かう。彼らのお供をする儀仗兵は白い馬に乗った牧童で、現地の雄牛を飼育するカマルグのカウボーイだ。1日目に守護聖人であるサラの行進が行なわれ、翌日、2体の聖マリア像を海に運ぶ。夜になると、要塞のような教会の周囲は音楽と踊り、ときには有名なロマのミュージシャンによる演奏で盛りあがる。

開催地域：フランス、サント・マリー・ド・ラ・メール
開催時期：5月24、25日

ポーク・フェスティバル
トリ・シュル・バイズ

かつてフランス最大のブタ市場があったトリ・シュル・バイズは、毎年恒例のブタ祭りを豚のように貪欲に祝う。フランスの祭りにふさわしく、さまざまな豚肉料理が堪能できる。町はごてごてと飾り立てられ、ブタにまつわる競技が数多く行なわれる。「ブラック・プディング早食い競争」では、誰がいちばん早く1mのブラッド・ソーセージを食べられるかを競う。「ブタの鳴きまねコンテスト」では、参加者はブタが一生のあいだに出す鳴き声、子豚から年をとった雄ブタまでの鳴き声をブタへの心からの愛をこめて真似る。1975年から開催されているこの祭りは、養豚組合の主催である。

開催地域：フランス、トリ・シュル・バイズ
開催時期：8月第2日曜日

ツール・ド・フランス
フランス全域

近年では、ドラッグの売買で有名なイビサ島よりも薬物が蔓延しているという噂もあるが、ツール・ド・フランスはフランスの国民的イベントで、単なる自転車レース以上の存在である。コースのいたるところで、人々が声援を送りレースを観戦する。この自転車レースは山岳ステージが有名で、とくにおおぜいの観衆が集まる。道路が通行止めになるので、前もって到着している人が多く、道路わきに野営してピクニックをしたり、お酒を飲んだり、パーティを楽しむ。雰囲気は陽気で騒がしく、チーム意識がとても強い。各ステージのゴールにも、最後の全力疾走を見届けるために群衆がおしよせる。ツール・ド・フランスのルートは毎年異なり、通常1月に発表される。

開催地域：フランス全域
開催時期：7月の3週間

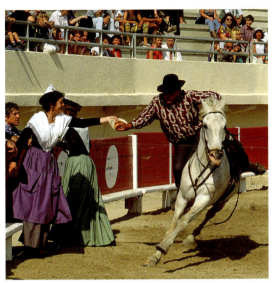

闘牛場で、見事な馬術で観客を感嘆させるカマルグの牧童。フランス、サント・マリー・ド・ラ・メールの牧童祭にて。

＞ドイツ

ケルンのカーニバル
ケルン

　ドイツは圧倒的にカトリックが多く、多くの都市が四旬節までの期間にかなり大々的にカーニバルを祝う。最も大規模で熱狂的な祝祭のひとつが、伝統的にカトリック教徒であるラインラント地方のケルンの街頭で開催されるカーニバルだ。ドイツのほとんどの地域では、11という数字を重んじ、11月11日11時11分からカーニバルの準備をはじめる。11は愚かさの象徴で、十戒に次ぐ11番目の戒律、すべてを覆すという意味がある。パレードはカーニバルの日曜日にはじまるが、ハイライトは薔薇の月曜日で、王子、農民、乙女からなるケルンの三連星を象徴する行列が行なわれる。この3人はカーニバル全体を象徴している。ケルンのさまざまな広場でパーティが催され、町中がカーニバル一色に染まり、バーは遅くまで営業している。

開催地域：ドイツ、ケルン
開催時期：カーニバルの日曜日から聖灰水曜日まで

ファスナハト
コンスタンツ

　シュヴァーベン・アレマン・ファスネット（南部ドイツのカーニバル）には、独自のカーニバルの伝統と遺産がある。その集大成とも言えるのが、スイスの国境にあるコンスタンツの美しい湖畔の町で行なわれる四旬節前のファスナハトだ。カーニバルは1月6日にはじまるが、「狂騒」の期間がクライマックスを迎えるのは聖灰水曜日に先立つ週の木曜日。町は大騒ぎとなり、白い寝巻きを着た子どもたちの行列が続く。メインとなるパレードは日曜日に行なわれ、仮面をつけた主役が通りを行進する。火曜日の夕方は正式なファスナハトで、四旬節の断食前夜だ。地元の人々はカーニバルの終わりを告げるために火を燃やす。

開催地域：ドイツ、コンスタンツ
開催時期：木曜日から聖灰水曜日まで

ゴイボーデンフォルクスフェスト
シュトラウビング

　この大規模な民族の祭典では、バイエルンのあらゆるものを祝う。バイエルンといえば、当然ビール。祝祭のためのビールはすべて特別に醸造され、地元原産でなければならない。1日目にビアプローベ（ビールの試飲）の儀式があり、そのあとバイエルンの民族衣装を着た2000人と、数両の馬車によるパレードが続く。ゴイボーデンフォルクスフェストは、1812年にバイエルン王マキシミリアン・ヨーゼフが農業祭りとしてはじめたもので、伝統的なものと現代的なものが完全に調和している。ビールテント、ブラスバンド、バイエルンの衣装、そして対照的な回転木馬、ジェットコースター、ロックコンサート。そのすべてが見事に一体化し、前回は100万人を超える観客が来場した。

開催地域：ドイツ、シュトラウビング
開催時期：8月中旬の11日間

オーバーアマガウのキリスト受難劇
オーバーアマガウ

　オーバーアマガウのキリスト受難劇は、10年ごとに上演される。町の住民の半数の2000人以上が、ナザレのイエスの裁判、受難、死を演じる。実際の劇は約7時間におよぶが、100回以上も上演されていて、世界中の人々を魅了している。役を演じるには、少なくとも20年間この町に住んでいなければならない。「俳優」は全員が地元の住民で、日々の生活と演劇をうまく両立しなければならない。町の敬虔な信仰は、1633年に疫病が発生したことからはじまった。オーバーアマガウの人々は生き延びることができたら、10年おきに受難劇を上演すると神に誓った。以来、彼らの子孫がその誓いを守っている。

開催地域：ドイツ、オーバーアマガウ
開催時期：10年ごと。次回は2020年

オクトーバーフェスト
ミュンヘン

　少しつじつまがあわないが、世界最大のビールの祭典オクトーバーフェストは9月に開幕する。醸造所が共同で張った巨大なビールテントでおびただしい数の人々が、ビールを楽しむ。ビールを飲むには席に着くことがルールで、テーブルとベンチが何列も並ぶ。ビールはマスと呼ばれるガラス製の1リットルジョッキで提供され、豊満なウェイトレスが両手に多数のマグをもってテーブルまでやってくる。訪れる際はできれば伝統衣装で。男性は困ったことに革のショートパンツであるレーダーホーゼン、女性はディアンドルだ。BGMはバイエルンのブラスバンドだが、演奏は永遠に続きそうだ。吐くこともなく何とか大宴会をこなせても、仕上げに大遊園地とジェットコースターが待っている。

開催地域：ドイツ、ミュンヘン
開催時期：16日間。9～10月最初の週末まで

シュタルクビアツァイト
ミュンヘン

　オクトーバーフェストは規模が大きすぎるし、混んでるし、あんな薄いビールを飲むなんてごめんだと思うなら、シュタルクビアツァイトがおすすめだ。訳して「強いビールの時間」で、度数の高いビール、ドッペルボックの愛飲者向けだ。ドッペルボックはアルコール度数が高い（7％以上）が、その名前は実際にはシュタムヴュルツェ、つまりビールに含まれる麦芽エキスの濃度が高いことを指している。高濃度の麦芽が含まれたドッペルボックは、もともと17世紀にパウラナー修道士が四旬節の断食の期間に気を紛らわせるために醸造したものだ。

開催地域：ドイツ、ミュンヘン
開催時期：聖ヨーゼフの日までの3週（3月19日）

聖女ワルプルギスの魔女祭
ブロッケン山

　春の訪れは、地上をあたためて魔女と悪霊を追い払う。メーデー前夜は、魔女と悪霊が邪悪な行ないをする最後の機会だと考えられている。ゲーテのファウストから舞台を拝借し、バイキングがメーデー前夜に行なう豊作を願う異教の儀式も組み入れたワルプルギスの夜は、北欧と中欧の全域で祝われる。最も真に迫るイベントのひとつが、魔女の扮装をした人々が、ハルツ山地の最高峰で、魔女が饗宴を開いたとされるブロッケン山の山頂に焚かれたかがり火のまわりで踊る儀式だ。ワルプルギスとは、皮肉にも魔術を声高に非難した8世紀の修道女で、彼女はきっと、この魔女にまつわるすべてのことに自分の名前がついていることを快く思わないだろう。

開催地域：ドイツ、ハルツ山地、ブロッケン山
開催時期：4月30日

世界最大のビールの祭典、ミュンヘンのオクトーバーフェスト。巨大なテントのなかで参加者が忠実に守るルールは、「席に座ってから飲む」ことだ。

水かけ合戦
ベルリン

　2001年にはじまったこの祭りは、旧東西ベルリンのフリードリヒスハイン地区とクロイツベルク地区との水かけ合戦で、両者は戦いのためにオーベルバウムブリュッケ橋に集合する。歴史が浅く、無作法で、相手をわざといらつかせる戦いだ。橋から相手を強引に後退させた地区が勝利を手にする。明らかにカウンターカルチャーの祭りで、その意図は相手を脅かして怖がらせ、怒らせることにある。使われる武器は年々エスカレートしていて、現在は気泡ゴム製のこん棒、あらゆる種類の粘性のもの、臭くて吐きそうになるミサイルなど。卵、小麦粉、腐った果物や野菜、塩漬けニシン、汚れたおむつまでもが橋の反対側に投げつけられる。この祭りは野菜合戦とも呼ばれ、各地区ごとに「フリードリヒスハイン・フェミニスト女性前線部隊」とか、「クロイツベルク愛国民主党」といった名前の「戦闘グループ」がつくられる。

開催地域：ドイツ、ベルリン、オーベルバウムブリュッケ橋
開催時期：夏のある日曜日

＞ギリシャ

アナステナリア
アギア・エレニとランガダ

　動物のいけにえや火渡りを見るには、北アフリカかアジアの辺ぴな村に行かなければならないと思っているかもしれないが、ギリシャの村でも、男性も女性もトランス状態に陥って、真っ赤に焼けた炭の上を歩く。ギリシャ本土の中部マケドニア

のアギア・エレニとランガダを含む多くの村で火渡りの儀式アナステナリアが行なわれる。異教を起源にもつ伝統行事だが、人々は聖ヘレナと聖コンスタンティヌスの聖像を手に、炭の上を裸足で歩き、踊ることで豊作を願う。ヤギは列をなして教会に連れていかれ、聖水を振りかけられてから聖人のために捧げられる。この慣わしは1911年から1912年にかけてのバルカン戦争の難民によって伝えられたと考えられている。

開催地域：ギリシャ、アギア・エレニとランガダ
開催時期：5月21～23日

アポクリエス
ガラヒディ

ギリシャ版のカーニバル、アポクリエスはギリシャ全域で祝われる。地域の祝祭の多くはよく似ているが、年月を経るなかで、いくつかの町は独自の少し風変わりな祝いかたを発展させてきた。アテネ北東部ガラヒディでは、四旬節のはじまる月曜日（皮肉にも聖灰月曜日、クリーン・マンデーと呼ばれる）に、地元では「汚れた小麦粉」として知られるとてつもない小麦粉の戦いを行なう。200年の時をさかのぼる儀式で、カウベルの合図とともに大騒ぎがはじまる。ほとんどの小麦粉には色がついていて、最後は熱狂的な大混乱に陥る。伝統的に一晩中お祭り騒ぎが続き、パーティで盛りあがる前にてっとり早く海に飛びこんで体をきれいにしようとする人もいるくらいだ。

開催地域：ギリシャ、ガラヒディ
開催時期：聖灰月曜日（ギリシャ正教の四旬節のはじまり）

アポクリエス
メッシニア

まったく対照的に、ペロポネソス地方メッシニアの町でのアポクリエスの祝祭はかなり残忍なもので、絞首刑の儀式がある。その模擬処刑は1825年または1826年に端を発する。ひとりの老女がこの町で絞首刑になった。命令を下したのは、イブラヒム・パシャ。彼はオスマン帝国に対するギリシャ人の反乱を鎮圧するためにギリシャに派遣されていた。恐れ多くもこの老女は、イブラヒムの見た夢のひとつがオスマン帝国軍の敗北を予言していると解釈した。聖灰月曜日の朝、町に絞首台がつくられ、処刑が再現される。その後は、イブラヒムの頭巾を被った死刑執行人が、誰にでも自由に「絞首刑」を執行する。メッシニアの善良な人々が全面的に陰鬱だと言っているわけではない。処刑に続いて、午後には山車、楽団、ダンスとともに陽気な仮装パレードが行なわれる。

開催地域：ギリシャ、メッシニア
開催時期：聖灰月曜日（ギリシャ正教の四旬節のはじまり）

アポクリエス
パトラ

ペロポネソス地方パトラの町は、ほぼまちがいなくギリシャのどこよりもエネルギッシュにアポクリエスを祝う。カーニバルは公式に3週間続けられるが、クライマックスは最後の週末。1週目は、人々は太らせたブタを大量に解体する。2週目は、豚肉をたらふく食べる。そして最後の週は、食べられるだけ多くのチーズを食べる。土曜日には子どもたちのパレードと夜のパレードがあり、そのあとにブブリーナが続く。ブブリーナとはカーニバルのダンスパーティで、フードのついた黒い衣装「ドミノ」を身にまとい、仮面をつけた女たちが主役だ。仮面の女たちは匿名で男たちといちゃつくことが許されている。日曜日にグランドパレードが行なわれ、仮面を被った5万人もの参加者が町にくり出す。カーニバルの国王の山車が儀式的に燃やされると、カーニバルは終わりを迎える。

開催地域：ギリシャ、パトラ
開催時期：聖灰月曜日（ギリシャ正教の四旬節のはじまり）までの3週間

聖ゲオルギウスの日
スキロス島

多くのイギリス人が聖ゲオルギウスは生粋のイギリス人だと考えているが、実は小アジア出身のギリシャ人で、ベイルートからエチオピアにいたる多くの場所の守護聖人だ。ギリシャのさまざまな町もまた聖ゲオルギウスを守護聖人としていて、彼の祭日はギリシャ全域の大きな祝祭だ。聖ゲオルギウスは羊飼いの守護聖人でもあるので、この日は農村でも大きな行事となる。また、スキロス島の守護聖人でもあるため、スポラデス諸島の小さな島スキロス島での祝祭はとりわけ熱狂的だ。ミサに続いて伝統的な踊りを踊り、食べて飲んで、お祭り騒ぎは翌朝早くに行なわれるミサまで続く。

開催地域：ギリシャ、スキロス島
開催時期：4月23日

ミアウリア
イドラ島

1821年、ミアウリス提督は、爆薬を満載した艦隊で総攻撃をしかけ、オスマン帝国海軍の大部分を火だるまにした。彼はオスマン帝国に対するギリシャ革命の英雄のひとりとされている。礼儀正しいギリシャ人は過去を水に流し、何度もそのことに触れるのは好まない。とはいえ、提督が生まれたサロニカ諸島イドラ島で年に1度開催される祝祭は人好きだ。3日間の祝祭は、大量の花火が打ち上げられるなかでトルコ艦隊の旗艦を模した船を燃やす儀式で最高潮に達する。「海軍週間」の祝典の一部として行なわれるこの祝祭は愛国心とお祭り騒ぎの時間。伝統的なギリシャの踊りと競技が催される。

開催地域：ギリシャ、イドラ島
開催時期：6月21日にいちばん近い週末の3日間

ロケット花火祭り
ヴロンダトス

奇妙に思えるかもしれないが、ヒオス島のヴロンダトスの町民は、対立する教会同士が約6万基のロケット花火を発射しあうロケット花火戦争で復活祭を祝う。聖マルコ教会とパナギア・エリツィアーニ教会という2つの教会は、約400m離れた丘の上に建っている。それぞれの教会と周囲の建物は、花火の被害を受けないように板が打ちつけられる。教区民は教会の庭に集まってロケット花火を発射し、相手の教会の鐘架にできるだけ多く撃ちこもうとする。そのいっぽうで、各教会の司祭は真夜中のミサを開くことに専心している。この伝統行事の起源は、ギリシャがオスマン帝国に占領されていた時代にさかのぼる。イースターを祝うのを禁じられた住民は、ロケット花火戦争の騒音を利用して宗教儀式を続けたとされる。

開催地域：ギリシャ、ヴロンダトス
開催時期：ギリシャ正教会のイースター（パスハ）土曜日の夜

ティルナヴォスのカーニバル
ティルナヴォス

「dionysian（奔放な）」、「hedonistic（快楽主義の）」、「sybaritic（享楽的な）」。これらはすべてギリシャ語で、そのどれもが100年の歴史をもつこのカーニバルを形容するためにつくられた言葉だとしても不思議はない。ギリシャで最大かつ最高のカーニバルのひとつであり、祝祭は約1か月続くが、最も重要な（そして、乱れる）日々は、「カーニバルの日曜日」と「聖灰月曜日（クリーン・マンデー）」だ。日曜日はカーニバルの衣装を着た人々がたくさんの山車とともに町を練り歩く、グランドパレードが行なわれる。カーニバルの日よりも月曜日には問題が多く、「クリーン（けがれのない）」とは皮肉な呼び名だ。この月曜日はブーラニ（ほうれん草スープの一種）と呼ばれ、豊穣と繁栄を祝っているらしい。実際には、人々は大騒ぎをして、大酒を飲む。そして、ペンキを塗った大きなペニスの模型を振りまわして、とにかく浮かれ騒ぐ。たいていの場合、人々は思う存分わいせつな言葉を口にして、淫らにふるまう。

開催地域：ギリシャ、ティルナヴォス
開催時期：カーニバルの日曜日と月曜日

＞イタリア

オレンジ合戦
イヴレア

柑橘類のアレルギーがある人は、オレンジ合戦の会期中にイヴレアを訪れるのはやめたほうがいい。町全体でオレンジを投げつけあうことがわかっているからだ。12世紀から続くこの行事は、中世をテーマにしている。3000人の住民が、3日間の戦いのために当時の衣装を身につける。この伝統行事は、町の人々が圧制的な領主からほしくもない豆をもらい、それを捨てたときに生まれた。最初は豆が使われていて、オレンジに変わったのだが、少女がバルコニーから気に入った少年に投げつける。もし少年がその少女に興味をもったら、少女に挨拶をする。現在は、町全体でオレンジが武器として使われている——奇妙なことに、ピエモンテ州ではオレンジを栽培していないので、毎年、この祭りのためにかなりの費用をかけて購入しなければならない。

開催地域：イタリア、イヴレア
開催時期：四旬節前の日曜日

プティニャーノのカーニバル
プティニャーノ

プッリャ州プティニャーノの市民は、自分たちのカーニバルを愛してやまない。この祝祭が町ではじめて記録されたのは1394年。現在、この行事は3週間にわたる華やかな祭典で、クリスマスの翌日にはじまり、告解の火曜日に終わりを迎える。毎週木曜日には仮面舞踏会が催される。この祭典にはいくつかの目的がある。春を喜んで迎えるため、四旬節の前に好きなように楽しむため、そして、カーニバルのあいだにおそらく犯すであろう罪を償うため、である。3度目の日曜日には有名な行列がある。高さ12mにもなる塔のような人形が聳え立つ、豪華に飾りつけられた巨大な山車の行進だ。さまざまな音楽、エンターテイナー、衣装を着た住民が入り乱れるなか、多数の山車が町を練り歩く。告解の火曜日には、最も大きなパレードが行なわれる。その後、仮面をつけた数名の司祭が登場し、彼らに運ばれた張り子のブタの火葬の儀式が中央広場で行なわれる。

開催地域：イタリア、プティニャーノ
開催時期：告解の火曜日までの3週間

サムゲオのカーニバル
サムゲオ

カーニバルの期間中にサルデーニャの村サムゲオを散歩すると、カトリックの四旬節前の祝祭というよりは、古代異教の豊穣祈願の儀式に足を踏み入れたような気になる。実際のところ、このカーニバルはその中間あたりに位置するといえる。この農村部のカーニバルでは、衣装に身を包んだ人々が野性的な踊りを踊る。彼らは羊飼いと自然界の永遠のサイクルをあらわすヤギの群れを演じる。そのなかで、半分ヤギで半分人間の姿をした神スルツがいけにえにされる。スルツは通りを激しく動きまわり、仮面をつけたマムツォネスが彼らを取り囲んで荒々しく踊る。これは、さかりのついたヤギの戦いを模倣している。羊飼いであるスオマドーレは、スルツをくり返し打ち、スルツは何度も倒れてはワインによって復活し、最終的には出血多量で死ぬ。スルツの血が地球を満たし、サイクルが再びはじまる。

開催地域：イタリア、サムゲオ
開催時期：木曜日から告解の火曜日まで

ヴェネツィアのカーニバル
ヴェネツィア

ヴェネツィアのカーニバルほど完全に場所を限定したカーニバルは見当たらない。ドージェ（ヴェネツィアの統治者）の時代の衣装を身にまとい、サン・マルコ広場を通り抜ける公式の宗教的な行進がはじまると、1羽のつくりものの大きなハトが、鐘楼からのびた綱をつたって降りてくる。このカーニバルはほんとうに気取っている——少なくとも人前では。最も有名なのが仮面で、皮革、磁器、ガラスでできた何千もの仮面が一堂に会する光景は圧巻だ。人を感動させるような衣装を着れば、個人の邸宅で行なわれる快楽的な仮面舞踏会に招かれることもある。衣装を身につけ、仮面を被り、素性を知られずに歩きまわるだけでなく、コンサートやダンス、町を通り抜ける行進もある。この2ヶ月以上におよぶお祭り騒ぎは、11世紀にはじめて開催され、18世紀に衰退した。そして、1979年に復活し、大成功をおさめた。

開催地域：イタリア、ヴェネツィア
開催時期：告解の火曜日までの2週間

ヴィアレッジョのカーニバル
ヴィアレッジョ

ヴェネツィアのカーニバルと並ぶ最高のカーニバルのひとつ。洗練されたトスカーナ人の町ヴィアレッジョは、海辺の大通りで世界屈指の素晴らしいパレードを主催する。最も大きな山車は、驚きの高さ20m、幅14m、重さ35tにもなり、200人が乗るものもある。張り子のメリーゴーラウンド、クラウン、歌劇の歌姫、ガイコツ、王様などの多くの山車には、政界をはじめとする時事的な人物を風刺した巨大な人形が据えられている。これは1873年にカーニバルがはじめて開催されたときの様子をまねている。町の権力者らが行なっていた行列に、租税に反対する人々が仮面をつけて参加したのだ。カーニバル・サンデーまでの4週間、毎週日曜日にパレードが実施され、花火、仮面舞踏会、コンサートが町中で催される。

開催地域：イタリア、ヴィアレッジョ
開催時期：四旬節になるまでの4度の日曜日

ろうそく祭り
グッビオ

この殺気立ったレースは、12世紀から行なわれている。3つのチームが高さ4mの台に取りつけられた聖像を運びながら、丘まで競争する。その台は、ろうそくと呼ばれることが多いが、どちらかというと砂時計に似ていて、重さはおよそ280kgある。運ばれる聖像は、ウンブリア州の町グッビオの守護聖人である聖ウバルド、聖ジョルジョ、聖アントニオ。運ぶ人はそれぞれ黄色、青、黒のシャツを着て、白いズボンをはき、赤いスカーフを結んでいる。午後6時に競争がはじまる前に、聖像は町を練り歩く。町を駆け抜けて、急勾配のインジーノ山の山頂にあるサン・ウバルド教会まで行く。おかしなことに、教会に最初に着いた人が勝者ではない。その栄誉を手にするのはいつも聖ウバルドだ。

地区対抗で武器を使わず橋の陣地を争う、ピサのジョーコ・デル・ポンテ。決戦の場であるアルノ川に向かって行進する中世の衣装を着た鼓手。

開催地域：イタリア、グッビオ
開催時期：聖ウバルドの日、5月14日

レデントーレ祭
ヴェネツィア

1576年に町が疫病から解放されたことを記念するレデントーレ祭（救世主の祭り）は、神聖なものと世俗的なものが見事に調和している。疫病が去ったのち、感謝の意をこめて、ドージェは建築家パッラーディオに依頼してレデントーレ教会をジュデッカ島に建設した。現在、この祝祭は土曜の夕方からはじまり、無数の小型ボートがジュデッカ運河とサン・マルコ湾に集結する。風船と彩色されたランタンで飾られたボートは、隣りあって停泊し、人々はそのなかで豪華な夕食を大いに楽しみながら、午前0時直前にはじまる壮大な花火を待つ。日曜日には行列とミサがあり、その後、一連のゴンドラレースが行なわれる。熱心な信者は、湾を横切るように架けられた330mの舟橋（運河に浮かぶボートを並べてつないだ上に板を渡してつくった橋）を渡って教会に向かう。

開催地域：イタリア、ヴェネツィア
開催時期：7月第3週の週末

ジョーコ・デル・ポンテ（橋取り合戦）
ピサ

トスカーナにある厳かな町ピサでは、最も風変わりな陣地取り合戦（もっと正確に言うなら、押しあい合戦）が行なわれる。異なる地区を代表する2つのチームがアルノ川両岸から巨大な6tの台車を押しあい、50mのトラックを進む。トラモンターナ地区とメッツォジョルノ地区による力試しは、1490年から行なわれている。戦いの前に、選手は中世の衣装で橋まで行進する。1チーム20人の選手が台車に背中をもたせかけて押していき、どちらかのチームが端まで押されてチーム旗が倒されるまで、何度も続けられる。

開催地域：イタリア、ピサ
開催時期：6月最後の日曜日

サラセン人の馬上槍試合
アレッツオ

この伝統行事は、サラセン人の侵入者がアレッツオに到着した1400年代の十字軍が起源で、アレッツオの異なる4地区の勇敢な騎士が、サラセン人兵士の形をした金属製の人形を相手に、かなり一方的に戦う。中世のアレッツオでは一騎打ちが好まれるようになり、この祝祭に関する最初の記述がなされたのは1677年のことだ。現在、年に2度行なわれるこの戦いでは、競技者が中世の衣装を身にまとった兵士、騎士、鼓笛隊、旗のトワラーを伴い、グランデ広場にあらわれる。戦いが始まる前には厳粛な式典がとり行なわれる。競技者がサラセン人の形をした標的に突進して槍で突くと、標的が向きを変えて反撃に出る。競技者が鎖玉に当たれば数ポイント失点し、落馬するとすべてのポイントを失う。勝者には金色の槍が与えられる。

開催地域：イタリア、アレッツオ
開催時期：6月最終週前の土曜日、9月の第1日曜日

インフィオラータ
ジェンツァーノ・ディ・ローマ

道路を花で敷きつめてさまざまな模様を描くインフィオラータの伝統は、イタリアの多くの場所で人気がある。どの場所よりも贅沢なインフィオラータは、ほぼまちがいなく、ラツィオ州ジェンツァーノ・ディ・ローマの町のもので、1778年以降、フェスティバルが開催されている。インフィオラータは、何人かのアーティストがテーマに沿ってつくる。イタロ・ヴェラルディ通り一面に描かれるのは、色鮮やかな花びらからつくられる寓意的な絵画であることが多い。花びらを敷きつめたあとは、伝統衣装を着て、仮面をつけた人々のパレードがはじまる。インフィオラータはほかに、シチリア島ノート、ローマ近郊のボルセナ、リグーリア州ブルニャートなどで行なわれる。

開催地域：イタリア、ジェンツァーノ・ディ・ローマ
開催時期：聖体節（6月）後の日曜日と月曜日

聖コンスタンティヌスのアルディエ
セディーロ

イタリアにはいくつかの伝統的な競馬があるが、最もワイルドなのがサルデーニャ島のセディーロで行なわれるアルディエ（競馬）だ。312年にローマのミルウィウス橋でマクセンティウスを破った、ローマ皇帝コンスタンティヌス1世の勝利を祝っている。戦いの前、コンスタンティヌス帝は神からの啓示により自身の勝利を予見し、その後、キリスト教に改宗した。その啓示が、毎年聖コンスタンティヌス教会を駆けまわる、スリルに富んだ競馬によって再現されている。地元の高官が演説し、祈りを捧げるなか、馬と騎手が町郊外の丘に集まる。ほどなくして、馬が勢いよく丘を駆け下りる。最初にコンスタンティヌス帝を演じる騎手、次に彼の2人の旗手、そして雷鳴のようなとどろきをあげる馬の群れが続く。聖域に到着すると、彼らはその周りをゆっくりと7周し、通るたびに聖職者から祝福を受ける。しかし、コンスタンティヌス帝は6周目を終えると駆け出し、騎手全員を引き連れて、レースの終わりを知らせる場所に向かう。町の人々はいっせいに安堵のため息をつく。勝利はキリスト教の基本的な教義が再確認され、また新たな1年を迎える。

開催地域：イタリア、セディーロ
開催時期：7月5〜7日

パリオ
アスティ

ピエモンテ州アスティには、発泡ワイン以上に誇れるものがある。それがパリオだ。パリオと言えばシエナが有名だが、その起源はアスティのほうが古い。はじめての出走は1275年で、隣町アルバの城壁の下のブドウ園で開催された。今日では、レースはかなり多くの儀式のあとに行なわれる。アスティの21地区では出走当日までに、自分たちの馬の勝算を得ようとして祝宴を開いたり、呪術を行なったり、競争相手を買収したりする。パリオ当日には、馬がレースをする前に、各地区の紋章旗を振るトワラーを先頭に、中世の衣装を着た1200人以上の人々によるパレードが行なわれる。シエナのレースと同様に、勝者はパリオ（優勝旗）を受けとる。アスティの紋章が施された深紅の旗だ。

開催地域：イタリア、アスティ
開催時期：9月の第3日曜日

アスティのパリオで、パレードに華を添える、旗手の妙技。

パリオ
シエナ

　シエナのパリオと陰謀は、切っても切れない。騎手が賄賂を受けとることもあるし、競争相手のコントラーダ（地区）が馬に薬物を投与したり、馬をさらうことさえある。そのため、騎手も馬も自宅軟禁状態となる。17のコントラーダは抽選を行ない、各レースに参加する10地区を決める。馬と騎手の割り当ても抽選で決まる。レース当日、コントラーダは中世の衣装に身を包み、石畳の敷かれた壮麗な中央広場カンポまで行進する。列を率いる騎手は旗をくるくると回して天高く舞いあげる。満員の観客の前で、アドレナリンを刺激するようなレースが3周にわたって行なわれる。

開催地域：イタリア、シエナ
開催時期：7月2日と8月16日

トラーパニの聖劇の行列
トラーパニ

　聖劇の行列の宗教的な出し物は、はるか遠く1612年にまでさかのぼることで知られている。その特色は、キリスト受難の場面（イエス・キリストの死と復活）をあらわす精巧な彫像を運ぶ一連の山車だ。シチリア島トラーパニでは、20の異なるギルド（同業者組合）がそれぞれ、キリスト受難の異なる場面をあらわす山車をつくる。さまざまなギルドには、靴職人、パン職人、美容師などもある。塗装された木像と布でつくられた山車を肩に担いで町中を練り歩く行列は、聖金曜日（キリスト受難日）の午後2時から24時間行なわれる。この伝統行事は、住民がキリスト受難の場面を演じたスペインのラス・カサスの祝祭から派生したといわれている。この「受難劇」は、トラーパニの聖週間のハイライトである。

開催地域：イタリア、トラーパニ
開催時期：聖金曜日（キリスト受難日）の午後から復活祭前日の土曜日まで

ヘビ祭り
コクッロ

　イタリアは毒蛇が出る危険な地域の上位にいるわけではないが、アブルツォラ州クイラ県のコクッロの人々は、毒蛇の脅威を真剣に受けとめて、年に1度、彼らの守護聖人である聖ドメニコのための行列を行なう。花火と厳粛なミサのあと、聖ドメニコの聖像はうごめく大量のヘビに覆われたまま、村を行進する。これで次の年に村民がヘビに噛まれることはないらしい。少し矛盾することに、とらえたヘビ（グラススネーク、ネズミヘビ、タイリクシマヘビなど）は、すべて無毒なのだが、噛まれないように牙を抜いてある。それがなんら奇怪なことではないかのように、聖ドメニコは歯科治療の守護聖人でもあり、人々は歯が痛くならないように、自分の歯にひもを結び、彼の名誉を称えてベルを鳴らす。

開催地域：イタリア、コクッロ
開催時期：5月最初の木曜日

レガータ・ストーリカ
ヴェネツィア

　ヴェネツィアは、運河に浮かぶ長くて黒いゴンドラで有名だ。ゴンドラの船頭は彼らの伝統を心から誇りに思い、毎年、歴史あるカナル・グランデ（大運河）でのレガータ（レガッタ）大会に参加する。このイベントは13世紀中頃から行なわれ、連なるゴンドラにはドージェが統治していた時代の衣装を着た人々が乗っていて、ドージェとその妻に扮した人もいる。4種類のゴンドラレースが行なわれ、快適さよりも速度重視で設計されたスポーティーな小型のゴンドラのレースもある。もちろんイタリアらしく、イベントにはもれなく、食事、ワイン、音楽、ファンファーレがついてくる。

開催地域：イタリア、ヴェネツィア
開催時期：9月最初の日曜日

聖ラニエリのレガータ
ピサ

　イタリアのレガータといえば、たいていの人はピサではなく、ヴェネツィアを思い浮かべるだろう。だが、斜塔のある町ピサは、1290年から続くアルノ川をさかのぼる熱狂的なボート漕ぎの伝統行事に夢中だ。10人の男性からなる4つのチームは町の4地区の代表で、彼らは流れに逆らって幅の狭い舟を漕いで上流に1500m進む。各チームは、8人の漕ぎ手、案内人、よじ登る人（モンタトーレ）から構成されている。モンタトーレの役目は、ゴール地点に浮かぶボートのマストに固定された10mの太綱4本のうちのひとつによじ登り、優勝旗をつかみ取ることだ。優勝チームは青い旗を勝ちとり、次点のチームはそれぞれ白と赤の旗を手に入れる。最下位のチームは群衆からやじを浴びるしかない。

開催地域：イタリア、ピサ
開催時期：6月17日

サルティリア祭
オリスターノ

　カーニバルの3日間、サルデーニャ島にあるオリスターノの町は、馬術フェスティバルで中世の時代にタイムスリップする。これは11世紀の伝統行事とスペイン統治下の時代の伝統行事が調和した祝祭だ。サルデーニャとスペインの騎士の伝統衣装を着た人々が馬術を披露し、祭りの名前にもなっている馬上槍試合、「ラ・サルティリア」で戦う。フェスティバル最大の呼び物は、全速力で駆けながら、吊るされた星を突く競技で、次の年がより幸せになるとされる。このフェスティバルの主役は、中世の騎士に扮した「ス・コンポニドーリ」と呼ばれる仮面をつけた騎士だ。

開催地域：イタリア、オリスターノ
開催時期：カーニバル・サンデーと告解の火曜日

スコッピオ・デル・カッロ
フィレンツェ

　フィレンツェの人々は、十字軍の時代にさかのぼるとされる儀式で、バンバンという大きな音とともにイースター当日を迎える。スコッピオ・デル・カッロ（山車の爆発）は、第1回十字軍遠征でエルサレムの城壁の上にキリスト教の旗を掲げたパッツィーノ・パッツィを記念している。彼が聖墳墓教会にある聖墓から褒美として賜った3個の石は、1101年、キリスト教の新たな火をおこすためにフィレンツェに戻された。石が到着したときの様子が毎年再現され、その「火」は拡大している。イースター当日の午前10時、石は火をつけるために用いられ、中世の衣装を着た鼓手、兵士、カラーガードに付き添われて山車で運ばれる。彼らは大聖堂まで行進すると、そこでハト形のロケットに火をつける。大聖堂から山車までワイヤーを伝って飛んできたロケットで山車は大爆発する。

開催地域：イタリア、フィレンツェ
開催時期：イースター・サンデーの朝

カネッリの包囲
カネッリ

　1613年、ピエモンテ地方カネッリの人々は町を包囲するマントヴァ領主ネヴェルス公の軍隊を撃退するため、サヴォイア公の小隊と団結した。現在、町の人々は当時の衣装を身につけて、包囲の様子を再現し、たっぷりのお酒とごちそうを味わう。最初の戦いがはじまるのは土曜日の午後遅くで、侵略軍は一晩中町を包囲する。日曜日は勝利の日。午前11時30分に決戦の火ぶたが切って落とされ、敵軍が町になだれこんでくるが、最後は町の住民に追い出される。正午の勝利宣言に続いて、祝いの昼食、荷馬車レース、さまざまな競技や大道芸が催される。

開催地域：イタリア、カネッリ
開催時期：6月の3度目の週末

聖バレンタインの日
テルニ

　ウンブリア州テルニの善良な市民にたずねてみれば、愛の守護聖人の遺骸が町の中央のサン・ヴァレンティーノ教会にあると答えるだろう。聖バレンタイン（ウァレンティヌス）がこの教会で若い訪問客に自分の庭の花をたびたび贈ったといわれている。2人の若者が恋に落ち、結婚して、聖バレンタインと愛が永遠に結びついた。そして、テルニの町が2月14日を彼の祝日として主張したということらしい。テルニでは2月中ずっと愛を祝うが、大切な日である14日にサン・ヴァレンティーノ教会周辺で行なわれる祝祭でピークを迎える。とくに称賛すべき愛ある行為に敬意を表して、その年の最優秀賞が発表される。

開催地域：イタリア全域、とくにテルニ
開催時期：2月14日

オランダ、フリースラントのフィーエルヤッペン選手権で、運河に立てた高さ13mの棒を使って向こう岸に跳ぶ選手。

＞オランダ

ブルーメンコルソ（花のパレード）
アールスメールからアムステルダムまで

　祭りの主役は凝った花の装飾を施した山車と車だ。この地域の町のいくつかで花のパレードが開催されるが、最も古くて壮観なのはアールスメールのパレードだ。1948年から行なわれているこのパレードは、アールスメールにある花の競売場からアムステルダムのダム広場までの約10kmを進む。2.5kmの道のりは、楽団が演奏し、花にまつわる衣装をまとったダンサーが踊るなか、山車やトラックが登場する華やかなものだ。参加者が演じ、あらゆるイベントが多彩な色と香りにあふれている。通常は、50万本以上の花が巨大な山車20台を華やかに飾るのに使われる。山車は、たとえば花でできた巨大なゾウ、漫画のキャラクター、お笑い重視のものなど、何らかのテーマに沿ったものが多い。車は屋根、ボンネット、側面を花で飾りたてている。

開催地域：オランダ、アールスメールからアムステルダムまで
開催時期：9月最初の土曜日

カンナビス・カップ（大麻フェスティバル）
アムステルダム

　カンナビス・カップが、宗教改革とつながる感謝祭に先立つ数日間に開催されるのは皮肉である。おそらく大麻の常習者にもその意味はわかるだろう。ハイタイムズ誌が主催するカンナビス・カップは、25年以上にわたってアムステルダムで開催されてきた。これはマリファナを吸うことに関わるすべてのことを扱う大きな祭典で、その呼び物は最高のハシッシュとマリファナを栽培した生産者を決定する大品評会だ。専門家の一団がサンプルを試して（たぶん大量のピザと一緒に）審査を行なってから、受賞者を決める。ほかにも最高のタネ、最高のパイプ、最高のコーヒーショップ（大麻の合法販売店）などに贈られる賞がある。生演奏、コメディ・ショー、業界

有名人による贈呈式もある。

開催地域：オランダ、アムステルダム
開催時期：感謝祭週間の5日間（11月の第4木曜日）

フィーエルヤッペン――運河飛び選手権
フリースラント

　奇妙なスポーツと言うほかない。選手は運河に固定された長い棒に向かって助走して飛びつき、棒が前方に倒れるようにできるだけよじ登って、運河の向こう岸の砂地に飛び移る。棒の長さは13m以上はあるだろう。飛距離は20mを超える。フリースラント発祥のフィーエルヤッペンは、いまではオランダ各地で人気のスポーツで、毎年8月に全国選手権が開催されている。オランダでも指折りの選手に会うまたとない機会だ。このスポーツは1200年代から行なわれたと考えられている。当時、農民は棒を使って運河を飛び越え、自分たちの土地のあちこちを移動した。他人の土地に侵入して卵を盗んだ者が、決まった渡河点でなくてもすばやく逃げられるように考え出したという説もある。

開催地域：オランダ、フリースラント
開催時期：8月22日

国王の日
アムステルダム

　盛大で、騒がしくて、そしてオレンジ……まさにオレンジー色だ。オランダの国王の日は、色鮮やかに盛りあがる。全国民が、祝日として国王の誕生日を祝う。オレンジ色――オランダ王室「Orange（オラニエ家）」にちなむ――を、いたるところで見かける。パーティは前夜にはじまり、当日は朝から晩まで続く。公式行事がいくつかあるものの、この祝祭の最も素晴らしい点のひとつが、国民のほぼ全員が思い思いにこの日を祝うことにある。決まっているのはオレンジ色の服を着ることくらいで、オレンジをテーマにしたボートのパレードから路上パーティにいたるまで自由に祝う。町の最先端の場所では、徹底的にオレンジ色にこだわったクラブで夜を過ごせる。

開催地域：オランダ全域、とくにアムステルダム
開催時期：4月27日（日曜日はのぞく。その場合、祝日は土曜日になる）

マーストリヒト・カーニバル
マーストリヒト

　毎年3日間、パーティと行列という騒動で町の中心部がのっとられる。誰もがカーニバルカラーの赤、黄、緑で美しく着飾る。土曜日に「おばかの王子」が選ばれ、市長から町のカギを渡される。祝祭が始まるのは日曜日で、王子の旗と、祝祭の進行を見守るムースウィーフ（直訳すると「野菜の女性」）の人形が掲げられる。そのあと行なわれるグランドカーニバル・パレードの主役は、意趣を凝らして飾り立てた何百もの山車、巨大な人形、華やかな衣装だ。月曜日は家族の日で、音楽や踊り、歌などのステージが楽しめる。火曜日、ブラスバンドの競技会が行なわれたあと、ムースウィーフは来年に備えて下に降ろされる。

開催地域：オランダ、マーストリヒト
開催時期：告解の火曜日までの3日間

サマー・カーニバル
ロッテルダム

　港町ロッテルダムで夏のカーニバルとして開催されるこの祭典は、ヨーロッパの多くで行なわれる四旬節前の熱狂的な冬のカーニバルよりも、リオやノッティングヒルのカーニバルと共通点が多い。カーボ・ヴェルデ諸島とスリナムにある大きなコミュニティが、ロッテルダムの町に独自のカーニバルの雰囲気をもたらしている。カーニバル週間がはじまるのは木曜日。町の中心に特別につくられたビーチで行なわれるパーティでお披露目される、カーニバルの女王が選ばれる。金曜日に「ドラム・バトル」が開催され、オランダ各地から集まったブラスバンドが、パレードでの順番を競う。土曜日には音楽、山車、カリブ海の衣装を着た人々による活気ある陽気な街頭パレードがある。そのあと、いくつかのバンドが町のあちこちのステージで演奏する。

開催地域：オランダ、ロッテルダム
開催時期：6月中旬の木曜日から土曜日

オランダの国民が国王の誕生日を祝う国王の日は、オランダ王室（オラニエ家）の色、オレンジ色に染まる。

＞ポルトガル

聖アントニオ祭
リスボン

　リスボンは、町全域で行なわれるイワシ祭りで町の守護聖人の祝日を祝う。イワシの炭火焼を路上で熱心に食べる。この祭りは聖アントニオが海に向けて説教をした13世紀にさかのぼるといわれ、すべての魚が並んで口を開けて説教を聞いたという。豆電球、紙のランタン、色とりどりのリボンで飾られた町を練り歩く、仮装パレードのコンテストもいくつかある。聖アントニオは縁結びの聖人としても知られている。女性はくるくると巻いた紙に婚約者の名前を書き、それが水中で広がるかどうかを一晩中見守ることになっている。真実の相手であれば紙は広がるという。男性はもっと簡単だ。婚約者にバジルと恋愛の詩を贈らなければならない。

開催地域：ポルトガル、リスボン
開催時期：6月12〜14日

聖ジョアン祭
ポルト

　首都リスボンにも引けをとらない町ポルトには、独自の祭り（聖ジョアン祭）があり、地元の人々は夜通しのパーティとドウロ川を下るレガッタ競技で派手に祝う。聖ジョアンの祝日前夜のパーティはかなり盛りあがり、花火をして、かがり火を焚き、コンサートが行なわれ、大酒を飲み、ダンスを踊る。それだけではなく、ニンニクの花、あるいは音を出す大きなおもちゃのハンマーで頭を叩きあうという変わった伝統もある。そして、日の出を見るためにビーチを目指す。その午後には、山々からポートワインの樽を輸送するために利用されていた伝統的な帆船バルコ・ラベロ（帆掛け舟）による毎年恒例のレガッタ競技が行なわれ、さまざまなポートワイン運搬船を代表する船がさほど真剣ではないレースに参加する。

開催地域：ポルトガル、ポルト
開催時期：6月23〜24日

タブレイロスの祭り
トマール

　600年におよぶこの祭りの起源については諸説あるが、収穫への感謝と、貧しい者のための町の慈善事業を支援する目的で開催される祭りはかなり見ごたえがある。音楽、踊り、花火、闘牛、祝宴が行なわれる4日間のクライマックスは、伝統衣装を着た600人の若い女性がこの歴史的な町を通り抜ける行列だ。彼女たちはそれぞれ、刺繍を施した亜麻布、何斤もの小さなパン、紙でできた花々で飾られた巨大なタブレイロ（頭飾り）を頭に載せている。頭飾りは「それを運ぶ女性の身長と同じでなければならない」。重さは最高15kgまでとされている。行列は中央広場で終わる。広場には、小麦、ワイン、屠殺を待つ雄牛で満載の荷車があり、パンとともに聖別される。翌日は、楽団、爆竹、バグパイプ、ドラムによる別の行進があり、貧しい者や高齢者に食べ物が施される。

パンと花で飾られた伝統的なタブレイロ（身長と同じくらい高くなければならない）を頭に載せた女性の行列。ポルトガル、トマールで行なわれるタブレイロスの祭りのパレードの印象的な光景だ。

開催地域：ポルトガル、トマール
開催時期：奇数年の7月に4日間か5日間。次回は2015年

＞アイルランド

ゴールウェイ・オイスター・フェスティバル
ゴールウェイ

　ゴールウェイ市のグレート・サザン・ホテルがマーケティングの一環として1954年に企画したゴールウェイ・オイスター・フェスティバルは、いまや国際的なイベントとなり、2012年には1万人を超える観光客を魅了した。このフェスティバルの王様は牡蠣だ。牡蠣にまつわるありとあらゆる種類のイベント、そしてさまざまな牡蠣料理を思う存分食べるチャンスがある。このフェスティバルは毎年、牡蠣が解禁となる9月最後の週末に開催される。3日間にわたって、牡蠣やそのほかの魚介類を使った素晴らしい料理、一流の音楽とエンターテインメント、ストリートパレードと伝統的なアイルランド流の温かいもてなしが堪能できる。ハイライトは「牡蠣早むき世界選手権」だ。もちろん、すべてを流しこむのは何杯ものクリーミーな極上のアイリッシュスタウトだ。

開催地域：アイルランド、ゴールウェイ
開催時期：9月最後の週末

リーク・サンデー
クローパトリック

　篤い信仰心の大きな証として、1万5000人ものカトリックの巡礼者がメイヨー州ウエストポート近郊の標高764mの聖なる山クローパトリックに登る。たいてい肌寒く、雨が降るにもかかわらず、素足で登る人もいれば、シャツを着ていな

い人もいる。その道はでこぼこで、ところどころに小石がある。悪天候のときはとくに、この登山は厳しい。巡礼者のなかには、バランタバー修道院からクローパトリック山まで35km以上歩いてから登山をはじめる者もいる。5世紀、聖パトリックがクローパトリック山で40日間の断食を行なったといわれ、山頂の小さな礼拝堂では1日中ミサがとり行なわれる。巡礼のあと、大半の人が山のふもとにあるパブで休養する。パブの主人オーエン・キャンベルは以前、こう話していた。「多少は騒がしいこともあるさ」

開催地域：アイルランド、クローパトリック山
開催時期：リーク・サンデー（7月最後の日曜日）

リスドゥーンバーナ・マッチメイキング・フェスティバル（お見合い祭り）
リスドゥーンバーナ

アイルランドの結婚仲介の伝統は歴史が古く、辺ぴな田舎の若者に未来の結婚相手を紹介するために定着した。マッチメイカー（仲人）たちは自分たちの地域の未婚者を記録して、ふさわしい相手だと考えた者同士を紹介する。残された数少ない仲人のひとりにウィリー・ダリーがいる。彼はクレア州リスドゥーンバーナの町の伝統を守っている。リスドゥーンバーナではかつて、市のたつ日に人々が出会い紹介されていて、これが現在のお見合い祭りへと発展した。ヨーロッパ最大の独身者のイベントといわれ、9月のあいだは1週間毎日ダンスが行なわれるが、週末には何万という人々が町を訪れる。パートナーを探している地元の農民もいるが、多くは単に有名なアイルランドの愉快なひとときを楽しもうとやって来た独身者だ。

開催地域：アイルランド、リスドゥーンバーナ
開催時期：9月

パック・フェア
キログリン

ほぼまちがいなく世界で最も奇妙な祭りのひとつであり、アイルランドでは最も古い祭りだ。ケリー州キログリンのパック・フェアでは、3日3晩、野生のシロイワヤギを町の王様にする。祭りの起源はベールに包まれているが、2013年に400回目の「公式」記念日が祝われた。雄ヤギのパックが、古代異教徒の豊穣の象徴だと信じている人もいる。伝統的なアイルランドの馬市は、遠くからの買い手と売り手を魅する。雄ヤギの王の戴冠を呼び物とするパレードが初日に行なわれ、続く2日間にわたってコンサートが催され、大道芸人が登場し、いたるところでアイルランドの「ケーリーダンス」が見られる。最終日の夜、真夜中に行なわれる大規模な花火大会で祭りは幕を閉じる。

開催地域：アイルランド、キログリン
開催時期：8月10～12日

サーウィン祭
ダブリン

ゲール人、ケルト人、そして異教の伝統が取り巻くサーウィン祭は、ハロウィンのアイルランド版というだけではない。インボルク、ベルテン祭、ルーナサ（収穫祭）とともに、ケルトの暦の1年を8分した節目のひとつだ。冬のはじまりは「出会い」と、「仕返し」のときであると同時に、プーカ（悪魔のような馬）に汚されないように食べ物を蓄え、本格的な冬が来る前に果物を収穫するときでもある。そのはじまりを告げるのがサーウィン祭だ。伝統的にすべての明かりと火は消され、その年で最も暗い夜にする。ハロウィンパレードでは、たくさんの悪鬼や幽霊、魔女、さまざまな怪物が町の人々を怖がらせる。その夜の終わり、大花火大会が行なわれ、すべての悪霊を撃退する。

開催地域：アイルランド、ダブリン
開催時期：10月31日

聖パトリックの祝日
ダブリン

聖パトリックはアイルランドの守護聖人で、奇跡を起こし、少なくともエメラルドランド（アイルランドの別名）からヘビを一掃したと考えられている。世界中にあふれるおなじみのアイルランドパブでは、3月17日、聖パトリックを称えてパーティを開くが、やはりいちばん盛り上がるのはダブリンだ。ダブリンの町は大々的に聖パトリックの祝日を祝う。コンサートや大道芸、移動遊園地で盛りだくさんの祭りが4日間続き、町中の投光照明灯まで緑色（アイルランドの色）に変わる。呼び物となるのはグランドパレードで、何千人もの人々が町を通り抜けて行進していく。

開催地域：世界各国、とくにアイルランド共和国、ダブリン
開催時期：3月17日、ただし祝祭は4日間続く

アイルランド、ダブリンの聖パトリックの祝日でのグランドパレードにて。何千人もの人々が慣例となった緑色の服を着ている。

救いの道

聖地巡礼は、さまざまな理由のために行なわれる。癒しや贖罪を求めて、あるいは感謝、達成感のため、または奇跡を目撃するために。その旅は通過儀礼であり、人生を変える霊的体験でもある。そして、巡礼者がたどり着く目的地は、たいてい陽気な祭日のような雰囲気を称え、音楽や踊り、物語や食べ物をわかちあう。

上：ペルー、リマにて。サンクチュアリ・オブ・ラス・ナザレナスでの礼拝に参列するために、奇跡の主の行進に加わる喜びに満ちた巡礼者。

右：ジャガンナート神、バラバードラ神、女神スバードラの像を載せた巨大な儀式用の戦闘馬車。ベンガル湾のプリーに向かうジャガンナート・ラタ・ヤトラで、3台のうちの2台の馬車を引くヒンドゥー教の信者。

左上左：サイード・バダウィ・モスクのガラスケースのなかには、預言者ムハンマドのものと信じられている2つの足跡のついた大きな石がある。エジプトのアフマド・アルバダウィーの預言者生誕祭（マウリド）で、ガラスに手をあてて拝礼する巡礼者。

左上右：ケニア、ラム島のマウリディ祭にて、宗教的な詩句を唱えるイスラム教巡礼者。

左下：エル・ロシオの聖母像の行列に参加するために、スペイン中から巡礼者が集まる。

上：「リーク・サンデー」に、アイルランドの聖なる山クローパトリックの山頂を目指して、2本の棒を支えに険しい道を裸足で登るキリスト教信者。

多くの信者にとって、人生そのものが巡礼——不完全な状態から神聖な次元への旅——であり、教会、モスク、シナゴーグ、寺院といった共同体での定期的な礼拝は、目標にいたる道筋としては慣習的だ。だが、きわめて信心深い人々は、特定の聖地に実際に旅立つという行為によって、毎日の生活からみずからを解放し、宗教的な経験を高める。彼らの目的地は、自分を救うことができるもの、たとえば聖遺物を収蔵している聖堂、彼らの宗教の創始者の生誕地、奇跡あるいは殉教の地かもしれない。難易度が高く、達成が困難な旅であるほど、精神的な悟りと恩恵が得られる機会となる。

スペインのサンティアゴへの道やイスラム教徒のハッジといった世界最大の巡礼地のいくつかは、祝祭ではなかったり、信者以外の人には開かれていないため、本書には含まれていない。だが、ほかのイスラム教の聖地巡礼でも、その聖堂や聖地が世界中のおびただしい数の人々を集めている。たとえば、エジプトのアフマド・アルバダウィーの預言者生誕祭（マウリド）では、200万人もの帰依者がこのスーフィの聖人の聖堂におしよせる（p.15参照）。熱心な信者は恍惚境に入り、神により近づくためにくるくると旋回する。また、モロッコの神聖な町メクネスにある別のスーフィの預言者ベン・イーサーの巡礼地では、かつては恍惚となった巡礼者がヘビやガラスさえ食べることで有名だった（p.16参照）。近頃は少し落ちついてきたが、一緒に開催される生誕祭では、伝統的な騎馬でマスケット銃を発砲する銃撃を見ることができる。

すべてのイスラム教の巡礼地に、スーフィの聖堂があるというわけではない。ケニア沖のラム島で行なわれるマウリディ祭では、4日間にわたって音楽を奏で、崇拝の念をあらわし、ダンスを踊り、ダウ船やロバのレースを催して、預言者ムハンマドの生誕を祝う（p.14参照）。巡礼者は宗教的な詩句を詠唱し、マウリディを唱え、ダウ船が並ぶ歴史的な海辺沿いを行進しながらタンバリンを叩く。

ロバート・ルイス・スティーヴンソンの名言に「希望を抱いて旅することは、到着することよりも素晴らしい」とあるように、目的地よりも旅することが重要と思われる巡礼がいくつかある。ペンテコステの数週間と数日前になると、90ものキリスト教の巡礼協会のメンバーが、スペイン中から徒歩や荷馬車でエル・ロシオ村にやってくる。エル・ロシオの聖母巡礼のためだ（p.224参照）。巡礼者は伝統的なアンダルシア人の衣服を身につけ、荷馬車を花で飾り、時をさかのぼる旅を演出している。

このように長く伝統的な旅に加わるという行為は、到着した村での儀式と同じくらい

上：巡礼者のための豪華絢爛な祝祭。インド南部のケーララ州で10日間にわたって開催されるオナム祭にて。

右上：インド人による投票で、インドの7不思議のひとつめに選ばれたシッダ・バーフバリの巨大立像。インド、カルナータカで行なわれるジャイナ教徒の祝祭マハマスタクアビシェーカで、牛乳やサトウキビ汁、ペースト状のサフランを混ぜた献酒で清められる。

右下：遊牧民のチャンパは、僧侶による仮面舞踏チャムを楽しむために、年に1度、北インドのコルゾック僧院を訪れる。

巡礼には欠かせない要素だ。キューバの聖ラザロ巡礼、パナマの黒いキリスト祭り、アイルランドのクローパトリック山を登るリーク・サンデーの巡礼は、すべてキリスト教徒の巡礼で旅に重点がおかれている（p.45、p.57、p.210参照）。こうした巡礼のために、告解者は多くの場合、素足、または、両手と両膝をついて道のりを進む。

とはいえ、大部分の巡礼祭では主となる表現の方法は共同体での祈りだ。信者はただ参加するために旅をしていて、遠く離れた地から膨大な数の巡礼者が集まる祭りもある。インドはほぼまちがいなく、最大の聖地巡礼の国だ。その広大な鉄道網は、最貧困層でさえ信仰のために長い距離を旅することを可能にしている。ヒンドゥー教では巡礼に旅立つことが大きな意味をもち、国中に寺院や神聖な沐浴場があり、何日もかけて礼拝することがとりわけ幸せを招くとされている。近頃は歴史上の出来事で固定される場合もあるが、一般的には月の満ち欠けや星の動きによって決められる。巡礼に旅立つことで、ヒンドゥー教徒は功罪（カルマ）を得られ、罪を洗い清めることができ、悟りに近づくことでみずからを輪廻から解放できると信じている。

そのため、巡礼者が長い道のりを旅して、信仰のために困難をいとわないのはさほど不思議ではない。かつて、私はアラハバードで12年に1度しか行なわれないクンブメーラで巡礼者に話を聞いたことがある（p.124参照）。彼らは、特別な巡礼列車の3等席に乗り、3日間かけて南インドから旅してきていた。駅に着くと、おびただしい人の群れのなかを祭りの会場に向かい、聖地サンガムで沐浴をして、ちょうど24時間後に帰りの電車に乗る。1週間の往復旅行だ。

ヒンドゥー教には驚くほど大規模な沐浴の祭りが数多くあるが、インドの巡礼祭は

沐浴だけの祭りではない。忠実な信者が、国中の寺院に集まってくる。インド南部のケーララ州ではオナム祭が行なわれ、素晴らしいゾウのパレードがある（p.126 参照）。ゾウは頭に金色の飾りをつけ、背中にはクジャクの羽でできた団扇を振りかざす侍者が乗っている。イギトゥン・チャルネでは、巡礼者はゴアのシュリガオ寺院で火渡りをする（p.123 参照）。そして、オリッサ州のジャガンナート・ラタ・ヤトラでは、巨大な木製の戦闘馬車が巡礼者にひかれて町を行進する（p.123 参照）。

インドは偉大な宗教のいくつかの発祥の地であり、その多くは巡礼を尊ぶ。マハマスタクアビシェーカは 12 年おきに行なわれ、ジャイナ教徒を集めている（p.126 参照）。彼らは高さ 18m のシッダ・バーフバリ像の頭に、牛乳やサトウキビの絞り汁をかけて聖別する。そして、ナーナク・ジャヤンティでは世界中からシーク教徒がやってきて、アムリトサルの黄金寺院で祈りを捧げる（p.126 参照）。

インド北部では、多くの人々がチベット仏教に従っている。ラダックはカラコルム山脈と大ヒマラヤ山脈に挟まれ、多数の古代僧院が生まれた場所だ。それぞれの僧院で少なくともひとつの祭りが開催され、はるか遠くから巡礼者が集まってくる。仮面をつけた僧侶による宗教的な舞踏チャムを見るためだ。この舞踏は一種の瞑想、神へのささげ物として考えられてい

上：ラオス南部のチャンパサック県にあるワット・プーの古代遺跡。本殿に続く急な階段を上がり、巡礼者は仏陀に供物を捧げる。

上右：リマの奇跡の主の行列で、磔刑に処せられたキリストへの信仰心をしめす、何十万人ものカトリック巡礼者。

る。これらの祭りで最も独特の雰囲気があるのがコルゾック・グストールだ（p.124 参照）。ツォモリリ湖岸のいくぶん朽ちかけたコルゾック僧院で行なわれる 2 日間の祭りは、夏のあいだ、村よりも高地の高原で放牧する遊牧民チャンパに人気がある。舞踏には見事な「黒帽子の舞」も含まれ、ヤクなど僧院の動物が象徴的な意味で放たれる。

仏教には巡礼の伝統があり、多くの場合、信者は遺跡に魅了される。ワイサック・デーには、おおぜいの僧侶と巡礼者がインドネシアのボロブドゥールに集まってくる（p.148 参照）。仏陀の生涯と悟りを祝い、信者は、仏陀が説く宇宙論をあらわす 9 世紀に建てられた大きな石造寺院の周りをまわる。ラオス南部のチャンパサック県にあるワット・プー古代寺院群でも年に 1 度の巡礼が行なわれる（p.149 参照）。もともとはヒンドゥー教の寺院で、カンボジアのクメール王朝の一部として造られた。何千人もの巡礼者が険しいでこぼこの階段を上がり、丘の頂上にある聖域を目指す。そして本殿の仏陀像にささげ物をする。「聖なる」泉が近くの洞穴にあり、巡礼者はしたたり落ちる水をペットボトルで受ける。

ローマカトリック教会は巡礼の概念を南アメリカに広め、忠実な信者に熱烈に受け入れられた。ブラジルのシリオ・デ・ナザレ（ナザレ大祭）は、世界最大のカトリックの巡礼とされ、約 200 万人の巡礼者を集める（p.88 参照）。彼らはナザレの聖母像を運ぶ輿を巨大なロープでひくのをこぞって手伝う。3km を超える行列は激しい感情が渦巻き、行列に加わりたい一心から怪我を負うことも少なくない。ペルーのリマで行なわれる奇跡の主でも素晴らしい巡礼者の行進が見られる（p.92 参照）。紫色の式服をまとった告解者が銀で飾った輿で浅黒い肌をしたキリスト像を運ぶ、壮大な 24 時間のパレードだ。

規模は小さいが、色彩に富んだペルー人の行進がパウカルタンボで行なわれ

上：ペルー人の町パウカルタンボで開催される聖女カルメン祭。メスティソの人々の守護聖人ママチャ・カルメンを個人の祭壇で運ぶ巡礼者。

上右：フランス、カマルグの町サント・マリー・ド・ラ・メールにて。ジタンの巡礼祭で、巡礼者は侍女サラ、マリア・ヤコベ、マリア・サロメの聖像に続いて海に向かう。

る。色鮮やかな仮面をつけた踊り子が、聖女カルメン像とともに練り歩く（p.93 参照）。キリスト教以前のアンデス地方の古層文化の信仰とカトリックが混淆した聖女カルメン祭は、祈りを捧げにくる巡礼者の望みを叶えるといわれている。

　私が最も感動したカトリックの巡礼のひとつが、フランスのカマルグ海岸沿いの町サント・マリー・ド・ラ・メールで行なわれる毎年恒例のジタンの巡礼祭だ（p.200 参照）。ヨーロッパ中から集まったロマの人々が、町の中央にある要塞化された教会におしよせ、聖女マリア・ヤコベとマリア・サロメの像をあがめる。2 人はキリストの受難後に聖地から逃がれ、この地にたどりついたといわれている。彼女たちが連れていた褐色の肌をしたエジプト人の侍女サラは、ロマの守護聖人になった。初日には「黒いサラ」の像が、翌日には 2 体のマリア像が教会の上階から降ろされ、町中をパレードしたのち、ロマの巡礼者らによって海へと運ばれる。彼らを護衛するのは、白い馬に乗った有名な牧童（カマルグのカウボーイ）だ。熱心な巡礼者らしからぬ様子で、彼らは音楽や歌とともにビーチの行楽客のあいだを縫って通り抜けていく。聖像が教会に戻される前に、海で祈りが捧げられる。

＞サンマリノ共和国

中世祭
サンマリノ市

　「親愛なる自由の国」として知られるサンマリノ共和国は、イタリアの陸地に囲まれた小さな都市国家で、海辺の町リミニの近くにある。年に1度の中世祭の期間中、サンマリノの時計の針は巻き戻される。歴史協会が町の中心部を人口の多い中世の村に変えるからだ。その中心となるのが「セッラヴァッレの高級売春婦」、「サンマリノ石弓連盟」、「貴族協会」などだ。誰もが当時の衣装を着ている。中世演劇の専門家による公演、アーチェリーや馬上槍試合、トランペットと太鼓の音が鳴り響くパレードと見どころがたくさん。そのほかにも火を食べるファイアーイーター、道化師、吟遊詩人、石弓の射手によるパリオ、旗手のカラーガードなどもある。

開催地域：サンマリノ市中央部
開催時期：7月の終わりまでの5日間

＞スペイン

バスクのカーニバル
イトゥレンとスビエタ

　1月の最後の週に、いったいなぜバスクの村イトゥレンとスビエタで古代の儀式が行なわれるのか、その理由は誰にもわからない。一般には何らかの清めの儀式ではないかと考えられていて、両方の村で行進が行なわれる。月曜日にイトゥレン、翌日がスビエタだ。行列の主役は、サンパンツァールと呼ばれる奇妙な集団で、レースのペチコートをはき、羊の毛皮を肩と腰に巻きつけ、サンダルを履き、バンダナをつけて、とんがり帽子を被っている。ベルトにつけた大きなカウベルは彼らが歩くたびに背中で揺れ、自然を冬の眠りから目覚めさせるかのように大きな音を響かせる。

開催地域：スペイン、イトゥレンとスビエタ
開催時期：1月最終週の月曜日と火曜日

バターリャ・デル・ヴィーノ（ワイン祭り）
アーロ

　毎年恒例のこの儀式はまちがいなく、境界争いを記念する最も風変わりな方法のひとつだ。数世紀前、ラ・リオハ州アーロとブルゴス県ミランダ・デ・エブロは、ビリビオ山の所有権をめぐって争った。アーロの守護聖人である聖ペドロの祝日に、アーロの市長は馬に乗り、評議会から提供された大量の赤ワインを運ぶ人々の行列を率いる。行列は町からビリビオ山の聖フェリセス埋葬地に向かう。そこでミサが行なわれたあと、戦いの火蓋が切って落とされる。人々は、水筒、ワイン用の皮袋、ワイン入りの水鉄砲まで用意している。誰もがびびりするほど紫色に染まるまで、戦いはおよそ3時間続く。それから、彼らはタパス（つまみ）をもって町に戻り、かがり火のまわりで（残っていれば）ワインをさらに飲む。

開催地域：スペイン、アーロ
開催時期：6月29日

牛追い祭り
デニア

　牛追い祭り（カタロニア語でBous a la Mer「市場に向かう雄牛」という意味だが、大ざっぱに「海に向かう雄牛」と解釈される）の期間中、地元の人々は、狂暴な雄牛が海に入るように「尻を叩く」。もともとは1633年、ペドロ・エステベと呼ばれる修道士が自分たちのパンを人々にわけ与え、疫病から町を救い出したことから「聖血の祭り」がはじまった。どうしてこれが雄牛を海に追いこむことになるのかは誰にもわからないが、この「ゲーム」は1926年以降、9日間の祭りの会期中に1日に2回ずつ行なわれている。闘牛場は港に建てられ、片方が海に向かって開いている。雄牛は1頭ずつ放たれ、無謀な地元の人々が雄牛を闘牛場の端、海に追いたてようとする。雄牛は慎重なので、ぎりぎりまで思いきったことをしようとしない。海に近づきすぎて、入ってしまった牛はすぐに救出されて、別の雄牛が放たれる。

開催地域：スペイン、デニア
開催時期：7月第2土曜日から9日間

ビラノバ・イ・ラ・ヘルトルのカーニバル
ビラノバ・イ・ラ・ヘルトル

　独裁者フランコの時代の圧制に逆らった数少ない町のひとつ、カタロニア地方の海辺の町ビラノバ・イ・ラ・ヘルトルで行なわれるカーニバルは、その独特の伝統をカーニバルで守り続けている。四旬節前の木曜日、大々的に行なわれるラ・メリンガータ（メレンゲ祭り）で誰もがべたべたになる。金曜日は、カーニバルの王様による仮面行列が催され、土曜日には、蜂蜜と羽毛で覆われた鳥人間が登場する。そして、自分の正体は明かさずに相手が誰だか当てようとする仮面をつけた者もあらわれる。日曜日、伝統的なパレードの行列がコレス広場に集結し、「キャンディ合戦」が勃発する。月曜日と火曜日にはさらに多くのパレードが実施され、四旬節が正式にはじまる聖灰水曜日にイワシの埋葬の儀式がある。

開催地域：スペイン、ビラノバ・イ・ラ・ヘルトル
開催時期：四旬節前の1週間

エル・コラチョ
カストリージョ・デ・ムルシア

　スペインは奇妙な祭りを専門としているようだ。なかでもとくに奇妙なのが、このエル・コラチョである。エル・コラチョ（悪魔）に扮した男性が、悪霊から清めるために赤ん坊を飛び越える祭りだ。1621年にはじまったこの儀式は、聖体祭に続く4日間の祝祭のハイライト。エル・コラチョが黒い服を着た厳粛な面持ちの侍者の一団につき添われ、町を練り歩く。彼は村人のあとを追い、手が届くかぎり多くの尻を叩き、人々に迷惑がられる。中央広場に着くと、泣いている1歳児を親が神妙な顔でマットレスに寝かせる。黒い服を着た表情の険しい男性が太鼓を叩きながら前進すると、エル・コラチョが駆けだして赤ん坊を飛び越える。

突き棒で追い立てたり、なだめたりして、海に追いこもうとする地元住民の意に反して、水際で踏ん張る雄牛。これほど用心深くない雄牛は、気づいたときには地元の人々もろとも海で泳いでいる。スペイン、デニアの牛追い祭りにて。

開催地域：スペイン、カストリージョ・デ・ムルシア
開催時期：聖体の祝日（5月か6月）

エルス・エンファリナッツ
イビ

多くの人々は、クリスマスと新年の合間に親戚を訪ねたり、セールに行ったり、たいていは祭日の暴飲暴食を寝て治す。だが、アリカンテ近郊のイビの町では、地元の既婚男性が大量の小麦粉と卵を投げて戦う。「エルス・エンファリナッツ」と呼ばれるグループが、偽物の軍服で扮装して「クーデター」を演じる。町を奪い、さまざまな奇妙な法律を制定する。悪党を網で捕らえ、慈善行為を行なわせる。別のグループが新たな支配者を失脚させようとして、その結果、戦いが起こる。この祭りの正確な起源は知られていないが、200年前にさかのぼるといわれ、12月28日に行なわれる。「罪なき嬰児殉教の日」だ。スペインとラテンアメリカでは伝統的に、子どもじみたいたずらでこの日を祝う。

開催地域：スペイン、イビ
開催時期：12月28日

フェリア・デ・アブリル（セビリアの春祭り）
セビリア

スペインの多くの白熱した祝祭とは対照的に、1週間にわたるセビリアの春祭りは、上品で洗練されている。女性はトラヘ・デ・ヒターナと呼ばれるフラメンコドレスを着て、男性はトラヘ・コルト（短いジャケット、ぴったりしたズボン、ブーツ、帽子）という伝統的な衣装に身を包む。この祭りは、馬車と騎手による壮大なパレードで幕を開ける。立派な闘牛場で闘牛が行なわれるが、明らかに闘牛祭りとは違う。セビリアはフラメンコで有名で、この祝祭にはアンダルシア中からフラメンコダンサーと演奏家が集まってくる（業界屈指の大物も何人かいる）。広大な敷地にテントが張られ、バーやダンスホールがつくられている。これはカセタと呼ばれ、ここでパーティやフラメンコが行なわれる。

開催地域：スペイン、セビリア
開催時期：4月

馬祭り
ヘレス・デ・ラ・フロンテーラ

もうひとつの洗練されたスペインの祭りが馬祭りだ。年に1度、ヘレス・デ・ラ・フロンテーラで催される、ヨーロッパの馬業界最大のイベントのひとつだ。馬に関わるあらゆるアクティビティ、たとえば障害物飛越競技の世界大会、ドレサージュ、馬のレース、展示会、競売などが呼び物となっている。伝統的なアンダルシアの乗馬服を着た何百人もの騎手が、メイン会場であるゴンザレス・オントーリア公園を埋め尽くし、驚くべき馬術を披露する。1週間にわたる壮観な祭りのもうひとつの魅力が、アンダルシアの馬による舞踏で、その見事な演技に会場は必ずどよめき、喝采する。

開催地域：スペイン、ヘレス・デ・ラ・フロンテーラ
開催時期：4月の7日間

死にかけた人のフェスティバル
ラス・ニエベス

過去1年間で、ぎりぎりのところで命拾いをしたり、何らかの方法で運よく死を免れた経験があるなら、ガリシア州ラス・ニエベスの町に行ってみよう。復活の守護聖人である聖マルタを称え、感謝を捧げることができる。あなたには棺に入って町を行進するという仕事があるので、家族にも同行してもらう必要がある。ひとりで旅した場合は、自分の棺を自分で運ばなければならない。この奇怪な儀式は午前10時ごろにはじまる。幸運な一握りの人々はミサのために教会に運ばれ、聖マルタ像の行列に加わり、地元の墓地に立ち寄る。町に戻ると「死にかけた人」は、聖歌が歌われるなかで厳かに棺から起きあがって、参列者に自分たちが死から生還した話を語って聞かせる。

開催地域：スペイン、ラス・ニエベス
開催時期：7月29日

聖十字架祭り
カラバカ・デ・ラ・クルス

　カラバカの町ムルシアの聖十字架大聖堂には、キリストが磔にされた十字架の一部とされる木片が保管されている。町の人々はこの日、聖遺物を崇めて祝う。町のふもとから険しい丘の上に鎮座する教会まで、馬に人を乗せずに競争させる。馬は刺繍が施されたローブで飾られ、ワイン用の皮袋を運ぶ。テンプル騎士団員が、「ヴェラ・クルス（真実の十字架）」を守っている人々にワインを届けるため、ムーア人の領地を全速力で駆け抜けた13世紀中頃にさかのぼる伝統だと考えられている。

開催地域：スペイン、カラバカ・デ・ラ・クルス
開催時期：5月2日

アルヘメシの聖母サルー祭り
アルヘメシ

　聖母サルーを祝うための儀式で、体の痛みを感じることになるのは奇妙だと思うかもしれない。だが、バレンシア近郊のアルヘメシでは実際にそうなのだ。彼らの聖人の日の一環として行列を行ない、伝統的な踊りを町中で踊り、最後に見事な人間ピラミッドを次々に組み立てて終わる。これらのピラミッドは「人間の塔」として知られ、200人におよぶムイシェランガによってつくられ、高さは最高で建物の6階分にもなる。この祝典も多くのミサ、行列、踊り、音楽、郷土料理、ワインが呼び物となっている。

開催地域：スペイン、アルヘメシ
開催時期：9月7、8日

ムーア人とキリスト教徒の祭り
アルコイ

　バレンシアから南の多くの地域では、700年から15世紀にいたるまでのムーア人支配の時代を祝う祭りが行なわれる。最も印象的な祭りは、アリカンテ近郊アルコイで催されるムーア人とキリスト教徒の祭りで、1276年のムーア人とスペイン人の大きな戦いを再現する。3日間の祝祭は敵軍の行進で幕を開け、伝統的な衣装に身をつつんだ5000人以上もの人々が戦いの様子を演じる。2日目は、スペイン人の勝利に貢献したといわれる聖ホルヘ（聖ジョージ）が主役だ。最後の日に、大きな戦いが再現される。朝、ムーア人の軍隊は、この祭りのためにスペイン広場に建てられた城を占領する。午後には、キリスト教勢力が城を取り戻し、最後の戦いでムーア人を破る。その後、聖ホルヘが城から矢を放ち、キリスト教の規範にのっとった1年を祝う。

開催地域：スペイン全域、とくにアルコイ
開催時期：4月22～24日

サン・フアン祭
メノルカ島シウタデラ

　馬の飼育、中世の騎士の競技会、ラム肉のごちそう、ヘイゼルナッツとの戦い——そのすべてをジンとレモンで飲み干す——メノルカ島の人々は、さまざまなスタイルでサン・フアン祭を祝う。中世の時代からほとんど何も変わっていない。この日は洗礼者聖ヨハネを称える祝日で、趣向を凝らした関連行事が行なわれる。その中心にいるのが、美しい黒毛のメノルカ馬だ。この素晴らしい馬術の祝日に、独特の味わいを添えている。3日間にわたる祝祭には、騎馬行列のハレオ（大騒ぎ）があり、馬が後ろ脚で立ち、歩いていく。勇敢な地元の人々が馬の下を走りぬけ、幸運を祈って馬の心臓のあたりに触れる。そのほかに、競馬と中世の馬術競技会がある。地元のお酒ポマーダ（ジンとレモン）をたっぷり飲み、素晴らしい花火大会で祭りは幕を閉じる。

開催地域：スペイン、メノルカ島シウタデラ
開催時期：6月23～25日

ブドウの大合戦
マジョルカ島ビニサレム

　あまったブドウを両手でつかんで力一杯投げつけあう。ブドウの収穫を祝うのにこれ以上に自然な方法があるだろうか？ というのが、ブドウの大合戦の背後にある理屈だ。バレアレス諸島マジョルカ島ビニサレムで、その年の収穫の終わりを祝うブドウ収穫祭の文句なしのハイライトだ。収穫祭の最後の土曜日に、うずたかく積まれたブドウの山が2つ、教会の広場にどさりと置かれる。そして、すべての参加者と町中がブドウのジュースまみれになるまで、ネッカチーフをつけている人にブドウを投げつけていく。戦いは嫌だという人には、ブドウ踏み競争もある。伝統的な方法で3分間ブドウを踏んで、できあがったブドウジュースの量を競う。このジュースはその年のワインの生産に使用される。

開催地域：スペイン、マジョルカ島ビニサレム
開催時期：9月末までの2週間

パトゥム祭
ベルガ

　地獄の炎を背景に、黄泉の国の群れがバルセロナ近郊ベルガの町を占領する。この祭りは土着信仰のルーツがカタロニアの伝統と組みあわさったもので、見ごたえのある一連のパレード（パトゥム）と踊りからなる。中世にさかのぼる祭りで、悪に対する善の勝利を身振りで演じる。木曜日はパトゥムの儀式で「悪魔の跳躍」が呼び物だ。金曜日は子どもたちのパレードが行なわれる。日曜日には、何百もの伝統的な寓話の登場人物が、タンバリンとタバールと呼ばれる巨大な太鼓の拍子にあわせて街頭で踊り、祭りはクライマックスを迎える。彼らは長年のあいだに進化していて、張子の馬、メイス（杖と鞭を振りかざす悪魔）、ギタ（角のないドラゴン）、ワシ、巨大な頭の小人、火を吹く悪魔、トルコ人とサラセン人の服を着た巨人などがいる。

開催地域：スペイン、ベルガ

スペイン、ブニョールで行なわれる世界で最も赤い祭り、ラ・トマティーナ。熟したトマトをカー杯投げつけたり、受けとったりして白熱した乱闘をくり広げたあと、休息する人々。

開催時期：木曜日から日曜日、聖体節（5月か6月）

タンボラーダ（太鼓祭り）
サン・セバスティアン

　太鼓の演奏を楽しむなら、スペイン北部のバスク人の町がうってつけだ。簡潔で、情熱的で、そして、とてもやかましい。ドラム隊が耳をつんざくような大きな音をたててドラムや木の樽を打ち鳴らし、24時間、町中をくまなく練り歩いて町の守護聖人ドノスティア＝サン・セバスティアンを称える。1月19日の夕方、軍服に身をつつんだ太鼓隊が憲法広場から旧市街を行進しだすと祭りがはじまる。それからまる1日、祭りは続く。夜明けごろにブランデーとチュロスで休憩するものの、それぞれの太鼓隊が夢中でだだだだ音量を張りあう。言い伝えによると、1720年にあるパン職人が太鼓を叩いたのがはじまりらしい。彼は水飲み場で樽に水を汲んでいる女たちにセレナーデを捧げた。女性たちが彼の歌にあわせて樽を叩き、騒々しい伝統行事が生まれたとされる。

開催地域：スペイン、サン・セバスティアン
開催時期：1月19〜20日

ラ・トマティーナ（トマト祭り）
ブニョール

　世界最大の食べ物の戦い、ラ・トマティーナ。食べ物で遊ぶなといわれてきた人にとってまたとない機会だ。大掃除するのに1時間もかからないが、この狂乱状態の急襲は、十数台の大型トラックがトマトと、たいていは冒険好きな（または酔っ払った）地元住民を何人か乗せて中央広場へとゆっくりと入ってきたときからはじまる。広場は酒を飲んで騒ぐ何千もの人でごった返していて、その多くが午前11時だというのに酔っ払っている。彼らはみな、戦いの準備ができている。トラックが1台ずつ積んでいたトマトを地面にばらまくと、人々はトマトをつかみ取って、むやみやたらと投げつける。地面や広場にいる誰もが濃い赤色のジュースにまみれるまで、何度も何度も。地元の消火ホースが、群衆を落ちつかせるために使用される。トマトがなくなりだすと、この祭りのルールに反して、びしょ濡れになったTシャツを当然のようにはぎとり、ミサイルのようにぶつけあう。

開催地域：スペイン、ブニョール
開催時期：たいてい8月の最後の土曜日

バレンシアの火祭り（ファリャ）
バレンシア

　気が小さい人、大きな音がひどく苦手という人には、このスペインの火祭りはぜったいに向いていない。おそらく世界で最も騒々しい祭りのひとつで、その呼び物は、大規模な花火大会、鳴り止まない爆竹、薪の山で火にくべられる巨大な人形だ。祭りの準備は3月初頭からはじまり、町の人々がニノット（張り子人形）として知られる人形づくりに着手する。祭りのあいだは、4夜にわたって真夜中過ぎに壮大な花火大会がエクスポシシオン橋からラ・フロレス橋までのアラメダ通り沿いで行なわれる。4日間のうちの真ん中の2日間は、日が暮れると通りをニノットがパレードする。最終日、夜中の12時を少しまわったころ、ニノットは燃やされる。その炎はすさまじく、たいていの場合、建物すれすれの比較的道幅の狭い通りで火が焚かれる。

開催地域：スペイン、バレンシア
開催時期：3月15〜19日

ルミナリアス
サン・バルトロメ・デ・ピナレス

　スペインでは、昔からずっと馬が大切にされてきた。そして、動物の守護聖人である聖アントニオ（聖アントニウス）の日にアビラ近郊のサン・バルトロメ・デ・ピナレス村で開催される祝典では、馬が主役となっている。中世に起源をたどることができる伝統行事で、幅の狭い通りを埋め尽くすように燃えさかる焚き火のなかを、勇気ある騎手が馬に乗ってくぐり抜ける。過酷な伝統行事のようだが、馬が清められ、1年間、病気から守られるといわれている。馬はいけにえとならないように、前もって水をかけられている。炎を飛び越えていく姿は圧巻で、たいてい大量の火の粉を撒き散らしていく。動物虐待だとする非難をよそに、村は依然としてこの伝統行事に強い愛着をもっている。この行事は約500年前、疫病が蔓延した時代にはじまったといわれている。

開催地域：スペイン、サン・バルトロメ・デ・ピナレス
開催時期：1月17日

メルセ祭
バルセロナ

　バルセロナの守護聖人のひとり、聖女メルセ（Mercy）を称える祭りだが、この町とカタロニアにまつわるすべてにとって重要な祭りである。その会期中、手足の疲れが緩和（mercy）されることは期待できない。目移りする600以上のイベントには、コンサート、花火、スポーツ競技、文化的なパフォーマンスなどがあり、何リットルもの（地元産スパークリングワイン）カヴァが飲み干される。かなり元気な人は、港を横断する競泳に参加することもできる。近代都市でありながらも、バルセロナには伝統の香りが漂っている。ギガンテ（巨人）のパレードと、花火と爆竹を装着した火を吐くドラゴンが登場するコレフォック（花火）の行列もある。メルセ祭はカステイ（城）と呼ばれる人間の塔でも有名で、サン・ジャウメ広場に「建てられ」た塔は、最高9階分の高さになる。

開催地域：バルセロナ一帯
開催時期：9月24日前後の4日間

聖女アラリーリャの巡礼
ポルクナ

　丘の上にあるアンダルシア人の小さな町ポルクナの守護聖人である聖女アラリーリャを称える巡礼（ロメリア）は、その起源を800年も前にさかのぼるとされる。何万人もの巡礼者が、町のすぐ下のオリーブ畑にある聖女アラリーリャを記念する小さな聖堂に集まってくる。祝祭は土曜日の夕方、聖堂でのミサからはじまる。一晩中オリーブ畑にとどまる人もいれば、町に戻って食べて、飲んで、歌って、セビリャーナスを踊る人もいる。日曜日、大通りは馬と馬車でごった返し、砂で覆われる。人々はみな、アンダルシアの民族衣装を着ていて、フラメンコ風と表現されることもある。午後には聖母像の行進が行なわれ、聖像はその後1年間、聖堂に安置される。

開催地域：スペイン、ポルクナ
開催時期：5月の2度目の週末

バルセロナとカタロニア文化を称えるメルセ祭を劇的に彩る多数の人間の塔のうちのひとつ。

ロシオの巡礼祭
エル・ロシオ

　ペンテコステにいたる数日間にエル・ロシオの村を車で走っていると、時間の流れをさかのぼって過去の世界に来たような錯覚にとらわれるだろう。そこには、アンダルシアの伝統的な民族衣装に身をつつんだ何十万という巡礼者の姿がある。彼らは歩いているか、馬か色鮮やかな荷車に乗っている。この独特の巡礼では、エルマンダ（兄弟）と呼ばれる約90の団体のメンバーが、ペンテコステの週末に植民地様式のエルミタ・デル・ロシオ教会に集まってくる。近隣の町やアンダルシア中の村から、おおぜいの人が何日もかけて旅をしてくる。日曜日の真夜中過ぎ、彼らはエル・ロシオの聖母の像を町に担ぎ出す。これは、穏やかなことではない。この聖像（白いハトとも呼ばれる）の所有権を主張するアルモンテのエルマンダが、聖像を教会から奪いとり、特権を渡さぬよう、ほかの人を追い払うためだ。大混乱の長い行列が行なわれたあと、聖像は1年間教会に安置される。

開催地域：スペイン、エル・ロシオ
開催時期：ペンテコステで終わる（イースター後の50日間）

サン・フェルミン祭
パンプローナ

　スペインと南フランスのいたるところに牛追いを呼び物にする祭りがあるが、最も有名なのはパンプローナのサン・フェルミン祭だ。サン・フェルミン祭で行なわれる闘牛用の雄牛を追って町を走り抜けるエンシエロ（牛追い）は、ヘミングウェイの小説『日はまた昇る』に登場してすっかり有名になった。パンプローナは感謝の意を表し、彼の像を建てた。サン・フェルミン祭は基本的には闘牛祭りだが、1週間にわたる祝祭はほかにも魅力がたくさんある。その目玉は「巨人と巨大頭」の行列で、頭が巨大な張り子でできた人形が町を歩きまわって悪さをしたり、小さな子どもたちを怖がらせたりする。花火大会も毎晩行なわれる。通りやバーはパーティなどで浮かれ騒ぐ人たちであふれ、サングリア、安い赤ワイン、そして赤ワインとコーラを混ぜたカリモーチョが次々に飲み干される。

開催地域：スペイン、パンプローナ
開催時期：7月6～14日

サンルーカルの浜競馬
サンルーカル・デ・バラメダ

　ただのスポーツ競技ではない。アンダルシア地方の海岸沿いの町サンルーカル・デ・バラメダの競馬は、競馬とビーチへの日帰り小旅行が組みあわされている。とはいえ、お遊びの競馬ではない。スペインの競馬シーズンの一環で、プロのジョッキーと名馬が呼び寄せられている。公式レースの初開催は1835年だが、海辺でのレースの伝統はすでに定着していたようだ。レースの様相は少しばかりちぐはぐしている。ヨーロッパのビーチでよく見られる露出度の高い格好をしたおおぜいの行楽客が、ビーチを疾走する馬を見るともなしに見ているからだ。祭りの呼び物は胴元の露店で、それを建てた地元の子どもたちが通行する大人の賭けに応じている。

開催地域：スペイン、サンルーカル・デ・バラメダ
開催時期：8月の第2週と第3週の木曜日から日曜日

セマナ・サンタ（聖週間）
セビリア

　復活祭にいたるまでの週に、セビリアの町では58もの華やかな宗教行列が行なわれる。この町の古代の宗教的な兄弟団——エルマンダ（兄弟）やコフラディア（兄弟愛）と呼ばれる——の団員で組織された山車行列の主役は、キリストの受難（キリストの死と復活）や聖母マリアの場面の木像（パソ）で、先のとがったフードつきのローブを着た告解者が肩に担いでいる。黒いものもあれば、白や明るい色のものもある。5万人もの人々が伝統的なローブを身につけて参加している。行進はどれも夕方に行なわれ、町の多くの教会から大聖堂を経て戻っていく。行列はそれぞれ異なるルートを通るが、必ずカンパーナ通りから大聖堂まで特定地区を通らなければならない。とくに聖金曜日には、キリストの処刑を記念してルート沿いにおおぜいの人が立ち並び、信仰心がありありと見てとれる。

開催地域：スペイン、セビリア
開催時期：イースターの週末までの6日間

テネリフェ島のカーニバル
テネリフェ島、サンタクルス

　力強くてセクシーなテネリフェ島のカーニバルは、リオの衣装とアフリカのリズムをカナリア諸島にもたらした。節制につとめる四旬節を迎えるための活力に満ちあふれた準備期間だ。この1か月にわたる祝祭に宗教的な色合いはない。告解の火曜日に、メインとなるパレードが行なわれる。カーニバルの女王が率いるパレードで、山車、マーチングバンドとカーニバルクラブのメンバーがサンタクルスの町にくり出す。仮面をつけたマスカリージャと風刺に富んだ楽団ムルガ（ストリートバンド）も見られる。スペインの多くのカーニバルと同様に、締めくくりは聖灰水曜日の「エンティエロ・デ・ラ・サラディーナ（イワシの埋葬）」だ。テネリフェ島では、これが劇的なまでに象徴化されている。墓所に向かう王座に座った巨大なイワシの人形のパレードがあり、そのあとに会葬者の一団が続く。四旬節最初の日曜日、花火大会でこの祭りは力強く終止符が打たれる。

開催地域：スペイン、テネリフェ島、サンタクルス
開催時期：聖灰水曜日までの週

ビアナ・ド・ボーロ
オウレンセ

　ホワイトクリスマスを夢見る人もいるかもしれないが、白い四旬節を望んでいるなら、ガリシア州オウレンセに行ってみるのもいいだろう。だが、スキーの準備は必要ない。オウレンセの町は一面真っ白だ。が、ただし雪ではなく、小麦粉で。誰もかれも完全に小麦粉まみれで、たいてい異性の顔にふざけ粉をなすりつける。ビアナ・ド・ボーロでは、食べ物を放らないだけでなく、四旬節での節制の前にできるかぎり飲食する。チョリソー、ラコン（ブタの肩肉）とブタの腸詰といったような郷土料理を試す機会がたくさんあり、たいてい無料で配られている。赤ワインもたっぷり飲める。四旬節の前の日曜日には太鼓隊の行列があり、カーニバルに登場する色鮮やかな仮面をつけたペリケイロが町中で騒ぎまわる。

開催地域：スペイン、オウレンセ
開催時期：四旬節の3週間前、最後の5日間

フード・ファイト
（食べ物戦争）

過去の勝利を祝う、神の怒りを鎮める、ただ単に積年の恨みを晴らす——
理由は何であれ、世界中の多くの祭りには戦いの儀式がある。
その戦いは必ずしも握り拳、火の玉、花火によるとは限らない。
「食べ物で遊ぶな」といわれてきた私たちにとって嬉しいことに、
童心に返って、ものを投げ散らかす言い訳にすぎないような祭りもある。

上：イタリア、イヴレアのオレンジ合戦で、手にオレンジをもち、
次のミサイル攻撃の標的を探す参加者。

右：スペイン、イビの町で行なわれるエルス・エンファリナッツ。
卵と小麦粉を使う戦いで、架空のクーデターによって、その日、町に政変が生じる。

左：町全体が熱気と大混乱に陥るスペイン、ブニョールのラ・トマティーナ（トマト祭り）。

下：攻撃してきた相手の顔に卵のパックをぶつける。スペイン、イビのエルス・エンファリナッツにて、どんどん加速する乱闘騒ぎ。

私の人生で最もばつの悪い思いをしたのは、アディスアベバの安ホテルのロビーで地元の住民とテレビを見ていたときのことだった。アメリカのハンバーガー大食いコンテストの様子が流れると、衝撃を受けた約30人のエチオピア人に、その異常なイベントの説明を求められた。西側諸国には食べ物があまっているので、自由に大食いを楽しめると話すのが精一杯だった。世界の大部分の国、とくにアフリカでは食べたくても食べられない人がいる。

それはそれとして、私はスペインのラ・トマティーナ（トマト祭り）の無秩序状態の大騒ぎのなか、何千もの人々と一緒にトマトの汁のなかで転げまわり、思いっきり楽しんだ——その後、何日も髪、耳、鼻、服からトマトの欠片が出てきたが。ラ・トマティーナは、あらゆるフード・ファイトの祭りのなかでとくに有名だ（p.223参照）。この狂乱の祭りは、バレンシア人の小さな町ブニョールで毎年8月に開催される。人であふれ

る中央広場に入ってきた約1ダースのトラックが、積んでいたトマトをどさっと降ろす。集まっていた人々が、落とされた無料の手投げ弾に飛びつき、町全体が1時間の狂乱の時間を存分に味わいつくす。

スペイン人には何かがあるに違いない。スペインにはフード・ファイトの祭りがやたらとたくさんあるのだ。イビのエルス・エンファリナッツで選ばれた武器は、小麦粉と生卵（p.221参照）。この祭りは200年も昔にはじまり、参加するのは既婚男性だ。起源は謎につつまれているが、通常はパンケーキづくりを連想させる材料を気前よく使う。架空のクーデターが起きて、イビの町は「新しい権力者」の政権下に置かれる。小麦粉と卵は、エクアドル、クエンカのカーニバルでも主役だ（p.91参照）。クエンカでは「悪魔」がすべての人に小麦粉や卵、さらに水もかけようとして大騒動になる。

この伝統行事は、先住民がその年の2度目の満月を祝う祭りの一部としてはじまったが、その後、カトリックの四旬節前の祝祭にとりこまれた。

マジョルカ島では、ビニサレムの住民がブドウの大合戦でブドウを投げあい、スペインのフード・ファイトの伝統行事の仲間入りをしている（p.222参照）。これはブドウ収穫祭（ワイン収穫で恒例の年間行事の祭り）の一環だ。さらに1歩進んで、ラ・リオハ州アーロとカスティーリャ・イ・レオン州のミランダ・デ・エブロの人々は、何千リットルものワインで武装する（p.220参照）。この伝統行事は、隣りあった2つの村を分断する山の所有をめぐる村同士の紛争を思わせる。年に1度再現される紛争では、誰もが白い服を着て、かき集められる武器なら何でも——カップ、バケツ、水差し、水鉄砲、じょうろ——用意して、それを地元産のワイン、リオハで満杯にしてから携帯し、バトル・ロワイアルのために丘の頂上を目指す。想像通り、ワインがすべて攻撃に使われるわけではないが（その大半が飲まれてしまう）、このうえなく色鮮やかな行事にするにはじゅうぶんな量を周囲に浴びせている。

こうした熱狂的な祭りからすると、ビラノバ・イ・ラ・ヘルトルのカーニバルは上品と言ってもいいくらいだ（p.220参照）。四旬節がはじまる前の伝統的なカーニバルでのお祭り騒ぎの一端として、町はラ・メリンガータ（メレンゲ祭り）を祝う。人々は当

左上：その年の収穫の終わりを祝うブドウの大合戦で疲れはてて、ブドウのなかを転げまわる人々。マジョルカ島ビニサレムにて。

左下：あらゆる種類の入れ物を使って敵をワインまみれにする、スペインのワイン祭り。

下：歩いている町民と荷馬車に乗った領主の兵士に扮して、オレンジで戦う。イタリア、イヴレアのオレンジ合戦にて。

然のようにメレンゲでべたべたになる。その後、お菓子がミサイルとして使われるキャンディ合戦でさらに激化する。お菓子にも粘着力があり、そして、当たると痛い。最後には町中が、うずたかく積まれたお菓子だらけになる。

イタリア人も、ピエモンテ、イヴレアのオレンジ合戦でフード・ファイトの仲間に加わる（p.204 参照）。12 世紀に生じた領主に対する町の反乱を祝うもので、ほかのフード・ファイトに比べるとずっと儀式的だ。中世の衣装に身をつつんだ何千人もの地元住民が 9 つのチームに分かれ、「太った火曜日」までの 3 日間、オレンジで攻撃しあう。そして、祭りは厳かな葬列で幕をおろす。ベルギー、バンシュのカーニバルでもオレンジを投げる（p.188 ～ p.189 参照）。1000 人ものジルによる仮装パレードで、ジルたちは特徴的なろうの仮面をつけ、町をうろつき、踊りながらオレンジを投げつけていく。オレンジを受けとれたら幸運で、投げ返すのはマナー違反。かなり一方的な戦いである。

アポクリエスはギリシャ版カーニバルで、多くの町で大騒ぎのなかで祝われ、それぞれがパーティに独自の解釈をしているようだ（p.203 参照）。ガラヒディの町は大規模な小麦粉の戦いを楽しみ、町の人々は小麦粉まみれになるまで死闘を演じる。小麦粉は町から支給され、多くの場合、さらに見応えのある戦いにするために彩色されている。これらのいわゆる 4 大戦争は、矛盾したことにカーニバル週の「聖灰月曜日（ク

上：聖灰月曜日に、色のついた小麦粉を投げつけあって四旬節のはじまりを記念する、ギリシャ、ガラヒディの人々。

右上：ばかばかしい仮装がお決まりの世界カスタードパイ選手権では、とくに粘着力の強い特製の「カスタード」を敵に投げつける。イングランド、コックスヒースにて。

右下：少し汚いけれど、勝ち誇る女性。パイ投げ選手権で勝つのはこんな人。

リーン・マンデー）」と呼ばれる月曜日に行なわれる。

　ベルリンの水かけ合戦は、2001年、オーベルバウムブリュッケ橋の両側に位置するフリードリヒスハイン地区とクロイツベルク地区の模擬戦争中に小麦粉を投げあうフード・ファイトとしてはじまった（p.202 参照）。だがその後、状況が変わる。もともとは、この2つの地区を合併しようとする市当局に対する抗議が戦いの動機の一部だったが、暴挙の限りを尽くすようになった。塩漬けニシン、腐った果物や卵、汚れたおむつなど、ありとあらゆる臭くて不快なものが相手地区を橋から押し出すために使用する武器のリストに加えられていった。幸い、その名がしめすようにこの祭りは水かけ合戦でもあり、体を洗い流すための救いの手はいつでもすぐそばにある。

　変わり者のイングランドは、どたばた喜劇を愛するあまり、その愛を世界レベルにひきあげた。1967年以降、ケント州コックスヒースで開催されている世界カスタードパイ選手権の秘密のレシピを利用したのだ（p.241 参照）。残念なことに、そのパイは食べられない。おいしいクリーミーなカスタードでは粘着力が物足りなくて、特別な「粘着」成分を加える必要があるからだ。チャーリー・チャップリンの影響を受けたといわれるこのパイ投げ祭りには、多くのチームが参加していて、変人ぶりをさらに強調するかのように、チームで決めたテーマに沿って誰もが仮装をしている。参加者はパイの爆弾をのせたテーブルを背にして、2.5m離れて立つ。合図で投げはじめ、相手にぶつけたら点を獲得し、失敗すれば点を失う。勝者はチャンピオンチームに当たるまで何試合もこなす。現在のチャンピオンは「パイ・オブ・ザ・タイガー」だ。

　恵まれた西側諸国以外で行なわれる数少ないフード・ファイトのひとつ、ペラン・トパトには立派な目的がある（p.147参照）。これはインドネシアの収穫祭で、3日間の「粽」の戦いで締めくくられる。だが、拳をまみえるだけの純粋な動機があるというよりは、ロンボク島でのヒンドゥー教徒とイスラム教徒の調和を祝う行事だ。天の恵みをもたらすと信じられている、この善なる戦いの準備段階で、2つの宗派の人々は同じ寺院で祈りを捧げ、一緒に、儀式的に、クトゥパッ（ココナッツの葉で包んで茹でた米）を準備する。食べ物を投げつけあうことで、全世界の宗教問題が解決できたらどんなにいいだろう。

＞スイス

バーゼル・ファスナハト
バーゼル

　スイス人は早起きが好きだ——ちょうどいいことに、バーゼル・ファスナハトの狂乱も灰の水曜日後の月曜日の午前4時にはじまる。仮面をつけたバグパイプ奏者と鼓手たちのパレード「モルゲシュトライヒ」が通りを練り歩く。すべての街灯が消され、仮面をつけたクリーク（カーニバルのグループ）がランタンをもち、楽隊とともに素晴らしい行列をなす。月曜日と水曜日の午後、ふたたびクリークが町にくり出す。もっと小さなグループは、風刺を含んだ時事的な歌や詩を物語りながら、バーを転々とする。火曜日はグッゲンムジークの夜で、仮面をつけた音楽隊が思い思いに演奏し、大騒ぎをする。毎晩、仮面をかぶった地元住民が、旧市街の細く狭い通りや路地裏を、バグパイプや太鼓の奏者とともに夜が明けるまで踊りながら行進する。

開催地域：スイス、バーゼル
開催時期：聖灰水曜日後の月曜日から木曜日

キエンベーゼ
リースタル

　100年以上にわたって、リースタルの町は煙とともにカーニバルの霊を送りだしてきた。火のパレードが行なわれ、炎が町を流れる川や運河を照らす。パレードは、巨大なかがり火をのせた約20台の台車のパレードからなる。組み立てられた台車は、横笛と太鼓の音にあわせて、「火車の御者」たちが約2kmの道のりをゆっくりとひいていく。300人以上の人々が、炎をあげる松明を担いで台車と並んで歩く。松明は松材の束でできていて、キエンベーゼ（松材の庭ぼうき）と呼ばれ、昔ながらのほうきの形をしている。この祭りで、約100立方メートル分の松材が燃やされる。このユニークなスイスの火祭りはすべて市当局が行なっている。

開催地域：スイス、リースタル
開催時期：聖灰水曜日後の最初の日曜日

コンバ・ドゥ・レーヌ（女王の戦い）
マルティニー

　スペイン人には雄牛の闘牛があるが、スイス人には雌牛の戦いがある。その主役は、地元のエランス種の雌牛で、ヴァレー州によく見られる。短足で体格がよく、気性が荒い——飼料にこっそり余った地産のワインが混ぜられている場合はなおさらだ。このお嬢さんたち2頭を一緒にすると、当然戦いがはじまる。もちろん、流血はなしだ。押しあいで相手を負かす。地元の農家の人々は、1920年代から雌牛の戦いを行なってきた。3月から9月にかけての日曜日、1か月に数度開催される。もともとは、夏の放牧期に高地の牧草地までほかの牛をひきつれていく牛を決めるための戦いだった。各地の勝者は5月中旬にアプロの町で行なわれる勝ち抜き試合を経て、マルティニーにある古代ローマの円形競技場での最終決戦にのぞむ。勝った雌牛の所有者には高額賞金、そして、雌牛には女王の称号が与えられる。

開催地域：スイス、マルティニー
開催時期：10月の最初の週

ナンダ国際アルプホルン・フェスティバル
トラクエ湖

　地理的な位置からして、スイスはフランス、ドイツ、オーストリア、イタリアの文化が入り混じっている。そのため、驚くほど多岐にわたる祭りがある。そのうちのひとつが、ナンダ国際アルプホルン・フェスティバルだ。管が長くてうなるような音を出す伝統的な金管楽器、アルプホルンの祭典で、アルプホルンの競技会やパレード、演奏などが行なわれる。管の長さが3mで先の曲がった木製ホルンは、600年前から存在していて、山のなかで通信するために発明されたと考えられている。ヴェルビエ近郊の標高2200mにあるトラクエ湖で、山のほかの伝統や民間伝承を祝う週末にも、息をのむほど美しい景色のなか、アルプホルンの音が響きわたる。ハイライトのひとつは大演奏会で、150人ものアルプホルン奏者による楽団が目玉だ。

開催地域：スイス、トラクエ湖
開催時期：7月

クラウスヤーゲン（サンタクロース追い）
キュスナハト

　クリスマスが好きじゃないという人は、ルツェルン湖北岸のキュスナハトに行けば、カウベルでサンタクロースを追いたてて叩きのめすことができる。騒音を立てて悪霊を怖がらせ、追い払う中世の異教徒の儀式に端を発するもので、18世紀に禁じられたが、表向きは聖ニコラウスを主役とするキリスト教の祝祭という名目で復活した。聖ニコラウスの日の前夜、むちを鳴らし、特徴的なイッフェレという帽子を被った男たちが率いるパレードに村全体が参加する。イッフェレは透かし模様のある紙とカードで、司教のミトラの形をした装飾用の頭飾りだ。イッフェレにろうそくがともされると、村はあたたかく柔らかな光で輝く。次に聖ニコラウスに扮した男性が登場し、カウベルや管楽器をもった500人もの人に追われ、叩かれる。クリスマスにほしかった自転車をもらえなかったときなどは、完璧なうさ晴らしになる。

開催地域：スイス、キュスナハト
開催時期：12月5日

ルツェルン・ファスナハト
ルツェルン

　フリッチ家がルツェルン・ファスナハトの主役となったのは15世紀のこと。当時のフリッチはただの年老いたわら人形で、この町のギルド（職人組合）のひとつの象徴にすぎなかった。時は流れ、現在、フリッチには妻がいて、老夫婦は（わら人形の）子どもと一緒にワゴンで町中をパレードする。シュムッツィガー・ドンナースターグ（脂の木曜日）、一家はファスナハトのはじまりを告げる銃声とともに市庁舎を出発する。木曜日と灰の水曜日の前日の火曜日の夜には、騒々しいパレード

を率いる。ランタンがパレードのルートを照らし、楽団と仮面をつけて浮かれ騒ぐ人たちが町を練り歩く。ルツェルン・ファスナハトは、「グッゲンムジーク」で知られている。観客を楽しませるために、金管楽器や打楽器をおどけて下手に演奏しながら街頭を行進する、仮面をつけた即興演奏の楽団で、仮面をつけて仮装して踊る踊りが有名だ。

開催地域：スイス、ルツェルン
開催時期：灰の水曜日の前の木曜日から灰の水曜日前日の火曜日まで

レーベヒルビ（かぶのランプ祭り）
リヒタースヴィル

　地味な野菜のための「ソンエリュミエール（音と光）」のショーともいうべきこの祭りは、ヨーロッパ最大のかぶ祭りだ。チューリッヒ湖岸の小さな町リヒタースヴィルの通りは、5万本のろうそく、かぶのランタン、そのほかの電飾で照らされる。地元の学校やクラブ、協会の人々が26tものかぶに彫刻を施した山車のパレードが行なわれるためだ。古代ローマの神殿に似たものもあれば、巨大な動物、花、バイキングの船、二輪戦車さえもある。彫刻したかぶのランタンが、パレードのルート沿いの住宅やビルの窓に飾られ、おとぎ話に命が吹きこまれたかのよう。この風習は19世紀中頃にさかのぼるものとされ、町を見下ろす丘に住む農家の妻が、冬に夕方の礼拝から家へ帰るときに道を照らすためにかぶのランプを使ったのがはじまりとされる。秋から冬への移り変わりを象徴的に祝う祭りだ。

開催地域：スイス、リヒタースヴィル
開催時期：11月の第2土曜日

セクセロイテン（6時の鐘の音）
チューリッヒ

　冬から春への移り変わりを高らかに告げる春祭り、セクセロイテン（6時の鐘の音）は、その日の仕事の終わりをグロースミュンスター（大聖堂）の鐘を鳴らして知らせていた14世紀の伝統にちなむ。祭りのメインイベントは、町の25のギルドの代表3000人が、18世紀や19世紀の衣装をまとい、30もの吹奏楽団とともに行進する午後のパレードだ。彼らはベーグと呼ばれる巨大な雪だるまのもとへ向かう。ベーグは藁をつめてつくられており、冬をあらわしている。パレードは、スイス人らしく午後6時ちょうどにジュネーブ湖岸にあるゼクセロイテン広場に到着する。広場でベーグに火が放たれ、そのまわりをギルドのメンバーが音楽にあわせて馬で駆けていく。ベーグにつめられた花火が爆発するのが早ければ早いほど、春がすぐにやってくるといわれている。

開催地域：スイス、チューリッヒ
開催時期：4月の第3月曜日、イースターの月曜日と重なる場合はのぞく

スイス、リースタルの四旬節前のカーニバル、キエンベーゼのはじまりを祝う。祭りの名前となっている、燃えさかる松材の庭ぼうきを町の中心部に運ぶ。

ウンシュプンネンフェスト
インターラーケン

　ウンシュプンネンフェストは、12年ごとに開催されるスイスの民俗の祭典。76kgもの巨大な丸い石をできるだけ遠くに投げるシュタインシュトースン（石投げ）競争が最も有名だが、山のように体の大きな選手が、敵の背中をしっかりとつかもうとするシュヴィンゲン（スイス相撲）の競技もある。男っぽさを抑えた、もっと文化的な催しとしては、アルプホルン演奏、民族舞踊、歌、ヨーデルなども楽しめる。祭りの最終日、壮大なパレードでスイス各地からの参加者の文化や伝統衣装が披露され、町の中央の緑地が広がるホーヘマッテ公園でクライマックスを迎える。

開催地域：スイス、インターラーケン
開催時期：12年ごとの9月、次回は2017年

＞イギリス＞イングランド

ボルニーのワッセイリング
ボルニー

　ワッセイリングは、古代アングロ・サクソン人の異教の慣習で、リンゴ酒の産地であるイングランドの多くの州で現在も続いている。悪霊をリンゴ園から追い払い豊作を願う儀式で、多くの場合、モリスダンスを踊る人々（男性で、たいてい白い服を着て、両足に小さなベルをつけて伝統的な民俗舞踊を踊る）によって行なわれる。日が暮れると、農家や村の住民、モリスダンスの踊り手たちが果樹園に向かい、いちばん大きな樹を選ぶ。その根元にリンゴ酒を注ぎ、かがり火を焚いて、樹の幹を棒で叩く。サセックス、ボルニーのワッセイリングは、1月最初の土曜日に実施される。だが、ワッセイリングの大半は昔から公現祭の夜、1月17日に行なわれる。この日にちのずれが生じたのは1752年、イギリスでユリウス暦からグレゴリオ暦に改暦されて、11日ほど少なくなったことによる。

開催地域：イングランド、ボルニー、オールド・ミル・ファーム
開催時期：1月最初の土曜日

ボンファイアー・ナイト
ルイス

　1605年、ガイ・フォークスらが国会議事堂の爆破とジェームズ1世の爆殺をもくろんだ火薬陰謀計画の失敗を記念して、イングランド中がボンファイアー・ナイトを祝う。かがり火をたき、ガイ・フォークスに見立てた人形を燃やす儀式である。国中で花火大会が催されるが、自宅で花火をする家族も多い。最も盛大なのがイースト・サセックス州のルイスで開催されるものだ。地域住民によるいくつもの団体「ボンファイアー・ソサイアティ」が町中を練り歩き、かがり火へと向かう。彼らは燃えさかる十字架（1555～1557年にこの町で火あぶりに処せられた17人のプロテスタント殉教者を追悼している）を伴い、バイキングやズールー族の戦士、イングランド内戦の兵士といった、テーマに沿った仮装をしている。

開催地域：イングランド全域、とくにルイス
開催時期：11月5日（日曜日の場合は前日に開催）

ブリッジウォーター・カーニバル
ブリッジウォーター

　子どものころ、地元であるイングランド西部地方のカーニバルを見たが、その遺産的価値など知る由もなかった。どこまでも連なる山車をただじっと見つめていた。どの山車も何百という電球で覆われ、明るく輝いていた。複雑な動きを見せるものもあったが、大半は衣装に身をつつんだダンサーが軽快に踊っていた。ブリッジウォーターのカーニバルは、1605年の火薬陰謀事件の失敗を祝い、ジェームズ1世が命じた祝祭が原点である。忠実なプロテスタントであるサマセットの町ブリッジウォーターの住民たちは、王の命令を心に刻んだ。当初、ブリッジウォーターでは、古い木製ボートとタールの樽による大きなかがり火に加え、スクイブと呼ばれる手製の花火でも祝っていた。だが、祭りがだんだん暴力化し、1880年、かがり火やスクイブはカーニバルの行列にとってかわられた。年月を重ねるにつれて、行列の規模はますます大きくなり、西部地方の類似したカーニバルを刺激していった。だが、ブリッジウォーターのカーニバルがいまもなお最も大きく、最も素晴らしい。

開催地域：イングランド、ブリッジウォーター
開催時期：11月の最初の土曜日

ブリストル国際バルーンフェスタ
ブリストル

　ヨーロッパ最大級の規模を誇るブリストル国際バルーンフェスタ。アシュトン・コートで年に1度開催され、町の上空をさまざまな色や形、大きさの熱気球が埋め尽くす。まさに壮観だ。熱気球の多くは伝統的な形をしているが、なかには巨大な動物やもの、たとえば卵やバナナ、家をかたどったものや、スポンサーのショッピングカートの形をしたものまである。気象条件によるものの、開催中は毎日、午前6時と午後6時に飛ばす。熱気球の行方は風によって変わるが、市内各地の上空を漂うことが多い。木曜日と土曜日の夜には、「ナイトグロー」がある。熱気球を膨らませるが、飛ばさずに綱でつないでおく。バーナーの炎が音楽にあわせるかのように揺らめきながら輝き、フェスティバル会場を照らす。

開催地域：イングランド、ブリストル
開催時期：8月初旬、木曜日から日曜日

チーズ転がし祭り
ブロックワース

　少しばかりのダブルグロスターチーズのために、あなたは丘の急斜面を猛スピードで駆け下りるだろうか？　1800年代前半から続くこのチーズ転がしに、おおぜいの人が夢中だ。運営委員会の司会者の合図とともに、グロスターシャー、クーパーズヒルの45度の斜面に3.5kgの円筒型のチーズが転がされる。それを追いかけて、丘のふもとのゴールに最初に着いた人がチーズを勝ちとる。男性部門と女性部門があり、猛スピードで斜面を下るレースと、予想以上に時間のかかる、丘を駆けのぼるレースがある。丘を下る無謀なレースの参加者は、最初こそ自分の足で勢いよく駆けだすが、結局はバランスを崩して、丘を転げ落ちることになる。負傷して救急車に運びこまれる人もいる。近年、見物人の多さと健康面や安全面でのさまざまな懸念から公式大会が中止されたが、非公式の大会は続けられている。

開催地域：イングランド、ブロックワースにほど近いクーパーズヒル
開催時期：春のバンク・ホリデー（5月最後の月曜日）

コッツウォルド・オリンピック
チッピング・カムデン

　近代オリンピックについて、あなたが知っていることをすべて忘れてほしい。古代ギリシャのオリンピック大会は1894年、パリのピエール・ド・クーベルタン男爵の提唱によって復活したのではなく、1612年にコッツウォルド村のロバート・ドー

ハクシーの村の教会前で歓迎のスピーチをする「ハクシー・フッド・フール」。その後、革の「フッド」が空中に放たれてゲームがはじまる。

バーによって再現された。現在は、初期の競技会の種目であったモリスダンス、ピアノ破壊、そして、2つのチームがビールに浸したぼろ切れを投げあう「ドワイル・フロンキング」などが行なわれている。コッツウォルドの大会は、世界すね蹴り選手権の舞台でもある。白いコートを着た2人の男性がお互いのすねを蹴りあって相手を負かそうとする。この大会は、途切れることなく毎年開催されてきたわけではない。イングランド内戦（1642〜1651年）や口蹄疫の発生（2001年）など、さまざまな理由で中断されている。近代オリンピックとは違って、ぜいたくなフィナーレはない。コッツウォルド・オリンピックは、大きな焚き火と町の広場までの行列で閉幕となる。

開催地域：イングランド、チッピング・カムデン
開催時期：春のバンク・ホリデーの後の金曜日（5月）

エグレモントのクラブアップル・フェア
エグレモント

　このウエストカンブリアの収穫祭は1267年にまで起源をさかのぼり、世界変顔選手権で有名だ。馬の首輪をかけて、誰がいちばん奇妙で奇怪なしかめっ面ができるかを競う。ほかにもいくつかの変わったスポーツイベントがある。・イングランドの湖水地方で何百年ものあいだ行なわれてきたレスリングトーナメントや、油を塗った棒に登るグリースポール・クライミング、手押し車競争、パイプ喫煙競争など。このフェアでは、リンゴ売りの手押し車によるパレードも目玉のひとつ。エグレモントの王を記念するもので、王は祭りの名前となっているクラブアップル（山リンゴ）を群衆に配る。大通りをぶらついていて、リンゴをもらえたら幸運だ。

開催地域：イングランド、エグレモント
開催時期：9月第3日曜日

グースフェア
ノッティンガム

　エグレモント・クラブアップル・フェアにイングランド最古のフェアの称号を僅差で奪われたノッティンガムのグースフェアは、1284年にはじまった。現在は、巡業興行師によって相当数の乗り物や見世物が設置された巨大な移動遊園地となっている。かつては大きな商取引の場として、はるか遠くから人々がやってきて家畜や地方の生産物の売買を行なっていた。取引と同時に、楽しいひとときを過ごす社交の場でもあった。その名のとおり、グースフェアにはガチョウ農家も集まり、80km以上も離れたリンカンシャーからわざわざ売りに来ていた者もいた。高品質のチーズでも有名だったようだ。

開催地域：イングランド、ノッティンガム
開催時期：10月最初の週

ロマのホースフェア
ストウ＝オン＝ザ＝ウォルド

　イングランド中のロマの人々が1476年以降、グロスタシャー、ストウ＝オン＝ザ＝ウォルドで年に2回開催される馬の市にやってくる。もともとは農産物、手工芸品、家畜などの商取引の場で、もちろん、馬も売買されてはいた。近年では、馬の売買や競馬も変わらず行なわれてはいるものの、国の各地で生活していて、普段なかなか会えない人たちと旧交を温める場として重視されている。ロマの人々と旅行者のコミュニティにおいて重要な役割を担い、相互の関係を築き維持するのに役立っている。ロマの人々は印象的な服を着ていて、伝統的な木製馬車で到着する人もいる。

開催地域：イングランド、ストウ＝オン＝ザ＝ウォルド
開催時期：5月12日と10月24日それぞれに最も近い木曜日

ハクシー・フッド
ハクシー

　この無鉄砲な慣習は、その起源を14世紀にさかのぼる。もともとは地元のノースリンカンシャーの4つのパブ同士のラグビーの乱暴な試合で、丈夫な革でできた「フッド」という60cmのチューブを使用する。「ロード・オブ・ザ・フッド・アンド・ヒズ・ボギンズ」と呼ばれるハクシー・フッド・フールにより、儀式と準備が行なわれる。ノースリンカンシャーの教区にある4つのパブそれぞれにフッドをもっていき、そこで伝統的な歌を歌う。それから村の教会にもっていき、「スモーキング・オブ・ザ・フール」の儀式をとりおこなう。そして、近くの丘の野原で試合開始だ。フッドは投げてはいけない。もったまま走ってもいけない。そのかわりに巨大なスクラムを組む。4つのパブの客からなるチームがスクラムを組んで押したり引いたりしながら、フッドの陣地を争う。試合は何時間も続くことがあり、必ず大宴会で締めくくられる。

開催地域：イングランド、ハクシー
開催時期：1月6日（日曜日の場合は前日に開催）

ヘンリー・レガッタ
ヘンリー

　イギリスの上流階級のためのスポーツ（そして、飲む）イベントとして知られているが、オックスフォードのヘンリー・レガッタは一般に公開されている。ヘンリー・レガッタは勝ち抜き方式のトーナメントで、5日間の会期中に約200のレースを見ることができる。オリンピック選手をはじめ、世界クラスのボート選手が集まることで有名だ。また、いまもなお「社交シーズン」にしたがっている人々——世界のどこにどんな祭りがあるのかを知るのと同じくらい興味深い少数派（特権をもってはいるが）の人々——に出会う、またとない機会でもある。会場に入るには招待券をもっているか、チケットを買うことになるが、多くの人はテムズ川のそばでピクニックをしてレースを見る。ときおり、ピムスを飲みすぎて川に飛びこむ人もいる。

開催地域：イングランド、ヘンリー・オン・テムズ
開催時期：7月はじめの5日間

ホーンダンス（シカの角踊り）
アボッツ・ブロムリー

　12人の踊り手による16kmにおよぶ行列で、1226年8月に聖バーソロミューの祝日に開催されたのがはじまり。アボッツ・ブロムリーの村とスタッフォードおよびその周辺の農場やパブを通っていくもので、この地域に残る数少ない風習のひとつだ。踊り手は全員男性で地元のフォーウェル家の人々。そのうちの6人は11世紀の本物のトナカイの枝角をつけている。そのほかに「道化師」、「ホビー・ホース」、（ロビン・フッドの恋人の）「マリアン姫」に扮した男性もいる。彼らは、ひとりのアコーディオン奏者とふたりの男の子を伴い、男の子はそれぞれトライアングルと弓矢をもっている。行列は午前8時からはじまり、地元の教会で祝福を受けてから村中をまわる。

開催地域：イングランド、アボッツ・ブロムリー
開催時期：9月4日の後の第1月曜日

ローン伯爵のハンティング
コンベ・マーティン

　この祭りの起源は、伝説と誇張に包まれている。最も一般的な説によると、追いつめられて殺されたティロン伯ヒュー・オニールを記念した祭りである。ティロン伯は1607年、イングランド王ジェームズ1世の軍隊によってアイルランドから追放され、コンベ・マーティンの村にほど近いノースデヴォン沖で難破したとされる。この説の唯一の問題点は、ティロン伯は殺されなかったということだ。彼はスペインへ逃げ、そこで老衰で死んだ。にもかかわらず、祭りは盛況で、金曜日から日曜日にかけて、村のいたるところでさまざまな寓話の登場人物たちがティロン伯を追いつめていく。「ホビー・ホース」や「道化師」、「擲弾兵」に村の住民のほとんどの姿が見られる。月曜日の夜、ティロン伯が「発見」され、海辺に連れていかれると、儀式的に撃たれ、遺体は海に放り投げられる。

開催地域：イングランド、コンベ・マーティン
開催時期：5月終わりのバンク・ホリデー

ハーリング・ザ・シルヴァー・ボール
セント・コロンブ・メジャー

　ハーリングは、かつてコーンウォール中で行なわれていたが、現在はほぼ廃れてしまい、わずか数か所に残るのみだ。そのうちのひとつ、セント・コロンブ・メジャーの町ではチームをつくり、「よそ者」のチームと対戦する。「タウンおよびカントリーよ、ベストを尽くせ」というときの声に続いて、直径およそ7cmの銀のボールが群衆のなかに投げこまれる。敵チームが奪おうとするなか、ボールをゴールまで運んでいく。ゴールは約3km先にある。ルールはなく、審判もいない。ボールをゴールに入れるか、教区外に出したら勝ちだ。

開催地域：イングランド、セント・コロンブ・メジャー
開催時期：告解の火曜日と11日後の土曜日

モルドン泥レース
モルドン

　近年の多くの祭りと同じく、エセックス州のブラックウォーター川の干潟で行なわれるこの楽しいチャリティレースは、パブでの賭けからはじまったらしい。はじめて開催されたのは1973年で、その後、世界的に知られるイベントに成長した。コースは200mで、潮がひいたあとに残った泥は深くて粘り気がある。参加者の多くは仮装していて、苦労して川をわたり、スタート地点に戻っていく。参加者はふつうに歩いてわたったり、腹ばいになってずるずると進んだり、さまざまな方法を駆使する。いちばん速い人で数分、たいていはもっと時間がかかる。ウェットスーツを着たレースの整理係に泥から救いだされる人もいる。全員が頭の先から爪の先まで完全に深いこげ茶色の泥に覆われて出てくる。レースは誰でも参加できるが、前もって登録する必要がある。

開催地域：イングランド、モルドン、ブロムナード・パーク
開催時期：5月

インボルク
マースデン

　約2000年の時をさかのぼるインボルクは、冬至と春分の中間を知らせるケルトの異教の祭りである。イギリスのさまざまな地域で祝われるが、最も有名なのはウエストヨークシャー、ペニンヒルズのマースデンで開催される祭りだろう。何となく火がテーマになっていて、これは目覚めつつある大地の浄化と春の暖かさの復活をあらわしている。メインイベントは松明を掲げた行列で、大きな炎を上げる松明、火の彫刻、火を主題にしたエンターテイナーの芸などが見られる。春の森の守護神グリーンマンが氷の妖精ジャックフロストを破る戦いの儀式がある。そして、そのすべてが素晴らしい花火大会で締めくくられる。

開催地域：イングランド、マースデン
開催時期：2月1日にいちばん近い土曜日

ノッティングヒル・カーニバル
ロンドン

アフリカ系カリブ人の文化を祝うために1964年にはじまって以来、ノッティングヒルのカーニバルはヨーロッパ最大のカーニバルに成長した。ロンドン、ノッティングヒルの町と広場に100万人以上の人々が集まり、浮かれ騒ぐ。カーニバルの主役は山車、素晴らしい衣装、スティールバンドだ。日曜日に子どもたちの行列があり、おもなパレードはバンク・ホリデーの月曜日に行なわれる。ときには信じられないほど大きくて華やかな衣装も見られ、混雑していて、ところどころ道幅の狭いカーニバルのルートをかろうじて通り抜けていく。行列だけでなく、アルコールとカリブ料理を売っている露店が無数に立ち並び、広大なカーニバル会場のいたるところに小型の独立した音響システムがあり、さながらミニ・ナイトクラブのようになっている。

開催地域：イングランド、ロンドン、ノッティングヒル
開催時期：8月のバンク・ホリデーの週末の日曜日と月曜日

ナッターズ・ダンス
バカップ

ポリティカル・コレクトネスにうるさい社会において、バカップのナッターズ・ダンスはすがすがしいほどに時代遅れだ。「ナッター（狂人）」という言葉は、ダンサーたちの精神状態をさすのではない。彼らの両ひざ、両手、腰のベルトにつけられている一組のカエデの花盤「ナット」のことで、これを打ちあって打楽器のように拍子をとる。「ナッターズ」は顔を黒くする。これは、異教を起源としているか、コーンウォールに住みつき、のちにランカシャーの採石場や鉱山で働くようになったムーア人の海賊からもたらされた風習であることをしめしている。このダンスを踊るクラブの公式名は、「ブリタニア・ココナツ・ダンサーズ」、またはココ・ナッターズだ。彼らは赤と白のキルトをはき、黒いチュニックに白のサッシュを締め、木靴を履いている。ダンスは聖土曜日の午前9時にはじまり、町の端から端まで移動しながら7つの異なる踊りが披露される。

開催地域：イングランド、バカップ
開催時期：復活の主日

タール樽かつぎ
オッタリー・セント・メアリー

デヴォン州オッタリー・セント・メアリーの町には、独特のボンファイアー・ナイトの祭りがある。花火とかがり火だけでは満足せず、燃えているタール樽を担いで通りを駆けぬける競走を行なうのだ。かつてイングランド西部では、タール樽を転がす伝統行事が数多くあったが、いつの頃からか、多くの町で危険すぎるとしてその風習は姿を消した。けれども、オッタリー・セント・メアリーの人々は、そんなに危険ではないと判断し、樽を担ぐことにした。17世紀にさかのぼるとされる慣わしで、年々サイズが大きくなる17の樽が、村にあるパブの外で次々に点火される。熱さに耐えられなくなったら次の人に渡して、樽を運んでいく。樽は最も大きなもので重さ30kgにもなる。

開催地域：イングランド、オッタリー・セント・メアリー
開催時期：11月5日、日曜日の場合は月曜日に開催

ヨーロッパ最大のカーニバル、ノッティングヒル・カーニバル。スティールバンドの演奏をBGMに、色彩豊かな刺激にあふれる光景がくり広げられる。

パーリーキング収穫祭
ロンドン

　真珠貝ボタンをつけた黒服を着たパーリーキングとクイーンによるロンドンの伝統行事。慈善活動の資金集めの一環で、その歴史は19世紀にさかのぼる。ヘンリー・クロフトという道路掃除人が、自分の作業着をボタンで飾り、慈善事業への募金活動をはじめた。そのボタンは真珠貝でできていたため、これが名前の由来となった。パーリーキング収穫祭は、イーストロンドンのコックニーの祝祭。ロンドン市庁舎からセント・メアリー・ル・ボウ教会までのパレードからはじまり、礼拝のあと、地元のパブに移動して何杯かのエールを飲み、ゼリーで固めたウナギを食べて、モリスダンスを見る。パーリーキングとクイーンは人格者であり、この陽気で伝統的なロンドンの行事は、貧しい者を援助するために現在も開催されている。

開催地域：イングランド、ロンドン、セント・メアリー・ル・ボウ教会
開催時期：9月最後の日曜日

シュローヴタイド・フットボール
アッシュボーン

　古くから伝わる、少し暴力的なシュローヴタイド・フットボールの試合は、かつてはイングランドの多くの地域で行なわれていた。ダービーシャーにある市場町アッシュボーンは、その伝統行事を続ける数少ない地域のひとつだ。参加者の住んでいる場所によって、町は2つのチームに分けられる。南は「ダウナーズ」、北は「アッパーズ」だ。ゴールとなる2つの古い工場は約5km離れているため、試合は1日中続く。試合前の儀式には両チームが参加し、試合のアンセムがコーラスで歌われる。「栄光の試合、まさに、英国人の勇気を試す試合だ」両チームによる大規模な押しあいは、婉曲的に「ハグ（抱擁）」と呼ばれている。革張りのコルク入りボールがハグのなかに放りこまれると、相手チームを押し、ボールを自分たちのゴールへ運ぶ。ボールを工場に3回当てたら勝利だ。

開催地域：イングランド、アッシュボーン
開催時期：告解火曜日と灰の水曜日

わらのクマ祭り
ホイットルセー

　いにしえのフェンランドの風習が復活したもので、農業年のはじまりにわらでクマをつくる。ケンブリッジシャーの小さな村ホイットルセーで開催されるこの祭りでは、伝統的な踊り、音楽、物語、詩などが披露される。そのハイライトは、かつて見たことがないほど奇妙な外見の「クマ」が率いる土曜日のパレードだ。全身はわらで包まれ、とがった頭と尻尾は鎖でできていて、お金やビールをもらうために踊る。クマは、さまざまな取り巻きを連れていて、番人、モリスダンスの踊り手、木靴で踊る人、音楽隊などがいる。彼らは村のいたるところで立ち止まっては芸を見せる。350人もの人がクマに付き添っていることもある。1909年、この伝統行事は一種の物乞いとしてみなされ、地元警察によって禁止されたが、1980年に再開された。日曜日の昼食時に、海辺でわらのクマを燃やす儀式が行なわれる。

開催地域：イングランド、ホイットルセー
開催時期：1月の2度目の週末

夏至祭
ストーンヘンジ

　6月21日の夏至の日、ソールズベリー平原にある新石器時代の列石、ストーンヘンジにヒッピーや快楽主義者、自称ドルイド僧たちが集まってくる。この日、ヒールストーン、スローターストーン（虐殺の石）と呼ばれる、ストーンヘンジの入口のすぐ外側にある石の真上を太陽が昇っていく。かつて、ストーンヘンジは集まってくる人々とそれを阻止する警察との衝突の場だった。現在は、遺跡を管理する「イングリッシュ・ヘリテッジ財団」が夏至の儀式を後援している。人々は夜通しとどまり、太鼓を叩き、踊る。そして、太陽がヒールストーンの真上に昇り、その光が中央の祭壇石まで一直線にのびるなかで行なわれるドルイドの儀式を見守る。群衆にもまれても平気なら、有史以前の私たちの先祖がなしとげた驚異の偉業を目の当たりにして、驚嘆してほしい。

開催地域：イングランド、ストーンヘンジ
開催時期：夏至、6月21日

スワン・アッピング（白鳥調べ）
サンベリー・ロックからアビンドンまで

　イングランドのすべてのコブハクチョウは、女王が所有していたものだった。年に1度、白鳥の生息数調査を実施する慣習は、その起源を12世紀にたどることができる。5日間にわたって、緋色の制服を着たアッパー（調査員）の一団が、女王公認の白鳥係員に連れられて、6隻の小型ボートでテムズ川をのぼり、サリーからオックスフォードシャーまでコブハクチョウを探していく。白鳥を見つけたら、まわりを取り囲んでから捕獲して、怪我をしていないかを詳しく調査する。白鳥のひなは体重を量り、放つ前に足環をつける。ご想像通り、ボートから白鳥を捕まえるのは簡単ではない。調査員が白鳥のひなをつかもうとして、親鳥たちの力強いくちばしと羽ばたきによる攻撃をかわしているときが基本的にいちばん危ない。途中、昼食をとりに川沿いのパブに立ち寄る。ウィンザー城を通り過ぎるときは、誰もが気をつけの姿勢をとって「女王陛下、白鳥の領主」に敬礼する。

開催地域：イングランド、サンベリー・ロックからアビンドンまで
開催時期：7月の月曜日～金曜日

ウィットビー・ゴシック・ウィークエンド
ウィットビー

　ブラム・ストーカーの小説『ドラキュラ』の舞台とされるノースヨークシャーの海辺の町ウィットビー。この町を見下ろす崖に立つゴシック修道院の印象的な廃墟が、ゴスたちが年に2度、この町で週末の祭りを開催する理由らしい。もちろん、ゴスのためだけではなく、不調和と多様性、自由を祝うちょっとした祭典となっている。また、歌って踊って、飲んで、買い物をする週末のために、パンクやスティームパンク、エモ、ヘ

夏至の日の出を見るために、何千人という人々がストーンヘンジを訪れる。イギリスにおける異教徒の主要な信仰の地となっている。

ヴィーメタル、バイクなどを好む人々も集まってくるため、たいへんな見ものとなる。大部分の人は華やかな黒い服に身を包み、絵のように美しい町を歩きまわり、行き交う人々の斬新な衣装に感嘆しながら時間を過ごしているようだ。

開催地域：イングランド、ウィットビー
開催時期：4月の金曜日～日曜日とハロウィン

世界トチの実選手権
サウスウィックス

1965年の秋のある日、雨で漁ができなくなり、浜にあがった漁師たちはパブに駆けこんだ。何をするか迷った彼らはトチの実遊びをすることにした。イギリスの少年たちが太古の昔からしてきたことだ。トチノキの茶色い木の実に糸を通し、それを順番に相手のトチの実にぶつけていく。どちらかが割れるまで続け、最後まで残った者がいわゆる勝者だ。このさいな出来事からはじまり、世界トチの実選手権が開催されるまでになった。この大会は、ノーサンプトンシャーの美しい街角で毎年行なわれ、現在は世界20か国以上から選手が集まってくる。食べ物やビール、そのほか地元の娯楽も呼び物になっていて、利益はすべて王立盲人協会に寄付される。

開催地域：イングランド、アウンドルにほど近いサウスウィック
開催時期：10月の第2日曜日

世界カスタードパイ選手権
コックスヒース

1909年のサイレント映画『Mr.Flip』でスクリーンに初登場して以来、顔面にカスタードパイを投げつけるパイ投げは、ドタバタ喜劇の黄金ネタ、抗議の常套手段、チャリティイベントの資金集めの王道となった。その魅力たるや、世界中から集まったチームが地上最高の「パイ投げ選手」の称号を得るために競いあう、世界カスタードパイ選手権が行なわれるようになったほどだ。1967年にはじめて開催されたこの選手権は、通常、ケント州コックスヒースで行なわれる。32チームが競争し、それぞれが仮装している。2チームが2.5m離れて立って対戦する。選手の後ろにある架台式テーブルの上にパイが置いてある。熱気あふれるパイ投げの応酬で、相手を直撃すれば点を獲得でき、失敗すれば失点となる。勝利したチームが勝ち進み、チャンピオンが決定する。

開催地域：イングランド、コックスヒース
開催時期：不定期、たいてい5月か6月

世界ビー玉選手権
ティンスリー・グリーン

イギリスで長く続いているもうひとつの伝統行事、世界ビー玉選手権は、1932年以降、ウエストサセックス、ティンスリー・グリーのグレイハウンド・インで開催されている。1950年代にその人気は最高潮に達したが、ゲームそのものは何世紀も前からこの地域で行なわれており、1588年まで起源をたどることができる。ビー玉は古代のインダス川バレー文明にその原点がある。このゲームは、ルールと用語がとても複雑だ。しかもかなり真剣に行なわれるので、不正行為や反則のルールがよくわかっていないなら、観戦だけしているほうがいいだろう。ティンスリー・グリーンで開催される試合では、12人の選手が、直径1.8mのコンクリートのリングのなかで49個のビー玉を使って競争する。選手は順番にリングのなかの自分のトリー（ビー玉）をはじいていく。ビー玉をはじき落とすたびに得点される。最初に25点を得点したほうが勝ちだ。

開催地域：イングランド、ティンスリー・グリーン、グレイハウンド・イン
開催時期：聖金曜日

風変わりな国イギリス

「感情を押し隠す」にはじまる、私たちがイギリス人に抱くあらゆるイメージや印象は、イングランド、スコットランド、ウェールズの全域で見つかる無鉄砲な多種多様のフェスティバルによって、きれいに吹き飛ばされてしまう。まさに奇妙で突飛な慣習や祭り、行事が国中で無数に行なわれており、その多くは起源を数世紀もさかのぼる。

上：世界泥沼シュノーケリング選手権大会の出場者。泥沼を「泳ぐ」速さを競い、水面にあがってきたところ。その姿は水草に覆われた沼の怪物のようだ。

右：ケンブリッジシャーのフェンランドの町ホイットルセーでパレードする、わらのクマとその番人。イギリスの農業年のはじまりに行なわれる。

左上：デヴォン州コンベ・マーティンにて。ホビー・ホースとともにティロン伯ヒュー・オニールの捜索に参加する村人。言い伝えによると、彼はこの村の海岸沖で難破した。

イギリスで最も突飛な祭りのいくつかは、歴史的なできごとにその原点をもつ。そのほかは、ほぼ起源がよくわかっていない。デヴォン州のコンベ・マーティンで行なわれるローン伯爵のハンティングもそんな行事のひとつだ（p.238参照）。年に1度行なわれるこの風習では、反乱者のティロン伯ヒュー・オニールを捜索する。彼は1607年、アイルランドからの逃亡を余儀なくされたのち、デヴォン州北部の海岸で難破したといわれている。4日間にわたって、擲弾兵、道化師、ホビー・ホースをはじめとするさまざまなキャラクターと村人がその地域をくまなく捜索する。ティロン伯は「発見」され、海辺に連れていかれて「射殺」される。この伝説を台無しにするのが、ティロン

左下：スタッフォードシャーのアボッツ・ブロムリーの村で、古くから受け継がれている枝角をつけた6人の男性がホーンダンスを披露する。

上：ガイ・フォークス・ナイトの日、イギリスの小さな田舎町ルイスが炎に照らされる。世界のボンファイアーの中心地と称される。

伯が実際はローマで安らかな最期を迎えたという事実である。

イギリス中で祝われている歴史上の出来事のひとつが、1605年11月5日の国会議事堂爆破陰謀計画の失敗である。首謀者のひとりの名にちなんでガイ・フォークス・ナイト、またはボンファイアー・ナイトとも呼ばれる（p.236参照）。花火が打ち上げられ、フォークスに見立てた人形が燃やされる。イーストサセックス州ルイスでは、地元住民の団体が大規模な松明行列を行なう。祭りは打ち上げ花火と大かがり火でクライマックスを迎える。ボンファイアー・ナイトの特色に炎をあげる樽をひくことがある。樽の内側にはタールが塗ってあり、そりにのせた樽をひいて町中をまわる。デヴォン州オッタリー・セント・メアリーでもこの風習が受け継がれているが、燃える樽を担いで通りを走りぬけるというかなり激しい方法である（p.239参照）。

597年に、聖アウグスティヌスがローマのキリスト教の布教をはじめるま

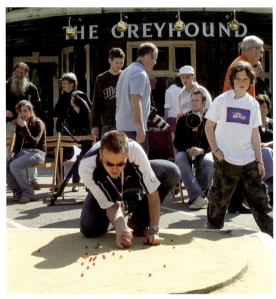

上左：ストーンヘンジで夏至祭を祝う現代のドルイド僧。

上右：イングランド、ティンスリー・グリーンで開催される世界ビー玉選手権にて。順番がまわってきた選手が、自分の大きめの「トリー（ビー玉）」でほかのビー玉をリングの外にはじき出す。

で、アングロサクソンのイギリス（ケルトのキリスト教徒はのぞいて）は異教徒の国だった。今日も祝われている多数の火祭りは、キリスト教以前の古代の信仰にその原点がある。シェトランド諸島では毎年1月、ウップ・ヘリー・アーを祝う（p.251 参照）。これは、異教のユール（クリスマス）の冬至の祭りを締めくくるものである。とくに印象的なのがラーウィックで開催されるもので、燃えさかる松明の行列はバイキングのロングシップのレプリカを儀式的に燃やして幕を閉じる。島のバイキングの遺産を祝うもので、この名称は古ノルド語に由来するとされる。アバディーン近くのストーンヘブンでは、ホグマネイ（年越し祭）に目を見張るような行列が町を練り歩く（p.251 参照）。40人以上の男女が大きな火の玉を頭上で振りながら歩く。

アボッツ・ブロムリーのホーンダンスも、異教徒の慣習に起源をもつ行事だ（p.238 参照）。小さなグループ——古くから伝わる枝角をつけた6人の男性とひとりの道化師、（ロビン・フッドの恋人の）マリアン姫に扮した男性、それとホビー・ホース——が村のさまざまな場所や周辺の農場やパブで踊る。

ワッセイリングの慣習は、リンゴ園から悪霊を追い出し、豊作を願う。15世紀にはじまったとされ、今日もウエストサセックスのボルニーをはじめ、イングランド南部でリンゴを生産している州のいくつかで実践されている（p.236 参照）。開催される地域によって、ワッセイリングの慣わしもさまざまに異なるが、一般的には仮装し、歌い、モリスダンスを披露し、もちろん、お酒を飲む。

おそらく、最も有名な復興異教主義の慣習がストーンヘンジの夏至祭だろう（p.240 参照）。この先史時代の環状列石は、1年のほとんどの期間を古代の神秘的な雰囲気をまとっているが、6月21日の夜明けを迎えるときは、おおぜいの人でごった返し、ニューエイジのドルイドと群衆が集まって夏の初日を祝う。

ラグビー、サッカー、クリケットをはじめ、イギリスはスポーツを考案する長い歴史がある。そうしたスポーツはほかの国にも普及し、本家のイギリスのお株を奪うまでに

なっている。だからといって、新たなアイデアが尽きることはない。たとえば、ティンスリー・グリーンの世界ビー玉選手権やアウンドルの世界トチの実選手権は、どちらもまさにイギリスらしい競技だが、近年ではドイツの強敵におされ気味だ（p.241 参照）。ウェールズ人も1986年に泥沼シュノーケリングという「スポーツ競技」を考案した（p.251 参照）。泥炭湿原につくった水を満たした2本の溝のコースを泳ぎ（実際は泳いではいないが）、その速さを競いあうこの競技で、いまも首位を独占している。

一般に、近代オリンピックは1894年にピエール・ド・クーベルタン男爵が提唱したのがはじまりだといわれている。だが、グロスターシャーのチッピング・カムデンの

コッツウォルド・オリンピックの世界すね蹴り選手権で戦う選手たち。この試合の出場者は白い上着を着ることが義務づけられている。

上:「アッパーズ（上流チーム）」と「ダウナーズ（下流チーム）」の２つのチームが、ボールを自分たちのゴールへ運ぼうとしている。イングランド、アッシュボーンで行なわれるユニークなシューローヴタイド・フットボールのひとこま。

右:どう考えても正気とは思えない、危険なチーズ転がし祭りは、伝統的に地方の田舎の村ブロックワースの住民のために行なわれてきたが、現在では世界中から参加者が集まる。

村で1612年から行なわれている「すね蹴り」と「ピアノ破壊」（どちらもその名の通り）、「ドワイル・フロンキング」（ビールを浸したぼろ切れを投げあう）が、その先駆けとなる最古の競技種目だという主張もある。毎年恒例のコッツウォルド・オリンピックに行ってみたら、絶対に楽しめること請け合いだ（p.236～p.237参照）。だが、すべての問題に答えてくれるわけではないだろう。

　乱暴な球技の数々もまた、イングランドで長い歴史があり、1000年以上も前に生まれたという説もある。そうしたゲームの多くは現在は体系化され、ずっと洗練されている。だが、ダービーシャーのアッシュボーンでは今日でも年に１度、２日間にわたってシューローヴタイド・フットボールが開催されている（p.240参照）。地域によって２つのチームに分かれ、ゴールとなる使われなくなった２つの水車場のあいだの約5kmのあいだで巨大なスクラムを組む。コルクをつめたボールを最初にゴールに運んだチームが勝者となる。似たような慣習がノースリンカンシャーのハクシーのパブや、コーンウォールのセント・コロンブ・メジャーでも行なわれている（p.237、p.238参照）。後者では、「カントリーメン」と「タウンズメン」が、リンゴの木でつくられ、銀をかぶせた球をゴールに運ぶのを競う。

　だが、最も奇抜な祭りの栄冠は「チーズ転がし」に贈るべきだろう。あまりに突飛なため、現在では世界中に広がり、さまざまなところで行なわれている。とはいっても、ブロックワースで開催されるチーズ転がし祭りがオリジナルにして最も素晴らしい（p.236参照）。大きな丸いダブルグロスターチーズを追って急斜面を一気に駆け下りる競技だ。頭がおかしい？　イエス。危険？　イエス。そして、このほかにもイギリスの祭事カレンダーには魅力的な奇祭がたくさんのっている。

＞スコットランド

ベルテン・ファイアー・フェスティバル
エジンバラ

古代から伝わるこの豊穣祈願の儀式において、エジンバラは完全に異教の世界となる。季節の移りかわりを祝うケルトの火祭り、ベルテン（輝く火の意味）はアイルランドとスコットランドの全域で祝されてきた。新たな生命と、冬の闇に光をもたらす象徴として火が燃やされる。過去には、人々がかがり火を飛び越えていた。現在の祝祭は1988年にはじまったが、原点は古代の風習に根ざしている。燃えさかる松明を掲げた人々の行列は騒がしくて荒っぽく、4つの元素（地、空気、火、水）を称える踊りと太鼓を特徴とする。行列は通りを練り歩いてカールトン・ヒルの頂上をめざす。彼らを率いるメイクイーン（5月の女王）とグリーンマンは民間伝承の登場人物で、イギリス諸島の数多くの異教徒の祭りに見られる。

開催地域：スコットランド、エジンバラ、カールトン・ヒル
開催時期：4月30日

ブレマー・ギャザリング
ブレマー

タータンチェックであふれるブレマー・ギャザリングは、スコットランド中から競技者が集まる。そして、アバディーンシャーを越えて一連の伝統的な「ハイランドゲームズ」で競いあい、ハイランドの文化を祝う。ハードで男らしいスポーツ競技（丸太投げ、ハンマー投げ、石投げ、綱引き、高さ860mの丘の上までの徒競走など）は、少年たちの通過儀礼の目的がある。ブレマー・ギャザリングは長い歴史があり、起源は900年以上前にさかのぼる。ヴィクトリア女王のお気に入りで、1848年にはじめて訪れ、1866年には王室後援の行事となった。現在のイギリス王室のメンバーもしばしば臨席し、キルトのスポーツとして知られ、シングル・モルトで変わった乾杯をする。そのほかにバグパイプバンドの演奏、ハイランドダンス、さらにはサックレース（袋跳び競走）なども催される。

開催地域：スコットランド、ブレマー
開催時期：9月の第1土曜日

コモン・ライディングス
スコットランド国境地帯

13、14世紀、スコットランドの一部はイングランドと交戦していた。国境沿いの土地所有者は国境の略奪者（強盗）から自分たちの土地と家畜を守るために、国境の両側から巡回した。今日、スコティッシュ・ボーダーズの11の町が、6～8月のあいだに騎馬大会を催す。古くから土地に伝わる馬術や競技、音楽の伝統を受け継ぐための祝祭で、2、3週間続く場合もある。その中心は大規模な騎馬行進で、全速力で駆けぬける早駆けが行なわれることも多い。騎手は自分たちの町のバナーにのっとり、当時の衣装に身をつつんでいるが、一丸となってライディングの伝統を守っている。

開催地域：スコティッシュ・ボーダーズの11の町、とくにセルカーク、ホーイック、ラウダー、ランガム
開催時期：6～8月

エジンバラ・フェスティバル・フリンジ
エジンバラ

不遜で、しばしば無秩序なエジンバラ・フェスティバル・フリンジは、毎年恒例のより制度化された芸術と文化の祭典、エジンバラ・フェスティバルと完璧な好対照をなしている。参加資格の選考委員会はもたず、誰でも自由に来場し、参加できる。演劇、歌、踊りがくり広げられ、なかでも有名なのがコメディで、無料かそれに近い料金で公演をみることができる。会場を借りる団体もあれば、通りでパフォーマンスを行なう場合もある。多くの有名なコメディアンや喜劇俳優がこのフリンジで「発見」されてきた。有名になる前のスターの卵を見つける絶好の機会だ。

開催地域：スコットランド、エジンバラ
開催時期：8月頃

ホグマネイ
エジンバラ

エジンバラでは、大みそかのありとあらゆるパーティが催される。3日間にわたる豪華な年越しの祭りは異教信仰のさまざまな要素が混ぜあわさり、ダンス音楽と寒中水泳大会が特徴である。祝祭は12月30日、松明のパレードで幕を開ける。行列はロイヤル・マイルからカールトン・ヒルに向かい、そこで大花火大会で締めくくられる。大みそかには、プリンセス通りで盛大なパーティが催される。生演奏、DJ、ダンスを楽しみ、浴びるように飲む。午前0時きっかりに、エジンバラ城の胸壁が花火で照らされる。元旦、二日酔いで目覚めた人には、伝統的な「ルーニー・ドゥーク」がいちばんの薬になるはずだ。

スコットランド、ハイランドのブレマーの村で開催されるブレマー・ギャザリングにて。バグパイプ奏者を伴ってハイランドダンスを踊る。

仮装してパレードを行なったあと、ほぼ凍っているフォース川に飛びこむ恒例行事だ。二日酔いにはほとんど効かないだろうが、思わず息をのむことはまちがいない。

開催地域：スコットランド、エジンバラ
開催時期：12月30日～1月1日

火の玉祭り
ストーンヘブン

この祭りはおそらくケルトの異教の風習で、天候に関連する行事と考えられている。だが、理由は何であれ、スコットランドの祭りは何らかの形で火が関わっているものが多い。エジンバラは年越し祭ホグマネイが有名だが、アバディーンシャーの町ストーンヘブンの新年を祝う祭りは熱い。ひたすら熱い。45人もの地元住民が、炎をあげる大きな火の玉を頭上で振りまわしながら大通りを練り歩く。参加者は、この火の玉をつくるための独自の「レシピ」をもっているが、基本の形はどれも一緒だ。ぼろ切れや紙、木を灯油に浸し、金網をかぶせて丸くする。鉄線で取っ手をつけるのだが、その長さは「振りまわす人」の身長やまわしかたによって変わる。

開催地域：スコットランド、ストーンヘブン
開催時期：12月31日

ウップ・ヘリー・アー
ラーウィック

シェトランド諸島のラーウィックは、スコットランドの首都より、ノルウェーの海岸のほうが近い。そのせいか、ウップ・ヘリー・アーはバイキング三昧だ。この火祭りは1881年、ユール（クリスマス季節）の終わりを祝い、炎をあげるタール樽をひいて町中を練り歩く異教の伝統行事が禁止されたことからはじまった。日が暮れると、祭りのハイライトとなる松明行列がはじまる。バイキングの「装束」に身をつつんだ1000人もの「バイキング」が、松明を掲げて通りを練り歩き、会場へ向かう。そして、バイキングのロングシップ（帆船）のレプリカをとり囲み、冬のあいだに苦心してつくりあげた船に松明を投げ入れ、すべてを燃やしつくす。その後、飲めや歌えの大祝宴が催される。

開催地域：スコットランド、シェトランド諸島ラーウィック
開催時期：1月の最後の火曜日

＞ウェールズ

ナショナル・アイステッズヴォッド
ウェールズ各地

ウェールズのありとあらゆる文化の祭典アイステッズヴォッド。開催地が毎回変わり、国中のコミュニティに参加の機会を与えている。古いものと新しいものが多様に混ざりあい、文学、音楽、踊り、あらゆる種類の視覚芸術が8日間にわたって披露される。この芸術祭ではウェールズ語がとくに重視される。メインイベントのひとつが、彫刻を施した椅子の贈呈。「バード・オブ・ザ・フェスティバル」の称号を頂く詩人

ひれ足のみをつける泥沼シュノーケリングで、ゴールに向かって泥炭湿原を少しずつ進んでいく。出場者によると、どろどろに濃い豆のスープのなかを泳いでいるみたいらしい。

に、この椅子に座る栄誉が与えられる。アイステッズヴォッドはウェールズ語で「座る」という意味で、この祭典の名称はこれにちなんでいるとされる。最初のアイステッズヴォッドは1176年に開催された。カーディガンの領主リースが城に詩人や楽人を招いたのがはじまりだった。その後この祭典はすたれ、現在のアイステッズヴォッドは1880年に再開された。

開催地域：ウェールズ各地
開催時期：8月第1週

世界泥沼シュノーケリング選手権大会
スランウルティド・ウェルズ

1986年、世界で最もへんてこなスポーツイベントのひとつが、あるパブの一般席で考案された。泥沼シュノーケリングである。泥炭湿原につくった長さ55mの溝に水を入れたコースを、出場者が泥水を蹴り、しぶきをあげ、のたくりながら進む。シュノーケルとマスク、足ひれは使用してもいいが、いわゆる「泳法」は認められていない。水が泥でひどく濁っているため、方向を確認するために頭を出してもいいが、前進するときは必ず潜っていなければならない。出場者は2本のコースでタイムを競う。

開催地域：ウェールズ、スランウルティド・ウェルズ、ウィーンリドの沼地
開催時期：8月のバンク・ホリデーの週末

度胸と虚勢

危険を前にして笑いとばし、度胸を見せるのは、あらゆる文化の祭りに見られる
特徴だ。社会ごとにテストステロン全開のさまざまな試練がつくりだされ、
自分の勇気や価値をしめしたくてしかたのない者たちが挑戦してきた。
通常、参加者とその動機はほぼ一致している。
彼らはまずまちがいなく若い男性で、いいところを見せたがる目立ちたがり屋だ。
権利や地位を鼻にかけ、女の子に自分を印象づけたい。

上：ヒンドゥー教の神クリシュナの降誕祭、ジャンマシュタミーの一環として
インド北部の若者たちが人間の塔をつくってバター壺を取り、壊す。

右：スペイン、デニアの牛追い祭り。放たれた雄牛の前を走り、海へ追む参加者。

左：バヌアツ、ペンテコスト島にて。ナゴールの儀式で、高い木のやぐらから飛び降りる男たち。命綱となるのは足首に巻いたつるだけだ。

下：スペイン、バルセロナのメルセ祭りにて。このカタロニアの祝祭の呼び物である人間の塔（カスティ）。

「bravado」という言葉を辞書で調べてみると、「度胸、威勢をしめす」、「印象づけるために勇敢なところを見せる」、「自信たっぷりな態度」といった説明がでてくる。言っておきたいことがある。パンプローナの通りで雄牛と一緒に走っているとき、私はそんな気はこれっぽっちもなかった。ニームでアブリヴァド（雄牛が馬に乗った者に統率されて走る）の疾走する雄牛と向かいあったときもそうだ。だが、「bravado」には「虚勢を張る」という意味もある。サント・マリー・ド・ラ・メールの競技場で、威勢のいいカマルグの雄牛に追いかけまわされていたときの私が、まさしくこれだった。

度胸をしめす最も手に汗を握る妙技は、ナゴールである（p.264参照）。バヌアツのペンテコスト島に伝わるランドダイビングの祭りで、この通過儀礼では、成人男性や少年が高さ20〜30mのところに組まれた木のやぐらに上り、飛び降りる。墜落の衝撃を和らげるための命綱は、左右の足首に結びつけたつるのみ。とても見ていられないが、かといって目をそらすこともできない。飛び降りる者は命懸けなのだ。この儀式を見ていたとき、かたほうのつるが切れたことがあった。飛び降りた者はもうかたほうのつるだけで支えきれず、地面に激突した。が、立ち上がり、折れてしまったつるを悲しそうに見ていた。彼は運がよかった。時期外れにイングランドの女王のためにこのナゴールの儀式を行ない、死んでしまった者もいた。つるが体重を支えるほどしなやかではなかったためだ。ナゴールは豊作を祈願する儀式であると同時に、通過儀礼でもある。より高い地点から飛び降りるほど、より勇敢とみなされ、村での地位も高くなる。

「bravado」はスペイン語の「bravate」が語源である。たしかにスペインには人々を試すような祭りがある。さらに、「macho」という言葉もスペイン語の「machismo」（誇張された男らしさ、の意）からきている。となると、スペイン人の祭りに対する取り組みかたも何となく理解できる。

技能と強さ、度胸をしめすために人間の塔をつくる慣習もある。バレンシア近郊で行なわれるアルヘメシの聖母サルー祭りでは、建物の6階の高さに相当する人間の塔をつくる（p.222参照）。バルセロナのメルセ祭はさらに高い（p.224参照）。てっぺんに登るのは、たいてい体重の軽い子どもだ。だが、最も崩れそうにない塔が必ず倒壊する。メノルカ島のサン・フアン祭では、村人が後ろ脚で立つ馬の心臓のあたりに触れようとする（p.222参照）。聖アントニオの祝祭ルミナリアスでは、勇気ある騎手が街の通りや路地を駆け抜けながら、燃えさかるかがり火を飛びこえていく（p.224参照）。

数千年にわたって、雄牛は好敵手と考えられてきた。古代メソポタミアの『ギルガメシュ叙事詩』に闘牛にまつわる最初の記述が出てくるといわれている。クレタ島のミノア文明のフレスコ画は、若い男女が雄牛の角をつかみ、飛び越えるところが描かれて

幸運を願って、後ろ脚で立つ馬の心臓部に触れようとしてみずからを危険にさらす参加者。スペイン、メノルカ島で開催されるサン・フアン祭にて。

いる。古代ローマのミトラ教は雄牛の供犠を特徴としていた。雄牛はつねに畏怖と崇拝の対象として育てられ、世界中の多くの農村社会で雄牛で人々の度胸を試し、雄牛と速さを競ってきた。とくに祭りのときには、「お酒に酔った勢い」という機会はいくらでもある。

　もちろん、スペインの多くの祭りで、あふれる男らしさをしめすために向こう見ずな市民が——通常は苦しめた——雄牛から逃げている。自動車が登場するまで、闘牛は馬に乗った一団によって闘牛場まで連れられていた。年月を重ねるなかで、雄牛たちが通り過ぎる際に、地元の若者たちが目立とうとしてその前に飛び出すようになった。そしてエンシエロ（牛追い）の慣習が生まれたのである。最も有名なのがパンプローナのサン・フェルミン祭で行なわれる牛追いだ（p.225 参照）。祭りの会期中、毎朝、闘牛が町を駆け抜け、（伝統的に）白い衣服を着た男性が牛の前を走る。雄牛を「安全に」囲い場に入れたら、今度はバキーリャと呼ばれる雌牛を競技場に放ち、走ってきた者に英雄になれる機会を与えるが、たいていはやっつけられて飛んでいくことになる。

　雄牛を煽って男らしさを証明しようとするのは、何もスペイン人だけではない。国境を越えたフランス南西部にも素晴らしい闘牛の慣習がある。スペインの「コリーダ（闘牛）」では雄牛は殺される。フランスのカマルグの闘牛では、同じく白い衣服に身を包んだ闘牛士が雄牛の角に結んだ紐を取るのを競う。雄牛は傷つかないが、闘牛士はときに負傷する。ニームとアルルの闘牛はどちらも、ガルディアンに付き添われる地元カマルグの雄牛のアブリヴァド（牛追い）が特徴である（p.198 〜 p.199 参照）。

　概して、棒踊りは度胸をしめす行為とはみなされない。しかし、棒の高さが30mあり、ボラドーレス（飛ぶ人）がロープ 1 本で棒のてっぺんから飛び立

上左：諏訪の御柱祭。参加者は切り出された巨大な丸太に「乗ろう」とする。丸太は山中から社まで滑り落ち、そこで象徴的に立てられる。

上右：メキシコ、ボラドーレスの踊り。気の弱い人は見ないほうがいい。足首から逆さに吊るされた人が、笛と太鼓にあわせてまわる。演奏している男性は高さ30mの棒の上にじっとどとまっている。

ち、棒のまわりをくるくると回りながら地上に下りてくるとなれば、これはかなり度胸がいると思う。この儀式は古代マヤの信仰に起源をたどることができ、グアテマラの聖トマス祭やメキシコのバニラ祭りをはじめ、ラテンアメリカの多くの祭りで行なわれている（p.56、p.68 参照）。

　日本の文化では、伝統的に男性の勇敢さを重んじる。強さと度胸をしめす祭りは数多くあるが、諏訪湖で開催される御柱祭はその最たる例だ（p.99 参照）。度胸があり、無鉄砲な男たちが巨大な丸太にまたがり、山の急斜面を滑り落ちる。丸太はその後、神道の社の尊い柱として建てられるが、重さ 12t もあり、まさに命懸けの行為である。

　度胸試しの要素をもつ祝祭の多くに共通するのが、大切なのは物質的なものではないということだ。行ない、生き残ることが唯一のほうびなのだ。一例をあげるなら、ボスニアのモスタルでは、高さ 21m のスタリ・モスト（橋）から川に飛びこむ（p.174 参照）。これはボスニアの若者の通過儀礼として 1566 年にはじまった風習だが、バルカン諸国の紛争中の 1993 年に橋が破壊され、中断された。2004 年に再建された橋が開通すると、スタリ・モストからの飛びこみも復活し、この伝統はボスニアの人々の勇敢さと復興の象徴となった。

　当然のことながら、わざわざ虚勢を張る必要もなく、いきなり戦うこともある。一番てっとり早いのは大酒を飲んで酔っ払ったり、テストステロン値を高めることだ。世界各地には戦いを重視する祭りがある。戦いの儀式により、伝統を守り、社会をまとめる。

　これこそが、とくに恐ろしいバリの 2 つの祭りの動機となっている。プクル・サプでは、ママラ村とモラーレ村の住民たちが、お互いの背中を籐の鞭で血が出るまで叩きあう（p.148 参照）。これは双方の村が同胞の精神を高めることを目的としている。そして、もうひとつ、壁に囲まれたバリ・アガ族の村トゥガナンで行なわれるウサバ・サ

左：雄牛が近づいてくると、障壁を乗り越えて逃げ出す者もいる。だが、なかには虚勢を張って、さらにスピードをあげる者も。スペイン、パンプローナのサン・フェルミン祭の牛追いにて。

上：ボスニア・ヘルツェゴビナ、モスタルのネレトヴァ川で、高さ21mのスタリ・モスト〈橋〉から飛びこむ。

パソーラでは、ずば抜けた馬術とやり投げのスキルが要求される。田植えの時期のはじまりにスンバ島の人々が行なう戦いの儀式だ。

ンバはさらに残忍だ（p.148 参照）。マカレ・カレと呼ばれる決闘の儀式で、サロン（腰巻）だけを身につけた上半身裸の若者がパンダンの葉で血が出るまでお互いを叩きあう。この葉は周囲が鋭い鋸歯状になっているため、深い傷をつくり、多量の血が流れる。これは決闘を見守る村の未婚女性の気をひくという古い慣わしである。

インドネシアのスンバ島で開催されるパソーラでは、激しい馬上試合がくり広げられる（p.147 参照）。海と豊饒の女神ニャレを称え、竹槍で対戦する。血みどろの戦いを行なう騎手らに村人が声援を送ると、戦いはどんどん過熱する。槍はソロモン諸島の孤島オワリキ（旧サンタ・カタリーナ島）でも戦いの武器として使われている（p.264 参照）。この儀礼では、前年からの問題や不和をとりのぞき、収穫期の到来に備える目的がある。島に住む２つの部族が海辺に集まり、先の尖った棒で戦う。

ティンク（歪曲的に「交戦」を意味する）は、アンデスのケチュア族とアイマラ族に伝わる模擬戦闘だ（p.87 参照）。伝統的な民族衣装に身を包んだ女性が輪になって歌い、詠唱する。男性はそのなかに入り、戦いはじめる。身をかがめ、リズミカルにお互いにパンチをくりだす。つまり、本質的には踊りなのだ。象徴的な模擬戦闘にすぎないはずが、たいてい収拾がつかなくなり、本格的な乱闘に発展する。警察が出動し、催涙ガスでティンクを終わらせることすらある。ときには重傷者が、さらには死者も出る。

ギリシャ、ヒオス島のヴロンダトスの威勢のいい町民は、年に１度開催されるロケッ

ト花火祭りで極端すぎるほどの戦いをくり広げる（p.204 参照）。復活祭を迎える午前0時、谷を挟んだ2つの教会の教区民が、相手側の鐘楼をめがけてロケット花火を撃ちこみあう。一説によると、この慣習はオスマン帝国の占領下でロケット花火でイスラム兵を追い払い、復活祭を祝ったのがはじまりとされる。そのほかに、反乱を防ぐために町の大砲を押収したオスマン軍を嘲笑する目的ではじまったとする説もある。

歓声をあげる見物人や女性に囲まれて、さまざまなコミュニティの男たちが古代のアンデスの慣習、ティンク（模擬戦闘）を行なう。この戦いの儀式には、欲求不満を吐き出す意味があるとされる。

>>オセアニア

>オーストラリア

ビール缶レガッタレース
ダーウィン

　ダーウィンで年に1度開催されるビール缶レガッタレースに出場するには、まず缶ビールの空き缶でボートをつくらなければならない。精巧であればあるほどよい。レース出場者は、主催者であるダーウィンのライオンズクラブの十戒ならぬ「十缶」にしたがわなければならない。いちばん重要なのは、おそらく4番目の「汝、溺れ死ぬなかれ」だろう。出場者は、そのあやしげな手作りの空き缶ボートで海へ出る際には、必ずライフジャケットを着用する。缶ビールを空けるのはお楽しみの序の口。当日のハイライトは「バトル・オブ・ミンディル」だ。4人1組のチームで水中に隠されているお宝を見つけるレースで、最初に見つけたチームが優勝となる。熱狂と興奮の渦につつまれるなか、参加者たちは敵チームを追いおとそうと水中で激しいバトルをくり広げ、レースは大盛りあがりをみせる。

開催地域：オーストラリア、ダーウィン、ミンディル・ビーチ
開催期間：7月の日曜日

ガーマ・フェスティバル
ガルクラ

　アボリジニのヨルング族は4万年以上も前からアーネムランド北東部の地に暮らしてきた。年に1度開催されるガーマ・フェスティバルは、彼らの言語や芸術、踊り、音楽といった豊かな文化遺産を称える盛大な祭りである。古来からヨルング族が集うガルクラで開催される祝祭では、ブングル（伝統的な踊り）やマニカイ（歌）を披露し、儀式をとりおこなう。学術的なフォーラムも開催され、アボリジニの抱える問題について話しあう。祭りが行なわれるのは（ユーカリの一種）ストリンギーバークの森で、彼らの先祖ガンブラブラがグマチの人々に木管楽器イダキ（ディジュリドゥ）を授けた場所だと信じられている。

開催地域：オーストラリア、ガルクラ
開催期間：8月

ヘンリー・オン・トッド・レガッタ
アリス・スプリングス

　世界で最も風変わりな祭りのなかには、ビールが関係するものもある。そのひとつが、オーストラリアのノーザンテリトリーの干上がった川で開催される「レガッタ（ボートレース）」だ。開催地は、いちばん近くにある大きな水域から1500kmも離れている。1962年、地元住民のレグ・スミスがパブでチャリティの資金集めの方法として考えついたイベントだ。無鉄砲な「ボート」レースやサーフィンのイベントで盛りあがり、バイキングとパイレーツの激しい海戦で幕を閉じる。ほとんどのレースで、さまざまなかたちのボートを「漕ぎ手」がかぶったり、担いだりする。選手たちはボートの底から足を突き出して、コースを走る。なかにはシャベルを使って砂のなかを漕ぎすすむボートもある。

開催地域：オーストラリア、アリス・スプリングス、トッド・リバー
開催期間：8月の第3土曜日

ローラ・アボリジニ・ダンスフェスティバル
ローラ

　アボリジニのフェスティバルは年々増えている。アボリジニのククヤランジ族が古来より集っていたボラ（成人式を行なう場所）の会場で2年に1度、ローラ・ダンスフェスティバルが開催される。20のアボリジニ共同体の500人もの参加者が伝統的な踊りや歌を披露し、アート作品や手工芸品を展示する。その目的は、自分たちの文化を後世に伝えると同時に、アボリジニの人々の強さと誇り、独自性をしめすことにある。

開催地域：オーストラリア、ローラ
開催期間：奇数年の6月の第3週

メルボルン・カップ
メルボルン

　メルボルン・カップはオーストラリアで最も賞金額の多い競走で、メルボルン・カップ・ウィークのハイライトである。オーストラリアの国民的行事であり、競馬ファンや馬の愛好家はもちろん、ふだんは競馬をしない人も少額の賭けを楽しんでこの日を祝う。詩のなかで「国を止めるレース」と称されたレースの開催日メルボルン・カップ・デーは、メルボルンをはじめとするヴィクトリア州の多くの地域で祝日となり、国民のほとんどが仕事や活動を休止してレースを見たり、聞いたりする。レース当日、10万人を超える人々がフレミントン競馬場に来場し、レース、観戦者のファッション、音楽、花のディスプレイを楽しむ。レース日ごとにその日の花が決まっている。メルボルン・カップ・デーは、重要な社交の場でもある。競馬場以外でも、さまざまなパーティや親睦会、そしてもちろん、オーストラリアの最高の「バービー（バーベキュー）」が行なわれる。

開催地域：オーストラリア、メルボルン、フレミントン競馬場
開催期間：11月の第1火曜日

ムーンバ祭
メルボルン

　イギリスの君主のパロディであるオーストラリアのムーンバ君主が見守るなか、1954年から年に1度、メルボルンの人々はこの祭りを祝ってきた。少々無礼で陽気、ユニークなイベントやパーティ、演奏が盛りだくさんのムーンバ祭は楽しく、自由で、その名の正式な意味どおり、「集まって楽しもう」だ。3日間、国内外の一流のバンドがメルボルン各地のステージで演奏する。目玉のひとつがムーンバの仮装パレードで、メルボルンの地域団体によるテーマごとの山車が登場する。ヤラ川で行なわれる「鳥人間コンテスト」では、出場者は翼をつけた衣装を着て4mの踏み台から川に飛び立つ。夜には盛

クイーンズランド州北部のヨーク岬半島のローラで開催されるローラ・アボリジニ・ダンスフェスティバルの演者。20以上の異なるアボリジニの部族が集まって、自分たちの伝統や慣習を分かちあう。

大な花火が打ちあげられる。

開催地域：オーストラリア、メルボルン
開催期間：レイバー・デーの3連休（3月）

シドニー・ゲイ・アンド・レズビアン・マルディグラ
シドニー

　南半球最大の同性愛者の祭典、シドニー・ゲイ・アンド・レズビアン・マルディグラには、多様性と寛容を祝う人々（もちろんパーティ目当ての人も）が世界中からやってくる。3週間以上にわたって、ゲイ（男性同性愛者）、レズビアン（女性同性愛者）、バイセクシュアル（両性愛者）、トランスジェンダー（性転換者・異性装同性愛者）、クィア（セクシュアル・マイノリティ）、インターセックス関連のさまざまなアート、コミュニティ、スポーツのイベントを楽しむことができる。当然のことながら、マルディグラの大きな社会的側面をもち、公式のパーティやナイトクラブでのイベントも多数催され、このうえなく盛りあがる。最終土曜日には、レズビアンのバイク集団「ダイクス・オン・バイクス」に率いられ、マルディグラ・パレードが行なわれる。華やかに飾りたて、多くはびっくりするような衣装に身を包んだ約1万人の参加者が市内の中心部を練り歩き、沿道からは数十万人もの住民や観光客が声援を送る。

開催地域：オーストラリア、シドニー
開催期間：2月か3月の3週間

ツナラマ・フェスティバル
ポートリンカーン

　アボリジニの言葉か何かのように聞こえるかもしれないが、ツナラマはマグロを称えるお祭りである。このイベントは、マグロの水揚げ量世界一を誇る南オーストラリアのポートリンカーンで1962年にはじまった。当時はまだ新興産業だったビジネスの認知と促進が目的だった。オーストラリアの建国記念日にかかる週末に開催され、ポートリンカーンの前浜はさまざまな屋台や出し物であふれ、山車や飾り立てた車の仮装行列をもてなす。オーストラリアの建国と、すごいスピードで泳ぐ光沢のあるマグロの両方を祝う。イベントのハイライトは、「マグロ投げ世界選手権大会」で、陸上競技のハンマー投げの要領で8〜10kgのマグロを投げる。

開催地域：オーストラリア、ポートリンカーン
開催期間：オーストラリア建国記念日（1月26日）にかかる週末

＞メラネシア

クンドゥ・カヌー・フェスティバル
アロタウ

　パプアニューギニアのミルン湾州には600以上の島が点在し、この地域に住む人々は日々の生活をカヌーに頼っている。当然のことながら、年に1度のフェスティバルでもカヌーはかかせない。参加者の多くは辺境の島から何日もかけて、カヌーを漕いで開催地へやってくる。カヌーには畑で採れた作物やごちそうの豚をいっぱいに積み、パフォーマンスを行なう踊り手や太鼓の鼓手たちも乗っている。50人の漕ぎ手が乗れる長いウォー（戦闘用）カヌーをはじめ、さまざまな船が見られる。カヌーのレースのほか、伝統的な食料品の交換も行なわれ、多数のダンスパフォーマンスが披露される。そのうちの「シンシン」では、各部族の戦士が伝統的な戦いの踊りを競演する。

開催地域：パプアニューギニア、アロタウ
開催期間：10月か11月

ゴロカ・ショー
ゴロカ

　ゴロカはパプアニューギニアのあらゆる部族の集まりのなかでいちばん古く、最もよく知られている祭典のひとつである。最初に開催されたのは1957年で、オーストラリア行政当局によって、部族間の調和を促進するために行なわれるようになった。今日、東部山岳州の100もの部族の人々が集結し、3日間にわたって歌い踊り、儀式や慣習を行なう。参加者は全身にペインティングを施し、伝統的な民族衣装に身をつつみ、貝殻や極楽鳥の素晴らしい羽飾りで飾りたてる。観光化が進みつつあるとはいえ、ゴロカは依然として重要な社交的な集まりであり、30以上もの言語をもつ部族が一堂に会するまたとない機会を与えている。

開催地域：パプアニューギニア、ゴロカ
開催期間：独立記念日（9月16日）前後の週末

マウントハーゲン・ショー
マウントハーゲン

パプアニューギニアで部族間の対立があるのは東部山岳州だけではない。西部山岳州のマウントハーゲンで行なわれるこの民族の祝典もゴロカ・ショーと同様の役割を担っている。はじめて開催されたのは 1964 年で、今日では 50 もの部族が中立的な立場で集まり、彼らの文化と部族の多様性を祝う。伝統的な「シンシン」で、各部族の踊り手と鼓手たちが肉体的な競争ではなく、文化的に競いあう。畏怖をおぼえるほどの部族の競演を見ようとおおぜいの見物客が訪れる。身体に鮮やかなペインティングを施し、色とりどりの羽飾りや貝殻で飾りたてた部族の人々が、やりを手にして伝統的な民族の踊りを披露する。

開催地域：パプアニューギニア、マウントハーゲン
開催期間：8 月の第 3 週の週末

ウォーガシア（槍の戦いの儀礼）
オワリキ（旧サンタ・カタリーナ島）

争いを解決する方法はいろいろある。調停や和解、単に許すこともある。だが、ソロモン諸島のサンタ・カタリーナ島の 2 つの部族は、先の尖った棒を投げあうことでけりをつける。4 日間のこの儀礼の目的は、島中の不和をすべて一掃して収穫期を迎えることにある。戦士たちは槍と小さな木製の盾をもって海辺に集まり、口論をはじめる。相手を煽って逆上させて、戦いをしむける。ついに最初の槍が投げられ、戦いの火ぶたが切られる。とはいえ、いくつものルールがある。槍を投げるのは、反目している戦士に向かってのみ。父親や叔父と戦ってはならない。村の長老が見守るなか、誰かが深刻なけがを負う前に戦いは終わりとなり、わだかまりがなくなったことが確認される。

開催地域：ソロモン諸島、オワリキ
開催期間：5 月末か 6 月はじめ

ナゴール
ペンテコスト島

バヌアツ（共和国、ニューヘブリディーズ諸島）のペンテコスト島では、驚くべき儀式が行なわれる。若者が高い木のやぐらから飛び降りるのだが、墜落の衝撃をやわらげる安全装置は足首に巻きつけたつるだけだ。ナゴールは少年が成人になるための通過儀礼であるだけでなく、村人たちの健康とヤムイモの豊作を祈願するものである。人々はナンバと呼ばれるペニスケースなどの伝統衣装を身に着けて、飛び降りる者たちを勇気づけるために歌い踊る。ジャンプする高さはさまざまで、そのスピードは時速 72km にもなる。ランドダイビングとしても知られるナゴールはバンジージャンプの先駆けとみなされている。

開催地域：バヌアツ、ペンテコスト島
開催期間：4 月と 5 月の土曜日

＞ミクロネシア

ヤップ・デー
ヤップ州

ヤップ州はミクロネシア連邦の南西部の 4 つの島と周辺の離島や環礁からなる。島民たちは年に一度、彼らの文化的、精神的な伝統を祝う祭りを催す。その中心となるのが踊りだ。毎年、各村がもちまわりで主催者となり、この文化的集まりに訪れる人々に無料で食べ物と飲み物を提供する。州の各地から集まった人々が、伝統衣装をまとって踊ったり、その素晴らしい踊りを見物する。衣装はたいてい色鮮やかな腰みので、座り踊り（シッティングダンス）、膝立ち踊り（ニーリングダンス）、立ち踊り（スタンディングダンス）、竹棒踊り（バンブーダンス）などが披露される。なかには、ヤップ・デーに公の場で 1 度、その後村で 1 度披露されるだけの踊りもある。踊りのほかに、地元の工芸品も展示される。最終日、現地の観光局が最も遠くからやってきた観光客を称える歓迎会を行なう。

開催地域：ミクロネシア、ヤップ州
開催期間：3 月の最初の週末

アンガム・デー
ナウル

太平洋に浮かぶ小さな島にあるナウル共和国の人々は、20 世紀に起きた 2 度の出来事をけっして忘れない。それは、民族の存続が危ぶまれるほどに人口が激減したときだ。最初は 1920 年で、インフルエンザの流行で人口が 1068 人にまで減った。12 年後、人口が 1500 人に達すると、その日を国民の祝日に定め、アンガム・デー（アンガムは「祝賀」または「帰郷」の意味）と呼ばれる祝祭が催されるようになった。ところが 1941 年、ふたたび人口が存続可能なレベルを下回る。そのときの回復は早く、1949 年 3 月に 1500 人目のナウル人が誕生した。以来、ナウルの人々はアンガム・デーを祝ってきた。祝祭ではナウルの伝統的な衣装を着て民族舞踏を踊ったり、ごちそうを食べてお酒を飲み、地域社会によるさまざまな競技を楽しむ。

開催地域：ミクロネシア、ナウル
開催期間：10 月 26 日

＞ニュージーランド

ゴールデン・シアーズ
マスタートン

ニュージーランドは羊で有名だ。羊の数が人口の 50 倍になることもある。そして、ニュージーランドの人々はとても競争好きといわれている。ラグビーのニュージーランド代表オール・ブラックスの試合を見たことがある人ならわかるだろう。この 2 つの要素を結びつけたのがゴールデン・シアーズだ。羊毛刈りと、羊毛取扱いのウールハンドリングを競う世界最大のイベントとして名高い。3 日間にわたって、羊にまつわるさまざまな競技が行なわれる。年齢や能力別の羊毛刈りコンテストのほか、刈った羊毛のハンドリングとウールプレスのイベントもある。このフェスティバルがはじめて開催されたのは

ミクロネシア連邦のヤップ島で、住民たちは伝統的な工芸品や食べ物、物語の朗読、踊りや歌でヤップ・デーを祝う。

1958年だが、ゴールデン・シアーズとして知られるようになったのは1961年である。現地で大きな注目を集めたため、治安を維持するために軍隊が呼ばれるほどだった。

開催地域：ニュージーランド北島、マスタートン
開催期間：3月の3日間

ワイタンギ・デー
ベイ・オブ・アイランズ

　ニュージーランドの先住民マオリ族と、ヨーロッパからの入植者とのあいだでワイタンギ条約が正式に締結され、ニュージーランド建国の礎となったことを記念して、毎年、ワイタンギ・デーには国中で祝賀イベントが催される。正式な祝賀行事は、ワイタンギ条約が結ばれた北島のベイ・オブ・アイランズのワイタンギ条約記念館（ワイタンギ・トリティ・グラウンド）で行なわれる。条約の締結は1840年だが、ワイタンギ・デーが祝日となったのは1974年のことだ。3日間のアクティビティにはミリタリー・タトゥー（軍隊パレード）やスポーツ、文化的な催しのほか、マオリ族の伝統的な踊り、食べ物や慣習なども紹介される。しかし、マオリのなかにはワイタンギ条約によって不利な立場におかれたとして、この祝祭をマオリに対する不当な扱いの象徴とみなす人々もいる。

開催地域：ニュージーランド全土、正式にはニュージーランド、ベイ・オブ・アイランズ
開催期間：2月6日

＞ポリネシア

フラッグ・デー
パゴパゴ（アメリカ領サモア）

　1900年、アメリカ海軍のベンジャミン・フランクリン・ティリー船長が、サモアの地にアメリカ国旗を掲げて領有を主張した。アメリカ領サモアのフラッグ・デーはこの日を記念する祝祭で、ポリネシア文化を称えるものである。4月17日に先立つ週は、伝統的な歌や踊り、音楽、活気あふれるパレードで盛りあがる。食べ物の屋台ではサモア名物が売られ、深夜のバーではパーティがくり広げられる。アメリカ領サモアの国旗が島中にはためく。星条旗ではなく、ハクトウワシが描かれた旗で、自由の地との関係に対する感謝の意を表している。島民のいちばんの楽しみは、「ファウタシ」と呼ばれるロングボートレースで、45人の漕ぎ手が乗ったボートで過酷な8kmのコースを競走する。

開催地域：ポリネシア、アメリカ領サモア、パゴパゴ
開催期間：4月17日

ヘイバ・イ・タヒチ
タヒチ、パペーテ

　タヒチの象徴的な「祭典（ヘイバ）」は、フランス領ポリネシアが自治権を獲得した6月末から7月のフランス革命記念日（7月14日）を祝う。首都パペーテの海岸沿いにあるトアタ広場で、ポリネシア文化の盛大な祝祭が催される。もともと、この祭典はチューライ（7月の意）と呼ばれていた。イギリスからポリネシアの支配権を奪ったフランスが、1881年に現地の人々のために催したのがはじまりだった。現在ではタヒチ島のみならず、マルケサス諸島、オーストラル諸島、ガンビア諸島といったそのほかのフランス領ポリネシアの伝統的な音楽や踊り、歌を称える重要な祝祭となっている。ヘイバ・イ・タヒチはスポーツの祭典でもあり、アウトリガーカヌーやバナナ運び競争、石を担ぎあげる重量挙げ、アーチェリー、やり投といったポリネシアのさまざまな伝統的なスポーツ競技が行なわれる。

開催地域：ポリネシア、タヒチ島、パペーテ
開催期間：7月中、とくに7月14日

索引

数字の太字は解説ページ、イタリックは図版のページをしめす。

【ア行】

アイディタロッド国際犬ぞりレース／アメリカ合衆国　70・**77**；*71*・*77*
アイマラ族　86・92・260
アカ族の正月／タイ　160・167
アカ族のブランコ祭り／タイ　160
悪魔のカーニバル／コロンビア　90・*181*
アコンポン・マルーン・フェスティバル／ジャマイカ　**46**
浅草三社祭／日本
アティ・アティアン／フィリピン　**150**
アティ族　150・151
アトゥチャプシュ／タジキスタン　**111**・115
アトの巨人祭り／ベルギー　**188**
アトランティック・アンティック／アメリカ合衆国　**69**
アナステナリア／ギリシャ　156・202
アブシンベル太陽祭／エジプト　**15**
アフマド・アルバダウィーの預言者生誕祭（マウリド）／エジプト　**15**；*215*
アフラ＝マズダー　180
アポアケヤー／ガーナ　**30**
アポクリエス／ギリシャ（ガラビディ）　55・203・231；*55*・*232*
アポクリエス／ギリシャ（パトラ）　55・203
アポクリエス／ギリシャ（メッシニア）　55・203
アメン神　15
アユナンの儀式　148
アランガナッルール・ジャリカットゥ（牛追い祭）／インド　**120**
アルグング魚獲り大会／ナイジェリア　**32**；*32*
アールストのカーニバル／ベルギー　55・**188**；*188*
アルティプラーノ人　92
アルバカーキ国際気球フェスティバル／アメリカ合衆国　**68**・*81*；*83*
アルバタウィー、サイード・アフマド　95・215
アル・ヒジラ（イスラム教の正月）　168
アルヘシの聖母サルー祭り／スペイン　**222**・255
アロハ・フェスティバル／アメリカ合衆国　**68**；*68*
アワ（秘密結社）　29
アンガム・デー／ミクロネシア　**264**
イエス・キリスト　14・57・88・92・151・158・172・181・189・207・222・225；*158*・*218*
イエマンジャ（海の女神）　88・89・169
イエマンジャの祭り／ブラジル　**88**；*88*
イエモジャ（地母神）　88
イカロス飛びこみ大会／ボスニア・ヘルツェゴビナ　**174**・257；*174*
イギトゥン・チャルネ／インド　123・156・217
イシスの船　53
イースター（復活祭）／イスラエル　**172**；*172*
イースターサンデー（復活祭の日）　172・208・261
イスラム教（徒）　14・15・94・155・233・261；*215*
イ族の火把節／中国　96・*181*
イテリメン族の収穫祭／ロシア　**176**・180
犬ぞりレース　70・81；*71*
イブラヒム・パシャ　203
イー・ペン祭とロイ・クラトン祭／タイ　**162**
イムシルの婚約ムッセム／モロッコ　**16**・22；*16*・*21*
イロンゴ族　151
インカ人　92
イングリッシュ・ヘリテッジ財団　240
インクワラ／スワジランド　**28**
インティ（太陽神）　92
インティ・ライミ／ペルー　**92**；*92*
インフィオラータ／イタリア　**206**
インボルク／イギリス　181・211・**238**
ヴァジラナブハー（悪魔）　131
ヴァップ／フィンランド　**186**
ヴァラムカリ・スネークボートレース　**126**
ヴァルデマー4世（デンマーク王）　187・193
ヴィアレッジョのカーニバル／イタリア　53・**205**；*48*
ヴィシュヌ神　125・134
ウィットビー・ゴシック・ウィークエンド／イギリス　**240**
ウィーディック、ガイ　58
ウェストン＝スーパー＝メアのカーニバル　**10**
ヴェネツィアのカーニバル／イタリア　10・43・54・**205**；*43*
ヴェル・フェスティバル／スリランカ　**145**
ウォーガシア（槍の戦いの儀式）／メラネシア　260・**264**
ウォダベ族　21・31；*18*・*21*
ウサバ・サンバ／インドネシア　**148**・260；*23*
牛追い競技（ジャリカットゥ）　23・120；*23*
牛追い祭り／スペイン　**220**；*221*・*252*
薄汚れたジェニー　55・**188**
ウップ・ヘリー・アー／イギリス　55・**211**；*178*・*185*
馬のレース／競馬　16・94・110・111・115・116・119・206・207・225・262；*112*・*115*
馬祭り／スペイン　**221**
ウムランガ（リードダンス）／スワジランド　22・**28**；*22*
ウムランガ（リードダンス）／南アフリカ　**17**
ウンシュプネンフェスト／スイス　**235**
ウンパンダ　89
エウェ族　30
エグレモントのクラブアップル・フェア／イギリス　**237**
エサラ・ペラヘラ／スリランカ　**145**
エジンバラ・フェスティバル・フリンジ／イギリス　**250**
エチオピア正教会　14；*15*
エヨ仮面祭り／ナイジェリア　**32**・38
エリザベス2世　240
エル・グエグエンセ／ニカラグア　**57**
エル・コラチョ／スペイン　**220**
エルス・エンファリナッツ／スペイン　**221**；*229*；*226*・*229*
エルボー　78
オアシス・フェスティバル／チュニジア　**17**
オウル・ヤリ／スリナム　**93**
オグアー　30
奥様運び世界選手権／フィンランド　**186**；*187*
オクトーバーフェスト／ドイツ　**202**；*202*
起し太鼓／日本　99・105
オサニイン　32
オショグボ祭り／ナイジェリア　**32**
オスマン帝国　41・55・192・203・204・261
オナム祭／インド　126・217；*216*
オバマ、バラク　177
お水取り／日本　99・184
オメガング／ベルギー　**198**
オメルの第三十三節（ラグバオメル）／イスラエル　**172**
オランダ王室　209
オリンピック　236-237・248
オールボー・カーニバル／デンマーク　**186**
オルロのカーニバル／ボリビア　**87**；*87*
オレンジ合戦／イタリア　**193**・204・231；*226*・*231*
愚か者の船　53
御柱祭／日本　99・**107**・257；*108*・*257*

【カ行】

ガウチョ（カウボーイ）　86・93
ガウチョ祭り／ウルグアイ　**93**
カザジャハン族　151
火葬場の王の舞　120
ガダーミスのナツメヤシ祭り／リビア　**16**
カトリック（教会）　40・41・45・52・59・63・68・88・91・195・210・218
かなまら祭り／日本　98・106
カネッリの包囲／イタリア　**208**
カノ・ダーバー／ナイジェリア　**32**；*33*
カバハラ戦争　148
カーブレイクのパウワウ／カナダ　**58**；*58*
ガーマ・フェスティバル／オーストラリア　**262**
仮面　28・29・30・32・34-43・55・92・93・151・174・175・188・205・219
仮面祭り／コートジボワール　**29**・37
仮面祭り／マリ　**30**；*31*
火薬陰謀事件　181・236
ガラガラヘビ狩り祭り／アメリカ合衆国　**73**
カラーシャ族　27・144；*27*
カラバオ祭／フィリピン　**151**
カランダル、ライ・シャハバーズ　144
カーリー（破壊の女神、邪悪な女神）　124・143
カリェ・オチョ・フェスティバル／アメリカ合衆国　**69**
カーリー・プジャ／インド　**124**
カルガリー・スタンピード／カナダ　**58**・79；*81*
カルナバル・デ・スフレ／フランス　**198**
ガルンガン／インドネシア　**147**
ガワイ・ダヤク／マレーシア　**150**・152
川崎のかなまら祭り　106
ガンガウ／インド　**122**
ガンガ・サガール・メーラ／インド　**122**・132；*131*・*133*
カンデラリア祭／ボリビア　**86**
カンデラリア祭／ペルー　**92**
竿燈祭り／日本　**98**
カンドンブレ　88・89
カンナビス・カップ（大麻フェスティバル）／オランダ　**208**
江陵（カンヌン）端午祭／韓国　**201**
カンブーレイ　46・51
カンボジアの正月　146
キエンベーゼ／スイス　**54**・234；*235*
祇園祭／日本　**97**
キズクー　111・116
奇跡の主（セニョール・デ・ロス・ミラグロス）／ペルー　**92**・218；*212*・*218*
北の祭り（プラーズニク・セーヴェラ）／ロシア　**176**
キャンディ合戦　220・231
キャンベル、オーエン　211
求婚／見合い　16・18・22・30・148・160；*16*
弓射　100・115・116・120・220
旧正月／香港　94・167；*164*・*167*
牛糞投げ世界選手権／アメリカ合衆国　**73**・79
キュレ・サレ／ニジェール　**21**・31；*18*・*21*
共和国記念日／インド　**127**
巨人祭り／フランス　**199**
キラ・ライプール農村大運動会／インド　**124**
ギリシャ正教会　156
キリスト教　45・53・88・91・151・155・181・187・195・206・216・246；*215*
キリスト受難　207・225
キルギス　111
キングスレー、イアン　150
吟遊詩人カーニバル／南アフリカ　**17**
グイン・フェスティバル／トーゴ　**32**・64
クエンカのカーニバル／エクアドル　**91**・229
クオンボカ祭／ザンビア　**28**
クク・ヤランジ族　262
ククルカン　151
グースフェア／イギリス　**237**
グチャ・トランペット音楽祭／セルビア　**176**
グッゲンジュク　234・235
クーベルタン男爵、ピエール・ド　236・248
クメール人　115
クラウイ・バル（牛の舞踏会）／スロベニア　**177**
クラウスヤーゲン（サンタクロース追い）／スイス　**234**
グラウンドホッグ・デー／アメリカ合衆国　**70**・78；*81*
クリシュナ神　122・123；*252*
クリスマス／パレスチナ　**173**
クリスマス時期の慣習　53
グリーンマン　181・238・250
グリーンリバー・ランデブー／アメリカ合衆国　**70**・79
クルクプナル／トルコ　**173**
クル・ダンス・フェスティバル／ボツワナ　**17**
グルン族　143
クレオール・フェスティバル／セーシェル　**14**
グレゴリオ暦　169・236
クレント　41・**174**・177；*41*
クレントヴァニエ／スロベニア　41・**177**
黒いキリスト祭り／パナマ　**57**・155・216；*155*
クロップ・オーバー／バルバドス　**44**
黒と白のカーニバル／コロンビア　**90**；*90*
黒帽子の舞　39・120・124・218；*121*
クンドゥ・カヌー・フェスティバル／メラネシア　**263**
クンブメーラ／インド（アラハバード）　124・133-134・158・216；*134*
クンブメーラ／インド（ウジャイン）　125・133-134
クンブメーラ／インド（ナーシク）　125・133
クンブメーラ／インド（ハリドワール）　124・133-134；*125*・*134*
闘牛祭り／ベトナム　115・163
夏至祭／イギリス　240・**246**；*241*・*246*
夏至祭（ミッドソンマル）／スウェーデン　**187**
ケチュア族　92・260
ゲデ　45・64
ケベック・ウィンターカーニバル／カナダ　**58**
ケマ・デル・ディアブロ（悪魔退散）／グアテマラ　**57**・184
ゲラゲッツァ／メキシコ　**59**
ケルンのカーニバル／ドイツ　**52**・201
ゲレウォール（求婚祭り）　21
ゲレデ／ベナン　**28**・37-38；*37*
ゴイボーデンフォルクスフェスト／ドイツ　**201**
睾丸料理世界選手権／セルビア　**176**
氷彫刻　95・100；*95*
国王の日／オランダ　**209**；*209*
国際凧揚げ大会／インド　**123**
国際バグパイプ・フェスティバル／チェコ　**175**
国際バスタブ・レガッタ／ベルギー　**198**
五旬節
告解火曜日　52・177・188・204・225
告解月曜日
コッツウォルド・オリンピック／イギリス　236・**248**；*247*

ゴート族　192
コーヒー祭／プエルトリコ　46
小麦粉合戦　55・91・203・221・229；55・226・232
コモン・ライディングス／イギリス　250
ゴリシワラ寺院祭／インド　122；122
コリャーク族　176
ゴールウェイ・オイスター・フェスティバル／アイルランド　210
コルゾック・グストール／インド　10・39・124・218；39
ゴールデン・シアーズ／ニュージーランド　264
コルバン祭／新疆ウイグル自治区　94
コルプス・クリスティ（カトリック聖体祭）／ベネズエラ　93
コルプス・クリスティ（聖体の祝日）　68・93
ゴロカ・ショー／メラネシア　263
金剛怖畏護法踊り　95
コンスタンティヌス帝　119・183・206
ゴンドラレース　205・207
コンバ・ドゥ・レーヌ（女王の戦い）／スイス　234

【サ行】
サーウィン祭／アイルランド　66・211
サオビセンテ島のマルディグラ／カーボベルデ　29；29
サガダワ／チベット　110
魚獲り　30・31・32・88；32
サクラ　93
桜祭り／日本　99；98
サデ／イラン　172・180；180
サドゥー　122・125・132-133・134・143・158；131・134
サートゥルナーリア祭　54
サトゥルヌス　54
砂漠の音楽祭／マリ　30
サハラ・フェスティバル／チュニジア　123；217
サポテカ族　59
サマー・カーニバル／オランダ　209
サーミ・イースター・フェスティバル／ノルウェー　187
サーミ人　176・187
サムゲオのカーニバル／イタリア　52・204；52
サムディ、バロン　45・64
サラスヴァティー　121
サラセン人　19・195・206・222
サラセン人の馬上槍試合／イタリア　195・206
サルティリアス祭／イタリア　196・207
サルバドールのカーニバル／ブラジル　89
サル祭り／タイ　161
サワ族　29
サンケ・モン／マリ　31
サン人　17
サンティアゴへの道　215
サンテリアの信仰　93
サント・ニーニョ　150・151
サンパンツァール　220
サン・フアン祭／スペイン　222・255；256
サン・フアン・バウティスタ／ベネズエラ　93
サン・フェルミン祭／スペイン　200・225
サン・ペドロ・クトゥッド・レンテン・ライツ／フィリピン　151・158；158
サンマリノ中世祭　195
サンヤン・ウィディ（最高神）　147
サンルーカル・デ・バラメダ　119
サンルーカルの浜競馬／スペイン　225
シーア派（イスラム教）　155
シヴァ神　14・122・124・134・143・149；143
シヴァラトリ／ネパール　143；143
シェルパ族　143
シク教　122・126・217
自貢の提灯祭り／中国　96
死者の日の凧揚げ大会／グアテマラ　56・63；56・60
死者の日／メキシコ　59・64；64
四旬節　29・41・51・52・55・175・220・225；232
侍女サラ　200・219
ジタンの巡礼祭／フランス　200；219
シッダ・バフーバリ像　126・217；216
シドニー・ゲイ・アンド・レズビアン・マルディグラ／オーストラリア　263
死にかけた人のフェスティバル／スペイン　67・221
シノログ／フィリピン　151
姉妹飯節／中国　22・96；25
ジャイサルメール砂漠祭り／インド　124
ジャイナ教　126；216
ジャガンナート神　123；212
ジャガンナート・ラタ・ヤトラ／インド　123；212
ジャナドリヤ国民祭／サウジアラビア　116・173
ジャパン蛇祭り／インド　123
シャーマン／シャーマニズム　59・121・161・187
ジャンカヌー／バハマ諸島　44・169；44・169
シャンドゥール・ポロ・フェスティバル／パキスタン　144；145
ジャンヌ・ダルク祭／フランス　193・199；193
ジャンピング・フロッグ・ジュビリー／アメリカ合衆国　70
ジャンマシュタミー／インド　124；212
シュヴィンゲン（スイス相撲）　235
十字軍　195・206・208
儒教　95
ジューク・ジョイント祭／アメリカ合衆国　70
シュタルクビアツァイト／ドイツ　202
ジュナ・アカラ派　134・158；138
ジュニ・ブラショブルイ／ルーマニア　176
シュムツィガー・ドンナースターグ（脂の木曜日）　234
シューロヴタイド・フットボール／イギリス　240・248；248
ジューンティーンス／アメリカ合衆国　71・81
春分・秋分の日／メキシコ　68
上座部仏教の正月　167
昇天祭　195
ジョーコ・デル・ポンテ（橋取り合戦）／イタリア　196・205；205
ジョリ（春）・フェスティバル／パキスタン　27・144
諸聖人の日　59・63・64・66
ショトン祭／チベット　111；10・117
シリオ・デ・ナザレ（ナザレ大祭）／ブラジル　88・218
ジル　39・231；40
シング、ゴービンド　122
シンコ・デ・マヨ／メキシコ　58
神道　98・99・100・105；105
シントマールテン・カーニバル／セント・マーチン島　46；46
新年祭／ブラジル　89
新年の祝賀／ルーマニア　175
水牛レース　115・146・151・160；112・115
水牛レース・セレモニー／カンボジア　146
水仙祭り／オーストリア　188
過越しの祭り　175
スコータイの得度式／タイ　162；162
スコッピオ・デル・カッロ／イタリア　207
ス・コンポニドーリ　207
スタリ・モスト（橋）、ボスニアのモスタル　257；259
スティーヴンソン、ロバート・ルイス　215
ストラジュニツェの民俗祭り／チェコ　175
スバドラ（女神）　123；212
スーフィー／スーフィズム　15・16・144・215
スミス、K T　69
スミス、レグ　262
相撲／レスリング　100・111・115・116・146・173・235；101
スリンのゾウ祭り／タイ　162
ズールー・リードダンス　22；18
スワン・アッピング（白鳥調べ）／イギリス　240
スンダ族　176
聖アントニオ　183・205・210
聖アントニオ祭／ポルトガル　210
聖ウォードリュ　189
聖ウバルド　205
聖火（イタリアのフィレンツェ、スコッピオ・デル・カッロ）　181
聖火の奇跡（エルサレムの聖墳墓教会）　181；181
聖金曜日　51・158・172・207；172
聖ゲオルギウスの日／ギリシャ　203
聖血の行列／ベルギー　189・195；195
聖コンスタンティヌスのアルディエ／イタリア　119・206；112
聖ジェロニモ　56
聖十字架祭り／スペイン　222
聖女アラリーリャの巡礼／スペイン　224
聖ジョアン祭／ポルトガル　210
聖女カルメン祭／ペルー　93・219
聖燭祭　87
聖ジョルジュ　189
聖ジョルジョ　205
聖女ワルプルギスの魔女祭／ドイツ　211；155・211
成人儀礼　28・38
聖セバスチャン　57
聖トマス祭／グアテマラ　56・257；57・257
聖ドメニコ　207
聖土曜日　239
聖ニコラウスの日　234
聖灰月曜日　53・55・203・204・232；232
聖パトリックの祝日／アイルランド　211；155・211
聖バレンタインの日／イタリア　23・208
聖ペドロ　220
聖ヘレナ　14・183
聖母ソカボン　87
聖母被昇天祭／メキシコ　59
聖ホルヘ　193・222
聖ミゲル祭／ボリビア　86
聖メルセ　224
聖木曜日　172
聖ラザロ巡礼／キューバ　45・155・216
聖ラニエリのレガッタ／イタリア　196・202
聖リブラーダの祭り／パナマ　57
精霊信仰（アニミズム）　45・93・144・160
世界カスタードパイ選手権／イギリス　232・241；232
世界すね蹴り選手権（チッピング・カムデン）　237・248；247
世界トチの実選手権／イギリス　241・248
世界泥沼シュノーケリング選手権大会／イギリス　247・251；242・251
世界ビー玉選手権／イギリス　241・247；246
セクセロイテン（6時の鐘の音）／スイス　235
セマナ・サンタ（聖週間）／スペイン　225
セーワン・シャリフ・フェスティバル／パキスタン　225
センテオトル（トウモロコシの神）　59
洗礼者聖ヨハネ　63・88・93・222
葬礼儀礼　28・29・148
ゾウの祭り　144・162
ソードウ・ブードウ・フェスティバル／ハイチ　45
ソネプール・メーラ／インド　127・132；132
ソーラパドマン（魔神）　145・156
ゾロアスター教　172・180

【夕行】
大根の夜／メキシコ　59
タイ正月　167
タイ族　95
タイプーサム／マレーシア　150・156・157；152
太陽暦　131・132
大六天の裸祭り／日本　97・106
高山祭／日本　100
タクトク・ツェチュ／インド　142；38・142
タクベルト　30
竹馬　30・189・196；47
竹馬祭り／ベルギー　189・196
凧揚げ　56・63・123・144；56・60
ダサイン／ネパール　143
ダシャラー／インド　121
タタール人　175；192
磔刑　158・225；158
タナ・トラジャの葬儀／インドネシア　148
ターネタール・メーラ／インド　142；138
タブレイロスの祭り／ポルトガル　210；210
タマング族　143
タミル族　156
ダヤク族　150
ダライ・ラマ　110・111
タリバン政権　111
タール寺の大法会／中国　95
タール樽かつぎ／イギリス　239
タルチュ　111
端午節（ドラゴンボート・フェスティバル）／中国　94
端午節／香港　96
タンゴ・フェスティバル／アルゼンチン　86
タンタンのムッセム／モロッコ　16
タンボラーダ（太鼓祭り）／スペイン　223
チェンマイ花祭り／タイ　160
チーズ転がし祭り／イギリス　236・248；240
秩父夜祭／日本　96・107；97・106
チベット仏教　38・120・122・126・142・217
チャム（仮面舞踏）　38-39・126・217；34・38・216
チャン族の文化　95
羌年祭（チャン族の新年の祭り）／中国　95
チャンパ（遊牧民）　39・218；216
中世祭／サンマリノ共和国　220
中世週間／スウェーデン　187・193
チュンガ・チューパ（バター灯明祭）／チベット　110・183
長州島の饅頭祭り／香港　94
チョウモス（冬）・フェスティバル／パキスタン　144
チョール・チュナム・ダマイ／カンボジア　146・167
チョンブリー水牛レース／タイ　115・160；115
チンギス・ハーン　175・193；101・192
ツァーリの訪問行事／ベラルーシ　174
ツナラマ・フェスティバル／オーストラリア　263
罪なき嬰児殉教の日　221
ツール・ド・フランス／フランス　200
ディアブラーダ（悪魔の踊り）／ペルー　40・92
ディオニュシア祭　54
ディナギャン／フィリピン　151
ティムカット祭／エチオピア

14；15
ティリー，ベンジャミン・フランクリン 265
ティルナヴォス（ギリシャ） 55
ティルナヴォスのカーニバル／ギリシャ 204
ティロン伯 245
ディワーリー／インド 121・168・181
ティンク（けんか祭り）／ボリビア 87・260-261；261
ティンジャン／ミャンマー（ビルマ） 146・167；169
ティンプー・ツェチュ／ブータン 120
デヴェ・ギュレシ祭／トルコ 173
デヴ・ディーパワリ／インド 120・133・181；128
デガル（牛の群れの横断祭り）／マリ 30
テト・グエン・ダン（元旦節）／ベトナム 163・167；163
テネリフェ島のカーニバル／スペイン 225
テマカニツ 30
デ・ラ・ベーガ，インカ・ガルシラーソ 92
デルヴィーシュ旋舞フェスティバル／トルコ 173；173
天神祭／日本 100
トゥアレグ族 16・21・30・31
トゥエイン，マーク 70-71
道教 94
ドゥー・ダー・パレード／アメリカ合衆国 72；78
動物轢死死体料理大会／アメリカ合衆国 73・84
ドゥブロヴニク・カーニバル／クロアチア 174
東方正教会 176
ドゥラミツェ祭り／ブータン 120
ドゥルガー（女神） 121・126・143
ドゥルガー・プジャ／インド 121
ドゥルス・ペラヘラ／スリランカ 144
トゥルル 43・91；43
十日戎／日本 100
ドゴン族 29・30・37；31・34
ドラゴンダンス 164
ドラゴンボート・フェスティバル 94・96
トラジャ族 66・148
トラーパニの聖劇の行列／イタリア 207
トリシュール・プーラム／インド 142
トリニダード・カーニバル／トリニダード・トバゴ 46；10・47・48
ドルイド僧 240・246；246
奴隷／奴隷制 44・46・51・56・71・72・90・93・169
奴隷解放 71・72・79
泥祭り 71・97・101・106・238；101
どろんこ祭り／日本 97・106

【ナ行】
ナヴァラトリ（ダシャラ）／インド 126
ナウルズ／カザフスタン 111；110
ナーガ（水の聖霊） 148
ナーガ（裸）派 158
泣き相撲／日本 99

ナクチュ競馬祭／チベット 110・116；116
ナゴール／メラネシア 255・264；255
ナショナル・アイステッズヴォッド／イギリス 251
ナーダム／モンゴル 100・115；101・115
那智の火祭り／日本 99・183
ナッターズ・ダンス／イギリス 239
ナーナク，グル 126
ナーナク・ジャヤンティ／インド 126・217
ナヤク王 126
ナールートの春祭り／リビア 16
ナンダ国際アルプホルン・フェスティバル／スイス 234
二次葬 14・63；60
日光東照宮春季・秋季例大祭 100
ニノット 184・223；178・184
ニャレ（海と豊饒の女神） 147・260
ニューエイジ 68・69・84・246
ニューオーリンズ・マルディグラ／アメリカ合衆国 69・72・77；77
ニュピ（バリの正月）／インドネシア 147
ネコ祭り／ベルギー 189
熱気球 68・72・236；83
燃灯祭り／韓国 101
農業年のはじまり 240；242
ノッティングヒル・カーニバル／イギリス 51・239；239
ノールーズ／アフガニスタン 111；111
ノールーズ／イラン 172
ンゴマ（クワズールナタール） 22

【ハ行】
バイキング 187・192・246・251・262；178・185
バイヨンヌ祭り／フランス 200
パイレーツ・ウィーク／ケイマン諸島 44
バウゲ，トリグベ 70
パウワ 43
バウン・ドー・ウー／ミャンマー（ビルマ） 146
博多祇園山笠／日本 98・105；102
ハクシー・フッド／イギリス 237・248；237
バサント・フェスティバル／パキスタン 144
ハジ・フィールーズ 172
馬上槍試合／騎馬戦 147・187・189・193・195・220
バスクのカーニバル／スペイン 220
バーゼル・ファスナハト／スイス 40・234
パソーラ／インドネシア 147・260；260
はだか祭り／日本 97・105；105
バター彫刻（細工） 95・110・183
パ・タット・ルアン／ラオス 149

バターリャ・デル・ヴィーノ（ワイン祭り）／スペイン 220・230；231
パチャママ（地母神） 87・92・93
パック・フェア／アイルランド 211
ハッジ，メッカ 155・215
撥水節（水かけ祭り）／中国 95・167
ハーティ（ゾウの市） 127・131
パトゥム祭／スペイン 195・222；195
パドマサンバヴァ 120・122・142
パナマのカーニバル／パナマ 57
バニラ祭り／メキシコ 68・257
バーニング・マン／アメリカ合衆国 69・84；83・84
ハバナ・カーニバル／キューバ 45；45
薔薇の月曜日 201
バラバードラ神 123；212
バランキージャのカーニバル／コロンビア 39・54・91
バリ・アガ族 148；23
バリオ／イタリア（アスティ） 119・196・206；206
バリオ／イタリア（シエナ） 116-117・119・196・206・207；117・119
ハリ・キ・パイリー・ガード 125・134；125・134
パリ祭（フランス革命記念日）／フランス 198
ハーリング・ザ・シルヴァー・ボール／イギリス 238・248
パールヴァティー 122・150
パールティ・パパ，アマール 158；155
ハルビン氷祭り／中国 95；95
バレンシアの火祭り（ファリャ）／スペイン 184・223；178・184
ハロウィン／アメリカ合衆国 66・70・211
バロ・ツェチュ／ブータン 38・120；121
バンシュのカーニバル／ベルギー 39・188・231；40
ハンスウェイクの聖母行列／ベルギー 189・193
ハンスウェイクの大行進 189
パンプローナ（の祭り） 10・11火 14・15・100・172・176・234・250・251・255
ピアナ・ド・ポーロ／スペイン 55・225
ビカネール・ラクダ祭り／インド 120
ビスケット・ジャトラ／ネパール 142
人々の祭り／アイスランド 186
火の玉祭り／イギリス 246・251
ピーマイラオ（ラオスの正月） 167
百武真人（ムカデ陣） 110・155
ピャン・ツェドゥプ／インド 126
肥沃な火曜日 53・72・231
肥沃な月曜日 53
ピラノバ・イ・ラ・ヘルトルのカーニバル／スペイン 55・220・230
ビール缶レガッタレース／オース

トラリア 262
火 渡 り 123・150・185・202・217；156
ヒンドゥー教 110・124・126・131・133・138・140・147・155・216・233；125
ファグ／ネパール 143
ファーストネーション 58；58
ファスナハト／ドイツ 53・201
ファマディハナ／マダガスカル 14・63；60・63
ファンタジー・フェスト／アメリカ合衆国 69；81
フィーエルヤッペン――運河飛び選手権／オランダ 209；208
フェッテ・ゲデ／ハイチ 45・64
フェテゥ・アフイェ／ガーナ 30
フェリア・デ・アブリル（セビリアの春祭り）／スペイン 221
フェリア・デ・サン・マルコス（聖マルコス祭）／メキシコ 59
フォークス，ガイ 183・236・245；245
香寺祭／ベトナム 163
フォン族 37
ブクル・サブ／インドネシア 148；257
ブシュカール・メーラ／インド 127・131；127・131
プショー 41・52・175
プショーヤーラーシュ／ハンガリー 41・52・175
ブズカシ 198
豚の丸焼きパレード／フィリピン 151
プタハ（冥界の神） 15
仏教 94・95・101・110・143・161・217
仏像 95・146・149
仏陀 144・145・161・183・218；218
プティニャーノのカーニバル／イタリア 204
ブードゥー教 29・45・64
ブードゥー祭／ベナン 29・37
ブドウ収穫祭（ベンディミア・フェスティバル）／アルゼンチン 86
ブドウの大合戦／スペイン 222
プフライ／ボリビア 87
プライド・フェスティバル／アメリカ合衆国 72；72
ブラウン，カルリーニョス 89
フラダンス 89
フラッグ・デー／ポリネシア 265
ブラック・ナザレの行列／フィリピン 151
ブラフマー神 131
ブラン・ムーシのカーニバル／ベルギー 39-40・55・198；40
ブリストル国際バルーンフェスタ／イギリス 236
ブリタニア・ココナッツ・ダンサーズ 239
ブリッジウォーター・カーニバル／イギリス 10・236
ブリッジデー／アメリカ合衆国 69・81
プリム／イスラエル 172
フルムーン・パーティ／タイ

160
ブルーメンコルソ（花のパレード）／オランダ 208
プレアヴィヒア寺院（カンダイ州） 115
ブレーマー・ギャザリング／イギリス 250；250
フローラ（女神） 184
フン族 192
ブンバ・メウ・ボイ／ブラジル 88
ブン・バン・ファイ／ラオス 160
ブン・バンファイ（ロケット祭り）／タイ 160
ヘイバ・イ・タヒチ／ポリネシア 265
ベーグ 235
ベジタリアン・フェスティバル／タイ 156・162・185；152・156
白族の火把節（松明祭り）／中国 94・181
ベドウィン 17
ヘビ 73・123・163・207
ヘビ祭り／イタリア 207
ヘミス・ツェチュ／インド 38・122
ペラン・トパト／インドネシア 147・233
ペリケイロ 55
ペリーズ沖の海戦 56
ペルシャ暦の正月 172
ヘルシンキのニシン祭り／フィンランド 186
ベルテン・ファイアー・フェスティバル／イギリス 181・250；181・184
ベルベル人 16・17・21-22；16・21
ベン・イーサー預言者生誕祭／モロッコ 16・215
ペンテコステのフェリア／フランス 198
ヘンリー・オン・トッド・レガッタ／オーストラリア 262
ヘンリー・レガッタ／イギリス 238
ボイ・ブンバ／ブラジル 88
棒踊り／棒飛び 56・68・209・256-257；57・257
豊穣祈願 32・37・98・106
豊年祭／日本 98
牧童（ガルディアン） 200・219・256；201
牧童祭／フランス 200；201
ポーク・フェスティバル／フランス 200
ホグベツォツォ／ガーナ 30
ホグマネイ／イギリス 246・250
保生大帝誕生祭／台湾 110・155
ホセリートの葬送 54・91
ボメル・フェスティバル／ベルギー 188
ポラドーレス 256
ホーラ・モハッラ／インド 122
ホーリー／インド 122・143；123
保寧（ポリョン）マッド・フェスティバル／韓国 101；101
ボルニーのワッセイリング／イギリス 236・246
ボン・オム・トゥーク／カンボジア 146；146
ポンガル（収穫祭） 23

ポン教 143	ムースウィーフ 55・209	ラバージェン・ド・ボンフィン（ボンフィン祭り）／ブラジル 88	【ワ行】	ンフィン祭り） 88
ホーンダンス（シカの角踊り）／イギリス 238・246；245	ムース・ドロッピング・フェスティバル／アメリカ合衆国 72	ラ・フィエスタ・デ・ラ・トラディシオン（ガウチョ祭り）／アルゼンチン 265	ワイサック・デー／インドネシア 148・218	ラブラン寺の大法会 94
ボンファイアー・ナイト／イギリス 183・236・245；245	ムッセム 21	ラブラン寺の大法会／中国 94	ワイタンギ・デー／ニュージーランド 265	ルミナリアス 224
	ムハンマド（預言者） 14・155・215；215	ラマ 38・95・111	若草山焼き（奈良） 184；183	ロサール（チベット） ＊ 110
【マ行】	ムルガン（ヒンドゥー教の神） 145・150；152	ラーマ神 121・125	ワッセイリング 184	ロサール（ネパール） ＊ 143
マイティ・マッド・マニア／アメリカ合衆国 71・81	ムワカ・コグワ／タンザニア 15	ラ・メリンガータ（メレンゲ祭り） 220・230	ワット・プー・チャンパサック／ラオス 149・218	ロサル（新年）弓技大会 ＊ 120
マウリディ祭／ケニア 14・215；215	ムーン・アムトラック／アメリカ合衆国 69・84；84	リエカのカーニバル／クロアチア 41・52・54；52	わらのクマ祭り／イギリス 240；242	若草山焼き 100
マウントハーゲン・ショー／メラネシア 264；10	ムーンパ祭／オーストラリア 262	リオのカーニバル／ブラジル 10・51・89；51	ンゴンド／カメルーン 29・64	わらのクマ祭り 240
マーカブーチャ（万仏節）／タイ 161	メイクイーン 250	リーク・サンデー／アイルランド 155・210・216；215		**2月**
マカレ・カレ 148・260	雌牛の戦い 234	リクンビ・リヤミゼ／ザンビア 28・38	**月別索引**	アブシンベル太陽祭 ＊ 15
マキシの仮面舞踏 28・38	メヴラーナ（ルーミー） 173	リス族の正月／タイ 10・161・167；161		アラハバードのクンブメーラ ＊ 124
マグロ投げ世界選手権大会 263	メヴレヴィー教団 173	リスドゥーンバーナ・マッチメイキング・フェスティバル（お見合い祭り）／アイルランド 23・211	＊は、年によって開催月が変わるもの、複数の月で行なわれるもの、数年ごとに行なわれるものをしめす。何月か明示できないものは【その他】にまとめた。詳細は解説ページを参照。	アルグング魚獲り大会 32
マジャール人 192	女神マリアマンの祭り／マレーシア 150・156・185			アールストのカーニバル 188
マシュラミ（共和国記念日）／ガイアナ 91	メスティーソ 59；219			イエマンジャの祭り 88
魔女の夜／メキシコ 59	メーデー 186			インボルク 238
マスカル祭／エチオピア 14・183	メルセ祭／スペイン 224・255；224・255	リンコン・デー／ボネール島 44		ヴィアレッジョのカーニバル ＊ 205
マーストリヒト・カーニバル／オランダ 54・55・209；54	メルボルン・カップ／オーストラリア 186	ルツェルン・ファスナハト／スイス 55・234・53；53	**1月**	ヴェネツィアのカーニバル 205
マースレニツァ／ロシア 176・180・177；180	メレンゲ・フェスティバル／ドミンゴ 45	ル・ドゥドゥ祭り（黄金の馬車行列とリュムソンの闘い）／ベルギー 189・195	悪魔のカーニバル 90	オルロのカーニバル 87
マドゥライ浮き船祭り／インド 126	沐浴（カルティーク・スナーン） 124・125・131・140；128・131	ルーナサ（収穫祭） 211	アコンポン・マルーン・フェスティバル 46	オレンジ合戦 204
マーナクシー（女神） 126	モナコ・グランプリ／フランス 200	ルーニ・ドゥーク 170	アティ・アティアン 150	カリェ・オチョ・フェスティバル ＊ 69
マニ・リムドゥ／ネパール 143	モリスダンス 184・236・246	ルバレ族 28	アラハバードのクンブメーラ ＊ 124	カンデラリア祭（ボリビア） 86
マハクンブメーラ（アラハバード） 133・140；138・141	モルステル、ブレド 67	ルミナリアス／スペイン 224・255	アランガーナッルー・ジャリカットゥ（牛追い祭） 120	カンデラリア祭（ペルー） 92
マハ・シヴァラトリ（シヴァ神の夜）／モーリシャス 14・138	モルドン泥レース／イギリス 238	冷凍遺体祭り／アメリカ合衆国 67・70・84；67・84	インクワラ ＊ 28	キエンベーゼ ＊ 234
マハバリ（アスラ王） 126	モン族 22・96・160・167；25	レガータ・ストーリカ／イタリア 195・207；195	インボルク 238	旧正月（香港） 94
マハマスタクアビシェーカ／インド 126・217；216	モン族の正月／タイ 160・167；169	レシフェ・オリンダのカーニバル／ブラジル 89；89	ヴィアレッジョのカーニバル ＊ 205	キラ・ライプール農村大運動会 124
マハマハム・メーラ／インド 126・138	モンテビデオのカーニバル／ウルグアイ 54・93	レッドアース・フェスティバル／アメリカ合衆国 73・78；79	ウップ・ヘリー・アー 251	クエンカのカーニバル 91
マヒシャースラ（魔王） 121・143		レッドネック・ゲームス／アメリカ合衆国 73・77；78	エル・コエグエンセ 57	グラウンドホッグ・デー 70
ママチャ・カルメン 219	【ヤ行】	レデントーレ祭／イタリア 205	ガンガ・サガール・メーラ 122	クレントヴァニエ 177
マヤ 56・68・257	ヤップ・デー／ミクロネシア 264；265	レーベヒルビ（かぶのランプ祭り）／スイス 235	共和国記念日 127	ケベック・ウィンターカーニバル ＊ 58
マリア・サロメ 200・219；219	ヤマネ・フェスティバル／スロベニア 177	レマットのヘビ祭り／ベトナム 163	吟遊詩人カーニバル 17	ケルンのカーニバル 201
マリアマン（女神） 150・156	山焼き／日本 100・184	レモン祭り／フランス 199；199	クリスマス ＊ 173	コーヒー祭 46
マリア・ヤコベ 200・219；219	雪まつり／日本 100	ロア（聖霊） 45・64	黒と白のカーニバル 90	ゴリシワラ寺院祭 ＊ 122
マルディグラ／フランス領ギアナ 43・55・91；43	ユダヤ教の正月 169	ろうそく祭り／イタリア 196・205	ゴリシワラ寺院祭 ＊ 122	札幌雪まつり 100
マルディグラ 43・48・52・55・72・263；29・43	ユリウス暦 236	ロケット花火祭り／ギリシャ 204・261	サデ 172	砂漠の音楽祭 ＊ 30
マルドゥク神 53	ヨルバ族 29・37・88・93	ロザール／チベット 110・167	砂漠の音楽祭 ＊ 30	サムゲオのカーニバル 204
マルーン 46	ヨルバ・ナゴ族 28	ロサール／ネパール 143	シヌログ 151	サルティリア祭 207
マレアン・サンピ・フェスティバル／インドネシア 115・147	ヨルング族 262	ロサル（新年）弓技大会／ブータン 120	ジャンカヌー ＊ 44	サルバドールのカーニバル 89
マンカ祭／アルゼンチン 86		ロシオの巡礼祭／スペイン 215・224；215	タイプーサム 150	自貢の提灯祭り 96
マンサ（蛇の神） 123	【ラ行】	ロズウェルUFOフェスティバル／アメリカ合衆国 73・78；79	タール寺の大法会 ＊ 95	シドニー・ゲイ・アンド・レズビアン・マルディグラ 263
ミアウリア／ギリシャ 203	ライコニク／ポーランド 175・193；192	ロッシュ・ハシャナー 169	タンボラーダ（太鼓祭り） 223	ジャナドリヤ国民祭 173
ミアウリス提督 203	ライ・フア・ファイ／ラオス 148	ロデオ 58・59・86・93	ツァーリの訪問行事 174	シュローヴタイド・フットボール 240
水かけ合戦／ドイツ 202・232	ライライ（女神） 123	ロマのホースフェア／イギリス 237	ディナヤン 151	聖バレンタインの日 208
水かけ合戦 57・91・95・146・162・167・202・232；169	ラーヴァナ（魔王） 121	ローラ・アボリジニ・ダンスフェスティバル／オーストラリア 262；263	ティムカット祭 14	タイプーサム ＊ 150
水かけ祭り（ソンクラーン）／タイ 95・162・167	ラオスの正月／ラオス 10・149；169	ローン伯爵のハンティング／イギリス 238・245；245	テト・グエン・ダン（元旦節） 163	大六天の裸祭り 97
密教 155	ラクシュミー（女神） 121		ドゥルス・ペラヘラ 144	チェンマイ花祭り 160
ミトラ教 256	ラクダのレース 16・17・30・116・120・127・173		十日戎 100	チュンガ・チューバ（バター灯明祭） 110
ミャンマー（ビルマ）の新年 146	ラー神 15		ハクシー・フッド 237	ティルナヴォスのカーニバル ＊ 204
ミランダ・デ・エブロ 230	ラス・ボラス・デル・フエゴ（火の玉祭り）／エルサルバドル 58・183		バスクのカーニバル 220	テト・グエン・ダン（元旦節） ＊ 163
ミルウィウス橋の戦い 119・206	ラタ・ヤトラ 212		ハルピン氷祭り 95	テネリフェ島のカーニバル 225
ムアイ・アントゥ・ルア儀式 150	ラ・ティラナの祭り／チリ 40・90		ピカネール・ラクダ祭り 120	ドゥブロヴニク・カーニバル 174
ムーア人 192・195・222・239；192	ラ・トマティーナ（トマト祭り）／スペイン 223・229；223・229		香寺祭 ＊ 163	トリニダード・カーニバル 46
ムーア人とキリスト教徒の祭り／スペイン 192・222；192			ブードゥー祭 29	ニューオーリンズ・マルディグラ 72
			ブラック・ナザレの行列 151	バサント・フェスティバル ＊ 144
			ベン・イーサー預言者生誕祭 16	バーゼル・ファスナハト 234
			ホグマネイ 250	パソーラ ＊ 147
			ポメル・フェスティバル 188	はだか祭り 97
			ボルニーのワッセイリング 236	パナマのカーニバル ＊ 57
			マウリディ祭 14	バランキージャのカーニバル 91
			マドゥライ浮き船祭り ＊ 126	ハーリング・ザ・シルヴァー・ボル 55
			マルディグラ 91	バンシュのカーニバル 188
			モン族の正月 160	ビアナ・ド・ボーロ 225
			ラバージェン・ド・ボンフィン（ボ	

INDEX

ピラノバ・イ・ラ・ヘルトルのカーニバル 220
ファグ* 143
ファスナハト 201
香寺祭* 163
ブショーヤーラーシュ 175
プティニャーノのカーニバル 204
ホーラ・モハッラ* 122
ホーリー 122
マーカブーチャ（万仏節）161
マシュラマニ（共和国記念日）91
マーストリヒト・カーニバル 209
マースレニツァ 176
マドゥライ浮き船祭り* 126
マハ・シヴァラトリ（シヴァ神の夜）14
マハマハム・メーラ* 126
マルディグラ 91
モンテビデオのカーニバル 93
ラブラン寺の大法会* 94
リエカのカーニバル 174
リオのカーニバル 89
ルツェルン・ファスナハト 234
レシフェ・オリンダのカーニバル 89
レモン祭り 199
ロサル（新年）弓技大会 120
ワイタンギ・デー 265

3月

アイディタロド国際犬ぞりレース 70
アポクリエス（ガラヒディ）203
アポクリエス（パトラ）203
アポクリエス（メッシニア）203
お水取り 99
ガウチョ祭り 93
ガラガラヘビ狩り祭り 73
カリェ・オチョ・フェスティバル 69
ガンガウル 122
北の祭り（プラーズニク・セーヴェラ）* 176
牛糞投げ世界選手権 73
クオンボカ祭* 28
ゲレデ* 28
ゴールデン・シアーズ 264
桜祭り* 99
サン・ペドロ・クトゥッド・レンテン・ライツ* 151
シヴァラトリ 143
自貢の提灯祭り* 96
シドニー・ゲイ・アンド・レズビアン・マルディグラ 263
ジャナドリヤ国民祭 173
シュタルクビアツァイト 202
春分・秋分の日* 68
聖パトリックの祝日 211
サオパセンテ島のマルディグラ 29
世界ビー玉選手権 241
ティルナヴォスのカーニバル* 204
ドブロヴニク・カーニバル 174
ナウルズ 111
ナールーズの春祭り 16
ニュピ（バリの正月）147
ノールーズ（アフガニスタン）111
ノールーズ（イラン）172
バサント・フェスティバル* 144
パソーラ 147
バレンシアの火祭り（ファリャ）223
ファグ* 143

ブドウ収穫祭（ベンディミア・フェスティバル）86
プフリャイ 87
豊年祭 98
ホーラ・モハッラ* 122
ホーリー* 122
魔女の夜 59
マハマハム・メーラ* 126
ムーンバ祭 262
ヤップ・デー 264
リス族の正月 161
冷凍遺体祭り 70

4月

イースター（復活祭）* 172
ヴァップ 186
ウィットビー・ゴシック・ウィークエンド 240
ウジャインのクンブメーラ 125
馬祭り 221
起し太鼓 98
オメルの第三十三節（ラグバオメル）172
御柱祭* 99
かなまら祭り 98
仮面祭り 30
カルナバル・デ・スフレ 198
ガンガウル* 122
北の祭り（プラーズニク・セーヴェラ）176
牛糞投げ世界選手権 73
クオンボカ祭* 28
ゲレデ* 28
国王の日 209
桜祭り* 99
サーミ・イースター・フェスティバル* 187
サン・ペドロ・クトゥッド・レンテン・ライツ 151
姉妹飯節 96
ジューク・ジョイント祭 70
シントマールテン・カーニバル 46
スコータイの得度式 162
スコッピオ・デル・カッロ 208
聖ゲオルギウスの日 203
聖血の行列 189
聖ワルプルギスの魔女祭 202
セクセロイテン（6時の鐘の音）235
セマナ・サンタ（聖週間）*／スペイン 225
高山祭 100
タール寺の大法会* 95
チョール・チュナム・タマイ* 146
ティンジャン 146
トラーパニの聖劇の行列 207
トリシュール・プーラム 142
どろんこ祭り 97
泣き相撲 99
ナゴール* 264
ナッターズ・ダンス* 239
ニュピ（バリの正月）* 147
撥水節（水かけ祭）95
ハリドワールのクンブメーラ* 124
バスケット・ジャトラ 142
フェテ・ド・ディプリ 29
フェリア・デ・アブリル（セビリアの春祭り）221
フェリア・デ・サン・マルコス（聖マルコス祭）* 59

復活祭のフェリア* 199
フラッグ・デー 265
ブラン・ムーシのカーニバル* 198
ベルテン・ファイアー・フェスティバル 250
ペンテコステのフェリア 198
保生大帝誕生祭 110
マレアン・サンピ・フェスティバル* 147
水かけ祭り（ソンクラーン）162
ムーア人とキリスト教徒の祭り 222
ラオスの正月 149
リス族の正月* 161
リンコン* 44
ロケット花火祭り* 204
ロマットのヘビ祭り* 163
ワット・プー・チャンパサック* 149

5月

浅草三社祭 96
アナスタナリア 202
アボアケヤー 30
イギトゥン・チャルネ* 123
イースター（復活祭）* 172
ウォーガシア（槍の戦いの儀礼）* 264
ウサバ・サンバ* 148
ウジャインのクンブメーラ* 125
オメルの第三十三節（ラグバオメル）172
オールボー・カーニバル 186
御柱祭* 99
仮面祭り* 30
カラバオ祭 151
クオンボカ祭* 28
ゲレデ* 28
コッツウォルド・オリンピック 236
コルプス・クリスティ（カトリック聖体祭）* 93
サガダワ 110
サーミ・イースター・フェスティバル* 187
ジタンの巡礼祭 200
ジャンヌ・ダルク祭 199
ジャンピング・フロッグ・ジュビリー* 70
ジョシ（春）・フェスティバル 144
シンコ・デ・マヨ 58
水仙祭り* 188
聖血の行列* 189
聖十字架祭り 222
聖母マリアの巡礼 224
世界カスタードパイ選手権* 241
セマナ・サンタ（聖週間）* 225
チーズ転がし祭り 236
長洲島の饅頭祭り 94
ティンク（けんか祭り）87
ナゴール* 264
ナッターズ・ダンス* 239
日光東照宮春季・秋季例大祭 100
ネコ祭り 189
燃灯祭り 101
バトゥム祭* 222
ハリドワールのクンブメーラ* 124
ハンスウェイクの聖母行列 189

復活祭のフェリア* 199
ブン・バン・ファイ（ラオス）148
ブン・バン・ファイ（タイ）160
牧童祭 200
モナコ・グランプリ 200
モルドン泥レース 238
ル・ドゥドゥ祭り（黄金の馬車行列とリュムソンの闘い）189
レッドネック・ゲームス* 73
レマットのヘビ祭り* 163
ろうそく祭り 205
ロケット花火祭り* 204
ロシオの巡礼祭 224
ロマのホースフェア 237
ローン伯爵のハンティング 238
ワイサック・デー 148
ワット・プー・チャンパサック* 149

6月

イギトゥン・チャルネ* 123
インティ・ライミ 92
インフィオラータ 206
ウォーガシア（槍の戦いの儀礼）* 264
ウサバ・サンバ* 148
エル・コラチョ* 220
カネッリの包囲 208
ガワイ・ダヤク 150
クルクブナル* 173
クロップ・オーバー* 44
夏至祭（イギリス）240
夏至祭（スウェーデン）187
コモン・ライディングス* 250
コルプス・クリスティ（カトリック聖体祭）* 93
サガダワ 110
サマー・カーニバル 209
サラセン人の馬上槍試合* 206
サン・フアン祭 222
サン・フアン・バウティスタ 93
ジャンカヌー（夏）* 44
ジューンティーンス 71
ジョーコ・デル・ポンテ（橋取りの戦）205
水仙祭り* 188
ストラジュニツェの民俗祭り 175
聖アントニオ祭 210
聖ヨハネ祭 210
聖ラニエリのレガッタ 207
世界カスタードパイ選手権* 241
タール寺の大法会* 95
端午節（湖南省）94
端午節（香港）96
バターリャ・デル・ヴィーノ（ワイン祭り）220
バトゥム祭* 222
バニラ祭 68
豚の丸焼きパレード 151
プライド・フェスティバル 72
ブンバ・メウ・ボイ 88
ヘミス・ツェチュ* 122
ボイ・プム 88
マイティ・マッド・マニア* 161
ミアウリア 203
ライコニク 175
ラ・ティラナの祭り 90
ル・ドゥドゥ祭り（黄金の馬車行列とリュムソンの闘い）189
レッドアース・フェスティバル 73
レッドネック・ゲームス* 73

ローラ・アボリジニ・ダンスフェスティバル 262

7月

イカロス飛びこみ大会 174
イ族の火把節* 96
ヴェル・フェスティバル* 145
牛追い祭り 220
エサラ・ペラヘラ* 145
奥様運び世界選手権 186
オメガング 198
カルガリー・スタンピード 58
江陵（カンヌン）端午祭 101
祇園祭 97
巨人祭り 199
グリーンリバー・ランデブー 70
クルクブナル* 173
クロップ・オーバー* 44
ゲラゲッツァ 59
コモン・ライディングス* 250
コルゾック・グストール 124
サン・フェルミン祭 225
死にかけた人のフェスティバル 221
ジャガンナート・ラタ・ヤトラ 123
ジャンカヌー（夏）* 44
シャンドゥール・ポロ・フェスティバル 144
スワン・アッピング（白鳥調べ）240
聖コンスタンティヌスのアルディエ 206
聖女カルメン祭 93
聖リブラーダの祭り 57
ソードベロ・ブードゥー・フェスティバル 45
タクトク・ツェチュ* 142
タブレイロスの祭り 210
中世祭 199
ツール・ド・フランス 200
デヴェ・ギュレシ祭 173
天神祭 100
ナーダム 100
ナンダ国際アルプホルン・フェスティバル 234
那智の火祭り 99
博多祇園山笠 98
ハバナ・カーニバル* 45
パリ祭（フランス革命記念日）198
パリオ*（シエナ）207
ビャン・ツェドゥプ 126
ビール缶レガッタレース 262
ファマディハナ* 14
ヘイバ・イ・タヒチ 265
ヘミス・ツェチュ* 122
ヘンリー・レガッタ 238
保寧（ポリョン）マッド・フェスティバル 101
ムース・ドロッピング・フェスティバル 72
ムワカ・コグワ 15
ムーン・アムトラック 69
女神マリアマンの祭り* 150
メレンゲ・フェスティバル* 45
リーク・サンデー 210
レデントーレ祭 205
ロズウェル UFO フェスティバル 73

8月

アカ族のブランコ祭り 160
アトゥチャブシュ 111
アトの巨人祭り 188
イ族の火把節* 96

イミルシルの婚約ムッセム* 16
ヴェル・フェスティバル* 145
ウムランガ（リードダンス）* 28
エサラ・ペラヘラ* 145
エジンバラ・フェスティバル・フリンジ 250
オショグボ祭り 32
オナム祭* 126
カノ・ダーバー* 32
ガーマ・フェスティバル 262
竿燈祭り 98
グチャ・トランペット音楽祭 176
クル・ダンス・フェスティバル 17
クロップ・オーバー* 44
ゴイボーデンフォルクスフェスト 201
国際バグパイプ・フェスティバル 175
国際バスタブ・レガッタ 198
コモン・ライディングス* 250
サンケ・モン* 31
サンルーカルの浜競馬 225
ジャパン蛇祭り 123
ジャンマシュタミー 124
ショトン祭 111
聖母被昇天祭 59
世界泥沼シュノーケリング選手権大会 251
タクトク・ツェチュ* 142
ターネタール・メーラ* 142
タンゴ・フェスティバル 86
中世週間 187
ナクチュ競馬祭 110
ナーシクのクンブメーラ* 125
ナショナル・アイステッズヴォッド 251
ノッティングヒル・カーニバル 239
バイヨンヌ祭り 200
パック・フェア 211
バーニング・マン* 69
ハバナ・カーニバル 45
パリオ（シエナ）* 207
人々の祭り 186
ファマディハナ* 14
フィーエルヤッペン——運河飛び選手権 209
プクル・サブ 148
ブリストル国際バルーンフェスタ 236
白族の火把節（松明祭り） 94
ヘンリー・オン・トッド・レガッタ 262
ポーク・フェスティバル 200
マウントハーゲン・ショー 264
女神マリアマンの祭り* 150
メレンゲ・フェスティバル* 45
ラス・ボラス・デル・フエゴ（火の玉祭り） 56
ラ・トマティーナ（トマト祭り） 223
リクンビ・リヤミゼ 28

9月
アカ族のブランコ祭り* 160
アルヘメシの聖母サルー祭り 222
アロハ・フェスティバル 68
イテリメン族収穫祭 176
イミルシルの婚約ムッセム* 16
ウムランガ・スワジランド* 28
ウムランガ（南アフリカ） 17
ウンシュブンネンフェスト 235
エグレモントのクラブアップル・フェア 237
オクトーバーフェスト* 202
オナム祭* 126
カーブレイクのパウワウ 58
キュレ・サレ 17
グイン・フェスティバル 32
クラウイ・バル（牛の舞踏会） 177
競牛祭り* 163
睾丸料理世界選手権 176
ゴールウェイ・オイスター・フェスティバ

ル 210
ゴロカ・ショー 263
サラセン人の馬上槍試合 206
サンケ・モン* 31
春分・秋分の日* 68
水牛レース・セレモニー* 146
聖ミゲル祭 86
セーワン・シャリフ・フェスティバル 144
竹祭り 189
ダサイン* 143
ダシャラー* 121
ターネタール・メーラ* 142
タール寺の大法会* 95
ティンプー・ツェチュ* 120
動物轢死体料理大会 73
ナヴァラトリ（ダシャラ）* 126
ナーシクのクンブメーラ* 125
ナショナル・デー 56
パウン・ドー・ウー* 146
バーニング・マン* 69
パリオ（アスティ） 206
バーリーキング収穫祭 240
ファマディハナ* 14
フェトゥ・アフェイェ 30
復活祭のフェリア* 199
ブドウの大合戦 222
ブルーメンコルソ（花のパレード） 208
ブレマー・ギャザリング 250
ホーンダンス（シカの角踊り） 238
マスカル祭 14
メルセ祭 224
メレ祭 224
ヤマネ・フェスティバル* 177
リスドゥーンバーナ・マッチメイキング・フェスティバル（お見合い祭り） 211
レガータ・ストーリカ 207

10月
アトランティック・アンティック 69
アブシンベル太陽祭* 15
アフマド・アルバダウィーの預言者生誕祭（マウリド） 15
アルバカーキ国際気球フェスティバル 68
アンガム・デー 264
イー・ペン祭とローイ・クラトン祭* 162
オアシス・フェスティバル* 17
オクトーバーフェスト* 202
ガダーミスのナツメヤシ祭り 16
カノ・ダーバー* 32
カーリー・プジャ* 124
奇跡の主（セニョール・デ・ロス・ミラグロス） 92
グースフェア 237
クレオール・フェスティバル 14
黒いキリスト祭り 57
クンドゥ・カヌー・フェスティバル* 263
競牛祭り* 163
コルバン祭 94
コンバ・ドゥ・レーヌ（女王の戦い） 234
サーウィン祭 211
シリオ・デ・ナザレ（ナザレ大祭） 88
水牛レース・セレモニー* 146
凹界トチの実選手権 241
ソネプール・メーラ* 127
高山祭* 100
ダサイン* 143
ダシャラ* 121
チョンブリー水牛祭 160
ディワーリー* 121
ティンプー・ツェチュ* 120
デヴ・ディーパワリ* 120
ドゥルガー・プジャ* 121
ナヴァラトリ（ダシャラ）* 126
ナーナク・ジャヤンティ* 126
日光東照宮春季・秋季例大祭* 100
パウン・ドー・ウー* 146
ハロウィン 70

ファンタジー・フェスト 69
プシュカール・メーラ* 127
ブリッジデー 69
ベジタリアン・フェスティバル 162
ヘルシンキのニシン祭り 186
マニ・リムドゥ* 143
マンカ祭 86
ヤマネ・フェスティバル* 177
ロマのホースフェア 237

11月
イー・ペン祭とローイ・クラトン祭* 162
オアシス・フェスティバル* 17
仮面祭り 29
カーリー・プジャ* 124
カンナビス・カップ（大麻フェスティバル） 208
クンドゥ・カヌー・フェスティバル* 263
競牛祭り* 163
サル祭り 161
死者の日（エクアドル） 91
死者の日（メキシコ） 59
死者の日の凧揚げ大会 56
スリンのゾウ祭り 162
ソネプール・メーラ* 127
タール樽かつぎ 239
羌年節（チャン族の新年の祭り） 95
ディアブラーダ（悪魔の踊り） 92
ディワーリー* 121
デヴ・ディーパワリ* 120
デガル（牛の群れの横断祭り）* 30
ドゥルガー・プジャ* 121
ナーナク・ジャヤンティ 126
パイレーツ・ウィーク 44
パ・タット・ルアン 149
フェッテ・ゲデ 45
プシュカール・メーラ* 127
ブリッジウォーター・カーニバル 236
ペラン・トパト* 147
ホグベツオツォ 30
ボン・オム・トゥーク 146
ボンファイアー・ナイト 236
マニ・リムドゥ* 143
メルボルン・カップ 262
モン族の正月 160
ラ・フィエスタ・デ・ラ・トラディシオン（ガウチョ祭り） 86
レーベヒルビ（かぶのランプ祭り） 235
ンゴンド* 29

12月
インクワラ* 28
エルス・エンフリナッツ 221
オウル・ヤリ 93
クラウスヤーゲン（サンタクロース追い） 234
クリスマス* 173
黒と白のカーニバル* 90
競牛祭り* 163
ケマ・デル・ディアブロ（悪魔退散） 57
サハラ・フェスティバル 17
ジャンカヌー* 44
新年 89
新年の祝賀 175
聖トマス祭 56
聖ラザロ巡礼 45
大根の夜 17
タンタンのムッセム 16
秩父夜祭 96
チョウモス（冬）・フェスティバル 144
デガル（牛の群れの横断祭り）* 30
デルヴィーシュ旋舞フェスティバル 173
火の玉祭り 251
ペラン・トパト* 147
ホグマネイ 250
モン族の正月* 160

ライ・フア・ファイ 148
ロサール（チベット）* 110
ロサール（ネパール）* 143
ンゴンド* 29

その他
アカ族の正月 160
エヨ仮面祭り 32
オーバーアマガウのキリスト受難劇 201
ガルンガン 147
タナ・トラジャの葬儀 148
ドゥ・ダー・パレード 72
ドゥラミツェ祭り 120
フルムーン・パーティ 160
マハマスタクアビシェーカ／インド 126
水かけ合戦 202

【著者】スティーヴ・デイヴィ（Steve Davey）
ロンドンを拠点に活動する著述家、写真家。本書は25年にわたって各国を旅した記録をまとめたものである。
著書に Unforgettable Islands to Escape to Before You Die (BBC Books) がある。

【訳者】村田綾子（むらた・あやこ）
翻訳家。訳書に『世界記憶遺産百科』（柊風舎）、『生物45億年の物語 ビジュアル大年表』（朝日新聞出版）、『世界の中のキリスト教』（武田ランダムハウスジャパン）、『世界の城の歴史文化図鑑』（柊風舎）など。

ガンジス川に架けられたポンツーン浮橋を渡る巡礼者たち。2001年、インド、アラハバードのマハクンブメーラにて。

AROUND THE WORLD IN 500 FESTIVALS
by Steve Davey

© 2013 KUPERARD
Created and produced by KUPERARD

Japanese translation rights arranged with Bravo Ltd., trading as Kuperard c/o Collier International, Sunbury-on-Thames, Middlesex, UK through Tuttle-Mori Agency, Inc., Tokyo

All rights reserved. No part of this publication may be reprinted or reproduced, stored in a retrieval system, or transmitted in any form or by any means without prior permission in writing from the publishers.

Designed by Bobby Birchall, Bobby & Co
Additional research by Orly Kuperard

Printed in Malaysia

【ビジュアル版】
世界のお祭り百科

2015年1月28日　第1刷

著　者　スティーヴ・デイヴィ
訳　者　村田綾子
装　丁　長谷川徹
発行者　伊藤甫律
発行所　株式会社 柊風舎

〒161-0034
東京都新宿区上落合1-29-7　ムサシヤビル5F
TEL 03-5337-3299／FAX 03-5337-3290

編集協力・組版／坂本由佳

ISBN978-4-86498-021-0